한국의 과학과 문명 015

한국 금속문명사

"이 저서는 2010년도 대한민국 교육부와 한국학중앙연구원(한국학진흥사업단)을 통해
한국학 특정분야 기획연구(한국과학문명사) 사업의 지원을 받아 수행된 연구임."(AKS-2010-AMZ-2101)

한국 금속문명사

주먹도끼에서 금관까지

ⓒ 전북대학교 한국과학문명학연구소 2019

초판 1쇄	2019년 11월 30일		
초판 2쇄	2021년 12월 29일		

지은이　　김종일 외

출판책임	박성규	펴낸이	이정원
편집주간	선우미정	펴낸곳	도서출판 들녘
편집	이동하·이수연·김혜민	등록일자	1987년 12월 12일
디자인	김정호	등록번호	10-156
마케팅	전병우	주소	경기도 파주시 회동길 198
경영지원	김은주·나수정	전화	031-955-7374 (대표)
제작관리	구법모		031-955-7381 (편집)
물류관리	엄철용	팩스	031-955-7393
		이메일	dulnyouk@dulnyouk.co.kr
		홈페이지	www.dulnyouk.co.kr

ISBN	979-11-5925-487-1 (94910)	CIP	2019048469
	979-11-5925-113-9 (세트)		

이 도서의 국립중앙도서관 출판예정도서목록(CIP)은 서지정보유통지원시스템 홈페이지(http://seoji.nl.go.kr)와
국가자료공동목록시스템(http://www.nl.go.kr/kolisnet)에서 이용하실 수 있습니다.

한국의 과학과 문명 015

한국 금속문명사

:주먹도끼에서 금관까지

김종일·성정용·성춘택·이한상 지음

들녘

김종일 金鐘一

서울대학교 국사학과를 졸업한 후 영국 케임브리지대학 고고학과에서 석사와 박사 학위를 취득하였다. 한국과학기술원(KAIST) 인문사회과학부 조교수를 거쳐 2006년부터 서울대학교 고고미술사학과에 재직 중이다. 유럽 선사시대 및 한국 청동기시대, 그리고 고고학 이론을 주로 연구하고 있으며 2009년부터 아제르바이잔 가발라 유적 및 러시아 투바 공화국 아르잔 고분군 조사를 주도하고 있다. 주요 저서 및 논문으로는 「Formation and Change in Individual Identity between the Bell Beaker Culture and the Early Bronze Age in Bavaria, South Germany」 (Oxford: Archaeopress, 2004), 「민족주의적 고고학의 이론과 방법론에 대한 비판적 검토」(2017), 「유럽 선사시대 개인의 정체성 형성과 젠더—독일 남부 지역 출토 무덤을 중심으로」(2015), 「유라시아 전차의 등장과 확산 과정의 고고학적 의미— 유럽 내 전차의 확산 과정을 중심으로」(2013) 등이 있다.

성정용 成正鏞

서울대학교 고고미술사학과를 졸업하고 서울대학교 고고미술사학과에서 석사와 박사 학위를 취득하였다. 충남대학교 박물관 조교(1992~1999)를 거쳐, 충남대학교 백제연구소와 일본 京都大學考古學研究室에서 연구 활동을 수행한 다음 2004년 이래 충북대학교 고고미술사학과에 교수로 재직하고 있다. 마한에서 백제로의 전환 과정에 대한 관심을 토대로, 마한과 백제의 고분과 토기, 철기, 수리 체계 등에 대해 지속적으로 관심을 갖고 연구를 수행해오고 있다. 주요 저서 및 논문으로는 「가야지역의 철 생산과 유통 양상」(2018), 「마한 분구묘의 출토유물과 성격」, 『마한 분구묘의 기원과 발전』(2016, 공저), 「우리나라 선사~중세수리시설의 유형과 발달과정」(2015), 「중원지역 원삼국시대 분묘 축조집단의 성격」(2013) 등이 있다.

성춘택 成春澤

서울대학교 고고미술사학과와 동 대학원에서 고고학을 전공한 뒤 미국 워싱턴대학교 (University of Washington) 인류학과에서 고고학 석사와 박사 학위(2001)를 받았다. 충남 대학교 고고학과 교수를 거쳐 현재 경희대학교 사학과 교수로 재직하고 있다. 주로 구석기 고고학을 비롯해 고고학 이론과 방법론에 대한 글을 발표하고 있다. 2017년 『석기고고학』을 저술했으며, 『고고학의 역사』(2019), 『빙하 이후: 수렵채집에서 농경으로』(2019), 『수렵채집 사회: 고고학과 인류학』(2014), 『고고학사』(2010), 『다윈진화고고학』(2009), 『인류학과 고고 학』(2001) 등을 우리말로 번역 출간했다.

이한상 李漢祥

부산대학교 사학과를 졸업하고 서울대학교 국사학과에서 석사와 박사 학위를 취득하였다. 국립중앙박물관 학예연구사와 학예연구관으로 근무하였고, 2007년 이래 대전대학교 역사 문화학과에 재직하고 있다. 백제 왕실제사 유적인 공주 정지산유적과 청동기시대 수리시설 인 안동 지전리유적을 발굴하였다. 금관과 장식대도 등을 소재로 고대 금속공예사를 연구 해왔고, 신라황금 특별전과 신라사대계 편찬 사업에 참여하였다. 주요 저서로는 『황금의 나 라 신라』(2004), 『장신구사여체제로 본 백제의 지방지배』(2009), 『삼국시대 장식대도문화 연 구』(2016) 등이 있다.

〈한국의 과학과 문명〉 총서

기획편집위원회

연구책임자_ 신동원

전근대팀장_ 전용훈

근현대팀장_ 김근배

전 임 교 수_ 문만용

김태호

전종욱

전임연구원_ 신미영

일러두기

■ 이 책의 각 '장'을 집필한 필자들의 이름은 '차례'에만 표기하고 해당 본문에서는 별도로 표기하지 않았다.

■ 명사의 붙여쓰기는 이 책의 키워드를 이루는 단어는 붙여쓰기를 원칙으로 했지만, 경우에 따라서는 가독성을 위해 띄어쓰기를 했다.

■ 주석은 각 장별로 미주로 한다.

■ 인용 도판은 최대한 소장처와 출처를 밝히고 저작권자의 허락을 얻었으나 일부 저작권자를 찾지 못하여 게재 허가를 받지 못한 도판에 대해서는 확인되는 대로 통상 기준에 따른 허가 절차를 밟기로 한다.

〈한국의 과학과 문명〉 총서를 펴내며

우리나라는 현재 세계 최고 수준의 메모리 반도체, 스마트폰, 디스플레이, 철강, 선박, 자동차 생산국으로서 과학기술 분야의 경이적인 발전으로 세계의 주목을 받고 있다. 그것을 가능케 한 요인의 하나가 한국이 오랜 기간 견지해온 우수한 과학기술 문화와 역사 속에 있다고 우리는 생각한다.

문명이 시작된 이래 한국은 항상 높은 수준을 굳건히 지켜온 동아시아 문명권의 일원으로서 그 위치를 잃은 적이 없었다. 우리는 한국이 이룩한 과학기술 문화와 역사의 총체를 '한국의 과학문명'이라 부르려 한다. 금속활자·고려청자 등으로 대표되는 한국 과학문명의 창조성은 천문학·기상학·수학·지리학·의학·양생술·농학·박물학 등 과학 분야를 비롯하여 금속제련·방직·염색·도자·활자·인쇄·종이·기계·화약·선박·건축 등 기술 분야에서도 다양하게 분명히 드러난다.

우리는 이런 내용을 종합하는 〈한국의 과학과 문명〉 총서를 발간하고자 한다. 이 총서의 제목은 중국의 과학문명에 대한 새로운 인식의 지평을 연 조지프 니덤(Joseph Needham)의 『중국의 과학과 문명』을 염두에 두고 만들었다. 그러나 니덤이 전근대에 국한한 반면 우리는 전근대와 근현대를 망라하여 한국 과학문명의 총체적 가치와 의미를 온전히 담은 총서의 발간을 목표로 한다. 나아가 한국의 과학과 문명이 지닌 보편적 가치를 세계에 발신하고자 한다. 지금까지 한국은 세계 과학문명의 일원으로 정당한 가치를 인정받지 못한채, 중국의 아류로 인식되어왔다. 이 총서에서는 한국 과학문명이 지닌 보편성과 독자성을 함께 추적하여 그것이 독자적인 과학문명이자 세계 과학문명의 당당한 일원임을 입증하고자 한다. 우리는 이 총서에서 근현대 한국 과학기술 발전의 역사와 구조를 밝힐 것이며, 이로써 인류의 과학기술 발전사를 새로이 해명하는 데에 기여할 것이다.

이 총서에서는 한국의 과학문명이 역사적으로 독자적인 가치와 의미를 상실하지 않았던 생명력에 주목한다. 이를 위해 전근대 시기에는 중국 중심의 세계 질서 아래서도 한국의 과학문명이 독자성을 유지하면서 발전을 지속한 동력을 탐구한다. 근현대 시기에는 강대국 중심 세계체제의 강력한 흡인력 아래서도 한국의 과학기술이 놀라운 발전과 성장을 이룩한 요인을 탐구한다.

우리는 이 총서에서 국수적인 민족주의나 근대 지상주의를 동시에 경계하며, 과거와 현재가 대화하고 내부와 외부가 부단히 교류하는 가운데 형성되고 발전되어온 열린 과학문명사를 기술하고자 한다. 이 총서를 계기로 한국 과학문명에 대한 관심과 이해가 더욱 깊어지기를 기대한다.

마지막으로 〈한국의 과학과 문명〉 총서의 발간은 교육부와 한국학중앙연구원 한국학진흥사업단의 지원에 크게 힘입었음을 밝히며 이에 감사를 표한다.

〈한국의 과학과 문명〉 총서 기획편집위원회

차례

저자 소개와 총서 기획편집위원회   4
일러두기   7
발간사_〈한국의 과학과 문명〉 총서를 펴내며   8

1장 서론 _김종일·성춘택

2장 돌을 다듬다: 문명의 시작 _성춘택

머리말: 석기와 기술 변화를 보는 시각   33
　　■ 최초의 돌로 만든 도구: 석기의 출현

1절 한국 선사시대 석기기술 연구사   39

2절 석기의 종류와 제작기술   43
　1. 석기 제작기술의 이해   43
　　1) 석기의 종류 ｜ 2) 석기 제작과 사용의 과정
　2. 신석기, 청동기시대 석기의 제작과 분류   47

3절 석기기술의 다양성과 변화   53
　1. 구석기시대 석기기술   53
　　1) 주먹도끼와 이른 구석기시대 ｜ 2) "인류혁명"과 돌날기술 ｜ 3) 돌감 사용과 석기기술의 진화
　2. 신석기 및 청동기시대 석기기술   65
　　1) 돌화살촉의 제작과 사용 ｜ 2) 농구와 공구: 돌괭이와 돌칼, 갈판과 갈돌 ｜ 3) 석제 장신구와 옥
　　4) 간돌검과 청동기시대 사회의 위계 ｜ 5) 석기 조성과 신석기~청동기시대 생업경제의 변화

4절 동아시아의 맥락과 사회 속에서 석기기술의 의의　　　81

　　1. 석기기술의 사회적 맥락　　　81

　　　1) 석기와 선사시대 사회적 기술의 이해 ｜ 2) 흑요석과 잔석기가 말하는 후기 구석기시대 사회네트워크

　　2. 동아시아 석기기술과 한국 선사시대의 석기　　　93

맺음말: 석기기술과 금속문명　　　100

3장 금속을 녹이다: 금속문명의 도입과 청동기 _김종일

머리말　　　109

1절 동의 발견과 금속문명의 시작　　　114

2절 한국 청동기문화 연구에 대한 연구사　　　125

3절 청동 제작과 장인　　　135

　　1. 동광 산지 추정 및 동괴(copper ingot) 혹은 청동괴(bronze ingot)의
　　　생산과 교역　　　135

　　2. 납 동위원소 분석과 산지 추정　　　139

　　3. 청동기 제작기술: 거푸집의 사용과 생산 제작기술 —
　　　작업연쇄의 관점에서　　　146

　　4. 청동 제작장인의 신분과 생산조직　　　156

　　5. 청동기의 주조와 공방　　　161

　　6. 한국 청동기 제작기술과 생산 과정의 기술사적·사회사적 의미 —
　　　비교사적 관점에서　　　164

4절 한국 청동기문화의 전개와 청동기   173

1. 한국 청동기문화의 전개와 발전   173
2. 한반도 출토 청동기의 종류와 분포   178
1) 무기류: 비파형동검과 세형동검, 동모, 동과, 동촉 | 2) 생산 공구류: 동부, 동착, 동사 | 3) 장신구류: 동포 등

5절 한국 청동기문화와 동아시아 문명   195

1. 한국 청동기문화와 중국 동북 지역   195
2. 한국 청동기문화와 일본 출토 한국계 청동기의 관계: 세형동검의 일본지역 내 확산과 초기 정치체의 형성   199

맺음말   203
■ 한국의 이형청동기와 지배자
■ 일본 요시노가리 유적과 한국식 세형동검

4장 쇠를 두드리다: 우리 역사를 바꾼 혁신적인 이기, 철 _성정용

머리말: 철의 탄생과 그 중요성   217

1절 철 생산과 철기 제작기술: 사회를 변혁시킨 신기술   220

1. 철 생산 공정   222
1) 원료 획득 | 2) 제련 공정: 본격적인 철 생산
2. 철기 제작 공정   234
1) 주조 공정: 용해 및 주조 | 2) 단야 공정: 제강 및 성형단야
■ 철기를 만들기 위해 필요한 도구는 무엇이 있을까?

■ 옛날 철 생산에는 얼마나 많은 작업 인원이 필요하였을까?

2절 우리나라 제철 문화의 발달 과정   250

   1. 신기술, 언제 우리나라에 유입되었을까?   250

   2. 고대의 제철 양상   255

   3. 중세의 제철 양상   279

    1) 고고학 자료에 보이는 고려~조선시대의 제철 | 2) 문헌에 보이는 고려~조선시대의 제철
    ■ 조선시대의 철 종류와 장인

3절 다양한 철기의 종류   295

   1. 무기   295

   2. 농구   300

   3. 마구   303

4절 철의 사회적·기술사적 의의:

   철, 과연 우리 세상을 바꾼 이기였는가?   309

맺음말   317

5장 금과 은을 구부리고 펴다 _이한상

머리말   337

1절 문명의 진전과 귀금속   341

2절 고대 금은공예품의 제작기술　　　　　　350

1. 귀금속의 채광과 정련　　　　　　350
2. 금은공예품의 제작기술　　　　　　358
1) 주조 | 2) 단조 | 3) 투조와 색채대비 | 4) 누금세공 | 5) 상감 | 6) 도금

3절 장인과 귀금속 공방　　　　　　368

1. 고대 장인의 사회적 신분　　　　　　368
2. 귀금속 공방과 물품 제작　　　　　　371

4절 고대 금은공예품의 사회사: 권력의 표상, 귀금속　　　　　　377

1. 금은공예품의 독점과 사여　　　　　　377
2. 금은공예품 활용방식　　　　　　385
1) 백제 | 2) 신라 | 3) 가야

5절 고대 금은공예문화의 확산: 양식의 창출과 확산　　　　　　407

1. 고구려의 금은공예문화　　　　　　408
1) 관 | 2) 귀걸이
■ 부여의 귀걸이
2. 신라의 금은공예문화　　　　　　418
1) 관 | 2) 귀걸이
■ 황남대총 금은제 그릇
■ 천마총 금은제 그릇
3. 백제의 금은공예문화　　　　　　428
1) 관 | 2) 귀걸이
■ 무령왕릉 금속용기
4. 가야의 금은공예문화　　　　　　439
1) 관 | 2) 귀걸이
■ 통일신라의 금은공예품

맺음말　　　　　　448

6장 결론 _김종일

주석   462

표 및 그림 일람   471

참고문헌   477

찾아보기   503

Contents in English   518

1장

서론

현생인류가 맨 처음 지구상에 등장한 이후 지금까지 인류는 환경에 적응하고 때로는 환경의 제약을 극복하기 위해 다양한 도구를 발전시켜왔으며 이와 함께 이러한 도구를 개발하거나 이용하기 위한 기술 또한 끊임없이 개발해왔다. 달리 말하면 인류의 역사와 문명은 이러한 도구와 기술 개발의 역사라고 해도 지나치지 않다. 인류를 다른 영장류로부터 구분짓는 중요한 기준 중의 하나가 바로 도구와 기술을 개발하고 사용할 수 있는 능력에 있다고 해도 과언은 아니다.

실제로 19세기 말 이래 고고학에서는 도구 제작기술의 발전 과정에 초점을 맞추어 기술적 진보에 따라 시대를 구분하기도 하였다. 예를 들어 각 시대에 사용된 주요 도구의 재질을 구분하여 석기시대-청동기시대-철기시대의 구분을 만들어 인류문화의 발전 과정에 대한 개략적인 구분을 시도하였으며, 이후 연구가 진행됨에 따라 석기시대 안에서도 석기 제작기술의 변화에 따라 크게는 구석기시대와 신석기시대, 그리고 구석기시대와 신석기시대 안에서도 다른 물질자료의 형태적·기술적 변화(예를 들어 신석기시대의 경우 토기)와 사회적 변화(예를 들면 생계양식의 변화와 상징체계의 변화)와 더불어 석기의 형태와 석기 제작기술의 발전에 따라 시기를 좀 더 세분하고 있다. 청동기시대와 철기시대 역시 앞에서 언급한 변화와 더불어 청동기 혹은 철기 자체의 제작기술 및 형태의 변화에 따라 시기를 세분하고 있다. 또한 본격적인 인류문명의 발전을 나타내는 징표라고 할 수 있는 농경의 등장과 도시의 발전 그리고 금속의 사용은 도구와 기술의 발전이 전제되지 않으면 가능하지 않았으며, 이러한 도구와 기술의 발전과 사회의 변화는 비단 선사 및 고대사회뿐만 아니라 근대 시기의 과학혁명과 산업혁명, 최근의 인공지능과 IT, 그리고 소위 4차 산업의 등장에 이르기까지 여러 사례를 통해 그 중요성이 입증되고 있다.

이러한 도구와 기술의 발전 과정을 통해 인류문명의 변화 과정을 더 분명하게 이해할 수 있으며 이 관점에서 선사 및 고대 시기로부터의 한국의 과학문명에 대한 이해 역시 가능하다. 이 연구는 한국의 과학문명의 변화와 발전 과정을 선사 및 고대로부터 도구와 기술의 혁신과 변화 그리고 발전의 관점에서 살펴보기 위한 시도의 일환이다. 실제로 한국의 선사 및 고대 시기 도구와 기술의 발전에 관한 연구는 비록 간헐적이기는 하지만 고고학과 과학사 분야에서 꾸준히 이루어져왔다. 물론 이 연구의 내용 가운데 상당 부분이 이러한 기존의 연구에 힘입은 바 크다. 그러나 이 연구는 기존의 연구와 몇 가지 측면에서 차이를 갖고 있다. 무엇보다도 이 연구에서는 뒤에서 언급할 바와 같이 기술을 무엇을 제작하거나 하나의 특정한 목적을 이루기 위한 단순한 수단이나 과정으로 보지 않으며, 따라서 도구 또한 이러한 목적이나 수단, 그리고 과정에 드러나는 기술의 수동적 표현 혹은 물질적 체현으로 보지 않는다. 다시 말해서 인류는 도구의 제작과 사용 및 기술의 발전을 통해 환경에 적응하거나 자신의 삶을 보다 풍요롭게 해왔을 뿐만 아니라 자기 자신을 스스로 만들어갔으며, 자신의 세계를 변화시키거나 발전시키는 한편 심지어 본질적인 측면에서 구성해갔다. 인간은 이러한 도구의 사용과 기술의 발전을 통해 자신을 둘러싼 자연적, 문화적, 사회적 환경에 적응하는 동시에 그러한 환경을 만들어갔다.

인류문화와 인류문명의 발전은 도구와 기술에 의해 가능한 동시에, 도구와 기술은 인류문화와 문명의 발전의 방향과 속도 그리고 발전 정도를 조건 짓는다. 아무리 인간이 무언가를 하고 싶거나 욕망한다 하더라도 그것을 이루거나 충족하는 것은 당시 사회의 기술적 조건과 도구의 발전 정도에 의해 제약된다. 또한 인간이 그러한 도구와 기술을 사용하고 발전시켜나가지만 동시에 인류문화의 변화의 방향이나 속도 그리고 그 내용은 기존의 도구와 기술로 대표되는 조건들에 의해 영향을 받거나 심지어 그것에 의해 결정된다. 따라서 기술과 도구의 등장과 발전을 단지 목적을 이루기 위한 수단의 변화나 발전이 아닌 인간과 환경, 그리고 문화와 자연의 관계를 매개하고 관계 짓는 일종의 에이전시(Agency)로 보는 견해도 제시된 바 있다.

특정한 기술이나 도구가 어느 한 시대, 어느 특정 사회에 채택되거나 주로 사용된다고 해서 반드시 그 기술이나 도구가 동일한 역할을 수행하는 다른 기술이나 도구보다 더 앞서 있거나 발전된 것으로 볼 필요는 없다. 물론 거시적인 관점에서 보면 시간의 흐름에 따른 기술이나 도구의 발전을 일반적으로는 전제할 수 있지만, 그렇다고 해서 모든 경우에 그러한 예가 적용된다고 할 수는 없다. 예를 들어 지금 사용하고 있는 컴퓨터의 영문 및 한글 자판의 경우 지금의 표준 방식이 다른 여타 방식보다 더 효율적이라고 볼 수는 없지만 표준으로 채택되었다는 이유만으로 널리 사용되고 있다. 비디오카메라의 경우에도 소니 베타 방식이 기술적인 측면에서 훨씬 앞서 있음에도 불구하고 VHS 방식이 비용의 측면에서 훨씬 저렴하다는 점에서 시장의 선택을 받아 오랫동안 사용되었지만 카메라 기술의 발전에 따라 방송용 카메라 등 아주 예외적인 경우가 아닌 한 일반인들 사이에서는 비디오카메라라는 더 이상 사용되지 않고 있음은 주지의 사실이다. 최근에 이미 사라진 것으로 여겨졌던 LP가 디지털 음원이 따라갈 수 없는 독특한 음질과 과거로의 향수 덕분에 다시 부활하는가 하면 트랜지스터에 의해 대체되었던 진공관 앰프가 여전히 음악애호가들에 의해 선호되고 있으며 특히 수십 년 전에 당대의 최고 기술로 만들어졌던 앰프들이 여전히 높이 평가받으며 수집되고 있다.

이러한 사실은 기술이나 도구가 단순히 그 내용과 형식에서 더 발전했다거나 훨씬 효율적이라는 이유만으로 기존의 앞선 것을 대체하는 것은 아니며 오히려 가격이나 선호도 혹은 취향뿐만 아니라 전통 그리고 각종 정치적·사회적 전략에 따라 그 선택이 좌우될 수 있음을 말해준다. 고고학에서도 금속이 등장하여 사용된 청동기시대에도 여전히 사회의 주요 도구는 석기였으며 또한 순동 혹은 청동 제련법이 알려졌다고 해서 바로 순동 혹은 청동이 석기를 대체해간 것은 아니었다. 철기시대도 마찬가지인데 이 시기에 청동기가 여전히 중요시되었으며 심지어 유럽의 경우 청동의 공급이 원활하지 않아 어쩔 수 없이 철기를 사용할 수밖에 없었다는 가설이 제기되기조차 하였다.

따라서 역사적으로 드러나는 기술과 도구의 변화와 발전은 단순히 인간 지능의 진보의 산물이라거나 더 효율적이고 더 좋은 것으로의 단선적이고 일방향적인 발전이 아니라 다양한 인간의 사회적 관계 속에서 파악되어야 하는 매우 복잡한 사회적 행위의 산물이라는 점을 기억해둘 필요가 있다. 이러한 이유로 이 글에서는 기술과 도구의 변화 과정을 가급적 사회적 변화라는 보다 커다란 맥락에서 파악하고자 한다.

기술과 도구의 발달은 일차적으로 인간의 노력에 의해 가능하며, 인간을 제외한 다른 동물들은 갖고 있지 못한 창의성이 발현되는 일종의 장이기도 하다. 즉, 기술과 도구의 발달 과정은 이러한 인간의 노력과 창의성, 그리고 이러한 노력과 창의성이 발현될 수 있는 여러 조건들에 대한 검토가 동시에 이루어지는 한에서 보다 분명하게 파악될 수 있다. 그렇다고 해서 기술과 도구의 발달을 순전히 인간 중심적 혹은 인간 우위의 관점에서 파악하는 것은 가급적 지양하고자 한다. 왜냐하면 앞서 언급한 바와 같이 기술과 도구는 일차적으로 인간에 의해서 만들어지고 발전되는 것도 사실이지만, 일단 등장하거나 완성되면 기술과 도구는 일종의 에이전시로 인간의 행위와 사회의 특징을 가능케 하거나 혹은 조건을 짓기 때문이다. 심지어 마치 인간이 동물이나 식물을 길들였으나 그 이후 그렇게 길들여진 동물이나 식물이 인간을 길들이거나 인간의 행위를 조건 짓는 것과 유사하다고 할 수 있다. 최근 과학사 연구에서 주로 논의되고 있는 행위자 네트워크 이론(Actor Network Theory)에서 인간과 자원, 기술과 도구 등이 동등한 지위를 가지며 하나의 네트워크를 형성하는 것으로 보는 관점도 이러한 측면에서 이해될 수 있을 것이다. 나아가 라랜드와 오브라이언 역시 다윈진화이론에 입각한 니치구성이론(Niche Construction Theory)을 제시하면서, 역시 사람을 포함한 생물체가 주변의 환경을 구성하고, 그 생태 환경에 사람과 다른 생물종이 적응하며 진화하는 것을 강조하고 있다. 이에 따르면 사람이 만들고 사용하는 도구와 사물은 물질환경의 역할을 하며, 사람은 그 배경과 조건에서 사물과 교류하며 스스로 문화를 구성한다(Laland and O'Brien 2010; O'Brien and Laland 2012). 후기 과정고고학의 대표적 연구자인 이안 호더도 이와 유사한 관점에서 사물과 인간이 서로 얽혀 있다(entangled)는 관점을 제안하기도 하였다(Hodder 2011, 2012; 2014). 따라서 이 연구에서는 석기와 청동기, 철기와 금속기를 실제로 만들었던 장인과 그것들을 실제로 사용했던 당시 사람들에 대해 관심을 두고 살펴보되 그들의 기술과 도구에 대한 일방적인 관계가 아닌 서로 간에 어떠한 관계를 맺는지에 대해서도 역시 주목하고자 한다.

인류문화가 등장한 이래, 인간은 끊임없이 이주와 문화 교류를 해왔다. 호모 사피엔스의 확산으로 대표되는 인류의 대이주와 확산, 농경의 등장과 확산, 도시와 금속문명의 확산 등은 모두 이러한 인간의 이주와 활발한 문화 교류의 산물이라고 할 수 있다. 기술과 도구의 발전과 확산 역시 모든 사례가 그러한 것은 아니지만 적어도 상당히 많은 경우에서 인간의 이주와 확산에 의해 가능한 것이라고 할 수 있다. 한국의 경우도 예외는 아니어서 선사시대 주요 도구와 그 이면의 기술의 발전은 주변 지역과의 관계를 제외하고는 정확하게 이해할 수 없다. 특히 중국과의 교류는 선사 및 고대 시기 한국의 기술과 도구의 발전에 매우 중요한 역할을 하였다. 따라서 이 연구에서는 한국 선사 및 고대의 도구를 포함하는 과학기술의 발전을 한반도에 국한해서 살펴보는 대신 중국 동북 지역, 그리고 필요한 경우 중국과 일본을 포함하는 동북아시아의 보다 넓은 지역적 관점에서 살펴보고자 한다.

다만 여기에서 강조하고 싶은 점은, 한국 선사 및 고대사회에서 관찰되는 기술과 도구의 변화와 발전이 오로지 중국의 영향에 의해 가능했다고 주장하거나 아니면 반대로 중국의 영향을 배제한 채 오로지 한국에서 독자적으로 발전한 결과라거나 혹은 한국의 기술과 도구가 다른 여타 지역의 그것보다 훨씬 앞서 있거나 우수한 것이라는 무조건적인 주장을 지양하고자 한다는 것이다. 그보다는 한국 선사 및 고대 시기의 기술과 도구가 동북아시아 전체의 맥락 안에서 그리고 각 지역 간의 활발한 상호 교류와 영향 하에서 어떠한 보편적 성격과 고유한 특징이 드러나는지 그리고 그러한 기술과 도구의 상호 교류가 어떠한 사회적 관계와 변화를 매개하거나 가능케 하는지에 주목하고자 한다.

결론적으로 이 연구에서 지향하고자 하는 관점은 인간이 기술과 도구의 발전을 통해 문명을 만들고 그 문명을 변화 발전시켜왔듯이, 기술과 도구의 발전이 어떻게 인간으로 하여금 문명을 만들고 발전시킬 수 있도록 매개하거나 조건 지었는지를 살펴보는 것이라고 할 수 있다. 기술과 도구 그리고 과학은 인간에 의해 일방적으로 지배되는 수동적인 존재 혹은 인간을 일방적으로 지배하여 인간을 종속시키는 존재가 아니라 인간과의 대등한 관계에서 그 나름의 역할을 하는 능동적인 존재로 파악하여야 한다.

이 연구는 크게 석기, 청동기, 철기 그리고 금속기의 네 부분으로 구성되어 있다. 이 연구의 주 제목이 '한국의 금속문명'임에도 금속이 아닌 석기를 포함시킨 이유는 다음과 같다. 첫째, 인류가 등장하여 최초로 도구를 사용하기 시작하여 현재에 이르기까지 '최근 10,000여 년의 시간을 제외한 수백만 년 혹은 최소 수십 만 년의 기간 동안 인류사회의 주요 도구는 돌로 만든 석기였으며 이러한 점은 한국의 경우도 예외는 아니다. 따라서 석기를 제외하고 인류의 선사 및 고대사회의 기술과 도구, 과학을 이해하고자 한다면 지금까지 인류가 성취해온 문명의 내용 가운데 거의 대부분을 무시하거나 생략한 채 인류의 과학문명을 이해하려는 오류를 범할 가능성이 크다.

둘째, 석기 제작과 사용은 흔히 우리가 생각하는 것처럼 단순히 돌을 깬 다음 적당히 다듬어서 사용하는 것을 훨씬 넘어서는 과정이다. 예를 들어 석재의 재질과 기능과 용도를 고려한 형태에 대한 인식, 보다 효율적인 제작방식, 즉 제작 공정에 대한 고도의 지식 및 그러한 지식의 공유와 전수라는 매우 복잡한 과정을 전제로 하고 있으며 이러한 고도의 전문지식과 그것의 전수 및 혁신은 거의 똑같은 방식으로 후대의 청동기 및 철기 제작과 사용 과정에서 반복된다. 따라서 석기 제작과 관련한 기술 혁신과 발전 과정을 살펴보는 것만으로도 충분한 의미가 있지만 여기에서 한 걸음 더 나아가 청동기, 철기 그리고 금속기와 관련된 기술사적 의미를 보다 풍부하게 이해하기 위해서는 그러한 기술 혁신과 발전 과정의 원형의 모습을 간직하고 있는 석기에 대한 이해가 반드시 필요하다.

셋째, 앞서 언급한 바와 같이, 비록 순동 혹은 청동이라는 새로운 재질로 만든 도구와 무기가 등장하여 주로 사용되는 순동 시기 혹은 청동기시대라고 하더라도 그 사회의 주요 생산도구는 석기이며 구석기시대 및 신석기시대 이후에도 석기 자체 내에서도 관련 기술의 변화와 혁신이 지속적으로 이루어지고 있다. 따라서 인류의 선사 및 고대 시기의 문명사적 변화를 파악하기 위해서는 석기에 대한 이해가 전제되어야 한다.

넷째, 석기와 청동기 그리고 철기는 형태와 제작기술의 측면에서 서로 간에 긴밀한 관계를 맺고 있다. 예를 들어 스칸디나비아반도에서 발견되는 매우 세련된 형태의 석검은 외부로부터 수입된 청동단검의 형태를 본떠 재지의 기술을 동원하여 제작한 예로 주목된다. 이러한 사례는 한국의 경우에도 발견되는데 최근 한국에서 발견되는 손잡이 장식이 달린 마제석검의 일부가 중국 동북 지역에서 발견되는 비파형동검의 손잡이 장식을 모방한 것이라는 가설이 제기된 바 있으며, 실제로 석기, 특히 마제석검과 청동단검은 형태나 기능 그리고 용도의 측면에서 서로 간에 매우 긴밀한 관계를 맺고 있다.

또한 청동기의 주조에 가장 핵심적인 도구이자 반드시 필요한 공정 가운데 하나는 바로 석제 거푸집의 제작이라고 할 수 있다. 주조에 적합한 재질의 석재를 선택하여 이를 만들고자 하는 청동기의 모양을 고려하여 거푸집을 제작하게 된다. 따라서 청동기의 제작에 어떻게 돌을 다듬어 거푸집을 만드는지, 즉 석재의 가공과 성형이 필수적인 공정이라고 할 수 있다. 석재와 그것의 가공에 대한 지식은 석기 제작을 통해 체득되어 축적된 후 전수된 것이라고 할 수 있다. 이러한 점들을 고려하면 금속문명의 보다 풍부한 이해를 위해서는 석기에 대한 이해가 전제되어야 한다는 점을 분명히 알 수 있으며 따라서 석기 제작에 대한 부분을 금속문명 안에 포함시키게 되었다.

한편 이 연구에 포함되는 각각의 장은 체제의 일관성을 위해 다소 무리가 따르더라도 대체로 머리말과 맺음말을 제외하고 1) 석기, 청동기, 철기, 금속기가 갖고 있는 문명사적 의의, 2) 한국 선사 및 역사 시기 석기—금속기의 기술사적 중요성, 3) 제작기술과 장인 그리고 사회적 변화, 4) 종류와 분포, 5) 동아시아 문명사에서의 의의 순으로 서술하고자 하였다. 물론 각 장이 갖고 있는 특수성 때문에 이러한 순서를 철저하게 따른 것은 아니지만 적어도 대체적인 흐름은 위에서 제시한 순서를 지키고자 하였다.

다른 여타 학문과 비교해서 고고학 자료가 갖고 있는 고유의 특징이라고 한다면 발굴조사를 통해 끊임없이 새로운 자료가 확보된다는 점이다. 실제로 근대고고학이 등장한 이래 인류문명의 변화와 발전에 대한 새로운 사실의 발견과 함께 이에 대한 해석이 지속적으로 그리고 매우 빠른 속도로 변해왔다. 즉, 특정한 고고학 자료를 어떻게 해석할지에 대한 시각과 해석 틀 그리고 방법론의 발전과 더불어 그러한 발전을 가능케 했던 새로운 자료의 확보가 지속적으로 이루어져왔고, 앞으로도 그러한 추세는 변하지 않을 것이라는 점이다. 따라서 이 연구에서 제시하고자 하는 해석은 새로운 자료의 발견과 축적에 따라 언제든지 수정될 수도 있다. 다만 여기에서 강조하고 싶은 점은, 이러한 가능성을 염두에 두되 한국의 선사 및 고대 과학기술문명이 갖고 있는 문명사적 의의를 기존의 과학사 및 고고학 연구가 제시하지 않았던 새로운 시각에서 조망하고자 한다는 점이다. 이러한 새로운 시각은 보다 열린 태도로 그리고 보다 풍요로운 관점에서 한국 선사 및 고대 과학기술을 문명사적 관점에서 이해하는 데 많은 도움을 줄 수 있을 것으로 기대한다.

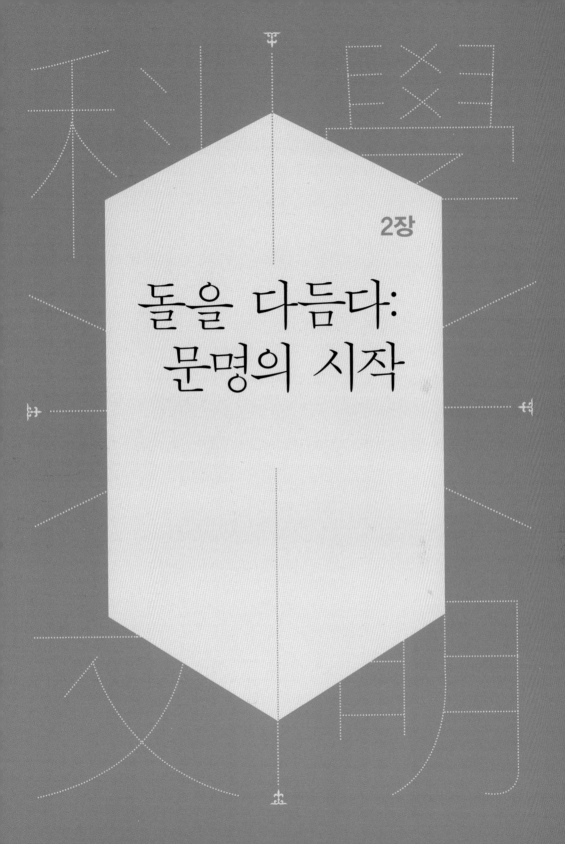

2장

돌을 다듬다:
문명의 시작

머리말:
석기와 기술 변화를 보는 시각[1]

석기는 토기와 함께 가장 흔하게 볼 수 있는 고고 자료다. 특히 한국의 구석기시대의 경우 거의 모든 고고 자료가 석기로 이루어진 유적도 많다. 석기란 돌로 만든 고고학 유물을 가리킨다. 이렇게 자명한 듯도 하지만, 사실 석기를 정의하는 일은 쉽지 않다. 돌로 만들어진 유물이라고 한다면, 가령 고인돌이나 석탑 같은 것도 포함되어야 하지만 실제 고고학에서는 그렇지 않은 것이다. 그래서 현실적으로 고고학, 특히 선사고고학에서 석기란 사람의 손에 의해 그 생김새나 특성이 변화된 돌을 말한다.

긴 선사시대 동안 석기는 자연에서 에너지를 획득하는 주 도구였다. 모두가 수렵채집민이었던 구석기시대는 물론이고 농경이 등장하고 자리잡은 신석기시대와 청동기시대에도 석기는 일상생활에서 가장 중요한 도구의 역할을 유지하였다. 따라서 석기기술의 변화를 논하지 않고선 선사시대의 문화 변화를 이해할 수 없다.

고고학이란 학문은 인문사회과학에서도 가장 긴 시간 범위를 다룬다. 선사시대는 흔히 사용되는 도구의 재질을 기준으로 석기시대, 청동기시대, 철기시대의 세 시대로 구분한다. 이렇게 도구의 재질을 토대로 먼 선사시대를 구분하는 것은 사실 고대로부터 시작된 전통이기도 하다. 그러나 고대의 서술은 경험 자료, 곧 물적 증거에 토대를 둔 것이 아닌 사변적인 것에 불과했다. 삼시대 체계는 19세기 초반 북유럽에서 공식화하였다. 덴마크의 크리스티안 톰센(Christian Thomsen, 1788-1865)이 석기시대와 청동기시대 그리고 철기시대의 세 시대로 나누어 박물관 전시를 기획한 것이 최초인 것이다. 이후 발굴을 통해 세 시대는 층위적인 선후관계가 밝혀졌으며, 전 유럽으로 확산되어 적용되기에 이른다. 1865년 영국의 존 러복(John Lubbock)은 『선사시대(Pre-Historic Times)』에서 석기시대를 다시 구석기시대와 신석기시대로 나누었으며, 이후 이런 시기 구분이 폭넓게 받아들여졌다.[2]

극지방이나 사막 같은 환경에도 동물과 식물이 살고 있다. 하지만 이모든 환경에 적응한 단일한 생물종이 있는데, 그것은 바로 사람이다. 일반인과 문외한은 이러한 놀라운 적응을 산업혁명 이후, 기술문명이 발달한 탓으로 생각할 수 있지만, 이는 후기 구석기시대 현생인류가 남긴 유산이다. 이미 후기 구석기시대 들어 인류의 일반적인 특징이 확립되었다 (갬블 2013; 성춘택 2010).

고위도 지방에서 빙하가 물러나고 후빙기 환경의 도래는 당시 수렵채집민에게는 엄청난 환경 도전이었다. 그러나 이미 다양한 환경에 적응하는 것은 인류의 행위적 특징이다. 해수면 상승으로 연안 환경에 적응하는 집단도, 고위도의 내륙에서는 매머드나 들소, 순록과 같은 대형 포유동물을 집중 사냥하는 무리도 있었다. 이 시기 서아시아에서는 한곳에 오래 머문, 또는 정주한 수렵채집민도 나타났다. 그리고 이런 맥락에서 밀 같은 야생 식물의 재배가 시작되었다. 이로써 정주 농경마을이 발달하게 되었다. 서아시아에서는 곡물을 제분하는 갈돌과 갈판이 발달했지만,

놀랍게도 중국과 연해주, 일본 등지의 동아시아에서는 이미 구석기시대 최말기에 토기가 등장한다. 한국에서도 상당수의 후기 구석기 유적에서 간석기(마제석기)가 출토되기도 하였다.

인류의 선사시대 기술의 변화는 호모 속으로 진화, 현생인류(호모 사피엔스)의 확산과 결부되어 있다. 전체적으로 형질 또는 생물 진화와 기술 변화를 동일시할 수는 없지만, 두 영역이 전혀 무관하게 이루어진 것은 아니다. 사회문화의 영역에서도 진화라는 개념은 19세기 중반부터 광범위하였다. 다만 이는 다윈의 자연선택의 개념과는 관련이 없다고 할 수 있다(오브라이언·라이맨 2009). 발명과 기술 혁신을 동일시하는 것, 곧 필요는 발명의 어머니라는 개념이 기술에 대한 "표준 시각"이라고 한다면, 다위니즘의 시각에서 새로운 변이의 생성은 기존 변이의 장(場)에서 여러 방식으로 나타난다. 무작위적인 부동(drift)이나 복제 실수(copying error)로 일어나기도 하고, 사회적 학습에서 편향된 전수가 이루어져 큰 변화의 토대가 되기도 한다(리처슨·보이드 [김준홍 옮김] 2009).

사회적 학습과 누대에 걸친 반복과 변이의 발생과 선택은 기술을 사회적 조건 및 맥락과 결부 짓는다는 점에서 "사회적 기술(social technology)"이란 개념과도 연결될 수 있다(갬블 [성춘택 옮김] 2013). 본고에서는 이처럼 선사시대를 통관하는 장기간의 변화를 진화라는 시각에서 파악하고자 한다. 더불어 한 시대의 기술, 그리고 기술의 변화는 사회의 맥락과 떨어져서 이해할 수는 없다. 기술이 사회를 어떻게 바꾸었고, 사회의 맥락에서 기술이 어떠한 역할을 하였는지에 초점을 맞추어 논의해보자.

최초의 돌로 만든 도구: 석기의 출현

현재까지 학계에서는 돌을 깨서 만든 도구의 출현을 대략 260만 년 전 아프리카에서 찾고 있다. 아프리카 에티오피아의 고나(Gona)에서 자갈돌을 깨서 만들어진 격지(flake)와 몸돌(core), 찍개(chopper)가 그 증거이다. 주변에서는 오스트랄로피테쿠스 가르히(*Australopithecus garhi*)라 불리는 화석이 발견되어 오스트랄로피테쿠스가 석기를 만들었을 것이라는 추정도 있다. 가르히는 호모 속(genus *Homo*)의 조상일 가능성이 있으며, 260만 년 전이라는 시기야말로 인류 진화에서 호모 속(호모 하빌리스)의 등장과 결부되어 있다. 다시 말하면 현재까지 고고학 증거에 따르면 석기의 시작을 오스트랄로피테쿠스로까지 소급시킬 수도 있지만, 아마도 적극적으로 석기를 제작하고 사용한 것은 호모 속에 들어서야 진전된 일이라고 생각된다.

그런데 어떤 고고학적 양상의 기원이나 최초의 시작점을 찾는다는 것은 거의 불가능한 일이다. 희소하지만 자료는 시간이 흐르면서 증가할 것이고 이른바 "최초"의 시점은 지속적으로 소급될 것이다. 최근 *Nature*의 리포트에 따르면 무려 330만 년 전의 석기를 찾았다고 한다. 하먼드 등(Harmand et al. 2015)은 케냐의 투르카나 호 서쪽(West Turkana) 롬크위 3(Lomekwi 3)이란 유적에서 고나보다 무려 70만 년이 이른 시기의 층에서 현무암과 화산암의 일종인 향암(phonolite)으로 만들어진 몸돌과 격지 100여 점을 발굴했다고 한다. 아직 학계에서 더 많은 연구와 토론이 필요하지만, 이처럼 석기의 등장은 이제 호모 속의 등장을 앞서고 있는 것이다.

어쨌든 석기는 구석기시대 고고 자료의 대부분을 차지한다. 구석기시대는 석기의 등장 이후부터 약 12,000년 전 후빙기의 도래까지를 포괄하는 개념이다. 구석기시대 인류는 작은 집단을 이루고 수렵과 채집을 하면서 이동하며 살았을 것으로 추정된다. 이들은 나무 같은 유기물 도구 역시 만들고 사용하였을 것이지만, 거의 모든 유기물 도구는 이미 사라지고 없기에 고고학적으로는 석기가 가장 특징적이다. 그럼에도 긴 구석기시대 동안 석기기술은 느리지만 꾸준히 진화했다. 이를 고고학자들은 흔히 전통(tradition)또는 공작(industrial complex)이라는 개념을 사용하여 개괄한다. 초창기 석기는 자갈돌을 깨서 만든 조잡하고 거친 형태로서 올도완(Oldowan)이라 불린다. 약 160-170만 년 전 아프리카에서는 양변에 날을 가진 주먹도끼(handaxe)가 등장하는데 주먹도끼와 가로날도끼가 특징인 아슐리안전통(Acheulian tradition)은 이때부터 약 30-20만 년 전까지 지속된다.

그러던 것이 아프리카와 유럽에서 몸돌의 형태를 더 체계적으로 준비하여 격지를 떼어내고, 작은 격지를 소재로 다양한 도구를 만드는 기술이 등장하여 중기 구석기시대의 특징이 되었는데, 이를 무스테리안(Mousterian)이라 부른다. 유럽에서 이 시기는 네안데르탈인의 존속 기간과 맞물린다. 무스테리안 전통은 몸돌 주변을 돌아가며 격지를 떼어내어 몸돌과 타면을 준비하는 르발루아 기법이 특징적이다. 그러나 동아시아에서 르발루아 기술의 존재가 확인되고 있지 않으며, 주먹도끼도 4만 년 전까지 지속되는 것으로 보인다. 다시 말하면 중기 구석기시대를 설정하기 어렵다(Seong and Bae 2016).

그러나 후기 구석기시대 문화와 석기기술은 전 세계적인 흐름이 있다. 이는 현생인류의 확산과 맞물려 있기 때문이다. 대략 약 5~4만 년 전이 되면 현생인류가 아프리카를 넘어 구대륙 전역으로 확산하는데, 이 시기는 후기 구석기시대의 시작과 어울린다. 후기 구석기시대는 길이가 너비보다 두 배 이상으로 길고 양변이 평행하고 날카로운 날을 가진 돌날(blade)의 제작과 사용이 석기기술을 주도한다. 예술품과 동굴벽화, 뼈나 뿔로 만든 도구, 장식품과 같은 선사시대 기술의 특징이 이때 확립되었다(갬블 2013). 현생인류는 혹독한 빙하기의 조건에서 오스트레일리아와 아메리카 대륙까지 들어간다. 이제 전 세계의 다양한 환경 조건에서 사는 단일한 생물종이 탄생한 것이다. 현재 인류의 역사는 바로 이런 토대 위에서 지역적인 발전과 진화를 이룬 것이다.

한국 선사시대 석기기술 연구사

한국의 구석기시대는 거친 석재로 만든 뗀석기의 제작과 사용에서 시작하여, 후기 구석기시대의 흑요석이나 규질혈암과 같은 정밀한 재질의 돌로 정교하게 만든 돌날과 잔돌날 기술에 이르기까지 긴 진화의 여정을 잘 보여주고 있다(성춘택 2017a). 구석기시대라는 긴 시간 동안 인간의 기술은 느리지만 꾸준히, 그리고 시간이 지나면서 비교적 빠르게 변화했다. 또한 신석기시대에 이르면 돌화살촉과 돌도끼 등 다양한 간석기가 만들어지고 쓰인다. 특히 돌괭이 그리고 갈판과 갈돌 등 농경과 관련된 여러 도구가 알려져 있다. 청동기시대는 금속기술이 도입되었지만, 실생활에서는 오히려 간석기가 성행하였다. 돌화살촉이나 돌도끼, 돌칼 등 다양한 석기들이 식량 생산과 수확, 그리고 목공 등 다양한 실생활에 이용되었다. 간돌검이나 옥 등은 사회의 변화하는 모습을 보여주는 유물이기도 하다.

한국 선사시대 석기기술에 대한 고고학적 논의는 주로 제작기술과 형식에 집중되어 있다(성춘택 2006). 제작기술 연구는 돌감(석재)의 획득과 소재 준비와 가공에 이르기까지 여러 단계의 공정을 밝히는 일이다. 그리고 석기를 기종별로 나누고, 한 기종 안에서도 여러 형식으로 구분함으로써 석기의 시공간 변이 양상을 파악한다.

구석기시대 석기의 대부분은 뗀석기(타제석기)[3]로 이루어져 있으며 신석기시대와 청동기시대 역시 뗀석기이다. 거의 모든 간석기(마제석기) 역시 뗀석기기술을 토대로 하고 있다는 점에서 석기 제작기술에 대한 연구가 중요하다고 할 것이다. 구석기시대 뗀석기기술에 대한 연구는 주로 주먹도끼와 같은 특정 석기의 제작 과정에 치중한 연구(유용욱 1997; 유용욱·김동완 2010)가 주목된다. 전곡리를 비롯한 임진한탄강의 주먹도끼 자료를 이용하여 원석과 소재 제작에서 성형에 이르기까지 제작 과정이 점검되었다.

후기 구석기시대 석기 가운데는 슴베찌르개가 주목을 받았다(박가영 2012; 이기길 2011; 장용준 2002, 2007; 최철민 2014; Seong 2008). 대체로 소재가 돌날인지, 격지인지, 그리고 슴베 부위에 어떤 잔손질을 베풀었는지, 측면에 잔손질의 성격 등이 석기기술 연구의 기준이었다. 이를 바탕으로 후기 구석기시대 전반부의 특징적인 석기 형식을 고찰하였다. 돌날 제작은 후기 구석기시대 석기기술의 특징이기도 하며, 가장 많은 연구에서 관심이 집중된 주제이기도 하다.

잔석기(세석기)기술이야말로 뗀석기기술이 가장 고도로 발달되었음을 보여주는 것이다. 특히 성춘택(1998)은 잔몸돌(세석핵, microblade cores)을 자료로 몸돌의 준비와 측면 손질 과정, 때림면(타격면) 만들기 그리고 돌날떼기라는 연속적인 석기기술의 단계를 다양한 형식으로 나누어 고찰한 바 있다. 이후 잔몸돌에 대해 유사한 연구가 이루어지기도 하였으며(김은정 2002; 장용준 2002; Seong 2007), 중국, 러시아, 일본, 미국 학계에서도 잔돌날(세석인, microblade) 제작 과정에 대한 연구가 광범위하게 이루어졌다.

　신석기시대와 청동기시대 석기의 다수는 여전히 뗀석기이지만, 구석기시대와는 다른 재질의 암석을 사용하여 다른 용도로 만든 석기들도 많이 등장한다. 구석기시대 석기 연구와는 달리 신석기, 청동기시대 석기 연구에서는 형식 분류 같은 전통적 고고학 방법이 가장 일반적이다. 물론 구석기시대 석기에서도 주먹도끼의 형태와 대칭성(유용욱·김동완 2010)과 같은 측면에 주목하기도 하며, 제작기술이 형태와 연관되어 있는 것도 사실이다. 그렇지만 신석기, 청동기시대 석기 연구에서는 유물의 형태를 근거로 우선 다양한 석기의 용도를 구분하는 방식이 광범위하다. 그리하여 신석기, 청동기시대 다양한 생김새와 용도의 석기를 개괄함으로써 사냥과 채집, 어로 그리고 농경의 행위와 석기기술이 어떻게 결부되어 발달했는지를 파악한다(배진성 2005; 하인수 2005).

　예를 들어 돌화살촉(석촉) 같은 유물에서는 다시 형태를 기준으로 무경식과 유경식으로, 유경식은 다시 일단경식과 이단경식으로 구분하여 유물의 시간적인 변화 양상을 파악한다(손준호 2006). 석부류의 석기는 날 부분의 형태에 따라 돌도끼류와 굴지구로 나누어지는 것이 보통이다(배진성 2005; 하인수 2005). 농구 가운데 반달돌칼(반월형석도)은 가장 많은 관심을 모았는데, 이 역시 즐형, 어형, 장방형, 주형, 삼각형 등 다양한 형태에 따른 분류를 통해 지역성을 고찰하는 것이 주된 연구 방법이었다(손준호 2006). 간돌검, 곧 마제석검은 조형이 무엇인지에 대한 논의와 함께 유경식과 유병식, 유병식의 경우 일단병식과 이단병식 그리고 유절병식 등 형태 분류를 통한 지역성 및 시간성 고찰이 주된 연구 방법이다(신숙정 1997; 윤덕향 1983, 1997).

　사실 신석기, 청동기시대 석기는 고고 유적에서 가장 흔하게 볼 수 있는 자료임에도 토기에 비해 연구 성과가 그리 많지 않다. 토기가 무늬와 기형에 따라 지역성과 시간성을 보여주는 자료로 생각되었기 때문에 석기는 보완적인 연구에 머물러 있는 양상이었던 것이다. 그러나 신석기, 청동기시대 사람들의 생활과 관련된 도구는 대부분 돌로 만들어진 석기에 의존하여 연구할 수밖에 없다. 실제 수렵과 채집, 농경, 어로 등 생업과 관련된 연구는 석기를 빼고는 불가능하다. 토기와 집자리 같은 고고자료 연구에서 보완적인 데 머무르지 않고, 더 집중적인 관심과 연구가 이루어져야 한다.

긴 선사시대의 도구는 느리지만 꾸준히 진화했으며, 현재 우리가 보아도 놀랄 만큼 진전을 이루기도 하였다. 선사시대이기에 기록이 남아 있지 않고, 지금 우리의 기억 속에 찾을 수 없기 때문에 그저 역사시대의 서막이나 워밍업 정도로 생각되어서는 안 된다. 기나긴 세월의 변화 속에서 우리가 걸어온 여정이 있는 것이다. 긴 세월만큼이나 사람이 걸어온 여정에는 다양성이 풍부하다. 본고는 선사시대 석기기술의 변화를 단선적인 발달의 관점에서 보기보다는 기능과 양식, 사회관계 등 다면적인 측면에서 개괄한다.

석기의 종류와 제작기술

1. 석기 제작기술의 이해

1) 석기의 종류

도구로서 석기는 대체로 뗀석기와 간석기로 나눈다. 뗀석기란 말 그대로 돌을 의도적으로 깨거나 떼어낸 유물을 말한다. 이로부터 생산된 날카로운 날을 사용하는 것이다. 물론 돌을 떼어내기 위해 망치로 사용된 자갈돌 역시 뗀석기에 속한다. 뗀석기는 기본적으로 몸돌(석핵, core)과 격지(박편, flake)로 이루어지는데, 몸돌에도 거칠고 조잡한 것에서 잔몸돌(細石核, microblade core)에 이르기까지 다양한 크기와 생김새가 있다. 뗀석기기법으로 만들어진 도구로는 찍개(chopper)와 다면석기(polyhedron)를 비롯하여, 주먹도끼(handaxe), 가로날도끼(cleaver), 찌르개(point), 긁개(scraper), 밀개(endscraper), 톱니날(denticulate), 홈날(notch), 뚜르개(borer), 새기개(burin) 등 수많은 형식이 있다. 이 밖에 버리는 석재(debitage)로는 격지와 격지조각, 부정형조각 등을 들 수 있다.

이와 대비되어 돌을 갈아 만든 석기를 간석기(ground stone artifact), 곧 마제석기(磨製石器)라고 한다. 그런데 간석기를 만들 때는 먼저 원석을 떼어내는 것이 보통이다. 간석기는 후기 구석기시대 유적에서도 그리 드물지 않으며, 신석기시대, 특히 청동기시대에 크게 발달하여 널리 제작되고 사용되었다. 그러나 구석기시대는 뗀석기, 신석기시대는 간석기라는 단면적인 도식은 잘못이다. 신석기시대와 청동기시대에도 수많은 뗀석기가 만들어지고 쓰였다.

예컨대 청동기시대 유적에서는 반달돌, 돌화살촉, 돌도끼 같은 흔한 간석기가 나오지만, 크고 작은 뗀석기, 격지도 많이 보인다. 이런 유물들은 보고서에서 그리 중요하게 다루어지지 않지만, 집자리에서 다른 유물들과 같이 출토되고 있는 만큼 중요하게 사용되었을 것이다. 야금술을 알고 사용했다는 청동기시대의 대부분 도구는 사실 석기였다. 이처럼 석기기술의 변화를 단선적이고도 도식적으로 이해하는 것은 잘못이다.

2) 석기 제작과 사용의 과정

일반인과 상당수 비전문가들에게 가장 어려운 것 중 하나는 바로 석기, 특히 뗀석기(타제석기)를 유물로 인식하는 것이다. 그러나 자연적으로 깨진 돌과 사람이 의도하여 깬 돌을 구분하는 일은 그리 어렵지 않다. 물론 인공 여부가 논란이 되는 유물이나 유적이 없지 않지만, 대부분의 경우 사람의 의도적 변형은 인지할 수 있는 패턴을 남긴다. 이는 석기의 제작 과정을 검토하면 이해할 수 있는 일이다.

석기를 만드는 과정은 기본적으로 최초의 원석이 점점 작아지는 감쇄과정(reduction process)이다. 이와 대조로 토기 제작은 진흙에 모래 같은 비짐을 섞고 모양을 만들어내는 부가기술(additive technology)이라고 말할 수 있다. 감쇄과정을 대표하는 석기기술은 원석의 확보에서 시작하여 소재 가공, 손질, 도구 제작과 사용, 재사용, 재활용과 폐기 등을 포괄한다. 단순히 제작방법만, 곧 테크닉만이 아니라 흔히 작업연쇄(chaîne opératoire)라 불리는 과정까지 포괄하는 개념이다. 고고 유적에서 나오는 석기는 이 같은 복잡하고도 다양한 작업연쇄의 어떤 부분의 산물이다.

감쇄과정으로서 석기기술은 다음과 같은 특징을 지니고 있다.

첫째, 마지막 도구의 성격에 따라 다양한 원석을 사용하였다. 주먹도끼와 찍개 등 대체로 거칠고 대형의 석기 제작에는 규암과 같은 석재가 이용되었으며, 후기 구석기시대 돌날과 잔돌날 제작에는 규질혈암, 응회암이나 혼펠스, 흑요석 같은 정질의 암석을 사용하였다. 정질의 암석은 대부분 지역에서 쉽게 구할 수 없는 경우가 많아 먼 곳에서 얻어야 했다. 신석기시대와 청동기시대의 다양한 간석기 역시 석기의 형태와 용도에 맞게 점판암이나 셰일, 혼펠스, 화강암, 편암 같은 여러 암석이 원석으로 쓰였다.

둘째, 소재(blank)를 만드는 과정에서는 큼직한 격지를 소재로 할 수도, 작은 격지를 떼어낸 몸돌이 도구의 소재가 될 수도 있다. 간석기를 만들기 위해서는 소재를 어느 정도 다듬어야 한다. 적절한 생김새와 크기의 소재를 만드는 것이 석기 제작에 그만큼 중요하다. 소재를 어느 정도 가공하여 선형(先型, preform)을 준비하기도 하며, 이 과정에서 잘라내기(찰절) 같은 기법이 쓰이기도 한다. 돌화살촉 같은 석기 제작에서 어느 정도 선형을 만든 다음 공방에 들여와 정밀한 가공을 하기도 하였으며, 선형을 다른 마을에 유통하였을 가능성도 있다.

셋째, 잔손질이나 다듬는 과정을 거쳐 도구를 완성한다. 긁개나 밀개와 같은 석기는 격지나 돌날을 소재로, 잔손질을 베풀어 만든 도구이다. 간석기 역시 소재와 선형을 거칠게 마연한 뒤 슴베나 경부, 날 부위를 정

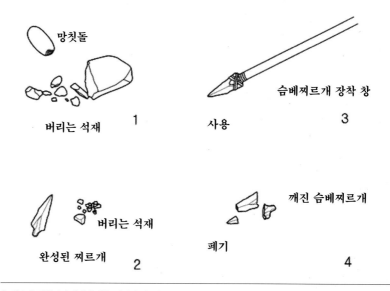

망첫돌

버리는 석재   1

슴베찌르개 장착 창   3

사용

완성된 찌르개   2

버리는 석재

깨진 슴베찌르개

폐기   4

〈그림 2-1〉 뗀석기의 제작과 사용, 폐기의 과정을 도해한 그림. 양면으로 가공된 창끝찌르개를 만들기 위해 1. 규질셰일 같은 적절한 정질의 원석을 획득하며, 2. 격지나 돌날을 떼어내어 손질하고 다듬어 도구를 완성하고(이 과정에서 많은 부스러기가 나온다), 3. 나무 자루 끝에 장착하여 창으로 사용되며, 4. 사용 중 파손된 찌르개는 폐기된다(성춘택 2017a: 56, 그림 2.4에서).

밀하게 마연하고, 돌칼의 경우 구멍까지 뚫어 도구를 완성한다. 이 과정에서 수많은 부스러기가 나올 수 있다.

넷째, 완성된 도구는 사용의 과정을 거친다. 사용 중 파손을 입을 수도 있는데, 다양한 형태의 파손흔이나 사용흔은 석기의 기능을 판단하는 데 유용한 자료가 된다. 재사용이나 재활용할 만한 유물은 다시 다듬거나 잔손질을 거쳐 새로운 형태의 도구가 되기도 한다.

다섯째, 고고 자료로서 석기는 대부분 폐기된 물건이다. 직접적으로 유물의 사용이나 제작 과정과 결부된 것이든, 아니면 집자리와 같은 유적이 폐기된 것이든, 심지어 화살을 쏜 뒤 잃어버린 것이라 할지라도 유물은 더 이상 사용의 맥락을 떠난 것이다.

2. 신석기, 청동기시대 석기의 제작과 분류

동삼동과 암사동 등 잘 알려진 신석기시대 유적뿐 아니라 운서동, 오이도, 연대도, 욕지도, 송도, 후포리 등 중요한 유적에서는 다양한 종류와 생김새의 석기가 알려져 있다. 이를 통해 과거 인간의 행위를 추론하고 복원할 수 있다. 특히 화살촉이나 돌창, 낚싯바늘, 작살, 그물추와 같은 사냥 및 어로구를 비롯하여, 돌낫, 돌칼, 돌따비 등 굴지구와 갈판과 갈돌 같은 농구 및 가공구, 돌도끼와 돌끌 같은 공구들의 다양한 유물을 제시하고 시간의 흐름에 따라 어떻게 변모하였는지를 개괄할 수 있다.

주지하듯이 실제 간석기(마제석기)가 꽃을 피웠던 시기는 청동기시대다. 금속기를 다룰 줄 아는 때였지만, 돌은 여전히 실생활 용구에서 중요한 역할을 하였다. 화살촉이나 석검과 같은 다양한 수렵 및 전쟁, 그리고 의식 관련 도구에서 시작하여, 돌칼, 돌낫, 돌끌, 숫돌, 돌도끼와 같은 다양한 석기를 개괄할 것이다. 구석기시대부터 실생활 도구로서 광범위하게 사용된 석기는 철기가 제작되고 보급되면서 급격히 그 역할이 축소된다.

간석기를 포함한 신석기, 청동기시대 석기의 분류는 전통적으로 기능을 우선한다. 그러나 사실 석기의 기능이란 여러 실험이나 맥락 연구를 통해 추론되어야 하기 때문에 쉽게 단정할 수 없다. 어쨌든 석기들은 일차적으로 생산용구와 가공구, 무구, 의례용구 등으로 나눈다. 생산용구는 다시 돌화살촉이나 찌르개와 같은 수렵구와 낚싯바늘과 작살로 대표되는 어로구, 채집구, 농구로 나눌 수 있다. 농구에는 돌괭이와 돌보습 같은 굴지구와 돌칼 같은 수확구가 있다. 가공구는 식료, 목재, 석재 가공으로 나눌 수 있는데, 갈돌과 갈판은 대표적인 제분구일 것이며, 돌도끼와 돌끌, 돌자귀 같은 것이 목재 가공에 쓰였을 것으로 생각된다. 석재 가공구란 석기를 만드는 데 쓰였던 숫돌, 투공구 등을 포괄한다. 이 밖에도 상당수의 청동기시대 석촉과 석검은 무구로 사용되었을 것이며, 귀걸이 같은 의례용구도 신석기시대부터 발견된다.

기능 일차 분류	세부 기능 분류	신석기시대	청동기시대
생산용구	수렵구	석촉, 석창, 찌르개	석촉
	어로구	이음낚싯바늘(결합식 조침), 작살, 그물추	그물추
	농구 (굴지구, 수확구)	석부(따비, 괭이, 곰배괭이), 돌낫, 원반형 석기	돌칼(반월형, 방형, 즐형, 어형, 삼각형), 돌낫
	채집구	격지	격지
가공구	식료 가공	갈돌, 갈판, 홈돌, 대석, 격지(박편), 돌칼, 돌톱(石鉅)	격지, 갈돌, 갈판
	목재 가공 (벌채, 목재 가공)	돌도끼(석부), 돌끌(석착), 편평편인 석부	석부(돌도끼, 돌자귀), 유구석부, 돌끌, 편인석부
	석재 가공	숫돌(지석), 석추(石錐), 망칫돌	숫돌, 투공구, 찰절구, 뚜르개, 망칫돌
무구, 의례·장신구 및 기타	의례용구	이식(耳飾), 수식(垂飾), 각종 장신구	봉상석기(石棒), 환상석부 옥(관옥, 곡옥, 환옥)
	전쟁(권위)		석촉, 석검, 석창
	기타	몸돌, 조각, 시문구, 새기개	

〈표 2-4〉 신석기 및 청동기시대 석기의 분류(성춘택 2017a: 160, 표 6.1 참조)

흔히 역사 교과서에서는 뗀석기(타제석기)와 간석기(마제석기)를 구분하여, 앞엣것을 구석기시대, 뒤엣것을 신석기시대 이후 석기의 특징이라고 하지만, 이는 잘못이다. 후기 구석기시대의 유물 가운데는 날 부분만을 갈아 만든 석기, 곧 국부마제석부, 그리고 일부가 갈린 석기가 하남 미사리, 장흥 신북, 대전 용호동, 진주 집현 장흥리 등 후기 구석기시대의 유적에서 보인다. 분포는 전국적이다. 이웃 일본에서도 인부마제석부는 3~4만 년 전 후기 구석기시대 초부터 보인다.

간석기 제작은 뗀석기 제작의 연장선상에 있다. 다만, 후기 구석기시대의 돌날과 같은 작고 정교한 석기를 만드는 데 흑요석이나 규질셰일과 같은 정질의 암석을 이용한 데 반해 간석기 제작에는 혈암이나 점판암, 사암과 같은 암석이 사용되었다. 갈린 표면은 경우에 따라서는 자연적으로 마모된 면(자연면, natural cortex)과 구분하기 어려운 경우도 있다. 다만, 현미경 관찰을 해보면 암석의 석영, 장석, 운모와 같은 광물알갱이가 자연 마모면에서는 빠져나가는 경향을 보이지만, 인공적으로 갈린 표면에서는 광물알갱이 역시 갈린 현상을 볼 수 있다. 이를 통해 인공 여부를 판단할 수 있는 것이다. 또한 석기는 특정한 면이나 위치만이 갈린 경우가 많기 때문에 그리 어렵지 않게 동정할 수 있다.

간석기 제작의 대표적인 기법으로는 단순히 대상 원석을 숫돌 위에 올려놓고 가는 기법뿐 아니라 두드리기(고타), 양극떼기, 잘라내기(찰절), 구멍뚫기(천공) 등 다양한 방법이 쓰였다.

양극떼기란 대상 석재를 받침돌 위에 올려놓고 다시 돌로 내리치면서 위와 아래 양쪽에 격지를 떼어내어 반반한 소재를 만드는 방법이다. 점판암같이 층리가 발달한 암석을 길이 방향의 수직으로 내리치면 작용 반작용의 원리에 따라 위와 아래에서 내부 층리가 쪼개지는 것이 원리이다. 마찬가지로 망칫돌을 들고 점판암 같은 층리가 발달한 암석을 거의 수직으로 내리칠 경우 양극떼기와 유사하게 소재를 정형할 수 있다. 두드리기란 석기의 전체 모습을 성형하면서 요철 부분을 두드려 더 매끈하게 만드는 것을 말한다. 양극떼기나 점판암 같은 소재를 수직으로 타격하는 방법을 사용하여 소재의 형태를 거칠게 준비한 다음 튀어나온 부위를 두드려 부드럽게 만드는 방법이다. 또한 더 이상 직접떼기로는 타격의 각을 얻을 수 없을 때 특정 부위를 두드림으로써 형태를 조정하는 방법이기도 하다.

구멍뚫기(천공)란 흔히 성형의 마지막 단계에서 이루어지는 방법으로 반달돌칼 같은 도구에 투공구(천공구)를 사용하여 구멍을 뚫는 방법을 말한다. 구멍을 뚫는 데는 활비비 같은 장치를 이용하기도 한다. 고고 유

〈그림 2-2〉 돌칼과 그 구멍을 뚫는 데 쓰인 것으로 생각되는 투공구(대구 동천동 32호 주거지 출토, 왼쪽 투공구 72cm, 국립대구박물관 2005, 도판 036에서).

〈그림 2-3〉 진주 상촌리 유적에서 나온 신석기시대 돌도끼. 아래 측면에 찰절흔이 잘 드러난다(길이 12.5cm, 국립대구박물관 2005: 31, 도판 025에서).

〈그림 2-4〉 찰절기법으로 돌살촉의 소재를 만든 모습(돌살촉 소재의 길이는 서로 다르지만, 넓이가 일정하다. 대구 월성동 출토, 국립대구박물관 2005: 236, 도판 440에서)

적에서는 투공구가 나오기도 하는데, 보통 길이 5~10cm이며, 끝은 뾰족하고, 몸통은 둥근 모습이다(그림 2-2). 신석기와 청동기시대 유적에서는 이 같은 다양한 기법을 사용하여 만든 간석기들이 풍부하다(쇼다신야 외 2013; 이기성 2006; 황창한 2004, 2007, 2009).

잘라내기(찰절)란 돌화살촉(석촉)이나 석검, 돌도끼와 같은 석기를 만들 때 소재를 원석에서 잘라내듯이 준비하는 방법이다. 이 기법으로 만들어진 석기의 측면에는 잘라낸 흔적이 남아 있는 경우가 많다(그림 2-3). 잘라내기기법은 이미 신석기시대에 성행하였는데, 이음낚싯바늘이나 돌도끼 등에서 확인할 수 있다. 잘라내기는 석기의 소재를 정확한 모양으로 만들 수 있다는 것이 장점이지만, 효율성의 측면에서 많은 노동이 들어가는 기법이기도 하다. 잘라내어 돌화살촉을 만들기 위해 혈암 돌감을 잘라내어 비슷한 두께의 소재를 여러 개 만든 것이 나오기도 했다(그림 2-4). 이와 대조적으로 점판암 소재의 석기는 양극떼기라는 효율적인 기법으로 시작하는 경우가 많다.

특정 간석기를 제작하는 과정에서 여러 기법은 단계에 따라 복합적으로 이용된다. 우선 석기의 기능에 맞도록 혈암(셰일)이나 점판암, 사암 등의 원석을 준비하며, 다시 직접떼기나 양극떼기, 또는 잘라내기와 같은 방법을 이용하여 소재를 만든다. 소재를 두드리거나 직접떼기를 통해 전체 모양을 만들고 숫돌 위에서 갈아 성형을 마무리 지은 다음, 투공구를 이용하여 구멍을 뚫는 식이다.

〈그림 2-5〉는 신석기시대와 청동기시대 여러 간석기를 만드는 과정을 도식적으로 표현한 것이다. 먼저 산록이나 강변에서 적당한 돌감(판상으로 잘 떨어지는 점판암이나 혈암, 돌도끼의 경우 화강암 등)을 얻은 뒤 직접떼기나 양극떼기, 수직떼기 같은 방법으로 소재를 준비한다. 이 과정에서 상당한 굴지구나 그물추 같은 석기가 만들어진다. 나아가 잘라내기(찰절)나 두드리기(고타) 같은 방법으로 소재를 더 다듬거나 성형을 거친다. 다시 소재를 거칠고 약하게 갈아(약마) 모습을 만든 다음 고운 갈기(정마)와 구멍 뚫기 같은 과정을 거쳐 화살촉이나 돌검, 돌도끼, 돌칼 등 많은 간석기를 완성한다.

이러한 과정은 돌화살촉이나 돌칼, 돌도끼, 돌검 등 세부 기종에 따라 다를 수도 있으며, 사용한 돌감에 따라서 여러 과정을 거칠 수도 있다. 예컨대 비교적 두꺼운 돌도끼를 만들 때는 대체로 먼저 돌감을 대략적인 형태로 다듬은 뒤 다시 정미한 떼기로 소재를 만든다. 그 다음 조심스럽게 두드리기(고타) 기법을 이용하여 주변을 준비하고, 날 부위를 갈아 유

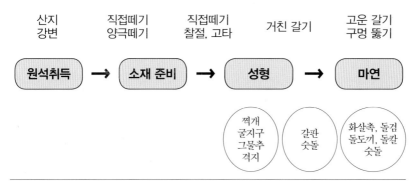

〈그림 2-5〉 간석기 제작의 연쇄(성춘택 2017a: 154, 그림 6.2에서).

물을 완성한다. 그러나 이런 과정이 모든 유물에 엄밀히 적용되는 것은 아니며, 잘라내기(찰절) 같은 기법으로 선형(preform)을 완성하기도 한다. 또한 두꺼운 합인석부나 통형석부 같은 기종과 편평편인석부 같은 얇은 유물은 석부류라고 통칭되지만 사용하는 돌감과 만드는 과정이 달라 고타 과정이 생략되고 바로 마연에 들어가기도 한다(황창한 2014).

석기기술의 다양성과 변화

1. 구석기시대 석기기술

1) 주먹도끼와 이른 구석기시대

구석기시대 뗀석기기술, 특히 아프리카와 유럽의 구석기시대 기술은 가장 고졸하고 거친 자갈돌 석기로 이루어진 올도완(Oldowan) 전통과 주먹도끼(handaxe)와 가로날도끼(cleaver)가 특징적인 아슐리안(Acheulian) 전통, 격지석기를 표지로 하는 무스테리안(Mousterian) 전통, 그리고 돌날과 잔석기가 특징적인 후기 구석기시대의 돌날석기 전통으로 나누는 것이 보통이다.[4] 이 가운데 아슐리안 전통은 아프리카에서 160만 년 전 정도에 등장하여 약 25만 년 전까지 인류역사에서 오랫동안 지속된 구석기시대의 대표적인 석기기술 전통이다.

주먹도끼란 반반한 자갈돌이나 대형의 격지 소재의 주변을 양쪽에서 집중적으로 손질하여 측면에서 보았을 때 비교적 곧고 긴 자르는 날(cutting edge)을 가진 석기를 말한다. 손잡이 부분은 자연면을 그대로 이용하거나 비교적 두툼하게 가공하고 그 반대쪽은 날카롭게 만들어 전체적으로 타원형이나 눈물방울모양, 삼각형 등을 띤다. 길이 10㎝ 정도에서 큰 것은 25~30㎝에 이르기도 한다.

주먹도끼의 쓰임새는 다양했을 것이다. 사용흔 분석과 실험 분석에 따르면 주로 동물을 도살하고 해체하는 데 많이 쓰였겠지만, 땅을 파거나 나무를 베고, 자르기도 하고, 뼈를 파쇄하여 골수를 얻는 등 다양한 용도로 사용되었을 것으로 생각된다. 이러한 유용성이야말로 구대륙 전역에서 무려 100만 년이 넘도록 존속된 가장 큰 이유였을 것이다.

미국의 고고학자 할램 모비우스(Movius 1948)는 주먹도끼의 존부(存否)를 바탕으로 구대륙의 이른 구석기시대 문화를 논한 바 있다. 이에 따르면 아프리카와 유럽, 인도에서는 주먹도끼가 특징인 아슐리안문화가 자리 잡았지만, 동아시아와 동남아시아에서는 여전히 찍개문화가 오래 존속한 문화지체 현상이 나타난다고 주장했다. 이를 근거로 드넓은 구대륙을 동서로 나눈 이른바 "모비우스 라인"이 등장했던 것이다.

그런데 전곡리를 비롯한 임진한탄강 유역은 주먹도끼류 석기가 상당수 수습되어 국제 학계의 관심을 많이 받았다. 거의 대부분은 사암이 열과 압력을 받아 변성되어 비교적 치밀한 조직을 지닌 규암(quartzite)이라는 단단한 암석으로 만들어졌다. 강변에 널려 있는 비교적 반반한 자갈돌을 골라 주변에 격지를 양면으로 떼어내거나, 우선 망칫돌떼기나 모루떼기를 이용하여 커다란 격지를 떼어낸 뒤 이것을 소재로 주변에 손질을 가하여 만들기도 한다. 연구에 따르면 임진한탄강 유역에서 수습된 주먹도끼의 소재는 자갈돌과 대형격지가 엇비슷한 비율을 차지하고 있다(Seong 2014). 대형격지는 그 자체로 날카로운 날을 가지고 있기 때문에 비교적 간단한 손질만을 베풀 경우 어렵지 않게 주먹도끼의 형태를 만들 수 있다. 다만 대칭도 측면에서는 대형격지 소재보다는 자갈돌을 직접 떼어 만든 주먹도끼가 더 높은 경향이 있다(유용욱·김동완 2010).

아슐리안 석기기술은 100만 년이 넘는 긴 존속 기간 동안 주먹도끼라는 형식이 핵심 요소였다. 하지만 대략 70만 년 전 이후 후기 아슐리안 유물 가운데는 전기의 유물보다 훨씬 얇고 대칭적이며, 더 공을 들여 만든 것이 많다. 특히 플린트와 같은 정질의 암석을 사용하여 연망치(soft-hammer)떼기로 집중 손질하기도 한다.

그런데 임진한탄강 유역에서 흔하게 보이는 주먹도끼는 이보다 정형성이 크게 떨어진다. 규암 자갈돌 역시 플린트보다 훨씬 거친 재질이며, 규암제 주먹도끼는 더 두껍고 형태도 정연하지 않다. 좌우 대칭도가 비교적 높은 유물도 있지만, 여전히 두껍고 기술적인 측면에서도 손질의 정도, 곧 정련도(elaboration)가 낮다고 할 수 있다.

그렇다면 모비우스 라인을 어떻게 평가하여야 할 것인가? 분명 제2차 세계대전 이전의 유물만을 대상으로 구대륙 전역의 문화를 양분하고, 기술적으로 지체되어 주먹도끼를 만들지 못했다는 생각은 잘못이다. 전곡리를 비롯하여 이미 많은 유적에서 주먹도끼가 출토되고 있는 것을 보면 모비우스 라인을 그대로 인정할 수는 없을 것이다. 그럼에도 몇몇 연구자들은 엄밀한 의미의 모비우스 라인의 문제점을 인정하면서도, 넓은 의미의 모비우스 라인을 받아들이고 있다. 그 이유는 여전히 주먹도끼가 나오는 유적의 수와 유물군에서 주먹도끼의 수도 적으며, 그 만듦새 또한 거칠어 아프리카나 유럽의 유물에 비해 정련도가 떨어지기 때문이다(Norton and Bae 2009). 덧붙여 임진한탄강을 비롯한 한국의 여러 주먹도끼 대다수는 아프리카와 유럽에서 주먹도끼와 가로날도끼를 표지로 하는 아슐리안 전통이 사라지고서도 오랜 세월이 흐른 뒤에 만들어진 것이다. 한국에서 주먹도끼 제작 전통은 후기 구석기시대의 등장 시점까지 이어진다.

석기의 형태라는 것은 원석을 획득하고 소재를 준비하여 손질하고 사용한 기술의 결과물이다. 특히 아슐리안 전통의 중요한 특징은 대형격지를 떼어내고, 그것을 소재로 주먹도끼를 비롯한 다양한 대형 자르는 도구(large cutting tools)를 만드는 것이다. 임진한탄강 유역의 많은 유물군에는 여러 가지 크기와 형태의 대형격지들이 포함되어 있고, 대형격지를 소재로 한 주먹도끼도 많다. 따라서 석기 제작기술의 측면에서 전곡리를 비롯한 한국과 동아시아의 유물은 아슐리안의 범주에 속한다고 할 수 있다(Seong 2014).

석기기술은 원석에서 격지를 떼어내는 삽쇄과정이 특징이다. 석기의 형태라는 것은 다양한 제작과 사용, 재사용, 재가공의 한 단계만을 나타낼 뿐이다. 석기기술의 변이는 제작자의 재능뿐 아니라 예상되는 작업의 종류, 이용 가능한 돌감, 수렵채집 집단의 이동성 등 다양한 변수가 결합된 것이다. 따라서 지나치게 특정 형식의 유물의 존부에 치중하는 것은 바람직하지 않다. 수십 년 동안 학계에서 논란의 중심에 선 모비우스 라인은 오히려 구석기시대의 다양한 석기기술을 이해하는 데 장애물일지도 모른다.

사실 전곡리를 비롯한 이른 시기 구석기시대 유적에서 주먹도끼보다 더 흔하게 볼 수 있는 것은 찍개과 다각면원구(polyhedrons), 몸돌 그리고 작은 석기들이다. 대체로 주변 강가나 산기슭에서 어렵지 않게 얻을 수 있는 규암과 맥석영으로 만들어진 것들이다. 규암과 맥석영은 우리나라 구석기시대 전 기간을 통틀어 석기 제작에 가장 많이 쓰인 돌감(석재)이기도 하다. 흑요석과 같은 암석에 비하면 거친 재질이기는 하지만, 단단하고 경우에 따라서는 상당히 치밀한 조직을 가지고 있어서 대형 석기는 물론 긁개와 홈날, 톱니날 등 작은 석기를 만드는 데도 널리 쓰였다.

그런데 후기 구석기시대로 가면서 좀 더 작고 정교한 도구를 제작하는

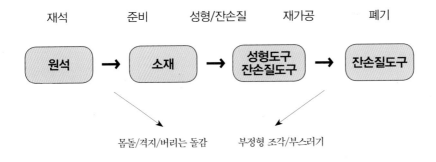

〈그림 2-6〉 역동적인 석기 제작의 작업연쇄(chaîne opératoire) 또는 감쇄과정(reduction sequence)을 간단하게 도해한 그림. 고고학 유적에서 나오는 석기는 주먹도끼와 같은 성형도구를 포함하여 수많은 종류의 부산물로 이루어져 있다. 각각의 석기는 원석 획득에서 도구의 제작과 사용, 재가공, 폐기에 이르기까지 역동적인 제작 사용의 감쇄과정을 거친 산물이다.

데 규암과 맥석영은 한계가 있다. 주변에서 쉽게 구할 수 있지만, 정교한 석기를 만드는 데는 부적합한 것이다. 그리하여 한국의 후기 구석기시대 석기기술의 전환은 새로이 정질의 돌감을 이용하는 양상이 두드러진다. 비록 먼 곳에서 얻어 와야 할지라도 정질의 암석을 사용하는 것이 효율적이었을 것이다(Seong 2004).

2) "인류혁명"과 돌날기술

우리는 '산업혁명'과 같이 실제 인류사에 획기적인 변화를 '혁명'이라는 용어를 사용하여 표현하기도 한다. 이로부터 나온 '신석기혁명' 또는 '농업혁명'이라는 용어 역시 고고학을 넘어 일반 대중에게까지 친숙해진 개념이 되었다. 고고학자 고든 차일드가 수렵과 채집으로 식량을 얻은 것에서 식량 생산 경제로의 변화야말로 인류사에서 혁명적인 전환이었음을 강조하고자 제시한 개념이다. 그런데 많은 고고학자들은 이보다 앞서 '인류혁명(Human Revolution)' 또는 '후기구석기혁명(Upper Paleolithic

Revolution)'이라는 인류사의 획기가 있었다고 본다. 최근에는 '인지혁명'이
란 개념으로 신석기시대 이전의 문화 전환을 강조하기도 한다(갬블 2013;
성춘택 2010; 하라리 2015).

신석기혁명이 인류의 역사를 바꾼 커다란 진전인 것은 사실이지만, 사
실 세계 도처에서 신석기시대와 더불어 농경이 시작된 것은 아니다. 우리
나라를 비롯하여 많은 지역의 신석기시대 주민의 다수는 여전히 수렵채
집으로 식량을 얻었다. 또한 유럽 사람들이 항해하면서 마주친 아프리카
와 아시아, 아메리카 대륙의 수많은 원주민은 수렵채집민이었다. 단선진
화의 틀에서 수렵채집민은 진화의 실패자 또는 낙오자로 여겨졌지만, 20
세기 중후반 인류학 연구에 따르면, 오히려 농경민보다 영양 상태와 삶의
질에서 더 좋다고 한다. 수렵채집은 세계화의 물결에서 점점 사라지고 있
지만, 최근까지도 인류생활의 중요한 부분이었고, 지금도 상당수 사람들
이 수렵채집민으로 남아 있다. 그래서 농업혁명만을 강조하여 인류사의
전개를 이야기한다면, 다양한 환경에 대한 인류의 적응 등에서 수렵채집
민의 역할을 지나치게 과소평가하는 것이다.

지구상에 사는 75억 인류 모두는 후기 구석기시대에 이동하며 수렵채
집을 하던 호모 사피엔스의 후손이다. '인류혁명'이란 현재 지구상에 살
고 있는 인류의 생물학적이고 행위적인 토대가 후기 구석기시대와 함께
갖추어졌음을 강조하는 개념이다. 곧, 호모 사피엔스의 전 지구적 확산과
석기, 골각기 기술의 발전, 상징행위의 폭발, 수렵채집 사회네트워크의 확
립 등 인류문화의 토대가 갖추어진 후기 구석기시대의 전환을 가리킨다.
사막이나 극지방에도 생물체가 존재하지만, 지구의 거의 모든 환경에 적
응한 단일한 생명체는 사람뿐이다. 문외한은 이런 변화를 산업혁명 이후
의 기술 진전 때문이라고 할지 모르지만 실상 이것은 후기 구석기시대,
가장 혹심했던 빙하시대의 일이었다. 약 26,000년에서 18,000년 전 고위

도 지방에는 빙하가 발달했으며, 현재 한반도 서쪽의 서해는 육지로 노출되어 있었다. 사람을 포함한 동식물에 혹심한 환경이었지만, 이 시기 동굴벽화와 비너스 조각품, 작고 정교한 석기와 골각기 등에서 후기 구석기문화는 절정에 이르렀다. 또한 인류는 매머드와 같은 대형동물을 사냥하면서 빙하를 가로질러 아메리카 대륙에까지 들어갔을 정도로 전 세계로 확산하였다.

우리나라에서는 이 시기, 곧 후기 구석기시대 전반의 가장 특징적 유물로 슴베찌르개를 들 수 있다. 이것은 주로 규질셰일과 응회암을 돌감으로 하여 만들어진 것인데, 격지나 돌날의 뾰족한 부분을 이용하고, 반대쪽에는 나무에 장착하여 창으로 쓰도록 다듬어 슴베를 만든 것을 말한다. 슴베찌르개는 대체로 40,000년 전에 등장하는데, 이때를 후기 구석기시대의 시작으로 보아도 무방하다(성춘택 2006; Seong 2015).

슴베찌르개의 상당수에는 한쪽 면에 손질, 특히 톱니날 잔손질이 베풀어져 있다. 이는 찌르고 던져 사냥감에 출혈을 유도하여 치명상을 입힐 목적으로 디자인되었던 것으로 보인다. 많은 슴베찌르개는 부러진 채 출토되고 있어 실제 사냥용으로 사용되었음을 반증하고 있다. 다만 찌르개의 용도뿐만 아니라 사냥 이후 동물을 해체하고 고기와 가죽을 다듬는 데도 쓰였을 것이다(Seong 2008).

후기 구석기시대 석기기술의 요체는 돌날(blade)이다. 돌날이란 길이가 너비보다 두 배 이상인 격지라고 정의할 수 있다. 하지만 일반적인 격지와는 달리 양쪽에 평행한 날을 가지고 있는 길쭉한 모양이며, 횡단면은 세모 또는 사다리꼴이다. 일반적인 돌날이 어른 손가락 두 개 정도의 크기라고 한다면, 이보다 훨씬 작은 돌날, 잔돌날(세석인, microblade)은 세석기 전통의 중심 유물로서, 너비가 1cm 이하이다. 일반 돌날의 경우 대부분 그 자체로 도구가 되든지, 아니면 끝부분이나 측면을 잔손질하여 밀개나 새기개를 만들기도 한다. 잔돌날은 단독으로 잔손질되어 도구로 쓰이기도 하지만, 대부분 나무나 뼈, 뿔에 홈을 파고 끼운 다음 아교로 고정하여 칼이나 창의 용도로 쓰인다. 흑요석과 같은 날카로운 재질로 만든 잔돌날을 박은 도구는 지금의 칼과 견주어도 손색이 없을 만큼 효과적인 도구였다.

돌날떼기 기술은 뗸석기기술이 고도로 발달했음을 보여준다. 우선 규격화한 돌날을 생산하기 위해서는 정질의 암석이 필요하다. 우리나라 후기 구석기시대에는 규질셰일(응회암, 또는 혼펠스)이 널리 쓰였으며, 중부지방의 유적에서는 흑요석 유물이 상당수 확인되고 있다. 주먹도끼와 같은 석기는 자갈돌을 소재로 하든, 그것에서 떼어낸 대형격지를 소재로 하든, 떼어내는 과정에서 그 자체로 도구가 된다. 하지만 생김새와 크기가 일정한 돌날을 떼어내기 위해서는 우선 몸돌을 준비하고 조정해야 한다. 정질의 암석의 주변을 몸돌 모양으로 다듬어야 하며, 돌날을 떼어내는 타면(striking platform)을 준비하는 일이 중요하다.

이 타면을 정교하게 준비한 다음 몸돌을 한 바퀴 돌면서 일정한 크기의 돌날을 떼어내는 것이다. 돌날떼기에는 비교적 작은 망칫돌을 사용할 수도 있지만, 대체로 뿔망치를 이용한 것으로 보인다. 뿔망치를 사용하면 원하는 위치의 몸돌 타면에 정교한 타격을 가할 수 있고, 지렛대의 원리와도 같이 얇고 긴 돌날을 얻을 수 있다. 또한 더 정교한 타격이 필요할 경우 간접떼기 기법, 곧 타면에 뿔과 같이 단단한 물체를 고정한 다음 그 위를 돌로 내리치는 방법도 쓰였을 것이다. 특히 초소형의 잔돌날을 떼어낼 경우 몸돌을 고정한 다음 눌러 떼는 방법이 일반적으로 사용되었을 것이다.

돌날과 잔돌날을 만든 몸돌은 엄밀하게 그 자체로 도구가 아니다. 주변을 돌아가며 많은 돌날을 떼어낸 다음 크기가 갈수록 줄어들고 타격각을 더 이상 얻을 수 없을 경우 폐기되는 것이다. 고고학에서 몸돌은 돌날을 떼어내는 기법을 추정할 수 있기 때문에 중요한 유물이다.

	대표적인 유적과 연대 (방사성탄소연대 BP / 보정연대 cal BP, 95.4%)	비고
소형석영석기군	동해 기곡(33,500±1200 / 38,450±3000) 청주 율량동(22,360±120 / 27,000±750) 진천 송두리(11,190±110 / 13,750±300) 용인 평창리	주변 석재를 이용한 임시 방편적 기술(구석기시대 내내 존속)
슴베찌르개 (화대리 유형)	충주 송암리(33,300±160 / 37,576±695) 포천 화대리(31,200±900 / 35,900±2150) 대전 용호동(38,500±1000)	규질셰일(응회암)로 슴베 찌르개 제작
슴베찌르개와 돌날 (고례리 유형)	남양주 호평동(27,500±300 / 31,815±675) 대전 용산동(24,430±870 / 29,300±1750) 밀양 고례리	흑요석 사용 시작(호평동, 인제 부평리)
슴베찌르개와 잔석기 (수양개 유형)	철원 장흥리(24,400±600 / 29,200±1250) 진안 진그늘(22,850±350 / 27,500±1000, 20,650±400) 장흥 신북(25,420±190; 20,960±80 / 30,150±600; 24,975±425) 단양 수양개(16,400±600 / 19,850±1400) 단양 하진리	LGM 시기 슴베찌르개와 잔석기 공존
세석기 (하화계리 유형)	대전 대정동(19,680±90 / 23,525±375) 남양주 호평동(17,500±200 / 20,850±600) 하화계리(13,390±60 / 16,400±450) 동해 기곡(10,200±60 / 11,870±250)	구석기시대 최말기 양상

〈표 2-2〉 한국 후기 구석기시대 석기군의 유형과 대표적인 유적과 유물군의 절대연대

특히 잔돌날을 떼어내고 남은 잔몸돌은 독특한 생김새를 가지고 있기 때문에 여러 기법을 복원할 수 있다. 그리하여 잔몸돌의 크기와 생김새, 몸돌면과 때림면 조정 등을 참고로 여러 잔돌날 생산 방법이 알려져 있다. 아주 작은 돌날을 떼어내기 때문에 작은 잔몸돌 역시 주변과 때림면에 아주 작은 조정 흔적을 볼 수 있다. 이와 같은 잔몸돌을 중심으로 하는 잔석기 전통의 유물군은 한국을 비롯하여 시베리아와 북중국, 몽골, 일본, 그리고 북아메리카 알래스카에 이르기까지 폭넓게 분포해 있다.

잔석기 전통이 어디에서 기원하여 확산하였는지는 불분명하지만, 알타

이 지방의 자료에서 보면 약 35,000년 전의 연대측정값이 있다. 우리나라에서도 철원 장흥리나 장흥 신북, 남양주 호평동 등에서 25,000~20,000 BP, 보정한 방사성탄소연대로 30,000년 전에 근접하기 때문에 최후빙하 극성기 이전에 등장한 것으로 보인다(《표 2-2》).

잔석기 전통의 유물군에는 돌날과 격지를 소재로 한쪽 끝에 집중적인 잔손질을 베푼 밀개와 돌날의 한쪽 끝을 비스듬하게 떼어 만든 새기개, 뚜르개 등의 유물이 조합을 이루며 출토되고 있다. 이 가운데 특히 밀개의 경우 사용흔 분석에 따르면 가죽을 다듬는 데 쓰였을 가능성이 높다. 고위도 지방에서 빙하가 성장하던 후기 구석기시대 가죽은 수렵채집민 생활에서 필수적인 항목이었을 것이다.

3) 돌감 사용과 석기기술의 진화

한국의 구석기시대 석기기술은 세계적인 일반성과 함께 지역적인 특징을 모두 보유하고 있다. 구석기시대의 기술과 문화는 기본적으로 수렵채집민의 것이다. 따라서 도구로 사용된 석기는 대부분 수렵과 채집, 그리고 이와 관련된 의식주 활동의 산물이라고 볼 수 있다. 그러나 수렵채집민이라고 해서 물질문화의 모든 양상이 의식주의 필요를 해결하기 위한 행동에서 비롯되었다고 할 수는 없다. 이것이 표준 시각(standard view, Pfaffenberger 1992)을 지나치게 강조하는 것이라 할 수 있는데, 사실 구석기시대의 주먹도끼와 돌날 같은 핵심 석기를 모두 표준적 관점만으로 설명하기는 어렵다. 석기가 제작되고 사용되었던 사회 맥락을 고려할 때만 더 포괄적으로 이해할 수 있다.

아프리카와 유럽의 전기 구석기시대 아슐리안 전통의 핵심 석기형식(기종)인 주먹도끼를 먼저 살펴보자. 주먹도끼와 같은 유물의 존재를 볼 때 분명 구대륙 전역의 인류문화에는 어느 정도 보편성이 있는 것 같다. 실제 주먹도끼가 특징인 아슐리안 석기 전통은 아프리카에서 약 160만 년 전에 등장해 약 25만 년 전까지 지속된 긴 기술 전통이다. 이는 그만큼 주먹도끼가 쓰임새도 다양하고 효율적이었음을 비추어준다. 수렵과 채집으로 생계자원을 확보하던 시절 주먹도끼는 동물의 사체를 도살하여 해체하고, 식물을 자르고 가공하며, 땅을 파 덩이줄기를 채집하는 등 여러 용도로 사용되었으리라 보인다.

한국 구석기시대 주먹도끼나 찍개는 특히 임진한탄강 유역과 같은 중부 지방의 강변에 산재한 규암제 자갈돌을 이용하여 만든 것이 대부분이다. 규암은 사암이 열과 압력을 받아 변성되어 단단하고도 치밀한 조직을 가진 암석이다. 유럽에서 전기 구석기시대 주먹도끼 같은 석기를 만드는 데 쓰였던 플린트와 같은 재질에 비하면 거칠다고 할 수 있지만, 규암제 자갈돌로는 비교적 크고 얇으며 날카로운 석기를 만드는 데 손색이 없었다.

한국의 구석기시대 석기 제작에 가장 널리 쓰인 돌감은 맥석영이다. 이 암석은 화강암과 편마암 같은 다른 암석에 석영맥으로 발달한 것이 물리적 풍화를 받은 것으로, 깨지면 아주 날카로운 날을 얻을 수 있다. 한국의 많은 지역에서 그리 어렵지 않게 구할 수 있는 돌감으로서 흔히 차돌이라 불린다. 맥석영은 찍개와 같은 비교적 큰 석기로부터 홈날, 톱니날, 긁개, 밀개와 같이 작은 석기에 이르기까지 폭넓게 쓰인 암석이다. 부분적으로 치밀한 조직이 발달한 경우도 있는데, 가령 유백색의 석영(milky quartz) 같은 암석은 아주 치밀하고 단단하여 작고 정교한 석기를 만드는 데 쓰였다.

후기 구석기시대에 들어 작고 정교한 석기를 만들고자 하는 수요가 늘면서 더 정질의 암석이 석기 제작에 쓰이게 된다(Seong 2004). 맥석영 암괴를 얻어 불순물이 있거나 거친 부분을 떼어내고 비교적 정질의 소재를 취사선택하는 기법은 후기 구석기시대 내내 일반적이었던 것으로 보인다. 소형석영석기가 주도하는 석기군은 후기 구석기시대 내내 확인되고 있다.

그러나 한국 후기 구석기시대 석기기술을 대표하는 것은 슴베찌르개와 돌날인데, 이 석기는 흔하게 얻을 수 있는 맥석영보다는 규질셰일(혈암, siliceous shale) 또는 규질응회암(silicified tuff)과 같은 암석으로 만들었다.5 정질의 암석은 한국의 대부분 지역에서 그리 흔한 것은 아니기 때문에 많은 경우 멀리서 조달하거나 다른 집단과 교류를 통해 입수해야 했을 것이다. 이를 통해 후기 구석기시대 석기기술은 단순히 특정 석기를 제작할 수 있느냐의 문제라기보다는 포괄적인 사회적인 이슈의 하나로 보는 것이 타당하다.

특히 남양주 호평동, 인제 부평리, 그리고 최근 조사된 포천 늘거리, 용수재울 등지에서 확인되듯이 25,000년 전 정도면 흑요석이 한반도 중부지방의 유적에서도 확인된다. 현재까지 자료에 따르면, 최후빙하극성기, 곧 LGM시기(대략 27,000년 전부터 18,000년 전까지)에 접어들면서 흑요석이 사용되기 시작하는 것이다. 백두산이라는 주된 흑요석 산지가 $500km$ 정도 거리에 있는 것을 감안하면 이는 획기적 진화라 하지 않을 수 없다. 단순히 특정 암석으로 돌날과 같은 기술을 구현했다는 측면이 아니라 아주 먼 곳에서 집단과 집단 사이 교류네트워크를 이용하여 자원을 획득했음을 보여주는 것이다.

이처럼 후기 구석기시대에 들어서면서 규질셰일과 같은 정질의 암석을 이용하여 슴베찌르개를 만들고 이것을 나무로 만든 창에 장착한다. 이런 무기는 후기 구석기시대 사람들에게 사냥이 중요한 생계행위였음을 알려준다. 이전 석기 도구가 복합적인 기능을 가졌던 것에 비해 이제 사냥, 그리고 사냥감의 해체라는 특정한 목적을 이루기 위해 석기기술을 집중시켰던 것이다.

너비가 1㎝도 안 되는 작고 정교한 돌날을 규질세일이나 흑요석 몸돌에서 떼어내어 나무나 뿔에 홈을 파고 아교를 칠하여 일렬로 끼워 넣어 칼이나 창을 만든 것은 뗀석기기술이 고도로 발달하였음을 잘 보여준다. 지금의 칼이나 창과 비교해도 손색이 없을 정도로 효율적이기도 하다. 특히 슴베찌르개가 너무 무거워 근접한 사냥에 유리했다면 이제 양쪽에 박힌 잔돌날이 미늘 역할을 하는 창은 비교적 먼 거리에서도 던질 수 있는 도구였다. 또한 문제가 생긴 부분만을 갈아 끼우면 되기 때문에 유지 관리에도 유리한 기술이기도 하다. 그래서인지 이런 잔석기기술은 동북아시아 전역으로 확산되었으며, 알래스카까지 확인되고 있다.

이제 동해 기곡이나 월소에서는 구석기시대 최말기에 돌화살촉이 등장한다. 고운 석영이나 수정을 이용하여 양면을 정교하게 떼어낸 유물은 활과 화살이 사용되었음을 시사한다. 활과 화살은 그 내용에서는 달라졌지만 역사시대와 지금도 널리 쓰이는 무기일 정도로 효율적이다. 후빙기 들어 돌화살촉은 고산리에서는 다양한 형태로 발전하며, 동삼동과 연대도, 송도, 안도 등 남해안의 신석기시대 유적에서는 흑요석을 떼어 만들기도 한다.

2. 신석기 및 청동기시대 석기기술

1) 돌화살촉의 제작과 사용

돌화살촉(석촉)은 대표적인 수렵구이다. 물론 청동기시대의 다양한 돌화살촉 가운데는 사냥을 위한 것이 아니라 살상을 위한 무기의 일종이기도 하다. 후기 구석기 최말기 동해 기곡과 월소에서 나온 화살촉은 길이가

2.5cm 정도로 아주 작다. 이처럼 작은 석기는 화살촉으로 생각할 수밖에 없을 것인데, 던지는 창에 비하면 활과 화살의 사용은 사냥의 효율성에서 크게 높아진 것이다.

이 유물은 고운 석영과 수정 원석을 이용하여 격지 소재의 양면을 정교하게 떼어낸 것이다. 따라서 뗀석기기법으로 만들어졌다. 화살에 장착되는 부위는 오목한 모양으로 되어 있기도 하며, 슴베가 만들어져 있는 유물도 있다. 기곡 유적에서는 숯을 시료로 하여 10,200±60 BP라는 방사성탄소연대값이 나온 바 있다. 보정하면 대략 기원전 10,000년 정도의 플라이스토세, 구석기시대가 끝나갈 무렵이다.

우리나라 신석기시대 돌화살촉(석촉) 가운데 가장 시간적으로 올라가는 유물은 후빙기로 생각되는 제주 고산리의 유물들이다. 후술하겠지만, 고산리에서는 뗀석기로 만들어진 화살촉이 천 점 정도가 수습되었는데, 대부분 용결응회암이나 현무암을 사용하였고 흑요석은 쓰이지 않았다 (강창화 2009; 박근태 2005). 그렇지만 흑요석을 이용하여 뗀석기기법으로 만든 다양한 화살촉이 부산 동삼동과 통영 연대도, 욕지도, 여수 송도 등 남해안 유적에서 확인되고 있다. 이 흑요석의 원산지가 규슈임을 고려할 때 신석기시대 이른 시기부터 한반도 남해안과 일본이 폭넓게 교류하였음을 알 수 있다.

신석기, 청동기시대 돌화살촉은 크게 슴베(경부)의 유무에 따라 무경식과 유경식으로 나누는 것이 일반적이며, 몸체와 슴베가 연결된 일체식도 있다. 무경식의 경우 주로 삼각형을 띠며, 화살에 장착되는 기부의 형태에 따라 직기와 만입형으로 나누기도 한다. 기부가 ⊠ 모양으로 홈이 파인 것도 있다.

삼각만입촉은 청동기시대 전기의 유적에서 흔하게 보이는 양식이기도 하다. 신부는 갈아서 납작하게 만들었으며, 횡단면은 편육각형을 띠는 것이 보통이다. 유경식촉은 다시 이단경식과 일단경식으로 구분할 수 있다. 경부, 곧 슴베에 단이 져 있는 이단경식이 시간적으로 이른 것으로 알려져 있다(공민규 2006, 2013).

청동기시대 돌화살촉의 다수는 일단경식이다. 신부의 횡단면은 마름모, 곧 능형을 띠고 있는데, 많은 수가 무덤에서 출토되고 있다. 따라서 단순한 수렵구라기보다는 무기의 성격이 점점 강해지는 것으로 보인다. 신부와 경부가 연결된 일체형은 대체로 시간적으로 후기에 속하는 것으로 알려져 있다. 연구에 따르면, 청동기시대 전기의 돌화살촉의 다수는 횡단면이 편육각형임에 반해, 후기의 유물은 대부분 능형이라고 한다(손준호 2006; 이석범 2005, 2012). 그러나 이런 변화 과정은 결코 단선적이지 않다. 같은 유적, 주거지에서도 이단경촉과 일단경촉이 공반하기도 하는 것이다. 따라서 여러 형식이 아마도 화살대의 길이나 용도에 따라 서로 다른 역할을 하며 공존하고, 시간의 흐름에 따라 차별적으로 지속되며 변모한 것으로 생각된다.

청동기시대 돌화살촉의 제작 과정에 대한 연구는 아직 부족한 편이다. 당진 자개리나 서산 신송리 유적에서는 다수의 반제품, 곧 완성되지 못한 소재가 출토되고 있어 제작기술 연구의 좋은 자료가 되고 있다. 점판암류의 암석을 상당히 먼 곳에서(약 50km 거리)에서 획득하였다고 하는 연구도 있지만(나건주·이찬희 2006), 실제 이런 암석이 그리 드물지 않고 주변에서 비교적 흔하게 얻을 수 있다. 신송리의 사례에서는 주변 하천에서 암석(결정질 편암)을 채취하여 유적에 반입하고, 양극떼기나 두드리기(고타) 등의 기법으로 소재를 성형한 다음 갈아서(마연) 형태를 완성한다. 물론 흑요석과 같이 정질의 암석은 예외겠지만, 아마도 신석기시대와 청동기시대 돌화살촉이나 각종 간석기 제작에 많이 쓰인 점판암이나 혈암(셰일)류, 또는 편암제 석재는 그리 먼 곳에서 운반하여 온 것 같지는 않다.

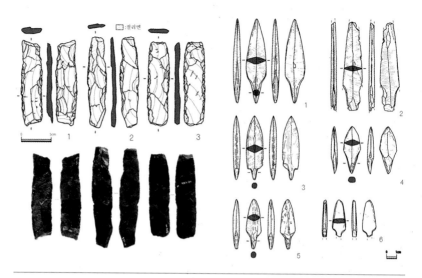

〈그림 2-7〉서산 신송리에서 나온 돌화살촉 제작과 관련된 소재와 완성된 유물(쇼다신야 외 2013: 151에서 수정).

   삼각형촉은 납작하고 단면이 편평하기 때문에 잘라내기와 같은 기법이 쓰이기도 하지만, 능형의 일단경촉은 직접타법으로 격지떼기를 하여 소재를 만든 다음 거친 재질의 숫돌로 갈고, 날과 슴베 부분은 고운 재질의 숫돌을 사용하여 가는 방법으로 만들었다. 또한 상당수 신석기, 청동기시대 유물에는 찰절(잘라내기)기법이 사용된 흔적이 보인다. 원석에서 소재를 잘라낸 다음 간단히 다듬고, 날을 갈아 돌화살촉과 같은 도구를 완성하는 것이다.

   이처럼 석기 제작 과정에서 폐기된 유물(반제품)은 드물지 않다. 예컨대 경주 용강동유적에서 나온 사례는 점판암 소재를 찰절하여 돌화살촉을 만들다 폐기한 유물이다. 잘라내 어느 정도 몸체를 성형한 다음 정밀하게 마연하여 경부를 만드는 과정이 잘 드러난다(박광렬 외 2009: 265 참조).

   청동기시대의 석촉은 출토 맥락과 형태와 크기로 추론할 때 무기로 만들어지고 사용된 것으로 보인다. 석검 등 다른 기종의 석기와 함께 사회

복합화의 진전에 따른 집단 간 충돌이 빈번해졌음을 반영해주고 있는 것이다.

2) 농구와 공구: 돌괭이와 돌칼, 갈판과 갈돌

신석기시대와 청동기시대 농구는 대부분 석기이다. 먼저 땅을 파고 일구는 데 쓰인 것으로는 초기 뿔괭이 같은 것이 있다. 그리고 반반한 돌을 골라 주변을 떼어내고 타원형으로 만든 돌보습(또는 따비)이 본격적으로 만들어지고 사용된다. 길이 30~50cm에 이르는 큰 석기이다. 물론 역사시대처럼 쟁기를 이용한 것은 아니며, 보습에 줄을 연결하여 한 사람이 보습을 땅에 대고 다른 사람이 끌어당기는 방법으로 사용했을 것으로 보인다(윤정국 2009, 2011; 임상택 2001; 하인수 2005).

돌괭이는 따비보다 작은 굴지구이다. 역시 타원형일 수도, 사각형이나 날 부위가 넓은 긴 사다리꼴의 모습일 수도, 또는 마치 신바닥 모양을 띠기도 한다. 고고학에서는 돌도끼와 모습이 비슷하기 때문에 석부류 석기의 일종으로 분류되곤 하지만, 나무를 찍는 돌도끼에 비해 두께가 얇으며 날 부분이 넓은 것이 특징적이다.6 돌괭이 가운데는 자루에 끼워지는 부분이 좁고 몸과 날이 넓은 형태도 있으며, 장착되는 부위는 상대적으로 두껍다. 극단적으로 넓은 날을 가져 거꾸로 된 T자형의 석기를 곰배괭이라고 부르기도 하는데, 한반도 동북 지방에서 많이 나온다.

사실 이런 돌괭이는 신석기시대 중기나 후기의 유물이 많다. 그만큼 이 시기가 되면 밭농사가 확산되었다고 평가할 수 있다. 유적에서 나오는 조와 기장 등의 자료와도 잘 부합된다. 그런데 청동기시대에는 돌괭이 출토 빈도가 크게 줄어든다. 그렇다고 청동기시대에 농경이 쇠락한 것은 아니며, 체계적인 밭농사, 그리고 후기에는 논농사가 일반화하였다. 아마도 상당수 굴지구는 나무로 만들었던 것으로 보인다.

청동기시대의 대표적인 농구로는 반달돌칼을 들 수 있다. 곡식을 수확하는 도구로 생각되며, 날을 현미경으로 관찰한 결과 역시 그렇게 판단된다. 뚫려 있는 구멍에 줄을 연결하여 손에 잡고 곡식의 이삭에 칼의 날을 대고 훑듯이 따는 방식으로 사용하였을 것이다.

춘천 천전리에서는 여러 주거지에서 다양한 제작 단계의 석도 미완성품이 나왔다(강원문화재연구소 2011). 먼저 돌감을 직접떼기와 두드리기 등으로 다듬은 뒤 거칠게 갈아 소재를 준비한 뒤 고타 같은 기법으로 오목하게 홈을 만들어 구멍을 뚫고 날 부위를 곱게 갈아 유물을 완성한다. 고고학 유적에서는 흔히 반제품이 나오는데, 반드시 이런 과정을 따르지 않고 구멍을 먼저 뚫고 마연을 하는 사례도 있다.

반달돌칼(반월형석도)의 경우 우리나라에는 장방형, 즐형, 어형, 단주형, 장주형, 삼각형 등 지역별로 다양한 형태가 있다. 즐형이란 빗 모양으로 직선 날이면서 등이 곡선인 것을 말하며, 어형은 길쭉한 타원형을 가리킨다. 단주형과 장주형은 모두 반달돌칼 모양이며, 등이 직선이고 날이 휘어 있다. 중국 동북 지방에서도 이 같은 돌칼이 알려져 있는데, 아마도 요동반도를 거쳐 장방형의 돌칼이 들어왔을 것이다. 남한의 돌칼 가운데 반 정도는 반달 모양, 곧 주형이며, 어형은 모두 전기의 유적에서만 나오고, 삼각형은 송국리 유형의 유적, 곧 후기의 유적에서만 보인다. 중부와 남부에서는 주형과 어형이 많지만, 영남에서는 장방형 석도도 보이고 있어 동북 지방과 연관관계를 짐작할 수 있다(손준호 2006, 2010, 2013). 그러나 이런 시간 변화는 결코 단선적이지 않다.

우리나라의 돌칼은 대부분 한쪽으로 날을 갈아 만든 단인이며, 양인은 드물게 보인다. 구멍 역시 두 개인 것이 전형적이며, 한 개이거나 세 개, 심지어 네 개가 뚫려 있는 사례도 적지만 보인다. 삼각형 석도는 둥근

단주형의 날이 직선으로 교차하며 형성된 모양인데, 남한의 청동기시대 후기, 특히 송국리 유형의 유적에서 나온다.

3) 석제 장신구와 옥

몸을 꾸미고 장식하는 것은 호모 사피엔스의 공통적인 특징이라 할 수 있다. 우리나라에서는 구석기시대 예술품의 존재가 북한 용곡동굴 출토품을 제외하면 분명히 확인되지 않았다. 하지만 신석기시대 이른 시기에는 옥으로 만든 귀고리가 출토되고 있다. 특히 한쪽이 트인 귀걸이(결상이식)는 시간적으로는 신석기시대 조기 또는 전기에 속한다. 결상이식이란 트인 쪽을 밑으로 하여 귀에 패용하는 것을 말한다. 우리나라 신석기시대의 동해안과 남해안 유적에서 나온 바 있는데, 문암리에서 2점, 부산동삼동과 여수 안도패총 등에서 나왔으며, 최근 제주도 고산리에서도 파손품이 수습되었다.

이처럼 결상이식은 신석기시대 이른 시기부터 확인되는데, 주로 연옥이나 대리석으로 만들어졌으며, 중국과 동북 지방 그리고 일본에까지 널리 보인다. 특히 홍산문화의 유적에서도 유사한 유물이 알려지고 있어 신석기시대부터 동북아시아의 넓은 지역에 지역 교류의 네트워크가 있었음을 추론할 수 있다.

관옥(대롱옥)과 곡옥(곱은옥), 환옥(구슬옥, 구옥) 등 옥 장식 역시 신석기시대부터 널리 만들어지고 사용되었다. 신석기시대 통영 연대도에서 대롱옥이 출토되는 등 신석기시대 이른 시기부터 나타나며 울진 후포리의 무덤에서도 대롱옥이 출토된 바 있다.

청동기시대 원통 모양의 대롱옥은 대체로 벽옥으로 제작되었다고 생각되며, 대략 2~3cm 정도 길이, 지름 5mm 정도의 크기를 기준으로 대형과 소형으로 나눌 수 있다고 한다(쇼다 신야 2014). 부여 합송리와 당진 소소리, 장수 남양리, 공주 수촌리 등지에서는 유리제 관옥도 출토된 바 있다. 곱은옥은 청동기시대 장식구 가운데 가장 많은 양이 알려진 유물이며, 반월형, 반환형 등 다양한 형태가 있다.

진주 대평리와 산청 묵곡리에서는 천하석제 미완성 옥제품이 다량 확인되어 옥 제작과 관련된 양상을 추론할 수 있다. 옥 투공구(천공구)와 함께 숫돌, 활비비추 등이 나오는 공방이 확인되었던 것이다. 대체로 원석 채취에서 시작하여, 분할과 소재 준비, 성형과 정형, 구멍 뚫기, 마연 또는 성면의 단계를 거쳐 옥 제품을 만드는 과정을 추론할 수 있다. 논산 마전리와 보령 관창리 출토 관옥에서도 내벽에 회전으로 생긴 흔적이 뚜렷이 나타나 있는데, 이는 석제 투공구로 구멍을 뚫어 생긴 것이다. 관옥의 구멍은 양쪽에서 뚫는 것이 많다. 옥의 제작, 나아가 잘라내기와 구멍 뚫기(천공) 등 간석기 제작 과정을 보면 전문 장인 집단의 존재를 상정할 수 있다. 다만, 현재로선 이를 본격적으로 논의하기엔 자료가 부족한 실정이다.

연구에 따르면, 관옥은 크기에서도 유적과 지역에 따라 공통된 패턴이 있다고 한다. 마전리와 관창리 그리고 서천 봉선리 등에서 나온 충청 지역의 관옥은 크기가 상당히 일정하며, 창원 덕천리, 사천 이금동 등 영남 지역의 출토품과 차이가 있다고 한다(쇼다 신야 2014: 116). 연구에 따르면 지역마다 관옥의 규격에 차이가 있어 제작과 사용의 맥락에 어느 정도 지역적 다양성을 짐작할 수 있다.

사천 이금동에서는 무덤에서 다양한 크기의 관옥이 조합으로 출토되고 있는데, 이는 여러 종류의 관옥 장식품을 패용한 것을 보여주고 있다. 이처럼 관옥은 주로 무덤에서 출토되고 있지만, 드물지만 완주 신풍 유적에서는 40호 주거지에서 191점이 출토된 바 있다(쇼다 신야 2014: 117).

청동기시대 옥 제품과 같은 유물은 희소성을 가졌을 것으로 보인다. 또한 아직 산지 추정 등 연구가 미약하지만, 비교적 먼 거리에서 옥 제품에 대한 교역도 이루어졌을 것으로 보인다. 다만 이미 신석기시대 이른 시기부터 장신구가 이용되기 때문에 옥 제품의 존부만으로 사회적인 의미를 직결시키기는 쉽지 않다. 앞으로 산지 추정과 대량 생산과 유통에 대한 연구가 이루어진다면, 장신구가 지니는 사회적 맥락에 대해서도 더 많은 정보를 알 수 있을 것이다.

4) 간돌검과 청동기시대 사회의 위계

청동기시대 간석기 가운데 돌도끼는 사암이나 화강암, 혈암 등으로 만들어 주로 벌목이나 목공구로 쓰였다. 돌도끼는 현재의 도끼와 같이 벌목에 사용되었던 돌도끼(석부)는 주로 양면에서 날을 간 모양이며, 충격에 견디도록 두껍게 만들어졌다(윤지연 2007). 이보다 크기가 작은 경향이 있는 자귀는 한쪽 방향으로 날을 가공한 것이다. 목공구로는 돌끌이나 대패와 같이 더 세부적인 작업을 위한 석기들도 다양하게 출토되고 있다.

이처럼 목공구로 사용된 석기가 많다는 것은 그만큼 한국 청동기시대가 농경을 바탕으로 한 사회였음을 보여준다. 돌도끼가 아마도 화전을 위해 밭을 확보하고, 목재를 획득하기 위한 도구였으며, 돌자귀(석부)와 돌대패(편평편인석부), 돌끌(석착) 등은 각종 나무 도구와 토목, 건축을 위한 목재 가공에 쓰였을 것이다. 다시 말하면 농사를 짓고 목재 농기구를 만들고, 나무 집을 짓고, 목책을 두르는 등 다양한 목재의 수요에 부응한 것이 청동기시대 석기 자료에서 나타나는 것이다.

청동기시대 석기 가운데는 사회적인 의미를 지니는 유물도 포함되어 있는데, 대표적인 유물에는 간돌검이 있다. 간돌검, 곧 마제석검은 한국 청동기시대의 대표적인 석기이다. 다른 나라에서는 보기 힘든 형태인데, 한반도의 영향을 받은 일본에서는 나타나며, 중국과 북방 지역에서는 보이지 않는 유물이다. 간돌검은 양쪽으로 곧은 날을 가지고 있으며, 자루가 달린 형태가 흔하다. 보통 점판암이나 이암, 혈암을 소재로 하여 만들었다.

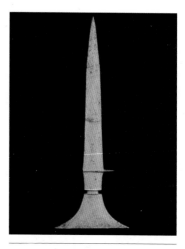

〈그림 2-8〉 청도 진라리에서 수습한 간돌검. 간돌검은 보통 길이 20~35㎝ 정도가 많지만, 50㎝가 넘는 대형 유물도 있다. 진라리 출토품은 길이 67㎝로서 지금까지 알려진 돌검 가운데 가장 길다(국립대구박물관 2005: 264, 도판 5030에서)

간돌검은 검신과 자루(병부), 그리고 그 사이의 심부로 이루어져 있다. 다수는 자루가 달린 유병식이지만, 자루가 없이 슴베만 달린 유경식도 상당수가 있다. 유경식의 경우 일부, 특히 장경식은 검이라기보다는 창의 용도로 쓰였을 것으로 보인다. 유경식 석검 가운데 경부에 결입부가 있는 형식은 부여 송국리의 사례와 같이 나무로 자루를 만들어 조립한 것도 있다. 유병식 석검은 다시 자루 부위가 이단으로 되어 있는 이단병식과 일단병식으로 나누는데, 대체로 이단병식이 시간적으로 앞선다고 한다(박선영 2004; 손준호 2006; 이영문 1997). 그러나 이 같은 시간 변화는 결코 단선적이지 않다. 다시 말해 특정 시공간의 유적에서는 여러 형식의 돌검이 공반되고 있다. 그리하여 여러 형식이 공존하면서도 빈도에 따라 서로 다른 변화 과정을 가지는 것으로 생각된다.

일차 분류	이차 분류: 세부 분류	기타 속성
유병식	이단병식: 유단식, 유구식, 유절식 일단병식: 심부유단식, 심부유절식	혈구 유무 검신, 병(경)부, 단 연결부 단면형 등날 길이 단 연결부 길이 심부, 병두부 돌출 정도 검신 날의 형태 크기: 소형(재가공품)
유경식	단경식 장경식(석창)	

〈표 2-3〉 마제석검(간돌검)의 분류

유병식과 유경식은 지역적 차이도 있다. 북부 지방에서는 유경식이 대다수다. 유병식은 중부 지방에서도 그리 많지 않고 주로 충청 이남 지방에서 흔한 형식이다. 2006년 손준호에 따르면 한반도에서 나온 간돌검 427점 가운데 유병식은 238점이었으며, 유경식(석창을 포함하여)은 199점이었다.

간돌검의 제작에 대해서는 그리 잘 알려져 있지 않다. 다만 다른 간석기와 같이 돌감(석재)을 얻고 직접떼기와 양극떼기, 수직떼기 같은 방법으로 소재를 만든 뒤 거칠게 갈고(약마), 정밀하게 가는(정마) 과정을 거쳤을 것이다. 간돌검은 대체로 점판암이나 혈암(셰일)계 암석을 소재로 만들어진다. 또한 이단병식의 자루(병부)나 피홈(혈구)의 경우 잘라내기(찰절) 기법을 이용하였을 것으로 보인다. 간돌검은 길이가 보통 20cm가 넘지만, 두께는 1cm 정도에 불과하기 때문에 소재를 정형할 때 두께를 줄이는 것이 중요하다. 따라서 소재와 선형을 다듬을 때 최대한 얇게 조정하여 가는(마연) 데 소요되는 시간을 줄이는 것이 중요하다.

간돌검은 고인돌과 석관묘 등 청동기시대 무덤에서도 출토되지만, 상당수가 집자리에서도 나오고 있다. 특히 집자리에서 나오는 간돌검은 상당수가 파손된 상태이기도 하다. 그리하여 간돌검은 어떤 식으로든 실생활용구로 쓰였을 가능성을 배제할 수 없다. 무덤에서는 비파형동검과 돌화살촉 등과 공반하는 경우가 많다. 그리하여 청동기시대 전기에 출현한 것으로 보이며, 세형동검과도 드물게 같이 나오는 경우가 있지만, 기원전 3세기 정도면 사라지는 것으로 보인다.

5) 석기 조성과 신석기·청동기시대 생업경제의 변화

선사시대, 특히 신석기시대와 청동기시대 석기는 당시 주민의 생업경제를 파악하는 데 중요한 자료이다. 수천 년이라는 지속 기간 동안 석기의 조성이 변모하는 과정을 통해 생업경제가 어떻게 발전하였는지를 개괄적으로 이해할 수 있는 것이다. 다시 말하여 유적에서 나오는 생산용구(농경구, 수렵구, 어로구)와 가공구(목재, 식료, 석재 가공), 비실용구(장신구, 의기)의 비중과 생산용구의 종류를 비교함으로써 생계경제의 변화를 추론한다.

신석기시대 조기와 전기는 동북 지방의 서포항과 남해안의 패총유적들, 제주 고산리 등에서 나온 석기군을 통해 볼 때 수렵채집 그리고 어로의 양상이 두드러졌던 것으로 보인다. 특히 이음낚싯바늘이나 결합식 작살과 같은 도구를 볼 때 비교적 깊은 바다에 나가 중대형의 물고기를 낚거나 고래를 포획하는 일도 생계의 중요한 부분이었음을 알 수 있다.

그런데 중서부 지방의 지탑리나 암사동과 같은 유적에서는 갈판과 갈돌, 돌괭이와 돌도끼 등 석부류, 숫돌, 돌화살촉 등 다양한 석기가 확인되고 있다. 유적에서 확인되는 조의 존재로 보아 원경(horticulture)이 상당히 발전했음을 추정할 수 있다. 돌괭이와 따비도 암사동과 지탑리, 궁산 등의 유적에서 흔하게 보이는 것이다. 물론 삼각만입촉으로 대표되는 돌화살촉이 출토되고 있어 수렵 역시 중요한 생계활동이었을 것이다.

신석기시대 중기에는 빗살무늬토기 문화가 내륙까지 확산하는데, 원경

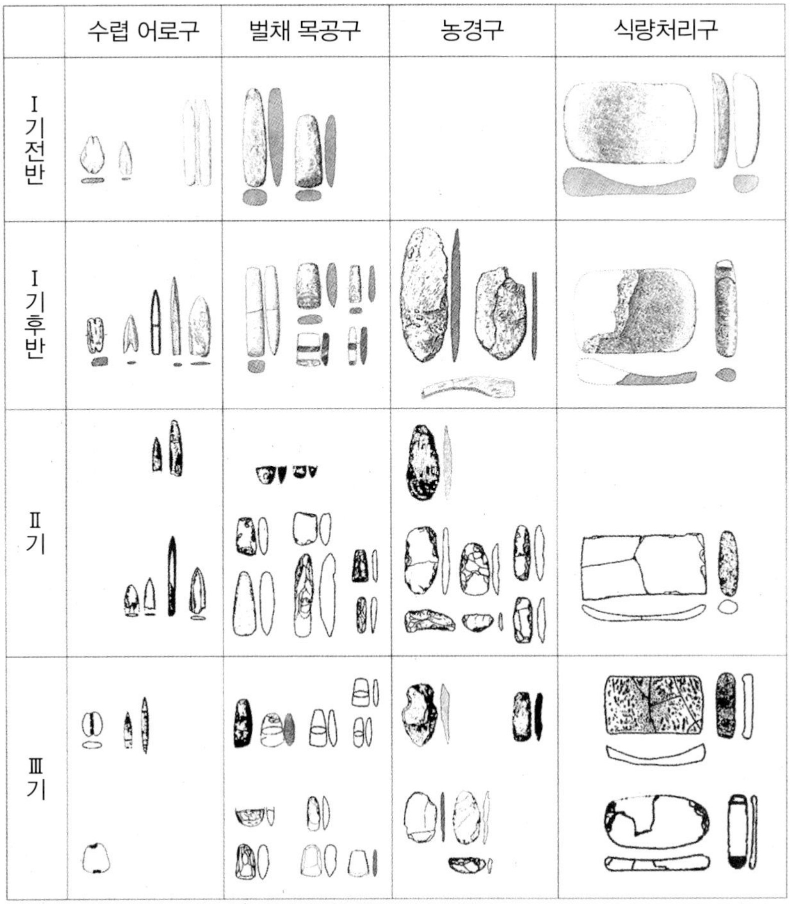

	수렵 어로구	벌채 목공구	농경구	식량처리구
Ⅰ기 전반				
Ⅰ기 후반				
Ⅱ기				
Ⅲ기				

〈그림 2-9〉 중서부 지방 신석기 유적 출토 석기에서 보이는 변화 양상(임상택 2012: 67에서). 임상택은 신석기시대를 4기로 나누는데, Ⅰ기는 지탑리, 암사동, 운서동, 까치산패총을 대표로 약 대략 기원전 4000년에서 3600년까지, Ⅱ기는 암사동, 금탄리, 능곡, 신길, 삼목도Ⅲ 유적으로서 기원전 3000년까지, Ⅲ기는 금탄리Ⅲ, 남경, 표대, 능들, 둔산, 쌍청리, 운북동유적으로 대표되며 기원전 3000~2500년, Ⅳ기는 오이도뒷살막, 을왕동이 대표 유적이며 기원전 2000/1500년까지이다.

을 보여주는 다양한 유물들이 출토되고 있다. 다만 후기로 갈수록 유적의 수도 감소하며, 출토되는 유물 역시 줄어드는 경향이 있다. 이는 아마도 전체적으로 인구가 감소하였기 때문일 수 있다. 윤정국(2011)의 연구에 따르면 남부 내륙의 신석기시대를 3기로 나눌 때 1기에는 수렵채집과

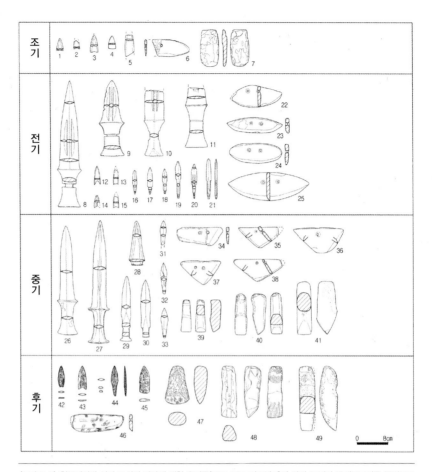

〈그림 2-10〉 청동기시대 석기 조성의 변화에 대한 유병록(2014: 77, 그림 8에서)의 이해. 조기란 돌대문토기를 특징으로 하는 미사리 유형을 말하며, 전기에는 흔히 가락동 유형과 역삼동 유형, 흔암리 유형이 속한다. 돌검을 제외하고 석기 상으로 조기와 전기를 구분하는 것은 쉽지 않다. 다수 연구자가 청동기시대 후기로 편년하는 송국리 유형 단계는 이 그림에서 중기로, 원형점토대토기, 곧 초기 철기시대는 후기로 설정되어 있다.

어로 관련 석기가 많은데, 금강권역에서는 채집농경구의 비율이 높고(45% 정도), 낙동강권역에서는 어로구가 많이 나온다고 한다. 2기에는 갈판과 갈돌, 굴지구가 증가하여 농경이 발달한 양상을 보이지만, 3기에 들어서면서 다시 석기는 감소하는데, 이는 기존 생계경제가 무너졌음을 보여준다.

청동기시대에 들어서면서 석기, 특히 간석기는 다양한 종류로 발전한다.

그런데 돌괭이와 따비 등 굴지구의 비율은 신석기시대보다 떨어지는데, 이는 청동기시대에 들어서면서 나무로 만든 농구의 비중이 높아진 때문으로 보인다. 다만 수확구로서 돌칼이 발달했다.

청동기시대에는 벌목을 위한 도구로서 돌도끼, 그리고 목공구로서 다양한 돌자귀가 발전하였다. 합인석부로 벌채를 하고 돌자귀와 편평편인석부 등으로 나무를 가공하는 것이 일반화하는 것이다.

한편 연구자에 따라서는, 시간적으로 이르다고 생각되는 미사리 유형 유적에서는 간돌검(마제석검)의 사례는 별로 없으며, 장방형의 합인석부, 편평편인석부, 삼각만입촉이 주로 나온다. 몇몇 연구자들은 하천변 평지에 입지한 유적에서 돌괭이를 중심으로 밭농사가 이루어졌다고 본다(안재호 2000).

청동기시대 전기는 가락동 유형과 역삼동 유형, 혹은 흔암리 유형이 대표하는데, 장방형 또는 세장방형 집자리 유적이 주로 구릉 정상부나 산지에 자리잡고 있다. 유적에서 나오는 석기군에서 합인석부의 비중이 높다. 이를 토대로 안재호(2000)는 주로 화전농사가 중심 경제였다고 추정한다. 조기와 전기를 구분하는 일은 연구자 사이에도 이견이 많으며, 석기에서도 두 시기를 나누기는 어렵다.

남한의 청동기시대 후기(《그림 2-10》에서는 중기로 표현됨)는 송국리 유형으로 대표되는데(영남 지방에서는 검단리 유형, 강원도에서는 천전리 유형이란 개념이 쓰인다), 이전 시기(전기)와는 상당히 다른 양상의 석기(토기나 주거지뿐 아니라)를 볼 수 있다. 먼저 홈자귀(유구석부)와 함께 좌우 양쪽으로 서로 다른 방향으로 날을 세운 교인(交刃)의 삼각형 돌칼이 특징인데, 송국리 유형의 분포 범위와 일치하며, 그 밖의 지역에서는 여전히 장방형이나 주형 등이 이어진다. 간돌검은 이단병식이 거의 보이지 않고 일단병식이 중심이며, 영남 지방 등을 중심으로 유절병식 검이 널리 확산한다. 호남에서는 경부에 홈이 파인 결입식 검이 많이 보인다. 돌화살촉은 일단 경촉이 중심이면서 신부가 마름모형인 것이 많다. 크기도 커지는 것으로 보아 수렵구라기보다는 무기로서 기능이 강조되는 것으로 보인다(손준호 2006). 다수의 연구자들은 이 시기를 석기와 환호 등을 근거로 쌀을 재배한 논농사가 중심이었다고 보고 있다. 또한 벌채용으로 생각되는 합인석부의 비중 역시 줄어드는 것을 보아 밭농사보다는 논농사가 강조되는 경향과 연결 지어 설명하기도 한다.

점토대토기 문화가 확산하는 초기 철기시대(또는 연구자 가운데는 무문토기시대 후기)의 간돌검은 의기화하는 경향이 뚜렷하여 검신이 아주 길어지기도 하고, 자루끝(병두부)가 확장되기도 한다.

동아시아의 맥락과 사회 속에서 석기기술의 의의

1. 석기기술의 사회적 맥락

1) 석기와 선사시대 사회적 기술의 이해

사람들은 선사시대 유물이 어떻게 쓰였는지 궁금해하지만, 실제 우리의 삶을 둘러싼 물질 자료 하나하나가 모두 그 자체로 도구로 사용되는 것은 아니다. 오히려 고고학 유적에서는 복잡한 제작과 사용 과정 중에 버려지거나 부산물인 경우가 더 많다. 특히 석기의 경우 뗀석기는 물론 간석기 역시 기본적으로 떼어서 모양을 다듬는 과정을 거치기 때문에 의도하여 성형한 도구가 아닌 유물이 태반이다. 그럼에도 사람은 물질 자료를 이용하여 무엇인가를 만들고, 사람이 만들고 세운 물질문화에 둘러싸인다.

이처럼 모든 유물이 의식주 활동과 직결되는 것은 아니다. 사람과 물질, 또는 사물이라는 것은 제작 및 사용자와 피사용물이라는 단순한 관계만이 있는 것은 아니다. 우리가 사물을 규정하듯이 사람이 만들고 쓰는 사물도 우리의 정체성을 잘 보여준다. 한 개인이 쓰는 물건을 보면 그 사람을 알 수 있듯이, 사람의 정체성도 사물에 반영되어 있는 것이다. 의식주 활동이든, 사회 활동이든 사람은 사물에 의존하고, 사물은 형태와 장소 등 존재 양태에서 사람에 의존한다. 이처럼 전통적인 시각, 곧 표준 시각과는 달리 기술을 사회적 시각에서 보려는 흐름이 있다(Pfaffenberger 1992).

그런데 아프리카의 칼람보폴스(Kalambo Falls), 이시밀라(Isimila) 올로게세일리에(Olorgesailie)와 같은 유적에서는 주먹도끼와 가로날도끼 수백 점이 발견되었는데, 대부분에서 사용 흔적도 찾을 수 없었다. 다시 말해 쓰지도 않을 석기를 지나치게 많이 만들었던 것이다. 또한 후기 아슐리안 유적에서는 주변에 세밀한 가공으로 대칭적인 주먹도끼를 만들었는데, 사실 이처럼 공들여 만든 유물이 얼마나 효율적이었는지는 의문이다. 동물의 사체를 도살하고 해체하는 주된 기능은 격지로도 충분한 경우가 많다. 이처럼 지나치게 많은 유물을 만들고 공들여 제작하는 것을 이해하기 위해서는 주먹도끼가 가진 사회적 의미를 고려할 필요가 있다. 주먹도끼를 잘 만드는 것은 더 높은 사회 지위와 더 나은 짝을 찾아 유전자를 물려주는 기회를 갖는 데 유리했을 수 있다(Kohn and Mithen 1999). 또한 여기저기 흩어진 주먹도끼를 비롯한 석기는 당시 수렵채집민의 정체성과도 관련될 수 있다(갬블 2014).

한국의 전곡리와 횡산리, 삼화리, 주월리 호로고루와 같은 곳에서 수습된 주먹도끼 몇 점은 상당히 좌우 대칭도가 높다. 또한 상당수 자갈돌을 직접 가공하여 만든 주먹도끼는 대형격지를 소재로 한 것보다 대칭도가 높기도 하다(유용욱·김동완 2010; Seong 2014). 그럼에도 불구하고, 전곡리를 비롯한 임진한탄강 유역의 유물은 대체로 아프리카와 유럽의 유적에 비해 수도 적으며, 유물의 정련도도 낮다(Norton and Bae 2009).

주먹도끼와 이것을 만들고 사용하는 것은 이른 시기 구석기시대 수렵채집민의 정체를 단면적으로 보여주는 양상인지도 모른다. 슴베찌르개를 만들고, 먼 곳에서 정질의 암석을 획득하여 돌날과 잔돌날 같은 작고 정교한 유물을 수도 없이 만드는 일 역시 후기 구석기시대 사람들을 이해하는 거울이다. 이것이 이른바 "사회적 기술(social technology)" 개념의 요체다.

규질세일이나 흑요석으로 만든 돌날 역시 사회 기술의 사례로 이해할 수도 있

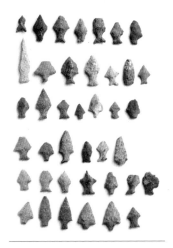

〈그림 2-11〉 제주 고산리에서 수습된 여러 형식의 돌화살촉(둘째 줄 왼쪽 길이 5.0cm, 국립대구박물관 2005: 183, 도판 326에서).

다. 돌날은 돌날몸돌로부터 떨어져 나오는데, 길이가 너비보다 두 배 이상으로 작고 길쭉한 생김새를 가진 유물이다. 몸돌로부터 비슷한 크기와 생김새의 돌날이 떼어져 나온다. 마치 사람을 매개로 하여 몸돌이라는 부모로부터 자식이 생산되는 것에 비유할 수도 있다. 그리하여 몸돌은 석기 제작장 가까이에서 수많은 버리는 석재(waste, debitage)와 같이 버려지지만 생산된 돌날은 '부모'를 떠나 나무나 뿔에 장착되어 사용되면서 여러 곳에서 발견되는 것이다(갬블 [성춘택 옮김] 2013).

아마도 대부분 돌날은 쓰이지도 않고, 그냥 수렵채집민이 가지고 다녔을 것이다. 민족지 사례를 보면 특히 남자들은 늘 수렵에 쓸 도구를 만들고 손질하고 있는데, 이것을 자신들이 매일 하는 일, 또는 자신들의 정체성과 같은 것으로 여긴다(e.g., González-Ruibal et al. 2011). 후기 구석기시대 수렵채집민은 실제 사용하는 것보다 더 많은 돌날을 만들었다. 몸돌은 석기 제작장에 버렸을 것이지만, 돌날은 휴대하고 다니면서 장착된 돌날에 문제가 생기면 갈아 끼우기도 했을 것이다. 그렇게 돌날과 잔돌날[細石

끼 제작에서는 크기와 생김새가 거의 같은 유물을 최대한 많이 만들기 위해 애썼을 것이다.

후빙기의 제주 고산리에는 돌화살촉이 무려 1,000점 넘게 수습되었다. 모두 뗀석기로 만들어진 것인데, 실제 이 정도의 유물을 고산리에 살았던 주민이 모두 사용할 수는 없었을 것이다. 다른 유물보다 유독 돌화살촉이 그처럼 많다는 것은 그저 실용성의 측면에서는 설명하거나 이해하기 힘든 것이다. 장래의 필요를 염두에 두었든 아니든 실제 필요한 것보다 훨씬 많은 도구를 만들고자 했던 것으로 보인다.

민족지 사례를 보면 화살촉을 만들고 실제 활과 화살을 사용하는 것은 남자의 일로 여기는 경우가 많다. 남녀의 분업은 후기 구석기시대 이래 호모 사피엔스 수렵채집민에서 흔하게 보이는 패턴이다. 특히 동물 사냥을 주로 하는 남자는 거처에서 활과 화살을 만들고 수리하는 일이 주된 작업이면서도 여가를 보내는 방편이기도 하다. 사냥을 떠나는 남자는 될 수 있는 대로 많은 화살을 만든다. 왜 다 소비하지는 못할 무거운 화살다발을 지고 다닐까(González-Ruibal et al. 2011)?

그 이유는 활과 화살을 만드는 것은 남자의 몫이라는 인식 때문이라고 한다. 다시 말하면 활과 화살은 남자의 일, 곧 사회에서 남성성을 상징하는 유물이다. 그리하여 남자들은 많은 시간을 들여 활을 다듬고 화살을 만든다. 이처럼 모든 유물을 경제적인 비용과 효과의 측면에서 설명하기보다 사회적 기술의 관점에서 이해하는 것이 더 설득력 있는 사례도 많은 것이다. 사람은 사물과 도구를 만들지만, 사물 역시 단순히 수동적인 반영이 아니라 사람이 살고 기술을 전수하고 존속하는 조건과 배경이 되면서 끊임없이 서로 관계를 맺는 것이다(González-Ruibal et al. 2011; Hodder 2011, 2012; Laland and O'Brien 2010, 2012 역시 참조).

2) 흑요석과 잔석기가 말하는 후기 구석기시대 사회네트워크

이른 구석기시대 주먹도끼와 찍개 등의 유물은 주변에서 비교적 흔하게 구할 수 있는 규암제 자갈돌을 사용하여 만들었다. 실제 주먹도끼도 양질의 큼직한 규암제 자갈돌을 쉽게 구할 수 있는 임진한탄강 주변에서 더 공들여서 잘 만들어진 것이 많다. 이것은 당시 수렵채집민의 생활 영역이 국지적인 자원의 활용에 머물러 있음을 보여준다. 그런데 작고 정교한 돌날이나 잔돌날, 그리고 밀개와 새기개를 만드는 데는 치밀한 재질을 지닌 돌감이 필요하다. 하지만 이런 돌감은 이전 시기 주먹도끼나 찍개를 만들 때 사용한 규암이나 맥석영과는 달리 주변에서 찾기 힘든 경우가 대부분이다. 따라서 후기 구석기시대 수렵채집민은 어떻게 해서든 정질의 암석을 확보하는 일이 중요한 과제였을 것이다.

전술하였듯이 한국 후기 구석기시대 석기기술을 대표하는 것은 슴베찌르개와 돌날이다. 이때부터 정질 암석, 특히 규질셰일(응회암, 혼펠스)이 도구 제작에 널리 이용된다. 아주 치밀한 재질의 암석은 많은 지역에서 흔하게 얻을 수 없는 돌감(석재)이었다. 따라서 후기 구석기시대 수렵채집민은 비교적 먼 곳에서 정질의 돌감을 얻어야 했던 것이다. 이런 현상은 흑요석이라는 가장 쓸모가 많았을 원석에서 극명하게 드러난다.

흑요석(흑요암, obsidian)이란 화성암의 일종으로 흔히 자연 유리라고 불릴 만큼 치밀하고 정밀한 재질을 가진 암석이다. 유리와도 같은 성질을 가지고 있어 깨면 가장 이상적인 조가비 모양의 깨짐(conchoidal fracture) 양상을 보인다. 그리하여 날카로운 날을 얻을 수 있다. 다만, 날은 잘 부스러지기 때문에 주먹도끼나 찍개와 같은 대형의 석기 제작에는 부적합하다.

〈그림 2-13〉에서와 같이 남양주 호평동에서는 잔몸돌[細石核]과 밀개, 새기개와 함께 아주 작은 잔돌날의 끝부분에 세심한 잔손질을 베푼 석

기도 출토된 바 있다. 아마도 이러한 석기는 가죽이나 뼈, 나무, 뿔 같은 것에 작은 구멍을 뚫는 뚜르개로 쓰였을 것이다. 1,000점이 넘는 흑요석 유물이 집중되어 나온 A구역에서 채집된 숯의 방사성탄소연대값은 22,200±600 BP, 21,100±200 BP이다. 이 연대값을 보정하면 대략 25,000 cal BP 정도가 된다. 다시 말해 흑요석은 대체로 25,000년 전 최후빙하극성기(LGM)에 석기 제작에 쓰이기 시작하였던 것이다. 최근 발굴조사된 포천 늘거리에서도 흑요석 유물이 다량 확인되었는데, 암갈색층에서 나온 방사성탄소연대를 보면 흑요석이 사용된 시점은 이보다 올라갈 수도 있다. 그리고 잔몸돌을 비롯하여 흑요석 유물이 많이 출토된 하화계리의 13,390±60 BP라는 연대값을 생각하면 후기 구석기시대 내내 사용되었던 것으로 보인다.

지금까지 호평동을 비롯하여 철원 장흥리나 의정부 민락동, 인제 부평리, 홍천 하화계리, 단양 수양개, 그리고 최근 포천 늘거리 유적 등 상당수의 중부 지방 후기 구석기시대 유적에서는 잔몸돌을 비롯하여 긁개와 밀개, 뚜르개, 새기개 등 작고 정교한 유물을 만드는 데 흑요석을 사용한 사례가 알려져 있다. 중부 지방 유적에서는 이처럼 흑요석 유물이 희귀하다고 할 수 없다. 또한 대구 월성동에서도 다량의 흑요석제 유물이 출토되었으며, 공주 석장리, 그리고 서남부 남단의 장흥 신북에서도 흑요석 유물이 소량이지만 확인된 바 있다. 다시 말하면 중부 지방의 상당수 후기 구석기시대 유적에서 확인되고 있지만, 남부 지방의 유적에서는 아주 소수만이 알려져 있다.

지금까지 산지를 추정하려는 연구와 분석에 따르면 한반도의 흑요석은 대부분 백두산에서 온 것으로 보인다.7 물론 산지 추정이라는 것은 그리 간단한 이슈가 아니고 향후 연구에 따라 휴전선 근처에서 새로운 원산지가 알려질 수도 있다. 그럴지라도 석기를 만들 수 있을 만큼 큰 흑요석

덩어리가 있을 가능성은 아주 낮다. 그렇기에 백두산 원산지의 흑요석이 한반도 중부 지방에 폭넓게 이용되었다고 볼 수 있는 것이다(이선복·좌용주 2015). 심지어 한반도 서남부의 장흥 신북 유적에서 나온 흑요석 유물에는 백두산뿐 아니라 규슈에서 온 돌감도 쓰였다고 한다(이기길 2013).

신석기시대의 경우 부산 동삼동이나 통영 연대도, 여수 송도 같은 남해안의 유적에서 흑요석제 유물이 적지 않게 나오는데, 거의 대부분이 일본 규슈(九州)의 산지로부터 바다를 건너온 암석으로 만든 것이다. 하지만 후기 구석기시대 동안 남부 지방에는 흑요석 유물이 아주 드물었고 주로 중부 지방에서 볼 수 있다는 점에서 백두산 원산지를 미루어 짐작할 수도 있다(김상태 2002; 이선복·좌용주 2015).

그런데 중부 지방에서 백두산은 직선거리로만 500km 정도의 먼 곳에 있으며, 신북 유적은 800km 정도 떨어져 있다. 어떻게 그 먼 거리까지 원석이 운반되어 왔을까? 아무리 흑요석이 잔돌날이나 새기개, 뚜르개, 밀개 등 작고 정교한 석기를 만드는 데 좋은 암석이라곤 하지만, 그 멀리서 가져올 수도, 필요도 있었을까? 이에 대한 대답은 당시 수렵채집민의 사회네트워크를 고려해야 얻을 수 있다.

어떤 집단이더라도 결코 직접적으로 그 먼 거리까지 원재료를 구하러 가지는 않을 것이다. 오히려 후기 구석기시대 수렵민은 그만큼 사회네트워크를 발전시켰음을 미루어 짐작할 수 있다. 현존 수렵채집민에 대한 연구를 바탕으로 미루어 짐작하면, 우리의 일반적인 상상과는 달리 후기 구석기시대 수렵채집민은 상당한 정도의 교류네트워크를 발전시켰을 것으로 보인다. 주변의 이동하는 집단과 물자와 정보, 인적 교류가 상시적이고 광범위했던 것이다. 어느 집단이든 생계를 같이하고 생물학적으로 지속할 수 있는 최소 단위를 넘어 다른 집단과 물적, 인적 교류 없이 존속할 수 없다. 최소 계절에 따라, 아니 연중 수십 번 본거지를 옮기면서 수렵채집 무리는 주변 다른 무리와 교류한다. 안전망을 확보하고, 물적, 인적 교류를 통해 안전망을 확보하는 것이다(성춘택 2009). 이런 교류네트워크를 이용하여 흑요석과 같은 물자를 먼 곳에서 들여올 수 있었다. 거꾸로 500㎞ 멀리에서 흑요석을 들여왔다면, 당시 수렵민의 직간접 교류네트워크가 그만큼 잘 발달되어 있었으며, 높은 이동성을 지니고 있었음도 알 수 있다. 아프리카에서 기원한 현생인류가 후기 구석기시대에 전 세계로 확산한 것은 바로 이 같은 사회 교류망을 토대로 한 것이다.

흑요석을 먼 곳에서 획득하는 것 역시 사회적 기술의 일환이라 여길 수 있다. 현존하는 수렵채집민에 대한 연구에서도 25-30명 정도의 이동하는 무리는 주변 집단과 자원과 정보, 사람을 교류하며 혹심한 환경이나 어려운 시기를 넘기는 사회 안전망을 유지한다. 이런 교류네트워크를 통해 혼인관계를 맺고 같은 방언을 사용했을 것이다. 집단의 크기와 사회 네트워크는 사실 환경에 따라 다양하기는 하지만, 어느 정도 일반성이 있다. 아프리카와 파푸아뉴기니, 아마존, 알래스카 등지의 수렵채집민 민족지에서도 공통성이 잘 드러나는 것이다. 그렇게 보면 수렵채집사회의 사회네트워크의 기원은 후기 구석기시대로까지 거슬러 간다고 해야겠다. 다시 말해 인류혁명이라는 토대 위에서 수렵채집사회의 특성을 이해할 수 있는 것이다.

이런 사회관계를 고고학을 통해 검증하는 것은 아주 어려운 일이다. 다만 흑요석과 같이 먼 곳에서 획득한 자원을 분석함으로써 사회네트워크가 발달했음을 추론할 수 있을 뿐이다. 민족지 연구에 따르면 수렵채집민의 최대의 혼인네트워크의 규모는 대략 반경 125㎞ 정도로 추정된다. 이에 따르면 만약 호평동, 부평리, 하화계리와 같은 중부 지방, 그리고 대구 월성동 출토 흑요석제 석기가 백두산 산지에서 온 것이라면 이 같은 최대 통혼권을 넘어서는 규모의 간접 접촉의 결과라 해석할 수 있는 것이다(그림 2-14). 이는 유럽의 후기 구석기 시대에서도 정질의 암석이나 바닷조개와 같은 자원 교류의 규모보다 오히려 더 큰 것으로 보인다. 유럽에서는 200km 정도, 최대 600km 정도의 교류의 자료가 알려지고 있다(Gamble 1986).

후기 구석기시대 말기의 기술을 특징 짓는 잔석기(세석기)는 이러한 사회네트워크의 산물로 생각된다. 잔석기 전통은 최후빙하극성기(LGM)가 시작되기 전, 곧 철원 장흥리나 장흥 신북, 최근 조사된 포천 늘거리 등의 자료로 보건대 보정된 방사성탄소연대로 30,000년 전 즈음에 한반도에 등장하여 확립되는 것으로 보

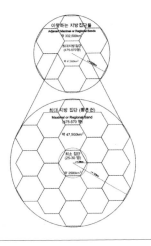

〈그림 2-12〉 수렵채집 집단의 사회네트워크에 대한 모델(Whallon 2006: 267, Fig 4를 바탕으로 다시 그린 그림, 성춘택 2009: 20, 그림 2에서). 이동하는 수렵채집민의 최소 집단은 흔히 25~30명으로 구성되는데, 이 모델에서는 집단의 범위를 평균적으로 반경 28km로 설정하고 있다. 집단은 주변 집단과 정보와 자원, 인적 교류의 네트워크를 구성하며, 직접적으로 접촉하는 권역집단은 대략 500명 정도로 이루어지며, 공간적 범위는 반경 약 125km 정도로 이해되고 있다.

인다. 잔석기기술이 이처럼 빠르고도 폭넓게 확산하는 배경은 바로 높은 이동성을 가진 수렵채집 집단과 집단 사이의 사회네트워크였을 것이다. 이런 사회네트워크를 바탕으로 호모 사피엔스 수렵채집민은 성공적으로 전 지구적으로 확산하였던 것이다. 동북아시아의 잔석기를 사용하던 일군의 수렵채집민은 결국 약 15,000년 전 아메리카 대륙으로까지 성공적으로 들어갔다.

후기 구석기시대의 이동하는 수렵채집민은 정보와 자원, 인적 교류의 안전망의 장치로서 사회네트워크를 맺고 유지하였다. 집단에게 사회네트워크는 의식주를 넘어 성공적 확산뿐 아니라 생존에도 필수 요소였다. 그런데 한반도, 특히 정확한 고고학 자료를 얻을 수 없는 북한을 제외한 중부 이남에서는 후기 구석기시대 이후, 곧 플라이스토세가 끝난 이후 후

빙기 적응과 관련된 자료가 거의 나타나지 않고 있다. 물론 제주도 고산리가 그 공백을 메우고 있지만, 한반도 육지에서는 대체로 기원전 10000년에서 6000년까지에 해당하는 시기에 해당하는 적절한 자료가 희소하다.

동해 기곡과 월소유적, 제천 두학동 재너머들, 익산 서두리, 곡성 오지리 같은 곳에서 양면을 가공한 돌화살촉은 활과 화살이 구석기시대 최말기에 쓰였음을 알 수 있다. 양면을 가공한 찌르개나 화살촉은 후기 구석기시대 말에서 신석기시대 이른 시기까지 널리 쓰였던 것으로 보인다. 다만 현재로서는 제주 고산리, 통영 상노대도, 그리고 몇몇 지표 수집품을 제외하면 기원전 10000년부터 7000년 사이의 자료는 희소하다. 후기 구석기시대 잔석기를 배경으로 하는 수렵채집민이 후빙기 환경 변화에 어떻게 적응했는지가 잘 알려져 있지 않다.

최후빙하극성기 동안 최대에 이르렀던 대륙의 빙하의 영향으로 평균 해수면은 지금보다 120m 정도 낮았다. 평균 해심이 40~50m에 불과한 서해(황해)는 커다란 분지로 노출되어 있어 후기 구석기시대 수렵채집민의 삶의 터전이었다. 빙하가 녹기 시작하면서 해수면은 상승하여 10,000년 전이면 발해만까지 길에 바닷물이 들어와 연안 환경이 만들어지기 시작하였으며, 어느 정도 등락을 되풀이하면서 2,000~3,000년 뒤에서 거의 지금의 높이에 이르렀다. 다시 말하면 한반도가 형성된 것인데, 이처럼 현재 한반도를 둘러싼 지역의 후빙기 환경 변화는 극적이었다.

그리하여 고황해분지에 있던 후빙기 유적이 현재 바다 밑에 잠겨 있을 가능성은 배제할 수 없다. 그런데 당시 유적이 고황해분지에만 있고 현재 한반도에 없다는 것도 이해할 수 없는 일이다. 유적이 희소한 다른 이유를 찾아야 하는 것이다. 현재 이 시기 유적의 희소함은 수렵채집민의 사회네트워크의 시각에서 설명할 수도 있다. 위에 논하였듯이 수렵민은 사회네트워크를 배경으로 존속한다. 사회네트워크는 단순히 의식주의 토대일 뿐만 아니라 혼인을 통한 인적 교류망이었다. 다시 말하면 주변 집단과 연결된 사회네트워크는 집단의 존속에 필수적이었던 것이다. 환경 변화로 이동성이 강한 후빙기 수렵채집민이 사냥이나 연안 환경 적

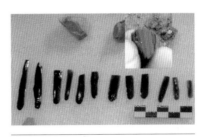

〈그림 2-13〉 남양주 호평동에서 나온 흑요석 잔돌날(세석인)과 하남 미사지구에서 나온 잔몸돌(세석핵, 오른쪽 위). 잔몸돌에서 남아 있는 세로의 능선에서 아주 작은 잔돌날이 떨어진 것을 알 수 있다. 아마도 흑요석이 그만큼 귀한 돌감이었기 때문에 더 이상 사용할 수 없을 때까지 쓴 다음 버려진 유물일 것이다.

응 등으로 새로운 생태 적소에 인구 집중이 있었을 것이다. 이 경우 그만큼 한반도 남부의 집단에게는 위기였을 것이다. 일본열도와 현실적으로 차단되어 있었기 때문에 새로운 주민이 들어오지 않는 이상 한반도 남부는 겨울과 같은 특정한 계절에 자원을 위해 임시적으로 머무르는 장소의 역할을 하였을 가능성이 높은 것이다. 아직 조사가 철저하지 않아 이 시기의 공백을 메꾸어줄 새로운 고고 자료가 발견될 가능성이 있지만, 자료의 희소함은 이처럼 사회네트워크의 시각에서도 이해할 수 있는 것이다 (성춘택 2009).

고산리와 강정동, 삼양동 등 몇몇 제주도의 유적은 이 시기 수렵채집민의 적응을 보여주는 사례이다. 양면으로 가공한 다양한 형태와 크기의 돌화살촉이 주된 도구였으며, 이를 바탕으로 주변의 환경을 이용했다. 주로 돌화살촉이 쓰인 것으로 보아 해양 자원보다는 아마도 주로 육상의 동물 자원을 사냥을 통해 이용했을 것이다. 돌화살촉 제작에 쓰인 암석은 용결응회암과 같은 제주도에서 얻을 수 있었다.

신석기시대 이른 시기의 남부 해안의 많은 유적에서는 돌화살촉이 흔하게 나온다. 특히 신석기시대의 석기 자료는 먼 거리 교류의 증거가 잘 드러나 있다. 후기 구석기시대 남양주 호평동, 의정부 민락동, 인제 부평

리 등의 유적에서 나오는 중부 지방의 흑요석제 석기는 대부분 백두산에서 기원한 소재로 만들어진 것으로 추정되고 있다(이선복·좌용주, 2015). 하지만 신석기시대 흑요석제 석기는 부산 동삼동, 통영 연대도, 욕지도, 여수 송도, 안도패총, 울산 세죽 등 남해안의 유적들에서 빈번하게 나타나며, 이들 유적의 흑요석은 거의 모두 일본의 규슈에서 기원한 것으로 보인다. 흑요석은 화살촉을 비롯하여 작살이나 석거(石鋸), 석추(石錐), 그리고 긁개, 찌르개 등의 소형 석기의 재료로 사용되었다. 물론 함경북도의 서포항이나 농포동, 무산 범의구석, 양양 오산리 등지에서도 흑요석제 유물이 출토된 바 있는데, 이곳의 흑요석은 이미도 백두산이 원산지일 것으로 추정된다. 부산 동삼동이나 범방 유적에서는 소형 도구로 가공되기 전의 흑요석 원석이 발견된 바 있다. 분석에 따르면 모두 일본 규슈에서 기원한 흑요석으로 만들어진 유물이라고 한다(하인수 2006). 이로 미루어 보면 흑요석은 원석으로 규슈로부터 들어와 남해안 유적에서 도구로 만들어진 것을 알 수 있다(그림 2-15).

흑요석이 나온 남해안 신석기 유적은 동삼동, 조도, 범방, 다대포, 가덕도, 신암리, 연대도, 상노대도, 욕지도, 송도, 안도, 북정, 세죽, 수가리, 화목동 등 20여 개소에 이르는데, 거의 모두 해안이나 섬에 있다. 완성품은 주로 화살촉이며 유물은 대부분 석기 제작 과정에서 폐기된 격지와 격지 조각, 부정형조각, 부스러기들이다. 연대도와 욕지도, 동삼동, 범방, 가덕도 등지에서는 흑요석제 석기가 비교적 높은 비율을 보이지만, 다른 유적에서는 아주 적은 수만이 확인된다. 이는 규슈 산 흑요석을 유통하는 거점지가 있었기 때문일 수도 있다(하인수 2006). 규슈와 무역을 하는 거점 집단이 대마도 같은 곳에 자리잡고 주변 집단에 돌감과 완성품을 유통시켰을 가능성이 있는 것이다.

바다를 건너 한일 간 교류는 흑요석이 대표적이지만, 토기에서도 한반

도 남부와 일본 간 교류의 흔적
이 나타난다. 예컨대 흑요석 유물
이 나온 동삼동이나 범방, 연대도
패총에서는 도도로끼식 토기를
비롯하여 일본계 토기가 확인된
바 있다. 특히 동남해안을 중심
으로 신석기시대 전 기간을 거쳐
일본계 토기와 석기가 출토되고
있는 것이다(하인수 2006). 고시다
카(越高)와 같은 대마도 유적을
비롯하여 규슈의 여러 조몬 유적
에서도 우리나라에서 건너간 빗
살무늬토기와 영선동식토기, 덧

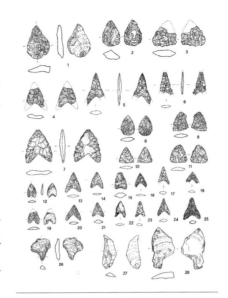

〈그림 2-14〉 남해안 신석기시대 유적에서 출토된 흑요석제 석기(1-4, 8-14, 19-21, 26: 동삼동, 5, 6, 16-18, 22-24: 연대도, 25, 7, 15: 욕지도, 27, 28: 가덕도 장항, 하인수 2006: 33, 그림 5를 바탕으로 장항 유물 추가 수정, 축척 부동).

무늬(융기문)토기 등 한국계 유물이 알려지고 있다. 이처럼 당시 해안에 거주하였던 신석기 사람들은 바다를 건너서 자원을 교류했던 것이다. 특히 고시다카유적에서는 한반도 남부의 덧무늬토기가 다량 나왔으며, 조몬계 유물은 아주 적다. 이로써 대마도를 거점으로 한국 남해안과 일본 규슈 사이에 교류가 이루어졌음을 짐작할 수 있다(하인수 2006).

2. 동아시아 석기기술과 한국 선사시대의 석기

중국과 한반도, 일본의 선사시대 문화는 나름의 독자적인 전통을 유지하면서도 영향을 주고받았으며, 이 같은 교류의 흔적은 선사 석기기술에도 잘 드러난다. 먼저 구석기시대, 특히 후기 구석기시대에는 지금의 서해(황해)는 육지였기 때문에 사실 한반도는 대륙의 일부였다. 그리하여 이동하는 수렵채집민에게 지리적 장벽은 거의 없었다고 해야겠다. 이미 지적했듯이 마지막 빙하기 수렵채집민은 높은 본거지 이동성과 조달 이동성을 가지고 있었다. 이것은 동북아시아 전역에서 확인되는 잔석기(세석기)의 광범위하고도 급속한 확산에 잘 드러난다. 나아가 흑요석이라는 돌감의 분포로도 광범위한 교류의 네트워크를 짐작할 수 있다.

신석기시대 이른 시기 고성 문암리와 양양 오산리, 부산 동삼동 등지에서는 석부, 화살촉, 석창, 숫돌, 석기와 함께 이음낚싯바늘[結合式釣針]과 결상이식이 출토되었다. 이음낚싯바늘은 보통 돌로 만들어진 축과 뼈로 만든 바늘 부분이 결합되어 낚싯바늘을 이루는 유물이다. 오산리와 문암리에서는 알파벳 J자 모양의 축부를 가진 유물이, 동삼동과 범방, 여수 대경도 등 남해안 유적에서는 축부가 직선인 I자 모양의 유물이 출토되고 있다(하인수 2006). 이런 유물은 서해안의 군산 노래섬패총에서도 나온 바 있으며, 규슈 서북 지방의 유적에서도 보이는데, 아마도 한반도 남해안의 유물을 모방한 것으로 생각되고 있다.

흑요석과 이음낚싯바늘, 그리고 토기 등에서 남해안과 일본 규슈의 교류를 엿볼 수 있지만, 중국이나 북방과의 교류 역시 유물에서 드러나고 있다. 문암리 유적과 부산 동삼동, 청도 사촌리, 여수 안도 등지에서는 결상이식이라는 귀고리가 발견된 바 있는데, 유사한 유물은 중국 동북 지방과 일본에서도 보인다. 물론 특정한 유물에만 한정된 양상이지만, 특히 홍산문화와 관련성이 주목된다. 이렇게 보면 중국 동북 지방에서 한반도 그리고 일본 서남부까지 어느 정도 광역의 교류네트워크가 있었음을 짐작할 수 있는 것이다. 이처럼 구석기시대와 신석기시대에 놀라울 만큼 넓은 직간접 교류네트워크가 있었다. 다만, 흑요석 같은 돌감의 교류와 장식품의 분포를 동일시하기는 어렵다. 나아가 형태적 유사성에 근거하여 문화 전파만을 앞세우는 것도 문제가 있다. 오히려 일방적인 전파가 아니라 교류 네트워크를 강조하는 것이 바람직하다.

간돌검(석검)의 경우 청동기를 모방했다는 설이 꾸준히 제기되었지만, 뚜렷한 증거나 검증이 있는 것은 아니다. 과거 일본의 아리미츠 교이치(有光敎一 1959)는 곧은 날을 지닌 석검이 동검을 모방하였다고 생각하였다. 그러나 청동기시대가 확립되고, 방사성탄소연대가 쌓이면서 상당수의 간돌검의 연대가 세형동검보다 올라간다는 사실이 밝혀졌다. 이후 연구자들은 오르도스식동검이나 비

〈그림 2-15〉 소흑석구 출토 비파형동검과 창원 평성리 출토 이단병식검(1. 소흑석구, 2. 평성리, 유병록 2014: 66, 사진 1에서)

파형동검에서 원형을 찾았다(김원용 1971). 현재로선 거의 대다수가 검신과 자루 부위가 일체형인 마제석검과 신부와 자루, 그리고 검파두식(劍把頭飾)의 삼부위를 조립하는 방식인 비파형동검과 직접 연관관계를 찾기 힘들다. 그런데 여전히 내몽고 소흑석구(小黑石溝)유적 석곽묘에서 나온 비파형동검이 창원 평성리 출토의 구멍무늬(요문)를 새기고 반원형 검파두식을 가진 석검과 비슷하다는 점을 지적하며, 비파형동검에서 기원했으리라 보는 견해가 있다(유병록 2014: 66; 近藤喬一 2000). 이렇게 자루(병부)에 구멍무늬를 새긴 간돌검을 흔히 장식검이라 부르는데, 영남 지방에서 확인되고 있다(황창한 2008). 모두 이단병식이며 자루 끝에 둥그런 부위가 장착되어 있는 모습이기도 하고 그렇지 않은 사례도 있다.

그러나 어떤 유물의 기원을 찾는 일은 쉽지 않다. 나아가 청동기시대 석기의 기원을 외부에서 찾는 것은 그리 단순한 작업이 아니다(성춘택

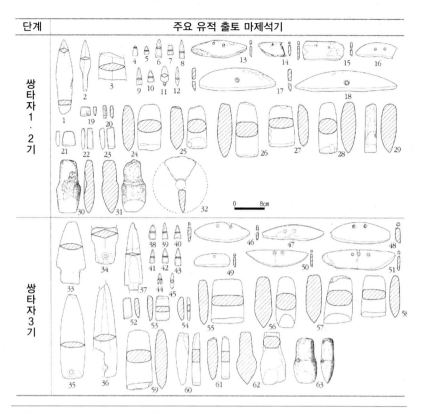

단계	주요 유적 출토 마제석기
쌍타자 1·2기	
쌍타자 3기	

〈그림 2-16〉 요동반도 쌍타자 유형의 석기군(손준호 2006: 121, 그림 31에서).

2017b). 농경구나 목공구 같은 석기의 경우 뚜렷한 기능을 가지고 있기 때문에 단순히 생김새만으로 계통을 찾는 것은 바람직하지 않다. 유사함은 상사(相似, analogous similarity)와 상동(相同, homologous similarity)을 구분하는 일도 반드시 필요하다.[8] 형태적 유사성과 함께 공반되는 유물군 전체를 비교하고, 생업적인 배경까지도 고려해야 한다.

한국 청동기시대 무문토기문화의 성립에서 연구자들은 요령 지방과 관련을 중시하는 경향이 있다. 특히 요동반도의 끝자락에 있는 쌍타자(雙砣子)유적과 대취자(大嘴子)유적을 주목하는데, 쌍타자 유형의 유적에서는 하천변에 자리잡고 특히 잡곡농사에 토대를 두고 수렵과 어로를 병행했다고 생각되고 있다(손준호 2006; 안재호 2009, 2010; 유병록 2014). 이런 유적에서는 한국 청동기시대 많은 유적에서와 같이 돌살촉, 돌창과 돌칼, 편평편인석부, 돌끌이 나오고 있다. 다만 간돌검은 나오지 않는다.

간석기(마제석기)는 특히 청동기시대에 독특한 형태를 가지면서 발달하였다. 나아가 밭농사와 벼농사 같은 생업경제의 전파와 확산과도 관련되어 있어 석기 자료를 통해 중국과 한반도, 일본에서 이루어진 교류를 짐작할 수 있다. 동아시아의 맥락에서 돌칼과 돌도끼, 돌검 같은 중요한 유물을 살펴보자.

돌도끼, 특히 유견석부라 알려진 유물 역시 요동반도에서 기원하여 한반도, 일본 그리고 연해주까지 확산한 것으로 보인다. 유견석부는 한반도 남부에서 가장 많이 알려져 있으며, 특히 출토 유적은 전남 지방에서 밀집하여 분포하고 있다.

돌칼은 산동반도의 대문구(大汶口)문화에서도 방형이 보이며, 비슷한 시기의 요동반도에서는 소주산(小珠山) 중층에서 나타난다. 이런 석도의 대부분에 구멍이 뚫려 있지 않다(시모죠 2011: 69). 요동반도에서는 호인(弧刃), 곧 굽은 날을 가진 것이 다수이며, 호배호인의 어형(魚形) 돌칼이 중심이 되며, 직인(直刃)은 더 늦게 등장한다고 한다.

주지하듯이 한반도 서북부의 팽이형토기 유적에서는 주로 직배호인과 호배호인형, 곧 주형과 어형 돌칼이 많다(공민규 2006; 손준호 2007). 장방형 돌칼은 동북 지방과 영남 지방에서 상당수가 알려져 있다. 동북 지방에서는 곧은 날을 가진 돌칼이 비교적 많지만, 서북 지방에서는 굽은 날을 가진 것이 대세를 이룬다. 압록강 상류에서는 장방형과 호배직인, 곧 즐형(櫛形)의 돌칼도 나온다. 그런데 숫자상 남한의 주된 돌칼 형식은 주형, 곧 직배호인형이지만, 청동기시대 이른 시기 유적에서는 어형의 돌칼도 상당히 많다. 한반도에서 나오는 돌칼의 거의 대부분은 한쪽에서 날을 세운 단인이며, 양인은 드물다.

남한 지역에서는 주형이 변모했다고 생각되는 삼각형과 사다리꼴, 곧 제형의 돌칼도 나오는데, 모두 청동기시대 늦은 시기의 것들이다. 송국리 유형의 유적에서는 삼각형 돌칼과 함께 홈자귀(유구석부) 같은 독특한 석기가 알려져 있다. 이러한 주형, 삼각형, 홈자귀 같은 간석기는 일본에서도 널리 확인된다.

이 같은 돌칼의 전파를 연구자들은 밭농사가 확산하는 것과 맞물려 있다고 생각한다. 비슷한 용도의 수확구로 쓰였을 돌낫 역시 요동반도와 한반도 전역 그리고 일본 규슈에까지 보인다(시모조 2011: 96, 도 8). 돌도끼와 돌낫, 돌칼, 편평편인석부, 유병식석검은 조몬 만기의 유적에서 나타난다. 그 전까지는 보이지 않던 유물이기에, 한반도에서 일본에 전해진 것이 확실하다(손준호 2006; 시모조 2011). 규슈 북부에는 논농사의 등장과 함께 송국리식 집자리, 석개토광묘 같은 송국리 유형의 요소와 일단병식검, 결입유경식검, 삼각형돌칼, 홈자귀 등 이른바 "대륙계 마제석기"가 나온다. 물론 재지적인 성격의 석기도 있기 때문에 야요이문화에서는 한반도 남부의 문화를 선택적으로 수용한 것으로 보인다.

청동기시대에는 석기 연구에서는 여러 석기 기종의 생산과 유통을 생산 전문 시설의 존재에 초점을 맞춘다. 손준호(2010)는 주로 대단위 마을(취락)유적의 자료를 바탕으로 격지(박편)가 5점 이상, 그리고 거친 재질의 숫돌이 나오는 유구는 석기 가공이 이루어졌다고 판단하며 석기 생산체제의 변화를 연구한다. 이로써 청동기시대 전기의 유적에서는 석기의 제작과 소비가 한 유적 안에서 이루어지지만, 후기에 들어서면서 석기 생산은 전문화하는 경향이 드러난다. 그리하여 산지로부터 석기를 입수하여 보관하고 선별하는 공간인 공방지가 등장하는 석기 생산체제를 유추하기도 한다(홍주희 2009). 그런데 조대연·박서연(2013)은 취락 내 석기 생산 주거지와 일반 주거지에서 나온 유물군을 비교, 분석하여 이미 청동기시대 전기부터 주거지별로 전문 생산 기종이 등장한다고 보았다.

연구에 따르면 화천 용암리, 춘천 천전리, 당진 자개리, 진주 대평 어은 2지구 등지에서는 다양한 석기를 생산해 주변 마을에 공급했을 것이다. 옥의 제작과 생산, 유통에서도 광범위한 교역네트워크가 있었다. 간돌검, 특히 유절병식석검의 경우에도 넓은 유통망이 있었다고 한다. 혼펠스로 알려진 돌감(석재)이 주로 고령 주변에서 얻을 수 있기에 고령과 대구를 중심으로 하는 곳에서 만들어져 널리 유통되었다는 것이다(장용준·平君達哉 2009). 그럼에도 석촉과 석도, 석부 등 일상 도구는 주로 지역의 석재를 이용하여 생산, 소비되었던 것으로 보인다(손준호 2010).

맺음말:
석기기술과 금속문명

석기는 구석기, 신석기, 청동기시
대까지 선사시대를 아우르는 시
기 동안 도구로서 일상생활에
서 큰 역할을 하였다. 수렵과 어
로, 채집 등 자연에서 식량을 얻
는 데 석기, 또는 석기를 장착한

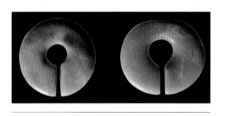

〈그림 2-17〉 고성 문암리 신석기 유적에서 수습된 결상이식
(오른쪽 길이 4.0cm, 국립대구박물관 2005: 161, 도판 261에서).

도구가 쓰였으며, 신석기시대 이후 밭을 갈고 곡식을 수확하고 가공하는
데도 돌로 만들어진 도구를 썼다. 대부분의 일상생활에서 석기는 이처럼
중요한 역할을 하였던 것이다.

석기가 실생활 용기의 기능을 가진 것이 사실이지만, 의례와 상징 유물
로서도 역할을 하였다. 의기로서 석기는 아마도 후기 구석기시대에도 있
었을 가능성이 있지만, 자료로서 확인되지는 않는다. 한국에서는 결상이
식의 사례에서 보듯이 신석기시대 이른 시기부터 그런 유물이 보인다. 고
성 문암리와 부산 동삼동, 여수 안도, 청도 사촌리 등지에서 유물이 수습

된 바 있으며, 일본과 요령에
서도 비슷한 유물이 나왔다.

울진 후포리에서는 신석기
시대의 여러 무덤이 발굴되었
는데, 특이하게도 긴 돌도끼가
180점 정도가 수습되었다. 돌
도끼는 주로 이암이나 셰일(혈

〈그림 2-18〉 울진 후포리 수습 간돌도끼 일괄. 후포리 무덤에서는
130여 점의 마제석부가 수습되었다. 이 가운데 상당수는 아주 긴
형태이고, 사용된 흔적이 보이지 않는다(국립경주박물관 자료제
공, 국립대구박물관 2005: 152, 도판 244).

암), 편마암, 혼펠스 등으로 만들어졌는데, 모두 시신을 덮는 데 쓰였을 것
으로 추정한다. 이와 함께 대롱옥 몇 점도 출토되었다. 토기가 없기 때문
에 연대 추정에 어려움이 있으나, 비슷한 돌도끼가 나온 춘천 교동유적과
비교되어 신석기시대 늦은 시기라는 입장도 있지만, 최근에는 이른 시기
로 편년하는 연구자도 많다. 어쨌든 상당수 간 돌도끼는 사용된 흔적이
없는 것으로 보아 무덤에 부장품으로 넣기 위한 것이었다. 비슷한 긴 돌
도끼는 춘천 교동에서도 나온 바 있으며, 이곳의 토기는 이른 신석기시대
유물로 생각되고 있는 것이다.

부장품으로 쓰인 석기는 청동기시대에 들어오면서 더욱 일반화한다.
특히 청동유물과 함께 석기도 부장되었다. 대표적인 청동기시대 유적인
부여 송국리의 석관묘에서는 비파형동검과 함께 일단병식의 간돌검, 일
단경식의 돌화살촉, 대롱옥(관옥) 등이 부장되어 있었다. 이 석관묘는 이
미 1975년에 조사되었으며, 여러 석기와 함께 비파형동검이 공반되어 주
목을 받았다. 동검은 길이 33.4cm 정도이며, 넓은 곡선을 이루는 전형적인
형태이다. 일단병식 간돌검은 길이 34cm 정도이며, 유경식이며 비교적 신
부가 긴 돌화살촉도 11점이 수습되었는데, 길이가 10cm에서 20cm에 이르
러 큰 편이다. 대롱옥이 17점, 곱은옥도 2점 나왔다.

유병식검은 송국리 유형이 확산하는 청동기시대 후기에 들어서면서 지

역성이 커진다(김양선 2015; 장용준·平君達哉, 2009). 청동기시대 늦은 시기의 석기, 특히 간돌검은 장대화하며 사회적 의미를 가지는 것으로 보인다. 간돌검의 검신이 길어지며, 자루(병부)가 아주 커지기도 한다. 특히 칼몸(신부)과 자루(병부) 사이의 심부가 커지고, 자루끝(병두부)이 과장되게 돌출하는 장식성이 강한 석검이 만들어졌다. 돌화살촉 역시 촉신부가 길어지는 경향도 보인다. 대형화, 의기화 경향은 초기 철기시대에 들어서면서 두드러진다. 그런데 청동기시대에 석기 제작과 사용이 오히려 발달했지만, 이제 철기가 확산되면서 석기는 급감한다. 물론 간단한 형태의 석기는 여전히 쓰였지만, 이제 완성된 도구로서 석기는 거의 자취를 감추는 것이다.

집자리에서 나온 간돌검과 무덤에서 나온 유물에는 현재의 연구에 따르면 특별한 차이가 있는 것 같지 않다. 다만 상당수가 파손된 상태로 집자리에서 출토되기 때문에 일상생활에서 무엇인가를 찌르고 자르는 용도로 썼음을 짐작할 수 있을 뿐이다. 그렇기 때문에 과연 어느 정도 무기의 용도로 사용하였는지는 불확실하다. 왜냐하면 돌을 날카롭게 갈아 만든 유물이기에 작은 충격에도 쉽게 부러질 수 있기 때문이다. 오히려 패용자의 사회적 지위에 대한 상징 유물이었을 가능성이 높다.

간돌검의 등장과 사용의 맥락은 청동기시대의 사회 위계화의 흐름을 비추어준다. 간돌검은 평등주의 사회가 아닌 위계 사회에서 사회 신분을 상징하는 유물의 역할을 주로 하였던 것으로 보인다. 물론 많은 유물이 생활 유적의 맥락에서 발견되고 있기 때문에 모든 간돌검이 상징 유물이었다는 것은 아니다. 특히 다수의 유경식검, 그리고 여러 유병식검도 실생활에 쓰였을 것이다. 그러나 청동기시대 사회문화의 진전과 함께 마을 주변에 환호를 두르고, 논농사가 확산하면서 저장 시설과 다양한 무덤을 만든 것은 사회 내부의 위계화의 진전이라는 흐름을 보여준다(배진성

2005; 김양선 2015; 이재운 2011).

<그림 2-19> 여수 오림동의 고인돌 덮개돌에 새겨진 석검과 기도하는 사람(임세권 1999: 125에서 일부 수정).

여수 오림동의 고인돌 덮개돌에는 석검을 자루를 위로 하여 새긴 그림이 발견되었다. 석검의 왼쪽에는 아주 작은 크기로 두 사람을 새겼는데, 한 사람은 석검을 향해 무릎을 꿇고 두 손 모아 기도하는 모습이며, 뒤에 다른 사람이 서 있는 장면이다(임세권 1999; <그림 2-19>). 포항 인비리의 고인돌 덮개돌에도 석검 그림이 새겨져 있는데, 신부가 짧은 모습이며, 아마도 자루는 유절병식으로 보인다. 이렇게 간돌검, 그리고 이것을 손에 든 사람과 관련한 사회적 의미가 있었음을 짐작할 수 있는 것이다.

이처럼 청동기시대 청동유물과 석기, 취락과 무덤 유적 등을 볼 때 농경사회의 확산과 함께 노동력의 조직과 효율적인 관리를 엿볼 수 있다. 이 같은 변화는 고고학적으로 비파형동검과 여러 청동유물과 함께 간돌검 같은 석기에서도 드러나는 것이다. 특히 무덤에서 출토된 간돌검 가운데는 깨진 상태에서 수습된 것이 많은데, 이런 부장 관습은 죽음과 관련한 의도적 파쇄로 보기도 한다. 이는 간돌검이 사회 이데올로기의 안정화에 기여하는 유물일 가능성을 잘 보여주는 것이다.

돌을 채취하고, 소재를 가공하여 도구를 만드는 석기기술은 금속기술의 토대라 할 수 있다. 그러나 현재까지 선사시대의 여러 석기의 원석을 얻었던 채석장 유적이 확인되지는 않았기에 구체적으로 채석과 가공, 제작의 과정을 복원하기가 쉽지 않다. 나아가 야금이라는 것도 기실 돌에서 금속을 추출하여 제품을 만드는 기술을 말하는데, 자연에서 구리(순동)를 찾아 망치로 때려 가공하는 것은 유럽에서 이미 신석기시대에 시작되었다. 그러나 이 역시 구체적으로 채석 유적이 알려져 있지는 않다.

후기 구석기시대와 신석기시대 흑요석을 통해 원석이 수백 킬로미터라는 먼 거리에서 교환되었음을 알 수 있으며, 결상이식이나 이음낚싯바늘 같은 여러 유물에서 한반도를 넘어 광역의 교류네트워크가 있었음을 짐작할 수 있다. 청동기시대 옥이나 간돌검 등을 통해 드러나는 사회 교류의 네트워크는 금속기술이 사회에서 받아들여지는 배경이라 할 수 있다.

인류가 돌을 깨서 도구를 만들고 진화한 300만 년이라는 시간 척도로 보면 농경의 등장과 확산, 문자 발명, 국가 등은 아주 짧은 시간이다. 현재 지구 위에 살고 있는 70억 인류의 모습과 행위 그리고 심리는 지난 300만 년 동안 수렵채집을 하면서 진화한 것이다. 특히 후기 구석기시대 현생인류의 확산은 이후 인류역사의 토대라고 할 수 있다.

석기는 느리지만 꾸준히 변모했다. 처음에는 주변에서 구할 수 있는 돌을 거칠게 떼어내어 날카로운 날을 얻어 시굴을 자르고, 동물의 뼈에 남은 살을 발라내거나 찍개를 만들어 골수를 빼내기도 했다. 그러면서 석기의 제작과 사용은 인류의 삶에서 갈수록 중요한 부분이 된다. 이제 원하는 형태로 석기를 생산하는 일은 일상이 되면서 생산된 유물은 인류의 정체성을 규정하는 물적 징표가 된다. 인류의 모습이 달라지고 진화하였듯이 300만 년 동안 석기기술도 진화하였다. 특히 후기 구석기시대에 들어오면서 돌날기술이 발달했으며, 현생인류는 전 세계로 확산하였다. 이제 고위도지방부터 건조지대, 고산지대까지 현생인류(사피엔스)라는 단일한 종이 자리를 잡은 것이다.

후기 구석기시대 수렵채집민은 20~50명 정도로 작은 집단을 이루고 이동하며 살았지만, 주변 집단과 끊임없이 그리고 정기적으로 교류하였다. 이 교류의 네트워크는 일반의 예상을 뛰어넘을 정도로 광역의 규모였다. 100~200㎞ 정도 안에서 이동하면서 이웃 집단과 직접 교류하였으며,

그 범위를 넘어서는 집단과도 간접 교류하였다. 그 결과 백두산 원산지의 흑요석이 한반도 곳곳에서 알려져 있는 것이다.

신석기시대에도 광역의 직간접 교류는 이어졌다. 특히 남해안의 많은 유적에서 흑요석으로 만든 돌화살촉과 돌감(석재)이 출토되었다. 대부분 유물은 일본 규슈에서 온 것인데, 이렇게 바다를 건너는 교류는 상당히 정기적으로 이루어진 것으로 보인다. 결상이식과 이음낚싯바늘 같은 유물을 보면 요동에서 한반도, 규슈에 이르는 교류권의 규모를 추정할 수 있다. 이는 청동기시대의 각종 석기, 특히 농경과 관련된 반달돌칼(석도)에서도 이어져, 유물을 바탕으로 광역의 교류를 짐작할 수 있다. 또한 간돌검(마제석검)과 돌도끼(석부) 등에서 한반도에서 이루어진 교류뿐 아니라 사회 내부의 복합화의 진전도 엿볼 수 있다.

이처럼 석기는 인류의 기나긴 진화의 여정에서 인류가 남긴 자취이기도 하고, 그 자체로 인류이기도 하다. 우리는 석기를 바탕으로 초기 인류가 현재의 인류가 되는 과정을 그릴 수 있다. 석기는 신석기시대, 청동기시대까지 인류의 삶에서 일상의 도구였으며, 몇몇 형식은 특별한 의미를 지닌 유물이기도 했다. 그러다가 철기의 등장과 확산으로 일상의 도구로서 석기는 거의 모습을 감춘다. 석기기술은 금속기의 제작과 확산의 토대이기도 했다.

3장

금속을
녹이다:
금속문명의
도입과 청동기

머리말

금속의 발견과 사용은 인류역사의 발전 과정에서 매우 중요한 위치를 차지하고 있다. 인류사 전체에서 지금까지 일어났던 수많은 사회적 변화와 발전 가운데 가장 획기적인 사례를 꼽는다면 농경이 시작되어 확산되어 가는 선사시대의 신석기혁명과 산업기술의 발전과 함께 대량 생산이 가능하게 되었던 근대 시기의 산업혁명을 예로 들 수 있다. 그러나 이에 못지않은 사회적 변화가 금속의 발명과 도시혁명에 의해 가능하였다. 개인의 성장과 계급의 등장, 국가를 비롯한 정치체의 등장과 이러한 정치체의 발전과 직접적인 관련이 있는 궁전과 도시의 발전, 즉 문명화 과정은 금속의 제작과 확산 과정이 전제되지 않으면 불가능하였다. 자연에 존재하는 돌을 가공하여 도구로 사용하였던 구석기시대와 신석기시대에는 자연 상태의 재료인 돌을 재질에 따라 선별하여 이를 사용 목적에 맞게 형태를 가공하여 이용했다. 순동시대[1](copper age 내지 Charcolithic 또는 eneolithic period) 역시 자연 상태에 존재하는 순동(copper)을 획득하여 이를 담금질과 같은 약간의 열처리를 거친 후에 이용하거나 공작석(孔雀石,

Malachite)이나 남동석(藍銅石, Azurite)과 같은 푸른색을 띠는 1차 동광석을 직접 채취하여 보석의 일종으로 이용하기도 하였다(e.g. Craddock 1995; Pare 2000; Tylecote 1962; 1987). 비록 동이라는 중요 금속 재료를 이용하기는 하지만 순동시대의 금속 관련 기술 수준은 자연 상태의 동 혹은 동광석을 직접 이용하는 단계에 머무르는 수준이었다(e.g. Butler 1979; 2002; Butler and Fokkens 2005; O'brien 1990; 1996; Ryan 1978; Tylecote 1987). 반면에 청동기시대(bronze)와 철기시대(iron과 steel)에는 불의 온도를 획기적으로 높여 자연 상태에서 광석의 형태로 존재하는 동이나 철을 녹여낸 다음 이렇게 추출된 순동이나 철을 원래의 재료적 특성을 고려하여 새로운 성분을 추가하거나 보완하며 제작기법을 달리하여 강도와 탄성을 강화하게 된다. 즉, 원하는 목적과 기능에 따라 보다 적합한 재료를 만들기 위해 주석, 납, 아연과 같은 금속 재료들을 합금하여 주조하거나 다양한 열처리 기술 및 단조 기법을 개발하였다(e.g. Craddock 1995; Craddock and Hughes 1985; Kuijpers 2008; O'brien 1999; Ottaway 2001; Pare 2000; Ryan 1978; Shennan 1995; Timberlake 2001; 2003; Tylecote 1962; 1987). 다시 말해서 합금을 바탕으로 한 주조와 열처리 그리고 단조를 비롯한 여러 가지 방법을 통해 자연 상태에서는 극히 얻기 힘든 소재로 가공한 다음, 사용자가 원하는 형태의 도구를 자유자재로 만들어내었다는 점에서 석기나 순동의 이용과는 전혀 다른 차원에서 매우 커다란 기술사적 의의를 지닌다.

이처럼 금속의 제련과 합금 그리고 도구의 제작은 석기 제작과는 차원을 달리하는 기술적 혁신과 고도의 숙련된 전문 지식, 분업화, 생산 조직, 그리고 동이나 철소재를 포함하여 각종 금속 재료의 유통을 위한 광범한 교역망의 형성이 전제되어야 하므로 사회구조[2]의 근본적인 변화와도 맥을 같이한다(e.g. Chernykh1992; Childe 1963; Flanagan 1979; Kristiansen 1987; Kristiansen and Lasson 2005; Needham 1998; Northover 1982; Winghart

2000). 이 외에도 금속의 제련, 특히 청동기의 제련과 합금 및 주조는 형태와 색조의 측면에서 금속 자체가 주는 아름다움, 즉 당시 사람들의 심미적 취향과 선호를 반영하기도 한다(e.g. 김종일 2009; Treherne 1995; Dobres 2000). 이러한 사실은 당시 사람들이 청동기의 사용을 통해 남성과 여성으로서 자신의 몸을 아름답게 가꾸려는 자신들의 욕망을 충족하는 동시에 마음과 몸, 즉 내면과 외면이 이분법적으로 분리되지 않고 인식되었던 선사시대에 몸의 아름다움을 강조하고 이를 통해 내면과 외면의 구분이 없는 자기 자신의 아름다움을 가꾸어가는 모습을 짐작케 한다. 여기에서 더 나아가 이를 통해 자신의 개인적 정체성을 형성하고 스스로의 자의식과 주체의식을 표현하는 과정을 확인할 수 있다.

이와 아울러 청동기의 경우 비교적 원재료의 습득이 용이한 석기와 철기에 비해, 동광 산지는 물론이고 주석과 아연 등 청동기 주조에 반드시 필요한 금속 재료의 산지가 매우 제한적이라는 점에서 청동기의 제작과 소유는 당시 사회의 사회구조를 반영하거나 혹은 그 사회의 사회체계[3]가 유지될 수 있는 기제를 제공하기도 하였다(e.g. Northover 1982; O'brien 1999; Ottaway 2001; Kristiansen 1987; Flanagan 1979).

청동기의 주조와 소유 여부가 심지어 문명의 형성과 쇠락에 직접적으로 영향을 끼치기도 하였다. 정(鼎)이나 격(鬲)과 같은 제사용 청동기물의 소유와 부장 여부가 종법제하의 사회 신분체계의 형성과 유지에 결정적인 역할을 했던 중국의 상주(商周)시대나 청동기 주조에 필수적인 주석의 확보를 위해 알프스 지역을 넘어 중부 유럽 혹은 서부 유럽과 직간접적 장거리 교역을 해야만 했고 그 교역로가 막혀 청동기의 제작이 더 이상 불가능해자 어쩔 수 없이 철기로 이를 대체해야 했던 그리스 청동기 문명은 그 좋은 사례라고 할 수 있다(e.g. 리쉐친 2005; Champion et.al. 1984; Chang, Kwang-chih 1986; Cunliff 1988; 1994; 1997).

이처럼 인류사의 발전에 결정적인 역할을 한 금속, 그중에서도 청동에 대해서는 이미 고대 그리스와 로마인들에 의해 그 중요성이 인식되고 있었으며 근대 고고학이 형성되기 시작한 19세기 초반부터, 그리고 금속의 물성과 화학적 조성에 대한 지식이 증대되고 있던 18세기 및 19세기 금속학자 및 화학자들에 의해 그 중요성이 부각된 바 있다. 전자의 경우 각종 청동무기 및 장신구의 편년을 통해 유럽 선사시대 편년의 주요 기틀을 마련한 바 있으며, 후자의 경우 유럽 및 중근동 지역과 아시아 지역을 포함한 여러 지역의 청동기 제작기술과 성분 분석 등을 통해 청동기 제작과 관련한 여러 기술사적 의의를 살펴본 바 있다(e.g. 王建新 1999; 华觉明 等 1983; Craddock 1995; Rowlands 1971; Ryan 1978; Shepperd 1980; Timberlake 2003; Tylecote 1962; Tylecote 1987).

이러한 두 가지의 큰 흐름을 통합하기 위한 연구가 60년대 이후 독일을 비롯한 유럽의 여러 나라에서 진행된 바 있으나 기대했던 연구 결과를 얻지는 못했다. 그 이유로는 연구의 주목적이 청동 신지의 분석과 유통에 놓여 있었고 따라서 주된 연구 방법으로 수만 점에 이르는 청동유물에서 샘플을 채취하여 성분 분석을 한 다음 통계 처리하는 방식을 선택하였으나 여기에서 얻은 결과에서 고고학적으로 특정한 패턴이나 유의미한 변이를 찾지 못했기 때문이다. 오히려 이 과정에서 청동 자체의 제련과 청동기 제작 과정에서 보이는 기술사적 특징과 관련하여 의미 있는 결과를 얻을 수 있었는데 그 배경에는 동광산을 비롯한 산지와 제련 유적의 발견과 체계적인 발굴조사, 그리고 청동기 제작과 관련한 기술 자체에 대한 새로운 인식의 전환 등이 있었으며 이는 80년대와 90년대를 거쳐 최근에 이르기까지 금속고고학(Archaeometallurgy)이라는 새로운 분야가 등장할 수 있었던 배경이 되기도 한다(e.g. Craddock 1995; Ottaway 2002; Tylecote 1962).

한국에서도 이와 유사한 연구가 일부 시도된 바 있지만 아직까지 의미 있는 연구 성과를 얻지는 못하였다. 오히려 80년대에까지는 청동유물에 대한 분류와 형식학적 편년이 연구의 주된 흐름을 형성하였고 이 외에 한반도에서 발견되는 것과 유사한 형태의 청동기, 예를 들면 비파형동검과 같은 특정한 형태의 청동기가 발견되는 요하 유역을 비롯한 중국 동북 지역에 주목하여 이 지역을 포괄하는 비파형동검 문화를 설정하고 이를 특정한 정치체, 즉 고조선의 영역으로 추정하는 연구 등이 발표된 바 있다(e.g. 강인욱 2015; 국립중앙박물관 1992; 미야자토 오사무 2010; 박준형 2012; 이강승 1979; 이건무 1992; 송호정 2003; 오강원 2006; 이청규 2005; 2007a; 2009; 2015; 조진선 2005; 한국청동기학회 2010). 이러한 경향에 더하여 1990년대와 2000년대에 들어와 기존의 청동유물에 대한 형식 분류 대신 청동기 제작 용법에 대한 연구를 포함하여 제작기법과 제작 과정의 문제에 관심을 두기 시작한 연구가 일부 진행된 바 있어(e.g. 국립경주박물관 2007; 박학수 2009; 숭실대 한국기독교박물관 2005; 2011; 이건무 1992; 2005; 2007; 이양수 2005; 조진선 2001; 2005; 2007; 2011; 한수영 2008), 어느 정도 청동기 제작 과정의 일부(특히 거푸집과 주조과정)에 대해 어느 정도 전모를 파악할 수 있게 되었다. 하지만 전체적인 청동기 제작기술과 과정, 그리고 장인의 문제가 함축하고 있는 기술사적 의미에 대해서는 본격적인 연구가 진행되고 있지 못하고 있다. 이 글에서는 이러한 점에 주목하여 종래 고고학이나 고대사에서 주목했던 각종 청동기의 형식 분류와 분포, 그리고 소유를 통한 사회계층화와 특정한 민족 집단(혹은 그러한 민족 집단의 영역)과의 직접적인 관련성을 언급하는 대신 종래 체계적으로 연구되지 않았던 청동기 제작 자체의 기술사적 의의와 제작 집단 및 장인의 문제를 포함한 사회사적 의미를 좁게는 한반도, 그리고 넓게는 동북아시아 및 유럽을 비롯한 여러 지역의 사례와의 비교를 통해 살펴보고자 한다.

동의 발견과 금속문명의 시작

인류 초기 문명의 형성과 발전 과정에서 가장 중요한 사건을 꼽는다면 농경의 시작과 정주생활, 마제석기, 그리고 토기의 사용으로 대표되는 '신석기혁명'과 금속의 사용과 도시의 등장을 포함하는 '도시혁명'의 두 가지를 예로 드는 것에 대해서 거의 이론이 없을 것이다(e.g. Childe 1958; 1965). 물론 소위 '신석기 패키지(Neolithic package)'로 불리는 신석기혁명의 네 가지 주요 현상이 동시에 그리고 함께 발생하는 것이라는 종래의 견해는 이미 오래전부터 많은 고고학자들에 의해 비판받아왔지만 적어도 그러한 현상들이 각각 혹은 전체적으로 인류사의 발전에 결정적인 역할을 했다는 점만은 분명한 사실이다. 이에 못지않게 금속의 사용과 도시의 등장 또한 인류사의 발전에 매우 중요했다는 점 역시 주지의 사실이다(e.g. Childe 1963; Champion et.al. 1984; Cunliff 1994; Shennan 1993; Sherrett 1993). 비록 금속의 발견과 이용이 기존에 알고 있던 최초의 등장 시점보다 훨씬 이전 시기로 소급될 수 있다는 점 때문에 종래에 알려져왔던 것처럼 금속의 사용과 도시의 등장이 시간적으로 반드시 일치하는 것은 아니지만 적어도 금속의 등장과 사용이 도시의 등장과 함께 문명의 비약적 발전 과정에서 매우 중요한 역할을 했다는 점은 분명하다. 다른 한편으로 도시의 등장과 굳이 관련시키지 않는다 하더라도 금속 자체의 발견과 이용, 그리고 이와 관련한 다양한 기술적 혁신은 다양한 층위, 즉 개인의 정체성과 공동체의 형성, 다양한 종류의 정치체의 등장과 같은 인류사의 흐름을 바꿀 수 있는 중요한 사건들의 배경이 되었다. 특히 청동기의 등장과 사용은 이러한 금속의 발견과 이용이 끼친 문명사적 의의를 단적으로 보여주는 중요한 사례라고 할 수 있다. 청동이 갖고 있는 금속 자체의 아름다움과 동과 주석 또는 아연과 납의 합금이 가질 수 있는 기술적인 측면에서의 특별함은 청동으로 하여금 금이나 은 혹은 철을 비롯한 다른 어떠한 금속이 가질 수 없는 특별한 의미를 가질 수 있게 하였다(e.g. Kienlin 2010; Kristiansen 1987; Ottaway 2001; Ottaway and Wagner 2002; Rowlands 1971).

앞서 언급한 바와 같이 터키 남동부 지역에 위치한 차요뉴 테페시(Çayönü tepesi) 유적이나 요르단의 파이난(Feinan) 유적에서 알 수 있듯이 중근동 지역에서 1차 동광석인 공작석과 남동석으로 이루어진 동광상의 상부 산화층에서 주로 발견되는 자연동은 기원전 8000년경인 선토기신석기(PPN)시대에 이미 알려져 있었으며, 특히 이 시기에는 공작석이나 남동석으로 만든 구슬이나 펜던트 등이 발견되고 있다(e.g. Craddock 1995). 이러한 동광석의 이용과 더불어 자연동을 숯 등을 이용해 섭씨 1,100도에서 녹인(melting) 다음 담금질과 망치질로 특정한 형태의 유물을 만든 증거들이 기원전 6000년기 이전에 해당하는 파이난 유적이나 터키의 차탈 휘익(Çatalhöyük) 유적 등에서 발견된 바 있다. 이러한 사실은 적어도 매우 이른 시기부터 청동 제작과 관련하여 가장 주요한 전제조건 가운데 하나인 불의 온도의 측면에서 이미 제련(smelting)이 가능했을 정도의 기

〈그림 3-1〉 고대 이집트 청동 주조 모습(Rehkmire 무덤 벽화 N. G. Davis 모사 메트로폴리탄 미술관 소장).

술적 수준에 이르렀음을 말해준다. 그럼에도 불구하고 본격적인 제련과 관련한 가장 이른 시기의 고고학적 증거는 기원전 3000년기에 들어와서야 등장한다. 초기의 제련 과정은 어느 정도의 크기를 가진 제련로가 아닌 소형의 도가니(crucible)와 내화재(refractories), 대형 용기, 그리고 야외 노지에서 이루어진 것으로 추정된다. 자연 상태에서 도달할 수 있는 불의 온도는 섭씨 700~800도를 넘지 않기 때문에 동을 녹일 수 있는 섭씨 1,100도로 높이기 위해서는 산소를 공급해줘야 한다(e.g. Craddock 1995). 이를 위해서 고대 이집트 피라미드의 벽화에 묘사된 바와 같이 파이프를 이용해 직접 공기를 불어넣거나 풀무를 사용해서 손으로 공기를 강제로 공급하는 장치를 사용하였다(〈그림 3-1〉 참조). 즉, 초기적 형태이기는 하지만 중근동 지역에서는 이미 기원전 3000년 기에 자연동이 아닌 동광석을 이용하여 동 제련을 시도했음을 알 수 있다.

유럽의 경우 순동의 존재는 적어도 기원전 4000년기 이전에 이미 알려져 있었고 또한 순동제 장신구나 낚싯바늘 등이 간헐적으로 발견되기도 한다. 특히 대략 신석기시대 말기인 기원전 2800년부터 기원전 2200년경까지 유럽의 대부분 지역에서 발견되는 소위 벨 비이커 문화(The Bell

Beaker Culture)의 무덤, 특히 주로 남성의 무덤에서 순동으로 만든 단검이 발견되며(e.g. Champion et.al. 1984; Cunliff 1994; Fitzpatrick 2002; Shennan 1993), 비슷한 시기에 남동부 유럽에서는 다양한 형태의 순동도끼들이 광범하게 제작된다. 지역마다 차이는 있지만 중부 유럽의 경우 대략 기원전 2300년 이후에 청동, 즉 주석을 합금에 본격적으로 이용하기 시작하면서부터 청동이 폭발적으로 사용되기 시작하여 청동 단검뿐만 아니라 청동제 핀이나 팔찌 및 반지 등을 포함하는 개인(특히 여성)의 장신구 등이 제작된다. 이후 청동기 초기 말부터 기원전 1700년 이후의 청동기 중기 그리고 기원전 1200년 이후의 후기에는 개인 단위가 아닌 공동체 단위에서 대규모 청동 제작이 이루어지기도 하며, 다양한 형태의 청동제 장검과 전투용 혹은 의례용 도끼, 갑옷이나 투구를 비롯한 각종 무구류 및 저장용기 역시 본격적으로 제작되기도 한다.[4] 즉, 청동기는 초기의 경우 단검을 제외하면 주로 여성과 관련한 장신구들이 대부분을 차지했다면, 중기 및 후기에는 주로 남성과 관련한 무기류들이 주로 제작되는 차이가 있다. 특히 후자의 경우 청동제 무구와 남성성, 그리고 그러한 남성성의 표현과 깊은 관련이 있음을 말해준다(e.g. 김종일 2009; Treherne 1995).

이러한 사실은 청동기시대 초기 말 이후에 엄청난 양의 청동괴나 무기류 등이 한꺼번에 발견되는 매납유적의 예와 함께 호머의 『일리아드』에 등장하는 아킬레스의 자기의 무구과 관련한 고백에서 청동무구에 대한 당시의 생각을 짐작해볼 수 있다. 즉, 아킬레스는 자기의 친구 페트로클레스가 자신의 무구를 입고 싸우다 헥토르에게 죽었을 때, 자신의 그 빛나는 무구에 대한 상실감을 표현하는 대목에서 고대 그리스 사회에서 이러한 청동제 무구가 남성의 정체성과 관련하여 가질 수 있는 의미를 잘 표현하고 있다. '찬란하게 빛나는 청동제 무구'는 당시 사회에서 그것을 착용한 사람 그 자신을 의미하는 것이다. 이러한 유럽 사회의 청동

(그리고 청동의 중요성)에 대한 인식은 이미 기원전 3500년경으로 편년되는 흑해 연안의 바르나 유적에서 발굴된 남성의 무덤에서 다양한 순금제 장신구들이 발견되어 당시에 이미 금을 이용하여 다양한 장신구를 제작할 수 있는 기술이 있었음에도 불구하고 전체적으로 금의 사용이 당시에 그다지 보편화되지 않았다는 점과, 기원전 7세기 이후까지도 고대 그리스 사회의 가장 큰 관심은 청동을 주조하기 위해 반드시 필요한 서유럽의 주석 산지와의 교역로의 확보였다는 점을 통해서도 짐작할 수 있다 (e.g. Cunliff 1988; 1994; 1997). 실제로 고대 그리스 사회가 철기시대로 진입한 주요 이유로, 단순히 철이 질적으로 앞선 소재였기 때문이 아니라 주석의 공급이 불안정해지면서 청동의 생산이 어려워지자 주변에서 손쉽게 구할 수 있는 소재인 철에 주목했기 때문이라고 주장하고 있기도 하다. 사실 청동의 중요성에 대한 이러한 인식은 이미 고대 그리스와 로마 당시에 이루어지고 있는데 이는 당시의 문헌기록을 통해서도 쉽게 찾아볼 수 있다.

대략 기원전 700여 년경에 활동했던 그리스의 시인 헤시오도스는 그의 유명한 시 『일과 날(Erga kai hemerai)』 143~155행에서 다음과 같이 말하고 있다.[5]

> 그러자 아버지 제우스께서 청동으로 필멸하는 인간의
> 세 번째 종족을 만드시니 이들은 은 종족을 전혀 닮지 않았소.
> 물푸레나무로 만든 무섭고 사나운 이 종족은 한숨을 자아내는
> 전쟁의 일과 폭행에 열심이었고, 곡식을 먹지 않고
> 아다마스(adamas, 길들여지지 않은, 단단한)처럼 단단한 마음을 지녔소.
> 그들은 덩치가 큰 자들로 못된 이들이었고, 무시무시한 힘과 무적의
> 팔이

튼튼한 사지 위 어깨에서 뻗어 있소.

그들은 무구도 청동이요, 집들도 청동이오. (150행)

청동으로 농사를 짓소. 아직은 검은 무쇠가 없었소. (151행)

또한 기원전 98년부터 55년까지 활동했던 로마의 시인 루크레티우스는 그의 저서『사물의 본성에 관하여(De rerum natura)』제5권 1283행-87행에서 다음과 같이 말하고 있다.

옛날의 무기는 손과 손톱과 이빨이었다.

돌들과 마찬가지로 숲에서 부러진 나뭇가지들,

그리고 불과 불길이었다. 처음 불이 알려진 다음에

철의 힘과 청동의 힘이 발견되었다.

철보다 청동의 유용함이 먼저 알려졌다.

청동이 본성적으로 더 다루기 쉬웠고, 또한 풍부했기에

사람들은 청동으로 땅을 일궜고, 청동으로 전쟁을 치렀으며

심한 부상을 입었다. 벌거벗고 무장하지 않는 것들은 모두

무장한 이들에게 쉽게 복종했기 때문이다.

이렇듯 고대 그리스나 로마의 시인들은 석기-청동기-철기로의 변화를 발전의 관점에서 파악하는 동시에 청동을 남성과 깊은 관련이 있는 곳으로 묘사하고 있다. 한편 앞서 언급한 바와 같이 호머의 서사시『일리아드』에는 아킬레우스의 친구 파트로클레스가 아킬레우스가 아끼던 청동 무구를 입고 전투에 참여하였다가 트로이의 왕자 헥토르에게 죽임을 당하고 그 무구를 빼앗기자 친구의 죽음과 더불어 자신의 '빛이 나는 청동무구'를 빼앗긴 안타까움을 표현하는 장면이 등장한다. 여기에서 그리

스의 영웅과 청동무구, 즉 영웅의 명예와 이름, 그리고 육체적 죽음 대신 (명예와 이름의) 불멸을 중시하는 청동기시대의 특징이 잘 드러난다. 여기에는 청동기로 무장한 영웅의 내면과 외면의 일치, 다시 말해서 빛나는 청동무구로 치장한 영웅이 내면도 그만큼 빛날 것이라는 전제가 깔려 있다. 이와는 대조적으로 오딧세이가 주인공으로 등장하는 『오딧세이』에는 자신의 왕비인 페넬로페 앞에 거지의 모습으로 나타나지만 최종적으로 거지 옷을 벗고 활을 통해 자신임을 증명하는 장면, 즉 외면의 모습이 반드시 내면을 반영하지 않으며 명예와 이름, 그리고 불멸보다는 지혜와 속임수, 그리고 육체의 죽음을 통한 불멸 대신 현실적인 생존을 택하는 인간관의 변화를 반영한다는 점이 지적된 바 있다.[6] 이 점은 청동기와 철기라는 금속이 당시의 인간관과 사회적 가치, 더 나아가 사회구조의 측면과 깊은 관련이 있음을 보여주는 좋은 사례라고 할 수 있다.

이러한 사실은 중국의 사례에서도 쉽게 확인할 수 있다. 대략 기원전 3000년기 초반에 양쯔강 상류인 지금의 감숙성과 청해성 등에서 확인되는 마자야요문화(馬家窯文化) 유적에서 발견되는 청동도자가 현재까지 중국에서 알려진 청동기 가운데 가장 오래된 사례로 알려져 있다(리쉐친 2005). 리쉐친 등에 따르면 이후 기원전 2000년기 초반의 얼리터우문화에서 청동술잔과 같은 청동예기들이 등장하기 시작하여 상대에 들어와 다양한 청동예기들이 본격적으로 주조되기 시작한다. 아마도 중국의 서쪽에서 전래되어 들어온 청동 제작기술이 중원 지역으로 확산되면서 이 지역에서 원래부터 풍부했던 동광자원을 바탕으로 더욱 발전하게 되었고 이러한 과정에서 이전 시기에 중원 지역보다 앞선 문화를 가지고 있던 산동 지역(산동 용산문화), 요하 지역(홍산문화), 장강 지역(양저문화) 등을 압도하는 동시에 제사장을 중심으로 한 공동체적 질서에서 유력 개인이 등장하는 사회로 전환된다고 한다.

한편 이러한 청동예기는 크게 취사기(炊事器), 주기(酒器), 음식기(飮食器), 수기(水器) 등으로 나뉠 수가 있으며 여기에 더하여 악기, 무기, 공구류 등이 주조된다. 청동예기의 제작이 가장 활발했던 상의 경우 당시 지배층의 권력과 권위를 정당화하는 기제로 조상신에 대한 제사를 위해서, 그리고 죽은 이의 무덤에 다양한 양의 청동예기를 부장하기 위해 엄청난 양의 청동이 필요했고, 따라서 어느 한 지역이 아닌 여러 지역에서 동광자원을 확보하기 위한 노력이 진행되고 있었다는 점을 짐작해볼 수 있다(김병준 2006; 리쉐친 2005; Chang 1986; 최호현 1999). 실제로 상대에 동자원의 확보를 위해 여러 차례 행해졌던 천도의 과정이나 상대의 중심 지역으로부터 멀리 떨어진 호북성 황피현의 반룡성유적과 같은 동 생산과 관련된 유적에서 알 수 있듯이 동자원의 확보를 위한 일종의 전진기지를 마련하려는 노력에서 이러한 사실을 확인할 수 있다. 또한 얼리터우문화에서 얼리강문화(상대 중기), 그리고 정주의 은허(상대 말기)에 등장하는 청동기들에서 각기 다른 납동위원소의 비율이 확인되고 있다는 점도 중요하다. 즉, 얼리터우문화 시기에는 일반적인 납동위원소 비율을 가진 청동기(황하 중류 지역)가 발견되는 반면 얼리강문화 시기에 오면 반룡성의 예에서 알 수 있듯이 원료가 부족해지자 운남성과 같은 장강 중상류 지역으로 진출하여 동광자원을 확보하고자 하였으며, 은허 시기에 오면 지금의 회수 지역의 동광자원을 이용했다고 한다. 이러한 사례를 통해 상을 비롯한 고대 중국의 동자원의 확보를 위한 노력을 확인해볼 수가 있으며 심지어 상이 멸망한 주요 이유 중의 하나가 바로 청동의 확보를 위해 지나치게 국력을 낭비했음에도 불구하고 청동예기를 예전처럼 제작할 수 없었다는 점도 이미 지적된 바 있다(김병준 2006). 실제로 동자원을 확보하기 위해 상의 통치 영역을 훨씬 벗어난 지역까지 진출하려고 시도했다는 점이 고고학 연구를 통해 밝혀진 바 있다.

주대 역시 엄청난 양의 다양한 청동예기가 제작된 바 있으며, 춘추전국시대를 거쳐 한대에 들어가 점차 수량이 줄어들면서 그 역할이 축소된다. 이처럼 청동은 소재 자체가 갖고 있는 물적 특성에서 기인하는 아름다움과 더불어 청동으로 만들어진 다양한 장신구와 용기들에 부여된 상징적 가치들, 그리고 좀 더 아름다우면서도 규모가 크거나 복잡한 형태의 청동기를 제작하기 위해 이루어진 다양한 기술적 혁신을 통해 당시 사회의 유지와 변화에 흔히 우리가 상상하는 것보다 훨씬 중대한 영향을 끼친 것이 사실이다. 또한 금속의 보편적 사용과 함께 도시 혹은 궁전 문화가 발전하는 것도 주목된다. 예를 들어 기원전 20세기에서 16세기에 전성기를 누린 미노아문명의 크노소스궁전이나 미케네문명의 미케네, 그리고 중국의 대표적인 성읍(도시)들이 그 대표적 사례이다. 이들 문명은 모두 탁월한 청동야금술과 함께 축성 및 건축기술, 보다 진전된 사회복합화 등을 특징으로 한다. 청동야금술의 발전이 이러한 사회적 변화를 직접적으로 견인했다고 할 수는 없지만 적어도 이 양자가 직간접적으로 깊은 관련을 맺고 있는 것만은 사실이다. 즉, 청동무구 혹은 청동예기의 제작에 필요한 기술 수준의 발전은 토기 제작 등 다른 분야의 기술적 발전과 그 궤를 같이하며 원료 채취와 획득 및 보관, 운송, 제작, 분배, 사용, 그리고 매납 혹은 폐기와 같은 일련의 과정에 필요한 사회적 체계의 발전 역시 필수적이라고 할 수 있다. 또한 최고 수준의 청동무기를 사용하는 엘리트 계층의 성장은 청동기의 독점적 사용에 의해 가능하거나 매개되는 것도 사실이다.

한국의 경우도 이와 크게 다르지 않다. 비록 위에서 언급한 세계 여러 지역과는 시기의 차이가 있지만, 한국의 청동기문화는 한반도를 벗어나 중국의 중원 지역과는 다른 청동기 제작의 전통을 갖고 있는 내몽고 및 중국 동북 지역과 직간접적으로 관련을 맺으며 청동기의 제작기술과 기법, 그리고 청동기의 형태적 측면에서 강한 공통점과 함께 독자적 특징을 갖고 있다. 예를 들어 한국 청동기의 대표적인 사례인 비파형동검의 경우 약간의 세부적인 형식적 차이가 있음에도 불구하고 한반도와 중국의 요하 지역(요동과 요서 지역 포함)에서 공통적으로 출토되어 한반도와 중국 동북 지역을 포함하는 보다 광역의 기술적 그리고 상징적 네트워크를 형성하는 반면, 또 다른 사례인 세형동검의 경우 비파형동검에서 변화 발전해온 형식임에도 불구하고 중국 동북 지역의 일부 지역에만 한정해서 발견되는 대신 주로 한반도에서 발견되고 있으며, 특히 이 지역에서 비파형동검 문화기 이후에 등장하는 중국의 중원식 청동기와는 완전히 다른 독자적인 형식을 띠고 있다(e.g. 강인욱 2005; 2010; 2017; 2018; 국립중앙박물관 1992; 미야자토 2010; 박준형 2012; 박진욱 1987; 오강원 2006; 2013; 이강승 1979; 이건무 1992; 2003; 이청규 1999; 2005; 2007b ;2009b; 이후석 2008; 2013; 2014; 2015; 윤무병 1991; 조진선 2010; 2014; 2015; 한국청동기학회 2010; 靳楓毅 1982; 1983; 王建新, 1999; 秋山進午 1953). 특히 비슷한 시기에 출토되는 세문경의 경우 중국의 상대 및 주대 그리고 춘추전국시대와 한대의 청동기와는 완전히 다른 형태로서 세문경의 제작에 사용된 주조기술은 현대 기술로도 쉽게 흉내낼 수 없을 정도의 높은 수준의 기술적 완성도를 가지고 있으며, 당시의 발달된 중국의 청동기 제작 수준에 비교해보아도 전혀 손색이 없을 정도이다(e.g. 조진선 2016; 이청규 1999; 2009a; 2015). 이와 더불어 세형동검과 세문경, 그리고 간두령이나 팔주령, 방패형 동기와 같은 다양한 제의용 동기가 한반도 남부에서 출토되면서 사회계층화의 증거가 나타나기 시작한다. 이 과정에서 청동기의 제작과 사용이 사회계층화가 일어난 결과로서 등장하는 것인지 아니면 사회계층화를 이끌어내는 매개체였는지에 대해서는 좀 더 연구가 진행되어야 하지만 적어도 양자가 깊은 관련이 있는 것만은 사실이다. 이러한 사회계층화의 등장 이후 고대

국가를 포함하는 다양한 형태의 사회정치체의 발전이 가능하게 된다(e.g. 국립중앙박물관 1992; 중앙문화재연구원 2015; 한국고고학회 2010).

한편 한반도의 청동기문화는 일본에 전해져 일본의 국가 형성에 결정적 기여를 한 바 있다. 미야자토 등의 연구에 따르면, 일본의 고대국가 형성 시기로는 흔히 기원후 3세기의 야마대국설, 5세기의 왜왕 오설, 그리고 7세기의 율령국가설 등의 세 설이 유력한데, 이 가운데 첫 번째 설의 경우 야요이시대 초기, 즉 기원전 3세기경부터 한반도에서 전래된 수도작 농경과 송국리형 주거지 등이 북부 구주를 중심으로 한 서일본 지역에 널리 확산되어간다고 한다. 이 가운데 세형동검, 세문경, 동모, 동과 등이 전래되며 자체적으로도 초기에는 한반도에서 발견되는 것과 유사한 형태의 세형 동기가 제작되다가 시간이 지나면서 중형, 그리고 광형으로 변하게 된다고 한다. 또한 중요도의 측면에서 이러한 동기들 가운데 동탁과 동모가 가장 중요한 위치를 점하며, 동과 그리고 마지막으로 동검이 그다음을 차지하는데, 야요이 말기인 기원후 3세기에는 광형 동모를 필두로 하는 청동무기 제사권과 동탁을 중심으로 제사권으로 구분되어 이러한 제사공동체를 중심으로 고대국가가 형성되어간다는 것이다. 따라서 한반도에서 건너간 청동기 혹은 청동기문화가 일본 내에서 자체적인 변화 과정을 거쳐 고대국가 형성에 이르는 중요한 계기를 제공한다는 점에서 한국의 청동기는 비단 국내뿐만 아니라 동북아시아 청동기문화에서 매우 독특하고도 중요한 위치를 차지한다고 할 수 있다(e.g. 미야자토 2012; 王建新 1999; 左原 眞・近藤喬一 1974; 樋口隆康 1974).

2절

한국 청동기문화 연구에 대한 연구사

한국 고고학 연구에서 청동기시대 혹은 청동기문화에 대한 연구는 매우 독특한 위치를 차지하고 있다. 다른 어떠한 시기에 대한 연구보다도 청동기시대에 대한 연구가 활발하게 진행되고 있음에도 불구하고 대부분의 연구가 청동기시대의 시기 구분과 무덤 혹은 주거지 연구를 통한 사회 변화상의 해석에 초점을 맞추고 있고 정작 청동기 자체의 연구는 상대적으로 소홀한 편이었다. 다시 말해서 청동기에 대한 연구는 편년과 지역적 문화권의 설정에 직접적으로 도움을 줄 수 있다고 여겨졌던 청동유물에 대한 형식 분류와 중국 동북 지역과의 관계에 대한 연구, 그리고 특정한 정치체, 즉 고조선의 성장과 관련한 비파형동검 문화 연구, 그리고 청동기를 당시의 위세품이라고 전제한 후, 이러한 위세품의 사용과 매납이 가질 수 있는 사회적 의미에 대한 연구가 지금까지 진행되어온 연구의 주요 주제였다고 할 수 있다. 청동기가 어떻게 제작되었고 유통되었으며 그러한 청동기를 제작했던 장인들이 어떠한 사람들이었는지 등등 생산과 기술의 측면에서 청동기 제작 자체가 갖고 있는 기술사적 의미에 대해서는 거의 관심을 기울이지 않았다. 이러한 현상은 일종의 본말이 전도된 것으로 청동기 자체에 대한 심도 있는 이해 없이 청동기가 갖고 있는 여러 층위에서의 자료적 가치를 사장시키는 안타까운 결과를 낳았다. 이러한 현상은 현재 유럽 고고학에서 2000년대에 들어와 새롭게 청동기 자체의 제작과 생산에 관련된 일련의 공정과 이러한 공정의 차이와 변화가 갖는 사회적 의미에 대해 본격적인 관심을 갖기 시작한 것과 매우 대조적인 현상이라고 할 수 있다.

한편 한국 고고학계 내에서는 이미 앞서 언급한 바와 같이 기존의 연구 성과를 정리하고 검토하는 작업이 여러 차례에 걸쳐 이루어져왔으므로 여기에서 일일이 이를 소개하는 것은 무의미하다고 생각되며, 생산과 제작기술의 측면과 관련하여 진행된 연구를 주요 대상으로 하여 정리한다면 크게 보아 청동기 성분 분석과 산지 분석 연구와 제작기술과 거푸집(보수 포함)의 둘로 나누어볼 수 있다. 이 가운데 가장 이른 시기에 청동기의 제작기법에 주목한 연구자는 사실 고고학자가 아닌 과학사학자인 전상운이라고 할 수 있다. 당시의 고고학자들이 주로 청동유물에 대한 형식학적 분류와 편년에만 관심을 가질 때 그는 이미 청동기 제작기술에 초점을 맞추어 한반도 출토 청동기, 특히 다뉴세문경의 제작에 필요한 일련의 제작기술에 관심을 두고 중국을 비롯한 다른 지역과의 비교를 통해 한국 청동기 제작기법의 독자성과 우수성을 강조한 바 있다(전상운 2000). 그의 이러한 연구는 다양한 청동유물에 대한 전체적인 조망과 함께 유물 자체에 대한 치밀한 관찰과 이해가 뒷받침되지 못하였고 따라서 연구 내용이 상대적으로 치밀하지 못하고 단편적일 수밖에 없다는 한계를 가지고 있다. 이러한 문제 때문에 비록 고고학계 내에서 제대로 인용되거나 평가받지 못한 아쉬움은 있지만 적어도 그의 이러한 시도는 이 분야의 선구적인 연구로서 연구사적 의미를 충분히 갖는 것이었다. 전상운의 연구에 대한 고고학계 내의 이러한 인식 이면에는 당시 한국 고고학이 이러한 제작기술과 생산에 대한 연구에 관심을 갖지 않았다는 고고학계 내 자체의 한계와 편견 또한 작용하고 있었다는 점을 염두에 둘 필요가 있다.

이후 단편적으로나마 청동기의 성분 분석과 이를 바탕으로 한 산지 분석이 간헐적으로 이루어지다가 이러한 연구 성과를 최초로 종합적으로 이해하기 위한 시도가 이루어지는데 이건무의 청동 제작기법에 대한 일련의 연구가 대표적인 연구 성과라고 할 수 있다(이건무 1992; 2005; 2007). 이건무는 당시까지 출토된 청동유물과 관련 거푸집에 대한 치밀한 관찰을 통해 한국 청동기의 제작기법에 대한 기본적인 이해의 틀을 제시하였다. 그는 청동유물에 남아 있는 보수흔 분석을 바탕으로 청동기 제작과 사용 그리고 재사용이라는 일련의 과정을 나름대로 복원할 수 있는 토대를 마련하였다. 특히 그의 연구는 청동유물의 제작되었던 거푸집의 재질에 따른 기본적인 분류와 거푸집의 형태를 토대로 한 제작 과정에 대한 기초적인 검토, 그리고 청동유물의 주조흔과 사용흔 및 보수흔 등에 대한 관찰을 통한 제작기법과 사용 과정 등 대한 기본적인 추정 작업에 초점을 맞추고 있다. 따라서 제작 과정 자체가 가지고 있는 기술사적 의미와 사회적 의미에 대한 구체적인 검토가 이루어진 것은 아니었다.

조진선은 지금까지 발견된 거푸집, 특히 세형동검 등의 석제 거푸집에 주목하여 그동안 주목하지 않았던 거푸집 자체의 제작 과정, 그리고 거푸집 내 주형의 제도적 특징과 형식학적 특징에 대해 상세한 연구를 진행한 바 있다. 이러한 연구를 바탕으로 전 영암 출토 일괄 거푸집 중 동과 거푸집과 화순 백암리 출토 동과가 형태상 일치하며 따라서 이 동과가 전 영암 출토 거푸집으로부터 만들어졌다는 사실을 밝힌 것은 지금까지 출토된 거푸집에서 제작된 청동기가 발견되지 않았다는 학계의 고민을 해결할 수 있는 단서를 마련했다는 점에서 매우 큰 의의를 갖고 있다(조진선 2001a; 2001b; 2005a; 2007; 2012; 2015; 2016). 이양수 또한 청동주조기술사 분야에서 많은 성과를 낸 바 있는 일본학계의 연구 결과를 부분적으로 수용하면서 조문경 제작 과정과 기술에 대한 분석을 시도했다(이양수 2005; 2009; 2014). 다만 이들의 연구 역시 청동기 제작 공정이 가질 수 있는 기술사적 의미나 사회적 의미에 대한 논의를 본격적으로 진행한 것은 아니었다. 이와는 약간 다른 관점에서 시도된 연구가 주목되는데 바로 정인성의 청동기 주조 과정(주로 주물의 주입과 탕구의 문제)에 대한 검토와 낙랑토성 내 청동공방에 관한 연구이다(정인성 2000; 2001). 그는 청동유물에 대한 세밀한 관찰과 일본학계의 연구 성과를 토대로 낙랑토성 내에서 출토된 바 있는 청동 주조 관련 각종 중간생산물 혹은 폐기물들을 기존에 알려지거나 가정된 일련의 제작 공정과 비교하여 어떠한 제작 공정을 거쳐 청동 주조가 이루어졌는지를 해명하고자 시도하였다. 그의 연구는 기존의 연구와는 달리 발굴조사를 통해 확보된 주조 공정 관련 흔적들을 토대로 구체적인 생산 공정을 추정했다는 점에서 기존의 연구보다 기술사적 측면의 연구에서 진일보했다고 할 수 있다. 다만 여전히 청동 주조와 주조 장인의 사회적 의미에 대한 연구는 해결되지 않은 문제로 남아 있다. 최근 이청규는 중국 동북 지역과 한반도 그리고 일본에서 출토한 청동거울(조문경과 조세문경 그리고 세문경)에 대한 자세한 연구를 진행하면서 세문경이 토제 거푸집을 사용하여 제작되었을 것이라는 종래의 통설에 대해 의문을 제기한 바 있다(e.g. 이청규 2005; 2009a; 2015). 이 외에도 고고학자들을 포함하여 다양한 전공의 연구자들이 석제 거푸집에 대한 복원 제작과 주조 실험을 시도한 바 있다.[7]

일본의 연구자들도 한국 청동기의 주조기술과 관련하여 주목할 만한 연구 성과를 제시한 바 있다(e.g. 국립경주박물관 2007; 宮本一夫 2007; 三船溫

尙 2007; 後藤直 2005; 2006; 近藤喬一 1974). 이들의 연구 역시 지금까지 발견된 거푸집들을 통해 제작 가능한 청동기들의 형식학적 분류와 분포에 대한 연구를 포함하지만 더욱 중요한 것은 각종 청동기, 특히 팔주령이나 제의용 이형동기의 주조 실험과 주조기술에 대한 치밀한 연구 결과를 제시하고 있다는 점이다. 실제로 간두령이나 팔주령의 경우 이미 한국의 연구자들에 의해 실랍법 혹은 토제 거푸집으로 제작되었을 가능성이 제시된 바 있다. 여기에 더하여 일본의 고대 주조기술 연구자들이 실제 제작 실험을 시도하여 주목할 만한 성과를 제시하고 있다. 이러한 실험고고학적 연구가 바로 과거의 제작 과정 및 기술을 그대로 복원했다고 보기는 힘들지만 적어도 향후 고대 주조기술을 이해하는 데 중요한 자료를 제공한다는 점에서 의미가 있으며, 한국의 연구자들 또한 멀지 않은 시간 내에 이 분야에 대한 중요한 연구 성과를 낼 수 있으리라 기대한다.

한편 앞서 언급한 바와 같이, 청동기의 성분 분석에 관한 연구도 비록 활발하지는 않지만 어느 정도 진행된 바가 있다(e.g. 박학수·유혜선 2009; 유혜선, 2009; 최주외 1992a; b; 황진주 2010; 2011). 청동을 주조하기 위해서는 순동 외에 주석과 아연, 납 등이 필요하다. 특히 주석은 동의 경도와 색깔 등을 바꿀 수 있다는 점에서 매우 중요하다. 주석은 자연 상태에서는 금과 비슷하게 강가의 충적지에서 주석석(Cassiterite)의 형태로 발견되는 경우가 많은데, 일부 지역에서 극히 제한적으로 발견되는 탓에 유럽의 경우 청동의 제작은 동 자체의 수급보다는 오히려 주석의 수급 가능성과 관련이 있는 경우가 많았다. 앞서 언급한 바와 같이, 청동기의 제작에 필요한 동의 제련 및 동괴의 제작을 위해 공작석(孔雀石)이나 주석, 노감석(爐甘石), 백연광(白鉛鑛), 방연광(方鉛鑛) 등이 채광되어 각각 산지에서 혹은 특정한 장소에서 제련되었을 것으로 추정되는데, 이렇게 제련된 금속들 역시 개별적으로 혹은 이미 청동의 형태로 합금되어 동괴의 형태로 교역을 통해 혹은 장인들의 이동을 통해 유통되었을 가능성이 크다. 합금의 비율에 따라 각각 강도나 색조 등이 달라지는데 일반적으로 주석이 19% 섞였을 때 가장 강도가 좋다고 하며 그 이상이 되면 색조가 좀 더 밝아지는 대신 깨지기 쉽다고 한다(e.g. Craddock 1995). 〈표 3-1〉과 〈표 3-2〉, 〈그림 3-2〉에서 볼 수 있듯이 한국 청동기의 경우 한국식 세형동검은 대체로 동 70~80%, 주석 10~20% 납 5~10%의 조성비를 갖고 있으며 의기나 동경, 장신구 등은 평균 동 60%가량, 주석 20%가량, 납 8%가량, 그리고 아연이 미량에서부터 24% 정도를 함유하는 경우도 있다고 한다. 특히 세문경의 경우 주석의 함량이 30%에 이른다. 중국의 청동기에 비하면 동의 함량이 적고 주석과 납의 함량이 많은 편이며 아연이 들어가 있는 특징도 주목된다고 한다. 아연을 함유할 경우 적은 양의 주석을 넣고도 비슷한 성질의 청동을 얻을 수 있어서 주석 산지가 한정되어 있다는 점을 감안하면 매우 효과적인 합금방법이라고 할 수 있다. 이러한 특징은 앞서 언급한 바와 같이 동자원 자체의 희소성을 반증해주는 자료라고도 할 수 있다.

최근 기존의 연구와는 전혀 다른 새로운 관점에서 청동기에 접근하고자 하는 연구가 영국 등에서 시도된 바 있다. 이 연구에 따르면 청동기 성분 조성의 변화에 따라 발현되는 색조가 다르고 이 색조를 패턴화하여 시기별, 지역별, 유물별 선호도와 그 변화를 추적할 수 있다는 것이다. 유럽의 예에서 확인할 수 있듯이 청동이 그 나름의 독특한 빛깔의 아름다움과 광채가 당시 사람들에게 매우 귀중한 것으로 여겨졌다는 점을 감안하면 위에서 제시된 성분 조성표를 바탕으로 청동기의 색조를 분석하고 이를 패턴화할 필요가 있을 것으로 생각된다.

지금까지 살펴본 바와 같이 청동 주조와 청동기 성분 분석과 관련한 연구가 일부 진행되었고 나름대로 성과를 얻었음에도 불구하고 아직까지 이 분야 연구는 여타 다른 분야의 연구에 비해 상대적으로 일천한 수준이라고 할 수 있다. 이는 청동 주조에 관한 연구가 단순히 고고학자들의 관심이 아직 여기에 못 미치고 있다는 고고학계의 한계에 의해서 촉발된 측면도 있다. 그러나 본질적으로는 청동 주조에 관한 연구가 청동기 전공자들뿐만 아니라 실험고고학자, 과학사 연구자, 민족지학자, 금속학 연구자 등 다양한 분야의 협력 연구를 통해서 가능한 분야임에도 불구하고 이러한 통합적 연구에 대한 인식이 부족했다는 점이 더욱 중요하다. 따라서 향후 이 분야의 연구를 소위 다학제간 연구의 틀에서 시도하는 것이 바람직하다는 인식을 공유하는 것이 중요하다고 생각한다.

번호	유물명	Cu	Sn	Pb	Zn	Fe	Sb	Ni	As	Bi	Co	Ag	합계
1	북청군 하세동리 좁은 놋단검	67.02	25.0	7.0	0.04	0.45	0.3	0.09	–	0.05	0.05		
2	온성군 강안리 좁은 놋단검	96.96	0.25	2.0	0.009	0.55	0.09	0.07	–	0.02	0.05		
3	의주군 비파형 단검	81.97	13.5	4.5	–	–	–	–	–	0.03	–		
4	상원군 용곡리 비파형동검	80.9	6.5	10.1	–	0.03	0.05	0.06	0.2	0.07	0.08		
5	나진 초도 청동괴	67.23	25.0	7.5	0.05	0.14	0.24		흔적	0.05	0.002		
6	나진초도 장신구 1	53.93	22.30	5.11	13.70	1.29							
7	나진초도 장신구 2	83.40	7.20	8.0	0.05	0.12	0.85		0.3	0.08			
8	함주군 좁은 놋단검	73.05	20.0	5.0	0.06	0.9	0.2	0.1	–	0.04	0.07		
9	함주군 조양리 좁은 놋단검	67.28	25.0	7.0	–	0.09	0.15	0.02	–	0.04	0.02		
10	신평군 선암리 비파형 단검	86.79	6.0	7.0		0.11	0.01	0.025	–	0.06	–		
11	신천군 석당리 좁은 놋단검	83.33	10.0	6.4		0.09	0.01	0.065	–	0.05	0.05		
12	신천군 좁은 놋단검 1	83.06	12.0	4.0	–	0.13	0.15	0.04		0.08	–		
13	신천군 좁은 놋단검 2	82.69	13.5	3.5	0.01	0.10	0.17	0.02		0.009			
14	신천 용산리 동경	79.7	16.0	4.0		0.043	0.15	0.04		0.08			
15	황주군 천주리 좁은 놋단검	84.7	8.0	5.2		0.1	0.35	0.09	1.4	0.08	0.08		
16	황주군 청룡리 좁은 놋단검	78.79	8.5	11.0	–	0.01	0.19	0.035	1.2	0.07	0.025		
17	배천군 일곡리 좁은 놋단검	88.88	11.0	–	–	0.025	0.04	–	0.045	–	0.025		

번호	유물명	Cu	Sn	Pb	Zn	Fe	Sb	Ni	As	Bi	Co	Ag	합계
18	연탄군 도치리 좁은 놋단검	92.64	4.0	3.1	–	0.11	0.01	0.06	–	0.02	0.06		
19	낙랑 7호 좁은 놋단검	77.64	8.0	11.0	–	–	0.15	0.1	1.0	0.04	0.07		
20	봉산 송산리 동부 (공부)	40.55	18.30	7.50	24.50	1.05							
21	봉산 송산리 동경	42.19	26.70	5.56	7.36	1.05							82.86
22	사리원시 좁은 놋단검	76.47	12.0	7.0	–	3.0	1.2	0.1	–	0.025	0.1		
23	은파 갈현리 세형 동모	84.2	8.5	7.0		0.01	0.19	0.035		0.06	0.025		
24	대동강면 9호 물그릇	77.86	14.40	7.38	0.18								
25	대동강면 9호 화장갑	83.51	12.33	1.29	1.47								
26	대동강면 9호 항아리	77.75	13.88	7.26		0.11	0.78						
27	북청토성 원판형 동기	57.70	25.0	7.0	1.0	5.0	2.0			0.3			
29	한국식 동검	78.20	17.12	4.32		0.05						tr	
30	평양 순천 동검 1	73.14	19.77	6.39	–			0.20	–	tr			
31	평양 순천 동검 2	70.30	14.84	14.22		0.04		0.19		0.19	0.03		
32	평양 동검 1	78.09	14.30	8.39		0.04		0.35		0.35	–		
33	평양 동검 2	75.94	15.08	9.45		0.06		0.10			–		
34	청원 문의면 세형동검	71.4	18.5	4.71	<0.02	0.05	0.04	0.06			–	0.06	Mn 94.9 ppm
35	아산 남성리 동경	39.5	27.3	11.4	0.05	0.7							78.95
36	전 조치원 출토 대구	86.19	1.68	4.83	0.28	0.54	0.30	0.20				0.16	
37	대전 괴정동 검파형 동기	56.2	19.9	7.8	0.006	0.2							
38	대전 문화동 세형동검	73.9	12.0	9.60	0.028	0.003	0.06	0.06	–			0.14	
39	대전 탄방동 세형동검	71±4	18±1	10.7±0.5	–	–		0.06	——			–	
40	대전 탄방동 동모	69±4	20±1	±0.510.2	–	–	–	–	–			–	
41	대전 비래동 동검	75.9	19.5	0.48	–	–			0.11			0.09	
42	공주 수촌리 동사	61.0	22.8	6.13	–	106 ppm	0.43	0.14			313 ppm	0.10	Mn 5.6 ppm
43	공주 수촌리 검파두식 1	56.1	16.5	12.3	12.5 ppm	1411 ppm	0.09	0.19			3581 ppm	0.19	Mn 7.3 ppm
44	공주 수촌리 세형동검 1	53.2	20.3	12.7	16.0 ppm	897 ppm	0.17	0.15			857 ppm	0.15	Mn 6.1 ppm
45	공주 수촌리 동착	62.0	21.8	6.90	11.7 ppm	1580 ppm	–	0.08			1580 ppm	0.08	Mn 2.0 ppm

번호	유물명	Cu	Sn	Pb	Zn	Fe	Sb	Ni	As	Bi	Co	Ag	합계
46	공주 수촌리 검파두식 2	58.6	15.1	8.66	11.4 ppm	179 ppm	0.17	0.07			3810 ppm	0.15	Mn 70.1 ppm
47	공주 수촌리 세형동검 2	70.7	20.0	5.10	1273 ppm	1273 ppm	0.20	0.05			1278 ppm	0.16	Mn 34.8 ppm
48	서천 화산리 동검편	66±4	22±2	8.3± 0.4									
49	논산 원북리 세형동검 1	69.6	18.6	9.36	≤0.02	0.03	0.48	0.01	0.31			0.07	
50	논산 원북리 동경	71.4	22.6	5.90	≤0.02	0.03	0.48	0.01	0.31			0.05	
51	논산 원불리 세형동검 2	66.9	21.9	8.98	≤0.02	0.04	0.67	0.06	0.04			0.02	
52	논산 원북리 동부	73.5	20.5	5.64	≤0.02	0.05	0.72	0.09	0.13			0.03	
53	전 논산 출토 동경	61.76	32.48	5.15	0.16	0.06		0.17				0.23	
54	익산 용제리 세형동검	75.3	17.1	6.80	−	<0.001	<0.001	0.074		<0.01		0.12	Si <0.01, Mg, Mn tr
55	전 전남 세형동검 1	73.4	18.7	6.86		0.016	0.095	0.13		<0.01		0.09	Mg. tr
56	전 전남 세형동검 2	74.0	14.4	10.06	0.003	0.053	0.12	0.17		0.03		0.13	Mg <0.013, Mn <0.001, Si 0.17
57	전 전남 세형동검 3	71.0	13.6	15.7		<0.01	<0.01	<0.01		<0.01		<0.01	Mg <0.0001 Mn <0.001
58	전 전남 동령 (자루)	67.7	17.4	13.30		0.04	0.14	0.16	<0.05	0.03		0.11	
	전 전남 동령 (령부)	64.3	19.0	12.1									
	전 전남 동령 (동구)	69.4	20.0	10.3									
59	경주 입실리 동탁	59.18	29.99	7.72	1.09	0.57	0.90						
60	영천 어은동 원추형 식금구	77.56	15.71	6.08	0.11	0.09	0.25		0.38				

〈표 3-1〉 한반도 출도 청동기 및 초기 철기시대 청동기 성분 분석표 (강형태 외 2002; 2003; 국립중앙박물관 1992; 정광용 외 2004; 정광용 외 2002; 유혜선 2009; 이강승 외 2001; 이창호 2010; 최주 2002; 황진주 2010 등에서 제시된 내용을 종합함.)

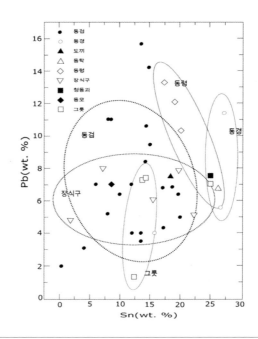

〈그림 3-2〉 청동기 종류에 따른 성분별 최대치와 최소치(최주 2002: 247 표-3).

종류	구분	Cu	Sn	Pb
동검	최고치 최저치 평균	92.64 67.02 77.5	25.0 4.0 14.1	15.7 2.0 7.5
동경	최고치 최저치 평균	79.7 39.5 53.8	27.3 16.0 23.3	11.4 4.0 7.0
장식구	최고치 최저치 평균	86.19 53.93 71.5	22.30 1.68 13.4	8.0 4.83 6.4
그릇	최고치 최저치 평균	83.51 57.70 74.2	25.0 12.33 16.4	7.38 1.29 5.7

〈표 3-2〉 청동기 종류에 따른 조성의 분포(최주 2002: 246 그림 6)

청동 제작과 장인

1. 동광 산지 추정 및 동괴(copper ingot) 혹은 청동괴(bronze ingot)의 생산과 교역

중근동 지역과 유럽 지역에서는 동광 산지와 선광 및 제련 작업 공정에 대한 다양한 연구가 이미 진행된 바 있다. 예를 들어 신석기시대부터 로마제국 시기까지 매우 오랜 기간 동안 동광의 채취가 이루어져왔던 요르단의 파이난 유적에 대한 연구가 대표적이며 특히 영국 내 웨일스(e.g. Great Orme나 Cwmystwyth)와 아일랜드(e.g. Mt. Gabriel) 지역의 동광 산지에 대한 연구를 통해 동광자원의 채취와 관련한 중요 정보를 확보할 수 있게 되었다. 예를 들어 동광의 채취를 위한 터널의 굴착방법과 환기방식, 동광 채취에 사용된 석기 및 골기(특히 사슴뿔)와 청동기, 그리고 동괴를 만들기 위한 산지 제련의 증거와 실제 동광 채취를 담당했을 사람들의 주거 유적 등이 그 예이다(e.g. Craddock 1995; Stevens 2008; Timberlake 2001; 2003; Tylecote 1962; 1986; 1987).

이와는 대조적으로 한국 청동기 연구에서 가장 아쉬운 점이라고 한다면 바로 동광 산지가 아직까지 발견되고 있지 않다는 점이다. 조선시대 기록인 『동국여지승람』에 금, 은, 철, 동, 납의 다섯 가지 금속 가운데 동이 가장 많이 산출된다고 기록되어 있고 일제강점기에 출간된 『朝鮮鑛物誌』라는 보고서에도 다양한 동광석이 한반도의 여러 지역에 매장되어 있다고 보고되고 있는 점을 감안해보면 향후 조사에 따라 동광산과 채광의 존재 가능성, 그리고 현지에서의 정련 과정을 추정해볼 수 있는 가능성이 없지 않다. 그럼에도 불구하고 다른 형태의 광산 유적, 즉 청동기시대의 채석장 유적이나 철기시대의 철광 및 제철 유적 등이 많지는 않지만 꾸준히 보고되고 있는 점을 감안하면 현재로서는 청동기시대의 동광 유적을 발견할 확률은 그다지 높다고 할 수는 없다. 또한 뒤에서 언급할 석제 거푸집 외에 청동 제련과 관련된 유적 유물이 전혀 발견되지 않는다는 점을 고려해보면 과연 한반도 내에서 제련이 이루어졌는지에 대해서는 매우 회의적이다. 이러한 상황을 감안하여 주목되는 현상은 앞서 언급한 바와 같이 한반도의 청동기문화가 크게 보면 한반도를 포함하는 동시에 요하 유역이나 길림 지역과 같은 중국 동북 지역을 포괄하는 동북아시아의 넓은 청동기문화권에 속한다는 사실이다. 특히 한반도에서 발견되는 비파형동검이나 비파형동모, 선형동부와 같은 특정한 형태의 유물들과 거의 같은 형태의 청동기 유물이 발견되는 조양 십이대영자 유적을 중심으로 한 조양, 건평, 능원 지역 등에서 청동기시대 동광산이 개발되고 있었다는 점을 감안할 필요가 있다(e.g. 오강원 2005; 2013). 즉, 한반도 출토 청동유물 가운데 가장 이른 시기에 해당하는 비파형동검 및 조문경과 유사하거나 또는 조형으로 생각되는 유물들이 이 지역을 포함한 요하 유역과 심양을 포함하는 요북 지역에서 발견되는 점 등을 감안하면, 비파형동검 문화의 기원지가 요동 지역이든 혹은 요서 지역이든 상관없이 상당히 넓은 지역에 이러한 형태의 동검 및 동모에 대한 선호가 존재하고 있었고 따라서 이 형태의 청동기에 부여된 상징적 가치가 어느 정도 공유되고 있었다는 점을 의미한다. 또한 이러한 상징적 가치를 공유하는 교역망 내에서 처음에는 어느 한 지역에서 이러한 형태의 청동기를 제작하여 교역하다가 이후에는 유사한 형태의 청동기를 제작할 수 있는 장인 혹은 기술 자체가 각 지역으로 이동 또는 확산되어가면서 수요에 따라 청동기가 제작되었을 가능성을 짐작해볼 수 있다(e.g. 이재현 2007; 강인욱 2005; 2017; 2018).

　이러한 추론이 맞다면 군이 각각의 지역에서 동광을 개발하거나 채광 혹은 제련을 하지 않아도 어느 특정 광산 지역에서 채광되어 선광과 제련 과정을 거친 동자원들이 동괴(ingot) 혹은 그 밖의 다른 형태로 장인들의 이동에 따라 필요한 만큼 유통되거나 확산되었을 것이다(e.g. Needham 1998; Northover 1982; Shennan 1993; 1999; Sherrett 2000; Stevens 2008). 다만 제련 과정을 거친 순동과 주석이나 아연, 그리고 납과 같은 다른 금속들이 각각 다른 통로를 통해 유통되거나 청동기 제작장인에 의해 소지되었다가 청동기 주조 시 주조할 청동기의 종류에 따라 합금과 동시에 주조가 이루어진 것인지, 아니면 청동괴 자체가 유통되거나 장인에 의해 소지되어 주조에 사용된 것인지는 아직 불분명하다. 이러한 추론은 한반도 내에서 청동기의 종류와 숫자가 그리 적은 편이 아님에도 불구하고 유럽의 사례에서처럼 많은 양의 청동기가 한꺼번에 매납되거나 혹은 유통되던 동괴가 발견되는 경우를 찾아보기 힘들다는 점에서, 그리고 한반도에서 자체적으로 채광되어 다양한 작업 공정을 거쳐 무덤 등에 철정의 형태로 막대한 양이 묻히거나 혹은 일본에까지 수출되었던 철과 비교해보면 그 차이점을 뚜렷이 알 수 있다.

　따라서 현재까지의 자료를 통해 볼 때, 중국 동북 지역(혹은 한반도 지역)의 어느 지역에서 채광되어 정련된 동괴가 한반도 전역으로 퍼져나가 한반도 각지에 걸친 거푸집의 출토 사례에서 알 수 있듯이 수요에 따라 각 지역에서 청동기 제작에 이용되었다고 볼 수 있다. 이와 유사한 사례를 유럽에서도 쉽게 찾아볼 수 있다. 앞서 언급한 바와 같이 최근에 이루어진 연구 성과에 의하면 영국 내에서 동광 산지로 추정되는 유적에 대한 발굴조사를 통해 동광의 채광에서부터 동광 산지 근처에서 이루어지는 제련의 과정까지 동괴를 얻기 위해 필요한 일련의 과정에 대해 어느 정도 알 수 되었다. 그런데 청동 산지가 일부 지역에 한정되어 분포하는 반면 청동기 제작과 유물의 분포가 영국 전역에 골고루 분포한다는 점, 그리고 동광 산지 근처에서 제련의 흔적 외에 합금의 흔적이 발견되지 않는다는 점 등을 통해 볼 때, 이 당시 청동기 제작은 제작장인들이 이동하면서 수요에 따라 청동기를 제작하거나 특정한 제작 공방에서 제작을 한 다음 상인 세력에 의한 교역을 통해 전국적으로 퍼져 나갔을 것으로 추정하며 유럽의 경우도 이와 크게 다르지 않았을 것으로 파악된다 (e.g. Needham 1998; Northover 1982; Shennan 1993; 1999; Sherrett 2000; Stevens 2008). 이렇게 본다면 앞서 언급한 바와 같이 한반도 내 청동기 제작도 완성된 형태의 청동기가 교역의 형태로 확산되었을 가능성도 배제할 수 없지만 같은 거푸집에서 제작된 청동기가 발견되는 사례가 아직까지는 거의 없다는 점에서 동괴가 제작장인이나 상인들에 의해 교역 또는 이동하여 특정 집단 내에서 자체적으로 제작되었을 가능성이 높다고 할 수 있다.

2. 납 동위원소 분석과 산지 추정

최근 청동유물의 산지 추정을 위한 과학적 분석 결과가 꾸준히 축적되고 있어 주목된다. 청동유물의 산지 추정을 위해 주로 사용되는 방법은 청동기의 제작에 들어가는 여러 금속 원소 가운데 안정적으로 존재하는 204Pb와 우라늄과 토륨의 붕괴에 의해 생성되는 납동위원소(206Pb, 207Pb, 208Pb)의 비율을 질량분석기로 분석한 다음 기존에 알려져 있는 납광산의 납동위원소비, 즉 각각의 광산마다 가지고 있는 고유한 납동위원소비와 비교하여 산지를 추정한다. 우리나라의 경우도 1990년대에 들어와 본격적으로 청동기시대부터 조선시대에 이르는 기간 동안 발견된 청동제 유물에 대한 납동위원소 분석을 실시하였다. 이 가운데 청동기시대와 청동기 후기 혹은 초기 철기시대에 해당하는 청동유물에 대한 대표적인 분석 사례를 소개하면 다음과 같다.

1992년 익산 용제리 출토 세형동검 및 여타 세형동검 3점과 동탁에 대한 성분 분석 및 납동위원소 비율 측정을 통해 산지 추정을 시도한 바 있다(e.g. 최주 등 1992a; 1992b). 전자의 동검은 북한산 원료의 사용 가능성을 배제할 수 없지만 당시까지의 자료를 초대로 추론했을 때 중국 북부산 원료를 사용해서 제작했을 가능성이 높다고 한다. 후자의 경우에서 세형동검 2점은 남한산, 특히 경북 연화광산에서 채굴된 납을 사용했을 가능성을 제시하고 있으며 나머지 세형동검 1점과 동령은 중국 북부, 특히 요령성의 원료를 사용했을 것으로 추정하고 있다.

1998년과 2001년에는 대전 탄방동에서 출토한 세형동검과 동모, 대전 문화동 출토 세형동검 그리고 대전 비래동 출토 비파형동검을 대상으로 성분 및 납동위원소 분석을 시행한 바 있다(최주 외 1998; 이강승 외 2001). 그 결과 문화동 출토 세형동검과 비래동 출토 비파형동검의 경우 중국 북부 지역 방연석을 원료로 사용한 것으로 보이며 두 유물의 출토 위치로 보아 같은 지역의 원료를 사용한 것으로 추정된다고 한다. 반면에 대전 탄방동 출토 세형동검의 경우 한반도 남부, 특히 경북 제2연화광산의 방연석을 사용한 것으로 추정되고 탄방동 유적 출토 동모의 경우 한국이나 일본 그리고 중국의 납동위원소비의 범위를 벗어나는 것으로 판단되며 차후 보다 세밀한 검토가 필요하다고 한다.

전남 영광 수동 유적 토광묘에서 출토된 새 모양 청동기와 방제경의 납동위원소 분석을 통한 산지 추정(강형태 외 2002)에서는 새 모양 청동기의 경우 중국 북부산 방연석을 사용했을 가능성을 제시하는 반면, 방제경의 경우 중국 남부산의 방연석을 사용했을 가능성이 높으나 한반도 남부의 방연석을 사용했을 가능성도 배제할 수 없다고 한다.

반면에 청원군 문의면에서 출토된 세형동검은 중국 북부 지역의 납이 사용되었다고 하며(정광용, 강형태, 우종윤, 2002), 서천 화산리 고분 출토 동검편의 경우 일본 남부 혹은 중국 남부의 방연석을 사용한 것으로 파악되었다(강형태, 정광용, 류기정, 2002). 논산 원북리 토광묘 나지구 1호 토광묘에서 출토된 동부, 6호 토광묘에서 출토된 세형동검과 동경, 그리고 다지구 1호 토광묘에서 출토된 세형동검의 성분 분석과 납동위원소 분석 역시 진행된 바 있다(강형태 외 2003). 여기에서는 6호 토광묘에서 출토된 동검과 동경의 경우 각각 경북 제2연화광산 방연광과 중국 북부 요령성의 방연광을 원료로 사용하였으며 나지구 1호 토광묘 동부는 한국 남부산 방연광(특히 경북 장군광산 방연광) 혹은 중국 남부산 방연광을 재료로 사용했을 가능성을 제시한 바 있다. 또한 다지구 1호 토광묘 출토 세형동검의 경우 일본의 방연광을 원료로 사용했을 것으로 추정한다. 영남 지역의 경우 경북 지역에서 청동기 주조가 활발할 때는 주로 화북산의 청동 원료가 주로 사용되며 여타 지역에서의 주조는 쇠퇴하고 김해 지역에서만 청동기 주조가 이루어질 때에는 주로 화남산의 청동 원료가 사용된다는 견해 역시 매우 주목할 만하다(이재현 2007).

2010년에 발표된 공주 수촌리 유적 출토 세형동검에 대한 납동위원소 분석에서는 이 세형동검의 주조에 사용된 납이 대부분 한국 남부에 속하는 특징이 나타낸다고 한다(이창호 2010). 2016년 부여 세도면 청송리에서 발견된 파괴 토광묘 출토 청동유물 12점의 부식 생성물에 대한 납동위원소를 분석한 결과, 유물들의 원료 산지는 서로 다른 지역이었을 가능성이 큰 것으로 나타난 바 있다(국립부여문화재연구소 보도자료 2016.5.03.; 안소망 2017). 세문경은 충청·전라도의 방연석(납 원료) 광산에서, 청동방울은 태백산 분지 경계지점 광산에서, 나머지 유물들은 경북·강원도 광산에서 원석을 캐냈을 확률이 높다고 하며, 따라서 유물들이 서로 다른 곳에서 만들어지거나 원료가 채취돼 교역이 이뤄졌을 것으로 추정하고 있다.

이러한 청동유물에 대한 납동위원소 분석과 이를 기반으로 한 산지 추정은 청동기의 제작과 확산 과정에 대한 기초 정보를 제공한다는 점에서 매우 주목된다. 그럼에도 불구하고 이러한 산지 추정에는 앞으로 해결해야 할 여러 문제들이 있다. 무엇보다도 앞에서 살펴본 바와 같이 한반도에서 발견되는 청동유물의 산지가 중국 남부 및 북부, 한반도 남부 그리고 일본에 위치한 광산에서 생산된 방연석을 원료로 사용했다고 한다. 그런데 여기에서 분명히 언급해야 할 점은 이러한 분석 대상이 청동의 주조에 사용된 납의 동위원소 분석이라는 점이다. 즉, 청동의 주재료인 동에 대한 분석 결과가 아니라 합금에 필요한 납에 대한 분석 결과라는 점에서 여전히 이 결과만을 가지고 청동의 주재료인 동의 산지 그리고 청동유물의 산지를 추정하는 데에는 많은 주의를 기울여야 한다. 물론 청동의 제련과 합금이 이미 이루어진 상태에서 동괴의 형태로 유통되어 주조에 사용되는 경우 산지 추정에 유용한 정보를 제공할 수 있으나 청동기 주조가 이루어지는 장소에서 청동의 합금과 주조가 동시에 이루어지는 경우에는 납의 산지 추정 결과만으로 청동유물의 산지를 추정하는 것은 문제가 될 수 있다. 이 경우 오히려 청동 주조에 필요한 재료들을 획득하기 위한 광범한 유통망이 존재한 것으로 판단하는 것이 합리적이다.

여기에 더하여 논산 원북리 토광묘의 경우에서처럼 특정한 시기와 장소를 공유하는 동일 유적에서 출토되는 유물들이 각각 중국의 남부와 북부, 한반도 남부 그리고 일본에서 생산된 재료를 주원료로 했다는 사실에 대해 이를 어떻게 해석해야 할지 어려운 점이 있다. 청동 주조에 필요한 원료들의 유통이 중국 전역과 한반도 그리고 일본열도를 포함하는 광역의 지역에서 이루어졌다고 할 수도 있으나 상대적으로 단기간에 납이라는 동일한 원재료 혹은 각각의 지역에서 제련되어 합금된 동괴를 여러 지역에서 입수하여 청동기 제작에 사용했다는 점을 납득하기는 그리 쉽지 않다. 따라서 앞으로의 연구 결과에 따라 이러한 현상에 대한 보다 상세한 연구가 가능할 것으로 생각된다.

이와 아울러 가장 큰 문제는 앞서 언급한 기존의 연구가 1980년대에 제시된 마부치의 동북아시아 방연석의 납동위원소 분포를 주 비교대상으로 하여 산지 추정을 하고 있다는 점이다. 마부치의 연구가 이 분야의 선구적인 업적이라는 점에 대해서는 이론의 여지가 없지만 이와 동시에 많은 비판이 제기된 바 있다. 예를 들어 마부치의 자료가 일본 72개, 중국 북부 17개, 중국 남부 19개, 그리고 남북한 지역은 각 10여 개의 자료에만 기초하고 있기 때문에 상대적으로 남북한의 예가 매우 부족한 반면 일본의 예가 여타 지역보다 월등히 많아 자칫 자료의 해석에 왜곡이 개입할 가능성이 크다는 점이다(e.g. 황진주 외2014). 결국, 이러한 연구 성과는 향후 청동기 성분 분석과 관련한 연구의 활성화를 위해 매우 중요할

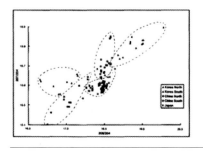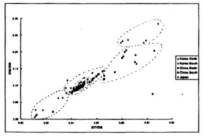

〈그림 3-3〉 동북아시아 지역 방연석 납동위원소 자료(Mabuchi and Hirao 1987; 국립문화재연구소 2014: 9에서 재인용).

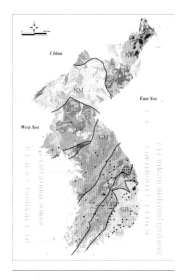

〈그림 3-4〉 한반도 방연석 광산과 영역(정연중 2014; 국립문화재연구소 2014: 13).

수 있다는 점에서 주목되지만 납 산지와 산지별 납 관련 데이터베이스가 충분히 확보되어야 납 산지 추정이 보다 정확해질 수 있다는 점과 이 결과만을 바탕으로 동이나 주석 산지는 물론 동이나 주석이 외부에서 수입되었을 것이라는 추론을 여전히 부정할 수 없다는 점은 분명하다.

한편 이러한 문제점을 극복하기 위해 국내에서 발견되는 총 106개의 광산에서 351점의 방연석 시료를 채취한 후 납동위원소 분석을 시행하여 총 4개의 영역으로 나누어 분포도를 작성하였다(e.g. 국립문화재연구소 2014) (《그림 3-3〉, 〈그림 3-4〉, 〈그림 3-5〉, 〈그림 3-6〉 참조)

이를 바탕으로 대학박물관에 소장된 세형동검의 납동위원소를 분석하여 기존의 마부치 분포도와 한반도 납동위원소 영역별 분포도와 비교한 결과 마부치의 자료에서는 다수가 북중국에 비정되며 일본과 한반도 남부에 일부가 비정되는 반면, 후자의 영역별 분포도에서는 경상도 지역

영역별 구분에 따른 광산수, 시료수 그리고 납동위원소비 분포 범위

영역별 구분	광산수	시료수	$^{206}Pb/^{204}Pb$	$^{207}Pb/^{204}Pb$	$^{208}Pb/^{204}Pb$	$^{207}Pb/^{206}Pb$	$^{208}Pb/^{206}Pb$
zone 1	39	104	18.16~18.59	15.48~15.64	37.87~38.77	0.842~0.855	2.069~2.113
zone 2	13	65	18.63~20.48	15.71~16.07	37.73~40.46	0.784~0.844	1.846~2.102
zone 3	43	156	16.95~19.57	15.47~16.00	36.70~41.00	0.809~0.913	2.009~2.240
zone 4	11	36	15.38~17.52	15.22~15.63	34.87~39.17	0.892~0.989	2.164~2.283

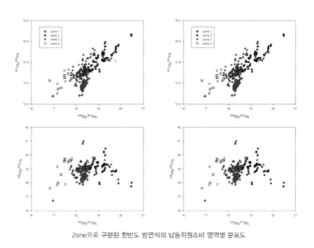

Zone으로 구분된 한반도 방연석의 납동위원소비 영역별 분포도

〈그림 3-5〉 각 영역별 납동위원소 분포범위와 분포도(국립문화재연구소 2014: 14; 15)

의 영역 1과 강원도 지역의 영역 2, 그리고 한반도를 벗어난 지역에도 비정된다고 한다(국립문화재연구소 201: 18). 이러한 점을 감안하면 한반도에서 출토되는 다수의 세형동검이 중국 지역에서 제작되거나 중국으로부터 유입된 원료를 주재료로 하여 제작이 이루어졌을 것으로 추정하고 있다. 이미 여러 차례 지적된 바와 같이 향후 북한 지역의 자료가 추가되면 보다 정확한 해석이 가능할 것으로 판단된다. 그럼에도 한반도 외의 지역에서 원재료가 수입되었을 가능성이 여전히 높다는 점에서 청동 제작과 관련한 광범한 생산 및 장인 그리고 상징적 네트워크가 존재했을 것으로 추정된다.

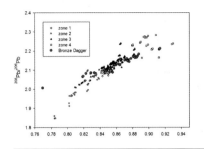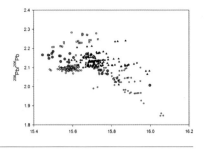

〈그림 3-6〉 세형동검과 납동위원소 분포(정연중 2014; 국립문화재연구소 2014: 18).

독일의 경우 이미 60년대에 세계 각지에서 출토된 청동유물로부터 표본을 추출하여 성분 분석을 시도한 바 있으며 90년대에 들어와 알프스 북쪽 지역의 청동유물을 분석한 바 있으나 아직 뚜렷한 결과를 제시하고 있지는 못하다(e.g. Junghans et. al. 1968; 1974; Krause 2003 Krause and Pernicka 1996). 중국의 경우처럼 매우 특이한 납동위원소를 포함하고 있어 그 산지를 쉽게 추정할 수 있는 경우도 있지만 대부분의 경우 산지 추정이 쉽지 않은 것이 사실이다. 그 이유는 앞서 언급한 바와 같이 산지 추정을 위해서는 유물에 대한 성분 분석뿐만 아니라 각지의 동광 및 주석, 납, 아연 광산에 대한 분석을 바탕으로 한 광범한 데이터베이스가 어느 정도 구축되어야 하기 때문이다. 예를 들어 지중해 연안의 교역 체계와 관련하여 가장 연구가 활발하게 이루어진 흑요석의 경우 흑요석 산지 자체가 매우 제한되어 있어서 산지 추정 및 기타 교역망 등의 복원이 상대적으로 용이하였다. 반면 청동기의 경우 동광을 비롯하여 청동기 제작에 필요한 여러 미량 금속과 유럽 각지의 산지 분석이 행해져야 하는 금속에 대한 산지 분석은 애초 예상보다 훨씬 광범한 동시에 어려운 작업이라는 점을 염두에 두어야 할 것으로 판단된다.

3. 청동기 제작기술: 거푸집의 사용과 생산 제작기술 — 작업연쇄의 관점에서

청동기를 제작하기 위해서는 매우 복잡한 일련의 작업 공정을 거쳐야 하는데. 이 작업 공정은 크게 세 단계로 나눌 수 있다(e.g. 박학수 2009; 복천박물관 2009; 숭실대 박물관 2005; 2011; 안소망 2017; 오광섭 2017; 이건무 2005; 2007; 이양수 2005; 2009; 2014; 조진선 2001a, 조진선, 2007; 2015; 한수영 2008; 호남고고학회 2005; 华觉明 等 1983; 近藤喬一 1974; 三船溫尙, 2007). 즉 청동 제작에 필요한 동이나 기타 금속을 얻기 위해 산지에서 채광을 하여 산지 혹은 별도의 장소에서 일련의 제련 과정을 거쳐 순동과 기타 금속을 추출하는 작업과 이렇게 얻은 재료를 바로 청동기 제작에 사용할 수 있도록 순동 덩어리 혹은 순동과 주석을 포함한 기타 금속을 합쳐서 청동 덩어리의 형태로 만드는 작업이 진행된다. 이 작업과는 별도로, 만들고자 하는 청동기의 종류에 따라 주조를 위한 거푸집을 마련해야 한다. 식제 거푸집의 경우 적절한 크기의 돌을 구해 편평한 면을 마련하고 이렇게 마련된 면에 원하는 종류의 청동기의 형태를 새기게 된다. 이 과정에서 직선과 곡선을 활용한 제도가 이루어진다. 토제 거푸집을 사용하는 경우도 마찬가지 방법을 사용하는데 특히 컴퍼스나 다중 거치구 등 다양한 도구가 제도에 이용된다. 거푸집이 마련되면 앞서 얻은 동 혹은 청동 덩어리를 도가니에 다시 녹여 주액을 마련하고 이를 주물사나 돌로 만든 틀(주조틀 혹은 거푸집)에 마련된 탕구에 부어 원하는 형태의 도구를 만들고(주조), 이렇게 일차 성형된 청동기를 거푸집으로부터 분리한 다음 이차 성형을 하게 된다. 즉, 일차 성형된 청동기에 남아 있는 제작 흔적을 갈아서 없애거나 단검과 같이 필요한 경우 날이나 절대 등을 마련한다. 최종적으로 마무리 작업이나 제작 과정에서 생긴 오류 등을 수정하거나 보수하는 과정을 거쳐 최종 완성품을 제작하게 된다. 간두령을 포함한 이형동기나 이두령, 팔주령과 같이 형태가 매우 복잡하며 매우 섬세한 문양을 가진 청동기의 경우 거푸집에 청동을 부어 제작하는 대신 밀랍으로 원하는 형태의 본을 만든 다음 여기에 모래 등을 이용하여 틀을 만들어 씌우고 다시 고열로 이를 가열하여 밀납을 제거한 다음 여기에 청동을 부어 원하는 형태의 청동기를 만드는 실랍법(lost waxing)과 같은 매우 발달된 청동 제작기법을 사용하기도 한다.

한편, 청동덩어리를 어느 단계에서 만드는지, 즉 주조 직전 단계에서 순동 덩어리와 기타 금속을 녹여 청동을 얻는지 아니면 이미 만들어진 청동 덩어리를 주조에 사용하는지에 따라 청동기 제작의 순서 가운데 어느 한 단계가 생략될 수도 있고 혹은 제작 순서가 바뀔 수도 있다. 중국이나 유럽과는 달리 한반도에서는 지금까지 채광이나 제련이 이루어졌음을 말해주는 고고학적 흔적을 찾기 힘들다. 예를 들어 유럽의 경우처럼 동광 산지와 더불어 채광을 위해 사용되었던 석제 혹은 목재 도구들이 발견되거나 정련을 하고 남은 찌꺼기 등의 흔적이 아직까지 발견된 바가 없다. 다만 청동기 제작과 관련하여 일련의 제작 공정을 밝혀줄 수 있는 자료로 청동기의 주조에 직접적으로 사용되었던 거푸집이 발견된 바 있다. 따라서 비록 앞으로 새로운 자료가 발견될 가능성을 배제할 수는 없지만 현재까지 발견된 자료로는 한반도 내에서 청동기 제작에 앞서 채광과 제련이 이루어졌을 것으로 추정하기는 어렵다. 다만 청동기 제작에 반드시 필요한 주조틀의 제작과 본격적인 주조를 위해 순동 및 기타 금속 혹은 청동 덩어리를 녹이는 단계, 주조액과 주조틀, 즉 거푸집을 사용한 주조 작업, 그리고 주조 후 제작된 청동기의 주조 흔적을 없애는 마무리 마연 및 보수가 이루어졌음은 비교적 어렵지 않게 추정할 수 있다(e.g. 이건무 1992; 2005; 2007; 정인성 2007) (〈그림 3-7〉 참조).

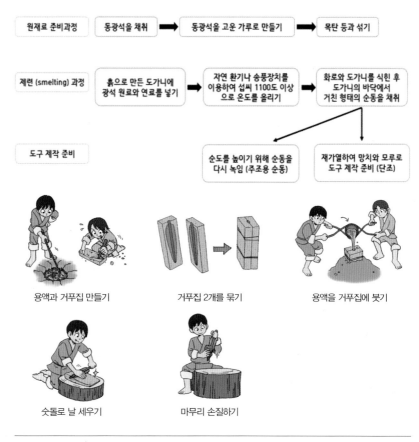

| 원재료 준비과정 | 동광석을 채취 | → | 동광석을 고운 가루로 만들기 | → | 목탄 등과 섞기 |

제련 (smelting) 과정 | 흙으로 만든 도가니에 광석 원료와 연료를 넣기 | → | 자연 환기나 송풍장치를 이용하여 섭씨 1100도 이상으로 온도를 올리기 | → | 화로와 도가니를 식힌 후 도가니의 바닥에서 거친 형태의 순동을 채취

도구 제작 준비 | 순도를 높이기 위해 순동을 다시 녹임 (주조용 순동) | 재가열하여 망치와 모루로 도구 제작 준비 (단조)

용액과 거푸집 만들기　　　거푸집 2개를 묶기　　　용액을 거푸집에 붓기

숫돌로 날 세우기　　　마무리 손질하기

〈그림 3-7〉 동 원료의 생산(위)과 청동기 제작(아래).

이러한 과정을 유럽의 사례와 삼국시대의 사례를 바탕으로 현재 남아 있는 고고학적 증거와 함께 조금 더 자세히 설명하면 다음과 같다. 순동을 추출하기 위한 제련 과정이나 주조에 필요한 순동 혹은 청동 덩어리를 녹이기 위해서는 반드시 도가니(crucible)나 제련노(furnace)가 필요하다. 선사시대의 도가니의 예가 발견되지 않아 직접적으로 추론하기는 어렵지만 삼국시대 이후의 도가니의 예나 유럽 등의 사례를 통해 대략적으로 청동기시대에는 50*cc*에서 60*cc*를 넘지 않는 작은 크기의 토제 도가니를 사용했을 것으로 추정할 수 있다. 아마도 이러한 작은 크기의 도가니에서 순동 덩어리와 여러 금속을 합금하거나 아니면 청동 덩어리를 녹여 주액을 만들었을 것이다. 주액을 만드는 순서는 전자의 경우 일차적으로 용융점이 높은 동(대략 섭씨 1100도)을 먼저 녹인 다음 여기에 용융점이 낮은 다른 금속들, 예를 들어 주석(섭씨 250도 이하) 등을 녹이게 되는데 그 이유는 주석을 먼저 녹이고 동을 나중에 녹였을 때 온도가 올라감에 따라 주석이 증발해버리기 때문이다. 청동의 경우 순동과는 달리 섭씨 800도 근처에서 녹기 때문에 상대적으로 쉽게 주액을 만들 수 있다. 이렇게 마련된 주액을 원하는 청동기의 형태를 가진 석제 혹은 토제 거푸집에 부어 넣어 일차 성형을 하게 된다(e.g. Craddock 1995; Craddock and Hughes 1985; Levy 1999; Tylecote 1962; 1986; 1987).

한편 거푸집에 수분이 많거나 갑자기 뜨거운 주액을 붓게 되면 거푸집이 그 온도를 견디지 못하고 쉽게 깨지는 경우가 발생하므로 주액을 붓기 전에 거푸집을 어느 정도 가열하여 수분을 제거하거나 일정한 온도에 이르도록 해두기도 하며 거푸집이 빨리 식는 것을 방지하기 위해 거푸집을 땅에 묻은 다음 주액을 붓기도 한다. 그럼에도 불구하고 주액을 주입했을 때 급격한 온도 상승과 함께 수분이 증발하면서 거푸집의 일부분이 깨지거나 금이 가는 경우가 발생하는데, 특히 토제 거푸집의 경우 거푸집의 수분이 충분히 제거되지 않으면 소위 쥐꼬리 홈이 주조품의 표면에 발생하는 경우도 있다. 거푸집에 주액을 보다 쉽게 붓기 위해서는 탕구를 마련하게 되는데, 탕구에 주액을 붓는 과정에서 탕구와의 거리에 따라 같은 거푸집 안에서도 납을 비롯한 합금의 비율이 달리 나타나기도 한다.

앞서 언급한 바와 같이 한국 청동기시대에 사용된 청동기 주조 방법은 크게 거푸집의 재질에 따라 석제 거푸집과 토제 거푸집으로 나눌 수 있고, 그 외 복잡한 기형이나 문양을 가진 청동기를 제작할 수 있는 실랍법이나 분주법도 사용된다(《표 3-3》과 〈그림 3-8〉 참조). 먼저 석제 거푸집의 경우 현재 한반도 내에서는 대략 15군데에서 총 47점의 거푸집이 발견되었다. 이 가운데 세형동검 거푸집이 다수를 차지하고 있다. 비파형동검을 제작하는 데 사용된 거푸집은 통천 외발권산 출토 비파형동모 거푸집 2종과 강원도 영흥 출토 비파형동모 거푸집 1종, 동부 거푸집 2종, 방울 거푸집 1종, 부여 송국리 출토 비파형동부 거푸집 1종이 발견된 바 있다. 세형동검이 만들어진 시기의 거푸집은 세형동검 거푸집 12종, 중국식 동검 거푸집 1종, 동모 거푸집 1종, 동과 거푸집 2종, 조문경 거푸집 2종, 미완성 다뉴경 거푸집 1종, 동탁 1종 외에 각종 동부류 거푸집 5종, 동착 거푸집 5종, 동사 거푸집 1종, 낚시바늘 거푸집 4종, 동침 거푸집 4종 등이 발견되었다 (e.g. 숭실대 한국기독교박물관 2005; 2011, 조진선, 2005a; 호남문화재연구원 2005).

	유적명	무기류	공구류	의기류	비고
비파형동검기	통천외발권산	동모 (혹은 동촉) 2			梅原末治·藤田亮策 1947, 李健茂 2005
	강원도 금야 (영흥)	비파형동모 1	동부 2	방울 1	서국태 1965
	부여 송국리 55-8호		동부 1		姜仁求·李健茂 외 1979
세형동검기	전 맹산			다뉴조문경 2	梅原末治·藤田亮策 1947
	평양 장천리	세형동검 2, 검심 1			梅原末治·藤田亮策 1947
	고성 거진리	세형동검 2?			梅原末治·藤田亮策 1947, 國立中央博物館·國立光州博物館 1992
	고양 원당면	동모 1			郭東哲 1998 재인용
	용인 초부리	세형동검 3			金載元 1968
	화성 동학산		동착 1		京畿文化財團附設畿甸文化財研究院·㈜三星電子 2004
	완주 갈동 1호	세형동검 1, 동과 1			한수영 2005
	완주 덕동		동착 1		한수영 2005

세형동검기	전 영암	세형동검 4, 동모 1, 동과 1	장방형동부 1, 합인동부 1, 유견동부 3, 동착 3, 동사 1, 동조 4, 동침 4	미완성 다뉴경 1	林炳泰 1987
	영변 세죽리	화살촉			조선유적유물도감편찬위원회 1989
	박천 단산리	창			조선유적유물도감편찬위원회 1989
	출토지 미상	중국식동검	장방형동부	동탁	梅原末治·藤田亮策 1947

〈표 3-3〉 한반도 출토 거푸집 (조진선 2005: 101)

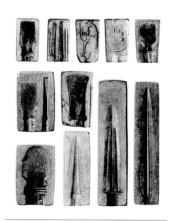

〈그림 3-8〉 숭실대 소장 전 영암 출토 조합식 합범(조진선 2015: 151에서 재인용).

한반도에서 발견되는 석제 거푸집은 대부분 활석제이며 송국리 출토 거푸집만이 편암제인 것으로 알려져 있었으나 최근 발견된 완주 갈동 출토 거푸집의 경우 각섬석으로 제작한 것으로 판명되어 주목된다(e.g. 이건무 1992; 조진선 2011; 조진선 등 2014; 한수영 2008). 이와는 달리 중국의 경우 비파형동검이 주로 출토되는 동북 지역에만 활석제 거푸집이 제한적으로 제작되고 있으며 나머지 대부분의 지역에서는 토제 거푸집이 발견되고 있다(e.g. 오강원 2005; 최호현 1999; 近藤喬一 1974).

일본의 경우 석제 거푸집에 사암이 주로 사용되고 있다. 이처럼 활석이 석제 거푸집에 주로 사용되는 이유는 돌이 상대적으로 무르기 때문에 석제 도구로도 원하는 형태를 조각하기가 쉽고 주조할 때 석재 자체의 신축성이 좋아 균열이 가거나 터지지 않으며 따라서 반복해서 주조에 사용할 수가 있으며, 표면이 매끄러워 주조품 표면의 질을 높이기가 쉽다는 장점이 있기 때문이다(e.g. 조진선 등 2014; 近藤喬一 1974). 각섬석의 경우 석질이 단단한 탓에 석제 도구는 물론 철제 도구로도 원하는 모양을 새기기가 매우 어려우며 한 번만 사용해도 균열이 생길 가능성이 크다. 사암의 경우 재질 자체가 무르기 때문에 여러 번 반복해서 사용하기가 어렵고 자주 보수를 해주어야 한다는 어려움이 있다.

토제 거푸집은 흙으로 제작한 토제 거푸집과 모래(주물사)를 이용한 사범의 두 종류로 구분할 수 있다. 토제 거푸집의 경우 자연 상태의 흙 그 자체를 사용하는 것이 아니라 거푸집 제작에 적합하도록 다양한 성분을 가진 흙을 적절히 배합하여 제작하며 주조 과정에서 주조액을 붓기 위한 탕구와 함께 주조 시에 생기는 가스가 빠져 나올 수 있는 구멍을 만들어주어야 하며 사용 후 폐기하게 되는 등 한 번밖에는 사용할 수 없는 단점이 있다(e.g. 이건무 1995; 이양수 2014; 조진선 2015). 주물사로 만든 거푸집 역시 이와 비슷한 단점을 가지고 있는데 다만 중국의 분주법에서 잘 알 수 있듯이 원하는 청동기의 형태에 따라 각 부위별로 따로따로 거푸집을 만들 수 있기 때문에 규모가 큰 청동기를 주조할 때 유리하며, 또한 세밀한 문양의 시문이 가능하기 때문에 섬세하고 정교한 청동기 제작에 사용할 수 있는 장점이 있다. 이는 활석제 거푸집이 반복 사용이 가능하며 거푸집의 제작 과정과 주조 시에 편리하고 따라서 토제 거푸집에 비해 전체적으로 편의성이 높다는 장점과 비교된다.

거푸집의 재질에 따른 차이는 거푸집의 형태에서도 잘 드러난다. 예를 들어 한국에서 발견되는 석제 거푸집은 조합식 쌍합범의 형태를 띠고 있는 경우가 많다. 즉, 하나의 거푸집에 청동기의 한 면을 제도하여 제작하고 그 반대 면을 제도 및 제작한 또 다른 거푸집과 결합하여 주액을 붓기 위해 따로 마련된 탕구 혹은 점토 성질의 주입 시설을 탕구에 결합하여 주조를 한다(e.g. 정인성 2007; 조진선 2005a; 2007; 2012; 2015). 그런데 석제 거푸집의 다른 한 면에 또 다른 형태의 주형을 하나 혹은 복수로 새김으로서 목적에 따라 최소 두 개 이상의 거푸집으로 기능할 수 있도록 거푸집을 설계한 것을 확인할 수 있다. 이는 거푸집의 활용 가능성을 극

〈그림 3-9〉 전 맹산 출토 청동거울 거푸집(국립중앙박물관 1992:121).

대화한 것으로 앞서 언급한 바와 같이 장인들이 이동하면서 청동기를 제작하였다면 매우 유리할 수 있는 거푸집의 형태가 아닌가 여겨진다.

전 맹산 출토 조문경 석제 거푸집의 경우처럼(〈그림 3-9〉 참조) 동경의 제작에 석제 거푸집을 사용하는 경우도 있지만, 양양 출토 동경의 경우에서 볼 수 있듯이 거푸집의 문양을 일부 고친 흔적도 발견되고 있다.

따라서 경우에 따라 보수가 유리한 토제 거푸집 혹은 주물사를 이용하여 거푸집의 제작이 이루어졌던 것으로 추정할 수 있다. 실제로 세문경의 경우처럼 극도로 섬세한 문양을 표현하기 위해서는 석제 거푸집으로는 불가능하며 토제 거푸집 혹은 주물사를 이용해 제작한 거푸집으로만 가능하다고 보는데 그 근거로서 숭실대 박물관 소장 세문경의 문양 사이에서 발견된 모래를 주물사의 흔적으로 보거나 세문경의 일부 문양이 결락되는 현상 등을 들고 있다(e.g. 박학수 2009; 이양수 2005; 2009). 그럼에도 불구하고 토제 거푸집이나 주물사를 이용한 거푸집이 남아 있는 경우가 드물기 때문에 이를 적극적으로 증명하기는 쉽지 않다. 최근에 이에 대한 반론이 제기되어 주목된다. 이건무는 세문경의 제작을 위해 일차적으로 석제 거푸집을 마련하고 그 안에 세밀한 문양을 표현하기 위해 토제 거푸집이나 밀납 등을 일부 사용했을 가능성을 제시한 바 있다(이건무 2007). 이에 대해 이청규는 세문경의 배면에 새겨진 동심원 문양이나 평행 집선문 등이 모두 양각으로 표현되어 있으므로 거푸집에는 문양이 음각으로 새겨져 있어야 하는데, 토제 거푸집으로는 세밀한 문양을 음각으로 새길 경우 선이 뭉개질 가능성이 크다는 점을 지적하고 있다.

또한 밀납으로 모형을 만든 후 주물사 등으로 씌우고 난 후 녹여낸다 하더라도 모형을 본떠낼 거울 실물이 없으면 어차피 거푸집에 문양을 새겨야 한다고 한다. 이러한 점을 고려했을 때 세문경의 주조에 활석제 거푸집을 사용했을 가능성을 배제할 수 없다고 하며, 특히 활석의 경우 경도가 1~1.5로 무르며 입자가 치밀하여 음각으로 정밀하게 선을 새길 수 있고 불에 녹는 온도도 섭씨 1,400도로 불에 잘 견딜 수 있기 때문에 세문경의 제작에 유리했을 것이라는 견해를 제시하고 있다(이청규 2015).

복잡한 형태와 세밀한 문양을 가진 간두령이나 팔주령, 이두령 등의 경우 아마도 실납법과 분주법 혹은 토제 거푸집을 사용했을 것으로 추정된다(e.g. 이양수 2014; 조진선 2015; 近藤喬一 1974). 복잡한 형태의 청동기를 제작하는 데에 유용한 방법인 실납법과 분주법을 사용하는 경우 먼저 제작하고자 하는 청동기의 모양을 밀납으로 만들고 그것을 흙이나 주물사로 덮어씌운 다음 열을 가해 그 안의 밀납을 녹여내고 다시 여기에 청동을 부어 원래 원하는 청동기를 제작하게 된다. 일단 주조된 청동기는 마무리 마연을 통해 완성된다. 조합식 쌍합범을 사용하여 청동기를 주조했을 때 어쩔 수 없이 생기는 주조 흔적들, 즉 합범 사이의 간극과 주조액이 들어가는 탕구 때문에 남는 주조 흔적은 주조가 끝난 후 마연을 통해 마무리가 된다. 또한 세형동검의 경우처럼 인부와 등대 부분을 다시 한 번 마연함으로써 완성도를 높이는 사례도 있다. 특히 최근의 연구에 따르면 세형동검에 서로 각도를 달리하여 연속적으로 마연을 하여 빛이 반사되는 반사면이 일종의 문양을 이루는 것처럼 표현하는 구분마연기술에 주목하여 이를 한국의 세형동검이 갖는 주요한 기술적 특징이라고 주장하기도 한다(허준양 2013; 2016; 2017). 한편, 일부 세형동검의 경우 실제 사용을 하면서 지속적으로 마연을 하여 원래 처음 제작되었을 당시보다 훨씬 인부의 폭이 줄어든 극단적인 형태의 세형동검이 등장하기도 한다.

작업 연쇄의 관점에서 거푸집의 제작과 주조 공정 및 마무리 작업에 대한 치밀한 관찰과 민족지 고고학 자료와의 비교를 통한 연구 외에 최근 과학적 분석 기법을 이용한 연구를 통해 종래 확인하기 어려웠던 새로운 연구 결과를 내고 있어 주목된다. 이러한 과학적 분석은 크게 3D scanning을 이용한 청동기와 거푸집의 정밀한 실측과 제작 과정의 가상 복원 실험(숭실대 한국기독교박물관, 2009: 2011), 유물 구조와 파손 정도를 파악하기 위해 사용되는 X선 촬영이나 합금 원소에 X선을 조사하여 발생하는 원소별 형광선을 분광하는 형광 X선 분석의 비파괴분석, 그리고 앞서 언급한 납동위원소 분석을 이용한 산지 분석이나 무기물을 대상으로 한 방사성탄소연대측정을 포함하는 파괴분석을 들 수 있다(오광섭 2017). 이러한 과학적 분석 기법을 통해 청동기 제작 기법의 다양한 측면을 파악할 수 있음은 이미 앞에서 밝힌 바와 같으며 여기에서는 앞서 언급하지 않은 X선 촬영 분석에 대해 살펴보고자 한다.

최근의 연구(오광섭 2017)에 따르면 청동유물에 대한 X선 촬영을 통해 유물 내의 기포의 흐름을 파악할 수 있으며 이를 바탕으로 수축공과 배기공 그리고 기부공을 찾을 수가 있다고 한다. 수축공의 경우 예열이 제대로 되지 않은 거푸집에 처음으로 주액을 부으면 주액이 거푸집에 닿으면서 바로 굳어지고 이미 부어진 주액으로 인해 거푸집이 예열된 상태에서는 주액이 서서히 굳게 되는데, 이때 주액 사이의 수축 현상으로 인해 간극이 생기고 따라서 주액이 들어가는 탕구의 반대쪽에 기포가 생긴다고 한다. 반면에 조합식 쌍합범의 경우 합범 사이에 밀봉이 제대로 되지 않는 경우가 발생하고 이 경우 주액이 합범 사이의 틈으로 새면서 거푸집 내부의 공기가 함께 이동하면서 열상의 기포가 생긴다고 한다. 따라서 X선 촬영을 통해 기포의 흐름을 파악한 후 탕구의 위치를 확인하거나 합법의 사용방식에 대해 추론할 수 있으며, 이러한 정보를 바탕으로 청동기의 주조 과정에 대한 확실한 과학적 근거를 얻을 수 있다.

4. 청동 제작장인의 신분과 생산조직

지금까지 한국 청동기 연구에서 그 중요성에 비해 언급이 거의 되지 않았던 문제가 청동기 제작장인에 관한 문제일 것이다. 물론 청동기 제작장인의 존재를 밝혀 줄 수 있는 직접적 자료가 없었다는 점에서 어쩔 수 없는 측면도 있다. 그러나 이 문제는 청동기 제작기술과 관련하여 가장 중요한 문제 가운데 하나이기 때문에 여기에서는 앞서 단편적으로 언급되었던 이용 가능한 간접적 혹은 정황적 증거를 토대로 가설적이나마 장인의 존재 형태 등에 대해 간단히 언급하고자 한다.

앞서 언급한 바와 같이 한반도 내에 채광이나 제련의 증거가 아직 발견되지 않은 반면 청동기 제작에 직접적으로 필요한 거푸집이 한반도 전역에 걸쳐 발견되는 것으로 보아 청동기 제작에 필요한 원재료가 아직 발견되지는 않았다. 그렇지만 한반도 내 동광 혹은 중국 동북 지역에서 채광되어 제련된 다음 한반도 전역에 걸쳐 필요에 따라 공급되는 동시에 매우 유사한 형태의 청동기가 한반도 전역에서 제작되거나 사용되는 맥락을 통해서 청동기에 부여된 상징적 가치가 공유되는 연결망을 생각해 볼 수 있다. 한편, 이동과 제작이 용이한 조합식 거푸집이 주로 사용되고 있다는 점과, 청동의기와 세문경을 제외한 다른 청동기들의 경우 고도로 발전된 제련 및 정련 그리고 거푸집 제작기술을 필요로 하지는 않는다는 점, 그리고 하나의 거푸집에서 제작된 동일한 형태의 청동기가 거의 발견되고 있지 않다는 점 등을 미루어보아 특정한 전업 청동기 제작장인이 어느 한 지역을 중심으로 공방을 설치하고 청동기를 대량으로 제작하여 일정한 범위의 지역에 공급했을 것으로 보기는 어려울 것 같다. 또한 낙랑의 예에서처럼 청동기시대 마을 유적에 공방을 마련해두고 청동기를 제작한 것으로 보기도 힘들다(e.g. 정인성 2000). 오히려 현재의 증거로만 보면 마을에 상주하는 구성원 가운데 주조기술을 가지고 있는 일부 구성원 혹은 마을과 마을 사이를 이동하면서 필요에 따라 청동기 제작에 종사하였던 장인의 존재를 상정해볼 수 있다.

전자의 경우, 즉 어느 한 마을에 거주하는 기술을 가진 구성원의 경우 그들이 반드시 청동기 생산만을 담당하는 전업적인 청동기장인일 필요는 없다고 생각된다. 왜냐하면 다양한 다른 종류의 기술, 예를 들어 유럽의 사례처럼 석기 제작이나 토기 제작에 종사했던 구성원들이 필요한 경우 원료를 구입하여 청동기를 제작할 수도 있기 때문이다. 예를 들어 동검을 모방하여 석검을 제작한 사례가 발견되는 스칸디나비아의 경우 석기 장인이 동검을 모방하였을 가능성을 고려한다면, 한국의 경우 비록 비판적 견해(e.g. 강인욱 2017)에도 불구하고 비파형동검 혹은 세형동검이 석검의 형식을 모방한 것이라는 연구(e.g. 박선영 2004; 배진성 2007)와 제작기법상 양자의 유사성을 강조하는 연구(e.g. 허준양 2016)가 제시되고 있는 점을 고려한다면, 기존의 석검 제작장인이 청동기를 제작했을 수도 있지만 청동기 제작장인이 거푸집을 만들 때 기존의 석검 형식을 모방하여 거푸집을 제작했을 가능성도 배제할 수는 없다. 이 문제는 앞으로 좀 더 많은 연구를 진행해보아야 어느 정도 해결의 실마리를 얻을 수 있을 것으로 생각한다. 다만 이러한 간접적인 추론에도 불구하고 지금까지 발견되고 있는 청동기의 제작 수준을 통해 보면 최소한 어느 정도 전문적인 기술을 가진 장인의 존재 가능성을 배제할 수 없으며, 특히 세련된 형태의 청동의기나 세문경은 당대 최고의 기술력을 요구한다는 점에서 전문적인 장인 또한 따로 존재했을 가능성은 충분하다고 판단된다.

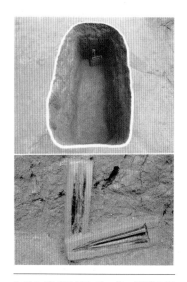

이와 관련하여 최근 완주 갈동에서 출토된 세형동검과 동과 거푸집이 매우 주목된다(e.g. 조진선 2011; 한수영 2008; 2017; 호남문화재연구원 2005; 호남고고학회 2005). (〈그림 3-10〉 참조)

이 유적에서는 초기 철기에 해당하는 4기의 토광묘 가운데 1호 묘에서 1세트의 석제 거푸집이 발견된 바 있다. 지금까지 발견된 석제 거푸집의 경우 송국리 출토 거푸집을 제외한 대부분의 거푸집이 출토 맥락이 불분명한 상

〈그림 3-10〉 완주 갈동 1호묘 출토 용범(호남문화재연구원 2005: 4).

황에서 보고된 것과 비교해서 이 무덤에 묻힌 사람이 반드시 청동 제작 장인이라고 단정할 수는 없지만 적어도 청동기 제작과 깊은 관련이 있는 것으로 파악할 수 있다. 이러한 사례는 하나의 공동체 내에서 청동기 제작기술 혹은 그 제작과 관련된 사람이 어떻게 인식되었을지를 잘 보여주는 좋은 경우라고 생각된다. 또한 앞서 언급한 바와 같이 전 영암 출토 동과 거푸집에서 백암리 출토 동과가 제작된 것으로 보이지만 대부분의 경우에 석제 거푸집이라고 하더라도 청동기 주조에 반복해서 사용되지 않는다는 점을 짐작해볼 수 있고 따라서 거푸집의 제작과 청동기의 주조는 하나의 공동체 내에서 나름의 상징적 의미와 함께 일종의 이벤트로서 인식되었을 가능성이 크다고 할 수 있다. 이는 청동기의 주조가 실용적인 목적을 위해서뿐만 아니라 해당 사회 안에서 개인의 차별화를 통한 정체성의 형성과 깊은 관계가 있음을 의미한다고 할 수 있다. 이러한 사실은 동일한 거푸집에서 제작된 것으로 생각되는 청동기가 알려지고 있는 일본의 상황과는 자못 비교되는 현상이다. 실제로 사가현(佐賀縣) 메타바루(旦達原)유적의 2호와 사가현 겐미다니(檢見谷)유적 9·12호에서 발견된 동모가 같은 거푸집에서 제작된 것으로 보는 견해도 있다(e.g. 吉田広 등 2010). 우리나라에서도 장수 남양리 3호분 출토 동탁과 부여 입포리 출토 청동기의 화살표 문양이 크기가 거의 동일한 점을 근거로 동일한 장인이 제작한 것으로 추정하는 견해도 있으나(e.g. 이양수 2004), 설사 이러한 견해를 인정한다고 하더라도 두 개의 청동기가 같은 거푸집에서 주조되었음을 의미하는 것은 아니다.

청동기 제작장인의 문제와 관련하여 최근 매우 흥미로운 가설이 제기된 바 있다. 1976년 전북 완주 상림리에서 26개의 동주식 동검이 발견된 바 있는데 이 동검을 중국(아마도 산동 지역)에서 장인이 서해안을 따라 한반도 서남부 지역으로 이동하여 지역사회에 토착화되는 과정에서 주조하고, 이렇게 주조된 동주식 단검을 의례의 일환으로 매납하였을 것이라는 가설이다(강인욱 2016; 白雲翔 2015). 그 근거로 첫째, 동주식 동검은 서주 말기부터 중국의 오월 지역에서 맨 처음 제작되어 초나라가 강성해지는 기원전 6세기, 즉 춘추 말기에 중원 지역은 물론 요동 지역에까지 널리 퍼지게 되었으며 전국시대를 거치면서 동검의 수요가 급격히 줄어들었고 동검장인들이 더 이상 수요를 찾지 못하자 기원 전 4~3세기에 해당하는 시기에 한반도로 이주하였을 것으로 추정되며, 실제로 한반도에서는 중국의 산동반도와 지리적으로 가까운 서해안 지역을 중심으로 이러한 동주식 동검이 발견되는데 주요 유적으로는 황해도 재령 고산리, 함평 초포리, 평양 석암리, 평양 신송리, 익산 신룡리, 파주 원동리 등을 들 수 있다고 한다. 둘째, 상운리에서 발견된 동주식 동검은 비록 모두 유절병식의 한 형식에 속하지만 크기와 무게가 각각 다르고 제작 후 사용을 위해 마연된 흔적이 거의 없으며, 따라서 각기 다른 거푸집에서 제작되었으며 실제 사용을 위해 제작한 것이 아니라 비실용적인 목적, 즉 제의를 목적으로 제작되었다고 판단된다고 한다. 셋째, 이러한 제의는 장인들이 자신만의 제작기법에 대한 지식을 유지하며 의례와 매납 행위를 통해 자신들의 청동기 주조 행위를 신성시하는 동시에 자신들의 사회적 위치를 공고히 하려는 목적에서 이루어진 것이라고 주장한다.

이러한 가설은 아직까지는 자료나 논의의 측면에서 보완할 부분이 많다고 판단된다. 예를 들어 상림리에서 발견된 26개의 동검들 가운데 마연의 흔적이 전혀 보이지 않는 동검도 있으나 이와 동시에 마연이 이루어진 동검과 심지어 사용흔이 관찰되는 동검이 포함되어 있다는 점을 감안하면(이나경 2014), 주조 후 바로 제의의 목적으로 매납되었다고 보기에는 무리가 있다. 매납이라 하더라도 이러한 매납의 사례가 반복해서 발견되지 않고, 매납 장소가 일반적으로 의례가 있었을 것으로 추정할 수 있는 강가나 호숫가 혹은 특정한 자연 경관과 관련되지 않는 한 의례가 아닌 차후에 사용하기 위해 눈에 잘 띠지 않는 곳에 보관하거나 혹은 위급한 상황에 맞닥뜨려 어쩔 수 없이 묻고 갈 수밖에 없었을 가능성도 배세할 수 없다. 또한 그 의례 행위를 주재한 사람들이 장인인지 아니면 다른 사람들이 그 장인들에게 동검 주조를 부탁한 후 주조된 동검을 매납한 것인지에 대해서도 의문의 여지가 남아 있다.

비록 동주식 동검 자체가 수입되거나 전래되었을 가능성을 배제할 수는 없다고 하더라도 동주식 동검 제작장인들이 중국으로부터 직접 들어왔을 가능성 또한 여전히 남아 있다는 점에서 완주 상림리의 사례는 중원과 중국 동북 지역, 그리고 한반도와 일본열도를 포괄하는 동아시아 지역의 청동기 제작기술의 확산과 청동기 제작장인의 이동과 교류라는 측면에서 많은 시사점을 남긴다고 할 수 있다.

5. 청동기의 주조와 공방

앞서 언급한 바와 같이 청동기의 주조가 활발히 이루어졌던 한국 청동기 및 초기 철기시대에 청동 주조와 관련한 일련의 공정이 이루어졌음을 보여주는 공방은 아직까지 발견된 바 없다. 다수의 거푸집이 발견되는 것으로 보아 분명히 청동 주조가 있었음은 분명하다고 할 수 있다. 그러나 공방이 발견되지 않고 있다는 점에서 실제로 공방이 있었음에도 불구하고 발굴조사를 통해 아직까지 발견하지 못하고 있거나 아니면 굳이 전문 공방이 아닌 다른 장소에서 청동 주조가 이루어졌을 가능성도 배제할 수 없다.

이와 관련하여 최근에 주목할 만한 연구 결과가 제시된 바 있다. 조대연(2017)에 따르면 북한 지역에서 청동기가 발견되는 주거지는 시기적으로 크게 세 단계로 나뉠 수 있는데 주로 청동제 단추와 같은 장신구나 끌과 같은 청동제 공구가 등장하는 1단계(대략 기원전 11세기 이전)에서는 청동 주조의 흔적이 발견되지 않아 아마도 청동제 장신구나 공구가 외부로부터 유입된 것으로 파악된다고 한다. 비파형동검이 유입된 이후인 2단계(기원전 10세기~기원전 5 또는 4세기)에 해당하는 주거지에서는 청동기뿐만 아니라 청동기의 주조에 사용되었을 것으로 추정되는 흔적들이 발견된다고 한다. 예를 들어 대동강 상류 유역 최북단의 덕천 남양리, 대동강에 인접한 평양표대, 의주 미송리의 생활 유적에서 동부와 청동기가 확인되었으며, 동해안을 따라서는 나진 초도, 북청 토성리와 금야의 생활 유적에서 청동기가 확인되었다고 한다. 즉, 의주 미송리 유적에서 선형동부가 발견된 바 있으며 덕천리 유적이나 표대 유적에서는 비파형동모가 발견되었다고 한다. 특히 주목할 만한 점은 금야 2호 주거지와 수습 유물 가운데 확인되는 동부 및 동모 그리고 동탁과 기타 거푸집과 더불어 금야 1호에서 발견된 흑연 덩어리이다. 토성리 2호 주거지에서도 각종 청동 유물과 함께 흑연 덩어리가 녹은 청동 덩어리가 함께 발견된 바 있는데 이 흑연 덩어리가 청동 주조에 사용되었을 것으로 추정되고 있다. 비록 확실한 고고학적 증거가 아직까지는 부족한 상황이기는 하지만 현재까지 의 고고학적 증거들을 토대로 청동 주조가 특수한 공방이 아닌 일반 주 거지에서 이루어졌을 가능성도 배제할 수는 없다.

한편, 본격적으로 청동 주조가 이루어진 주조 공방의 사례는 초기 철 기시대 이후에 해당하는 시기의 사례에서 살펴볼 수 있다. 먼저 낙랑토 성에서 발견된 청동 주조 공방의 사례가 주목된다. 정인성(2001)의 연구 에 따르면 평양에 위치한 낙랑토성에서 청동 주조와 직접적으로 관련된 유물로는 총 45점이 발견되었는데 주조 과정에서 주액 등이 굳어져 생긴 일종의 동괴, 금속 원석, 반량전 거푸집, 도가니, 주물토, 주조 실패품, 탕 구부 고착 동괴, 청동 찌거기 등을 포함한다고 한다(〈그림 3-11〉 참조). 이

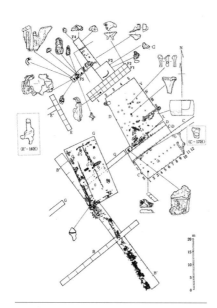

자료를 바탕으로 낙랑토성에서 이 루어졌을 청동 주조의 작업 연쇄 를 복원하면, 광산에서 채굴된 공 작석 등의 원석에서 동을 정련한 다음 이를 동괴 혹은 지금으로 가 공한 다음 현지 공방으로 가져와 다른 금속 원석(주석이나 방연석 등)과 함께 도가니에 넣어 녹이는 용해 과정을 거쳐 용도에 맞는 주 액 혹은 용동을 만들고 미리 마련 된 거푸집에 탕구를 통해 주액을 부어 성형한 후 주조흔 등을 마연

〈그림 3-11〉 낙랑토성 내 청동 주조 관련 유물의 분포 와 주조 공방(정인성 2000: 150).

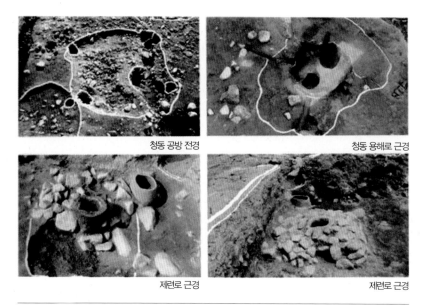

청동 공방 전경	청동 용해로 근경
제련로 근경	제련로 근경

〈그림 3-12〉 경주 동천동 청동생산 공방지(복천박물관 2009: 13).

하거나 문제가 있는 부분을 땜질하는 등 후작업을 거쳐 최종적으로 원하는 모양과 기능을 가진 청동기를 만들어낸다고 한다. 즉, 낙랑토성에서는 원석의 채취와 정련을 제외한 나머지 작업이 이루어졌다고 한다. 청동주조가 이루어졌던 장소에 유리 제작과 관련한 유물들도 여러 점 출토된 바 있어서 아마도 하나의 공방에서 청동 주조와 유리 제작이 함께 이루어진 것으로 추정된다고 한다.

　한반도 남부 지역에서도 이보다는 훨씬 뒤 시기에 해당하는 통일신라의 청동 공방이기는 하지만 경주 동천동을 비롯하여 황남동, 서부동, 성동동, 북문로 등 경주의 여러 지역에서 공방이 발견된 바 있다(전덕재 2014; 차순철 2005). 특히 동천동 681-1번지에서 발견된 청동공방의 경우, 남북 길이 2.65m × 동서 폭 2.2m × 깊이 0.3m의 장방형 수혈유구로서 남동쪽 모서리에 청동노(靑銅爐)가 설치되었다. 수혈의 남쪽 벽을 제외한 세 벽에 1.5cm 정도의 두께로 황갈색 점토를 발라 벽체를 만들었으며, 바닥은 적색으로 소토화(燒土化)된 상태로 매우 단단하다. 노적은 각각 가로 세로 60㎝의 정방형으로 부뚜막처럼 바닥보다 10㎝가량 높게 설치되어 있으며 노적의 상면에 직경 15㎝의 노(爐)를 설치하고, 노의 밑면에 서쪽 방향으로 송풍구를 마련해두었다. 송풍구의 바닥은 구덩이 바닥보다 더 깊이 들어가 있다. 수혈 내부에서는 많은 수의 도가니 편과 청동 찌꺼기, 잔자갈 크기의 구리광석과 청동 덩어리와 기와 조각, 토기 조각 등이 함께 출토되었다(동국대학교 경주캠퍼스 박물관·경주대학교 박물관 공동 발굴조사단, 1999; 전덕재 2014: 173-174; 차순철 2005: 195-196)(〈그림 3-12〉 참조).

지금까지 논의한 바를 요약하면 현재까지의 고고학적 증거를 통해 살펴보았을 때 적어도 청동기시대(혹은 초기 철기시대를 포함하여)에는 청동 주조가 전문적인 청동 공방보다는 주거지에서 이루어졌을 가능성이 높다고 판단된다. 다만 새로운 발굴조사 결과에 따라 전문 공방이 발견될 수 있을 가능성도 여전히 남아 있다고 할 수 있다.

6. 한국 청동기 제작기술과 생산 과정의 기술사적·사회사적 의미 — 비교사적 관점에서

한국의 청동기는 엄청난 양의 청동기가 제작되거나 매납되는 중국이나 유럽에 비해 청동기 자체의 양이나 개별 청동기의 규모의 측면에서는 비교하기가 어렵다. 그럼에도 불구하고 제작기술과 그 역할과 관련하여 중국과 일본을 포함하는 동북아시아에서, 그리고 유럽을 비롯한 여타 지역에서는 쉽게 찾아볼 수 없는 매우 독자적인 성격을 가지고 있다. 우선 제작기술과 생산 과정의 측면에서 살펴본다면 무엇보다도 청동기의 기형에 따라 다양한 제작기법이 사용되고 있다는 점이 주목된다. 앞에서 살펴본 바와 같이 비교적 형태가 단순한 세형동검, 동과, 동부, 동사, 조합식 어구 등은 조합식 석제 거푸집을 이용하여 주조한 것으로 파악된다. 특히 주조가 끝난 후 마연을 비롯한 일련의 마무리 작업을 거쳐 완성된 형태를 만들어낸다. 간두령이나 팔주령 등 제의용 동기는 토제 거푸집 혹은 실랍법을 사용하여 만드는데, 특히 중국의 증후을묘(曾侯乙墓) 출토 준반(尊盤)과 같은 복잡한 기형을 가진 청동기를 만들 때 사용되었던 분주법(分鑄法)처럼 기형의 부분들을 따로 주조하여 최종적으로 이를 결합시키는 방법을 사용한 것으로 추정하는 견해도 있다(e.g. 이양수 2014; 近藤喬一 1974; 华觉明 等 1983). 이러한 일반적인 주조 방법에 더하여 세문경처럼 매우 정밀한 청동기는 주물사 혹은 토제 거푸집을 사용하거나 활석제 거푸집을 사용하여 제작하는데, 중요한 점은 이러한 주조방식에 더하여 세문경에 새겨진 각종 문양의 정교함과 도안의 배치를 포함한 디자인의 완벽한 균형과 조화이다. 구름이나 별, 동물 문양, 산수문 등과 일부 기하문이 부조 또는 환조로 표현된 중국 한경과는 달리 세문경에 새겨진 각종 기하문들, 즉 동심문과 삼각 및 평행 집선문 등은 현대 기술로도 재현하기 힘들 정도의 정밀함과 세밀함을 갖추고 있어 유럽이나 중국에서도 그 유래를 찾아보기 힘들 정도이다.

이러한 문양들은 거울의 배면에 가는 선을 양각으로 세밀하게 표현하는데 일차적으로 전체 구도를 기획하고 문양대 구획선을 새긴 다음 각 부분의 단위 문양을 새기게 된다(e.g. 복천박물관 2009; 안소망 2017; 이건무 1992; 이양수 2005; 2012; 이청규 2015; 숭실대 박물관 한국기독교박물관 2011). 조문경의 경우에 전체 구도를 기획하지 않고 문양을 시문하거나 혹은 경우에 따라 기획을 위해 간단한 스케치를 했을 것으로 추정된다. 세문경의 경우 전체 구도를 정밀하게 기획하게 되는데 크게는 내구와 외구의 2구역 혹은 내구, 중구 그리고 외구의 3구역으로 구분한 다음, 외구에는 동심원문이나 삼각집선문 등을 시문하고 중구에는 삼각집선문, 사격자문, 눈금자문 등을 시문한다. 이때 거울의 중심으로부터 여러 개의 동심원을 시문하여 중구 안에서 구역을 세분하기도 한다.

전 맹산 출토 거푸집에서 알 수 있듯이 조문경 혹은 조세문경의 경우 석제 거푸집을 사용하여 청동거울을 제작하였을 것으로 추정할 수 있지만, 세문경의 경우 토제 거푸집이 사용되었는지 아니면 석제 거푸집이 사용되었는지에 대해서 아직도 학계에서 공통된 의견을 내지 못하고 있다. 다만 주물사를 이용한 토제 거푸집이든 아니면 석제 거푸집이든 관계없이 거푸집에 섬세한 문양을 새기거나 아니면 문양띠를 붙이는 작업이 필요하다. 이러한 문양을 구획하는 방법에 대해서는 숭실대 소장 국보경을 비롯하여 최근에 출토된 부여 청동리 출토 세문경 등의 도안에 대한 연구를 통해 상세히 알려진 바 있다(박학수 2009; 숭실대 한국기독교박물관 2009; 안소망 2017). 도안은 먼저 전체 문양대를 크게 2구역 혹은 3구역으로 구분하고 다시 수직과 수평의 선을 그어 4등분을 하게 된다. 이후 각 구에 문양대를 시문하게 되는데 이 과정에서 중심점이 같은 여러 개의 동심원을 긋게 된다. 이러한 복수의 동심원은 컴퍼스와 더불어 다치구를 이용하여 시문하였음을 알 수 있다. 내구에도 역시 삼각집선문, 사각집선문 등을 시문하는 동시에 2개의 뉴가 만들어지는데 주물 단계에서 뉴의 구멍을 만들기 위해 양쪽의 뉴를 가로지르는 중봉을 끼워 넣는다. 이 중봉 때문에 뉴 사이에는 문양이 남아 있지 않게 된다. 한편, 뉴를 새기기 전에 문양을 시문하는 경우도 있지만 경우에 따라 뉴를 새기고 난 후 시문을 하거나 기존에 시문된 문양을 수정하는 사례도 발견된다. 세문경에 새겨진 선은 두께 0.3mm이며 선 사이의 간격은 0.8mm 정도이므로 매우 숙련된 장인이 장시간에 걸쳐 제도를 해야 하는데, 최근의 실험 사례에 의하면 숙련된 현대 장인이 지름 20cm의 세문경을 약 500시간 정도에 걸쳐 제도할 수가 있었다(e.g. 이청규 2015). 비록 정문경의 제작에 사용되었을 것으로 추정되는 토제 거푸집 혹은 석제 거푸집이 거의 발견되지 않아 확증할 수는 없지만 중국이나 유럽과는 다른 독특한 한국 청동기 제작 기법과 수준을 보여주는 좋은 예라고 할 수 있다.

지금까지 언급한 바와 같이 청동기 제작기술은 거푸집의 종류(단범 혹은 합범)와 거푸집의 재료(토제 혹은 석제, 그리고 활석과 각섬석을 포함하는 석재의 재질), 기술적 난이도(예를 들어 분주법과 실랍법 등), 제도를 비롯하여 문양을 시문하는 기법(양각 혹은 음각, 원형법과 만형법) 등에 따라 다양하게 나뉠 수 있고 기종에 따라 적절하게 채택되었다. 예를 들어 고리 등을 달기 위해 분주법을 사용하는 예가 대표적이라고 할 수 있다. 이는 다른 한편으로 시대에 따라 기종이 변하는 만큼 이와 관련하여 채택되는 주조기술 또한 더욱 발전해간 것도 사실이다.

최근의 연구에 따르면(e.g. 이양수 2014), 한반도에서 발견된 청동기 가운데 가장 이른 시기에 해당하는 용천 신암리 출토 도자의 경우 단범을 사용하여 제작되었으며 현재로는 중국에서 들어온 유입품일 가능성이 큰 것으로 파악되고 있다. 반면에 춘천 우두동 출토의 동촉의 경우 한반도 청동기시대 전기에 해당하는 시기의 대표적인 석촉의 형식 가운데 하나인 삼각 만입촉과 매우 유사한 형태를 띠고 있어 형식의 측면에서만 보면 한반도 자체 제작일 가능성을 배제할 수는 없다고 한다. 비파형동검 시기에는 석제합범이 사용되었는데 부여 송국리 주거지 유적에서 발견된 비파형동부 거푸집 등이 그러한 예이며 내몽고 오한기 산만자 묘지와 조양 서삼가자 등지에서 발견된 거푸집을 통해서도 확인할 수 있다. 이 시기에 토제 거푸집의 사용 역시 확인되는데 상원 장리 출토 인물형 장신구와 신천 출토 검파에서 그 사례를 찾아볼 수 있다. 특히 후자의 경우 전면에 번개무늬가 나타나는데 이는 원형을 만들어 주물사에 찍어내는 원형법 또는 압형법을 사용하여 제작하였다고 한다.

비파형동검 시기를 지나면서 토제 거푸집의 사용이 널리 확산되며, 세형동검 시기 이후에는 청동기의 제작에 기종에 따라 다양한 청동 제작기법이 적용된다고 한다. 예를 들어 검파형 동기 등에는 토제 거푸집이 사용되고 동검의 제작에는 여전히 석재 거푸집이 사용되며, 특히 검파형 동기를 포함하는 이형동기에는 실납법과 함께 만형법(거푸집에 직접 문양을 새기는 방법)이나 문양을 직접 새기는 대신 문양띠를 붙이는 띠붙이기법도 사용된다고 한다. 또한 나팔형 동기의 경우처럼 원통 부분과 삼각뿔 부분을 각각 제작하여 나중에 접합하거나 몸체에 고리를 달기 위한 분주법이 채택되기도 한다. 결론적으로 전기에는 주로 석제 거푸집이 사용되며 중기 전반에는 토제 거푸집과 함께 원형법이 널리 확산되고 중기 후반, 특히 후기에는 실납법과 분주법이 적용된다고 한다.

청동기의 형태 또한 매우 독자적인 점이 주목된다. 앞서 언급한 바와 같이 비파형동검의 경우 세부적인 형태의 차이는 있으나 대체적으로 중국의 요령 지역에서 발견되는 비파형동검과 여러 형식적 속성을 공유하는 데 비해 세형동검은 한반도와 한반도 인근 지역에서만 발견되는 독자적인 형식이라고 할 수 있다. 중국 동북 지역이나 연해주 지역에서도 일부 사례가 발견된 바 있으나 소수에 그치고 있으며 서일본 규슈 지역에서 발견되는 예는 한반도에서 전래된 것이 확실하므로 결국 세형동검은 한반도에서 자체적으로 변화 발전한 것으로 보는 것이 타당하다(e.g. 조진선 2005; 2015). 세문경 또한 중국의 한경과는 전혀 다른 형태로서 한국의 독자적인 청동기 제작기술과 미적 감각을 잘 보여주는 사례라고 할 수 있다. 팔주령과 이두령 역시 다른 지역에서는 그 예를 쉽게 찾아볼 수 없는 사례이며 간두령, 방패형 동기도 매우 독특한 형태를 띠고 있는 사례라고 할 수 있다. 그런데 여기에서 주목할 만한 점은 이러한 제의용 동기가 시베리아 샤먼들의 무복에 있는 무구와 형태의 측면에서 매우 흡사하다는 점이다. 물론 시대와 지역, 그리고 문화적 맥락이 매우 다르기 때문에 이 형태적 유사성만을 가지고 청동의기의 용도나 기능을 유추하여 판단하는 것은 무리일 수 있지만 적어도 청동의기가 일상 용기가 아닌 제의와 관련이 있을 것으로 추정할 수 있다는 점에서 하나의 가능성으로 남겨두고자 한다(《상자글 3-1》 "한국의 이형청동기와 지배자" 참조).

청동기의 제작, 특히 청동의기와 세문경 등의 제작은 합금과 제작 공정에 대한 매우 전문적인 지식과 기술 그리고 경험을 필요로 한다는 점에서 전문 제작장인의 존재와 생산시설이 있었음을 전제로 한다. 일차적으로 청동을 용해하여 주물을 만들기 위해서는 청동을 녹일 수 있을 정도의 온도에 도달할 수 있는 불에 대한 지식이 필요하다. 물론 철기 제작처럼 1,200도 이상의 고온이 필요하지는 않지만 나름대로 불의 온도를 높이고 그 온도를 유지하기 위한 지식이 필요하며 이러한 불에 대한 지식은 다른 분야, 즉 토기 제작에도 영향을 끼쳐 상대적으로 고온소성의 토기 제작이 가능하게 된 배경이 된다. 또한 주조에 필요한 각종 도구들, 즉 거푸집, 도가니, 집게, 그리고 마무리 마연에 필요한 각종 도구들도 동시에 제작되어야 한다. 낙랑의 사례에서 보는 바와 같이 실제로 이러한 제작 도구를 보관하고 사용하여 청동기를 제작하는 공방이 있었을 가능성도 배제할 수 없다(e.g. 정인성 2000). 앞서 언급한 바와 같이 청동기 제작이 전업적인 활동이 아니거나 기존의 석기장인 혹은 이동하는 장인에 의해 이루어졌을 경우 가내의 시설을 이용하거나 혹은 야외에서 이루어졌을 가능성이 높다고 할 수 있다. 그러나 조합식 거푸집으로 제작된 청동무기류나 조문경의 경우는 이에 해당될 수 있으나 적어도 석제 거푸집뿐만 주물사나 토제 거푸집 혹은 분주법과 실납법에 의해 제작되었을 세문경이나 청동의기류는 상대적으로 오랜 시간의 제작 기간과 훨씬 더 복잡하고 세밀한 제작 공정을 필요로 하기 때문에 청동무기류와는 상당히 다른 제작 과정을 거쳤을 것으로 추정된다. 즉, 청동 원료의 획득에서부터 최종 완성품의 제작에 이르기까지 일련의 제작 공정 또는 제작 연쇄는 석기나 청동제 무기의 제작과는 상당히 다른 특징을 띠고 있다고 할 수 있다.

한편 청동기가 제작되기 시작한 청동기시대 중기 이후에는 많은 사회적 변화가 있었던 것으로 추정된다. 그러나 이러한 사회적 변화는 생산력의 증대와 잉여생산의 획득, 그리고 이러한 사회경제적 배경 하에 소위 엘리트가 등장하거나 사회계층화가 진행되는 것으로 설명되는 것이 일반적이다(e.g. 중앙문화재연구원 2015; 한국고고학회 2010). 그러나 이러한 견해는 자체적으로 많은 문제를 안고 있다. 첫째, 당시의 생산력이 증대되었다고 볼 증거는 여전히 부족하다. 예를 들어 수전의 경우 청동기시대에 해당하는 유적에서 발견되는 사례는 20여 사례를 넘지 않고 있으며, 그것도 면적이 수 십 제곱미터 이하인 경우가 대부분인 상태에서 생산력의 증대를 논하기에는 아직 증거가 충분하지 않다고 생각된다. 대규모 밭이 나오는 경우도 진주 남강 유역 등 일부 유적에 한정되는 탓에 이 역시 마찬가지로 생산력의 비약적인 증대를 논하기에는 여전히 한계가 있다고 생각된다. 둘째, 주거지와 분묘 자료에서 규모나 출토 유물의 양과 질에서 현격한 차이를 찾을 수 있는 경우도 거의 없어 사회적 계층화 혹은 엘리트 계층의 존재를 논하기에는 아직 이르다고 할 수 있다. 물론 진주 남강 유역의 평거동이나 춘천 중도, 대구 동천동, 보령 관창리 등과 같이 소위 거점 취락으로 파악할 수 있는 유적이 이 시기에 등장하는 것도 사실이다. 다수의 주거지로 구성된 주거 구역과 무덤 구역, 생산 구역, 제사 구역, 그리고 고상가옥과 환호 등이 넓은 면적에 위치하며 따라서 규모와 복합도의 측면에서 다른 주거지들을 압도한다. 그럼에도 불구하고 이러한 주거 집단 내에서 개인적 차별성, 즉 개인의 우월성을 인정할 수 있는 물질적 근거(예를 들어 주거지나 저장고, 무덤에서의 부장품의 뚜렷한 차이) 등을 찾아보기 힘든 것도 사실이다. 고상가옥의 경우도 공동체의 공유의 저장고나 제의 장소 혹은 특정 집단(예를 들면 성인 남성)의 집회 장소 등으로 사용되는 경우도 여러 민족지 자료에서 찾아볼 수 있다. 오히려 한국 청동기 사회에서 본격적인 엘리트 계층, 혹은 사회계층화를 논하기 위해서는 세형동검과 세문경으로 대표되는 소위 한국식 청동기가 본격적으로 주조되는 청동기 후기 사회, 즉 기원전 5~4세기 이후를 주목할 필요가 있다고 생각한다.

이 시기에는 한국 중서부 지역에서 검파형 동기, 나팔형 동기 등이 매장된 개인 무덤들이 갑자기 출현하며 이후 기원전 3~2세기에 이르러 간두령, 팔주령, 이두령 등이 부장된 개인 무덤들이 한반도 남서부에 출현한다. 세형동검과 세문경이 본격적으로 사용되는 시기도 바로 기원전 3~2세기이다. 초기의 나팔형 동기 등은 중국 심양의 정가와자 6512호 묘에서 출토된 마구와 유사한 점을 들어 중국과의 관련성을 강조하기도 하지만, 여기에서 중요한 것은 이러한 청동의기를 부장한 무덤들이 돌출적으로 등장한다는 점이다. 이는 아마도 이전 사회에 공동체 사회 내에서 공동체성과 평등성이 강조되는 동시에 유력한 개인들이 지속적으로 성장하고 있던 상황에서 청동의기의 부장을 통해 본격적으로 유력한 개인 혹은 그러한 개인을 조상으로 둔 집단이 성장하였고 그러한 변화를 사회적으로 인정받았음을 의미한다(e.g. 김종일 2004).

여기에서 주목할 점은 청동의기의 기능이다. 청동의기는 유력한 개인의 존재를 단순히 증명하는 것이 아니라 그 유력한 개인이 등장하여 사회적으로 용인 받을 수 있는 기제를 마련하는 적극적인 수단이었다(〈상자글 3-1〉 참조). 다시 말해서 단순히 청동의기를 부장했기 때문에 유력한 개인이 있었다는 것이 아니라, 청동의기의 제작에 필요한 여러 기술적 혁신과 그러한 혁신의 수용, 그 결과로 제작되는 청동의기의 제작과 주문, 그리고 최종적으로 그 결과물을 자신 혹은 자신의 조상의 무덤에 묻음으로써 다른 이들과 자신들을 차별화하는 데 성공하는 일련의 과정을 포함한다는 점이다. 외부로부터 그 제작기술이 도입된 것인지 아니면 내부에서 자체적으로 발전시켜나간 것인지에 대해서, 그리고 아직 그 형태의 기원에 대해서 확실히 추정할 수는 없지만 적어도 기술적 혁신과 그 기술적 혁신의 결과물을 독점하는 일부 계층이 등장한다는 섬에서 청동기의 제작과 수용은 매우 중요한 의미를 갖는다고 할 수 있다. 즉, 유력한 개인이 있었기 때문에 청동의기의 제작과 부장이 가능했던 것이 아니라 청동의기의 제작을 교역이나 수입, 또는 주문 제작 등을 통제하며 그 결과물을 독점할 수 있었기 때문에 특정한 유력 개인이 등장할 수 있었다는 사실이 중요하다. 따라서 청동의기로 대표되는 이러한 기술적 혁신과 수용이 바로 청동기 후기 사회로의 변화를 이끌어나갔다고 할 수 있다. 이후 시기에 세형동검이나 동과 혹은 동모를 비롯하여 세문경을 포함한 개인의 무덤들이 급격하게 증가한 이유도 바로 이러한 배경 아래애서 가능했을 것으로 생각된다.

한국 청동기문화의 전개와 청동기

1. 한국 청동기문화의 전개와 발전

1970년대 이후 지금까지 한국 고고학에서 한국 청동기문화의 성립과 발전과 관련하여 많은 연구가 진행되어왔고 현재에도 활발한 논쟁이 진행 중이다. 특히 한국 청동기문화의 전반기라고 할 수 있는 중국 동북 지방의 비파형동검 문화를 어떻게 이해할 것인지에 대한 논의가 고조선의 기원과 중심지 문제와 관련하여 많은 견해들이 제시되고 있다. 여기에서 이러한 논의들을 상세히 소개하는 대신 가장 최근에 제시된 이청규의 견해를 중심으로 기존의 견해들을 나름대로 종합하여 소개하고자 한다(e.g. 강인욱 2005; 2018; 미야자토 2010; 박준형 2012; 송호정 2003; 오강원 2006; 2013; 이강승 1979; 이건무 1992; 이양수 2015; 이청규 2005; 2007a; 2007b; 2009a; 2009b; 2015; 이후석 2008; 2013; 2014; 2015; 2016; 조진선 2005b; 2010). 이 견해에 따르면 대체로 한국 청동기문화는 청동기의 종류와 형태를 기준으로 하는 경우 크게 네 시기로 구분이 될 수 있다(〈표 3-4〉 참조).

단계	동검시기	연대	청동기	동경
I	비파형동검 전기	800 - 600 BC	전형 비파형동검	조문경
II	비파형동검 후기	600 - 400 BC	변형 비파형동검	조문경
III	세형동검 전기	400 - 250 BC	세형동검, 동모, 이형동기	조세문경
IV	세형동검 후기	250 - 100 BC	세형도검, 동모, 동과, 청동방울	세문경

〈표 3-4〉 한국 청동기시대의 시기 구분

앞서 언급한 바와 같이 III기인 세형동검 전기 이후에는 한반도를 중심으로 독자적인 한국식 동검(세형동검) 문화가 등장하여 발전하지만 비파형동검 전기인 I기와 비파형동검 후기인 II기의 경우 한반도의 비파형동검 문화는 청동기의 종류와 형태, 그리고 공반유물 등의 측면에서 요하 유역을 포함하는 동북아시아 비파형동검 문화와 강한 문화적 친연성을 갖고 있으므로 I, II기의 경우는 요하 유역을 포함하여 소개하고 III기와 IV기는 요하 이동과 한반도를 중심으로 논의를 진행하고자 한다.

I기는 전형적인 비파형동검과 조문경을 표지 유물로 하는 시기로 요하 상류를 중심으로 한 하가점 상층문화와 대능하 중류를 중심으로 한 십이대영자 문화가 유행한다. 하가점 상층문화에는 공병식 동검을 기본으로 하는 청동기 유물복합체로 용두상 유형과 남산근 유형이 있는데, 이 가운데 남산근 유형에서는 비파형동검과 조문경 등이 출토되고 있다. 전체적으로 남산근 유형에서는 북방식 청동기의 대표적 종류인 손잡이와 동물문과 고리 등이 달린 비수식과 도자, 재지계의 공병식 단검, 그리고 비파형 단검과 중원식 용기 등이 함께 출토되어, 북방식 청동기를 기본으로 하되 주변 여러 지역의 청동기문화와 복합적으로 출토되는 양상을 보여준다.

십이대영자 문화의 하위문화로는 대릉하 유역의 십이대영자 문화, 그 남부 발해만 연안의 오금당 유형, 그리고 요동 지역의 양가촌 유형이 있다. 십이대영자 문화에는 전형적인 비파형동검과 동모만이 발견되며 중원계 혹은 북방계 무기는 거의 공반되지 않는다. 오금당 유형에는 비파형동검과 함께 중원계 청동기와 북방계 청동기가 동시에 발견되며 양가촌 유형에서는 비파형동검과 공구류 외에 중원식 또는 북방계 청동기가 전혀 발견되고 있지 않다. 요동과 북만주 그리고 한반도 지역의 비파형동검 문화의 경우에서도 중원계 혹은 북방계 청동기가 거의 발견되지 않는다. 예를 들어 부여 송국리 유적이나 여천 적량동, 마산 진동리 등 한반도의 전기 비파형동검 유적도 이에 해당하는데, 결론적으로 한반도의 전기 비파형동검 문화는 십이대영자 문화를 중심으로 한 재지적 비파형동검 문화의 범위 안에 포함되는 것으로 파악할 수 있다.

II기인 비파형동검 문화 후기는 후기 혹은 변형 비파형동검을 표지 유물로 하며 시기로는 대략 기원전 6~5세기, 즉 대체로 춘추 말 전국 초에 해당하는데 대릉하 중상류의 남동구 유형과 요하 중하류의 정가와자 유형 등이 이에 포함된다. 남동구 유형은 비파형동검과 함께 중원계의 동검과 동과가 포함되며 궤와 정과 같은 춘추 말 전국 초의 연나라 형식 중원계 청동용기가 발견된다. 정가와자 유형은 중원계나 북방계가 거의 없는 재지계 혹은 십이대영자 유형의 전통을 계승하고 있다. 정가와자 유형에는 심양 정가와자와 여대 루상, 평양 신성동 유적이 해당하는데 비파형동검, 공구류 그리고 의기로 청동방울과 함께 십이대영자 유형의 전통을 잇는 변형 Z자 무늬의 조문경과 원형경식, 방패형 청동기와 나팔형 동기 등의 이형동기들이 발견된다. 이는 후술할 한반도 세형동검 전기문화의 유적들에서 발견되는 청동의기와 매우 유사하다. 한편 정가와자 유형에는 중원계 청동기는 물론 북방계 동물문 청동기가 발견되지 않아 전단계의 문화 가운데 비파형동검을 주로 포함하되 동물문의 북방계 청동기가 일부 발견되는 십이대영자 문화와는 약간의 차이를 보이며 양가촌 유형과 매우 유사한 모습을 특징을 보이고 있다.

Ⅲ기인 세형동검 전기는 기원전 4세기에서 기원전 3세기로 대략 전국 전기에서 말기에 해당하는 시기이며, 초기 및 전형 세형동검을 표지로 하고 요서 서남부의 동대장자 유형과 요하 이동과 한반도 그리고 길림 및 연해주 지역을 포함하는 오도령구문-남성리 유형 등을 들 수 있다. 동대장자 유형에는 비파형동검과 초기 세형동검뿐만 아니라 연나라의 단검과 과, 구형 돈, 두 등의 식기와 취사기인 정, 물그릇인 세, 이 등이 공반된다. 연나라의 수레 부속구인 차축두와 재갈 등도 발견되는데 북방계 유물은 거의 보이지 않는다. 오도령구문-남성리 유형은 한반도의 경우 연해주 이즈웨스토코보에, 아산 남성리, 예산 동서리, 대전 괴정동, 부여 연화리, 익산 다송리 등을 포함한다. 재지계 세형동검과 세형동모, 공구류(도끼, 끌, 사) 등이 있으며 의기로 거울과 원개형 동기, 검파형 동기, 방패형 동기, 나팔형 동기, 동탁 등이 중요 유물이며 정가와자 유적에서 발견되는 것과 같은 형식의 점토대토기와 흑도장경호 등도 발견된다. 앞선 단계의 정가와자 유형과 마찬가지로 중원계 혹은 북방계 청동기를 거의 포함하지 않는다.

Ⅳ기인 세형동검 후기는 기원전 3~2세기경으로 후기 형식의 세형동검과 세문경이 공반되며 점토대토기 역시 출토되는데 대동강 이남의 한반도와 일본의 규슈와 긴키 지역에 걸쳐 분포하며 대곡리-이화동 유형으로 명명하기도 한다. 하위 유형으로는 대곡리 유형과 이화동 유형으로 대별되기도 한다. 앞선 오도령구문-남성리 유형과 마찬가지로 북방계나 중원계 청동기는 거의 발견되지 않지만 유적에 따라 중국의 전국계 철기(특히 연나라) 주조철기가 발견되기도 한다. 이 시기에는 한반도에서만 발견되는 새로운 기종이 제작되는데 연나라 동과를 변형 발전시킨 한국식 동과, 앞선 시기의 조문경 혹은 조세문경을 발전시킨 세문경, 그리고 팔

주령, 쌍두령, 간두령, 조합식 이두령 등을 들 수 있다. 이화동 유형은 대체로 압록강 이북에서는 발견되지 않는 대신 청천강 이남에서 주로 발견되며, 대곡리 유형은 한반도 남부에 집중되어 분포하며 일본에서도 발견된다.

한편, 세형동검 후기에는 장수 남양리나 당진 소소리의 예에서 알 수 있듯이 중국에서 유입된 것으로 추정되는 주조철기가 청동기와 함께 공반되며 이러한 현상은 기원 후 1~2세기의 목관묘와 그 이후의 목곽묘 단계를 거치면서 철기의 대규모 부장과 함께 변화하게 된다. 청동의기 혹은 청동무기류의 부장을 통한 신분과 지위, 그리고 젠더를 포함하는 개인과 공동체의 정체성 표현은 더 이상 개인과 해당 공동체에 의해 받아들여지지 않게 되고, 청동기가 담당했던 역할은 철기가 대신하게 된다. 물론 철기가 그 역할을 대신한다고 해서 앞에서 언급한 바와 같이 청동기의 주조 혹은 그 역할이 완전히 사라진 것은 아니었다. 낙랑이나 신라 혹은 통일신라에서도 각종 청동제 장신구나 도구 및 그릇들이 지속적으로 주조되고 있었으며, 실제 불교의식 등에서 사용되는 청동정병과 같은 각종 청동기물들의 사례를 통해 일부에서는 여전히 청동 혹은 청동기 자체가 중요하게 여겨졌음을 짐작해볼 수 있다. 삼국시대 이래 고려시대 무덤에서 발견되는 청동거울이나 청동숟가락을 포함한 청동제 장신구 및 음식기 등의 사례 역시 늦은 시기까지 사회적으로 청동기가 중요시되었음을 말해준다. 철기와 금을 비롯한 귀금속이 청동기의 기능과 역할을 대신하면서 한 사회의 사회적 혹은 상징적 가치를 대표하던 청동기의 역할은 수명을 다하게 된다.

2. 한반도 출토 청동기의 종류와 분포

앞서 언급한 바와 같이 한반도에서 출토하는 청동기는 크게 비파형동검 문화기와 세형동검 문화기로 나눌 수 있는데, 〈그림 3-13〉에서 볼 수 있듯이 한반도의 비파형동검 문화는 적어도 동검의 형식으로만 보면 요령 지역을 포함하는 전체 만주 지역 또는 중국 동북 지역의 비파형동검 문화권에 속한다고 할 수 있다. 비록 그 경계를 뚜렷이 나눌 수는 없고 또한 내부에서 동검의 형식과 공반 유물에서 지역적 변이를 보이는 경우가 많지만, 중원의 중국식 동검과 내몽고 지역의 오르도스 청동기문화권과는 확연히 다른 독자적인 문화권을 형성하고 있다. 이러한 비파형동검의 분포 지역을 다른 문화적 지표들 예를 들어 미송리형 토기가 지석묘 등의 분포와 연결하여 특정한 정치체, 즉 고조선의 영역으로 파악하는 경우도 있으나 고고학으로는 매우 신중하게 접근해야 할 문제라고 생각한다. 왜냐하면 특정 지표유물이 특정한 민족 혹은 종족의 영역을 표시한다는 생각은 19세기 말 20세기 초 문화사 고고학이 성행할 때 주로 유행하던 이론으로서 현대 고고학에서는 그 타당성에 심각한 의문을 제기하거나 그 유용성을 받아들이지 않는 추세이기 때문이다(e.g. 김종일 2017).

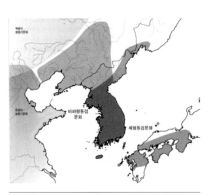

〈그림 3-13〉 동북아시아 청동기문화 분포(조진선 2015: 149).

하지만 적어도 비파형동검으로 대표되는 상징 교환 연결망이 동북아시아 존재했던 것만은 분명한 사실인 것 같다(e.g. 강인욱 2018). 이러한 사실은 세형동검 시기에 들어와 한반도 자체 내의 청동기 문화와 함께 세형동검의 공통된 양식이 전국적으로 확산 내지 수용되는 현상을 통해 살펴볼 수 있다. 이는 이전 시기의 동북아시아의 전역적인 연결망에서 한반도에 한정되는 고유한 연결망이 형성되어감을 의미한다. 이러한 점을 염두에 두고 한반도에서 주로 출토되는 각종 청동기의 종류를 살펴보고 이들의 분포적 특징에 대해 살펴보고자 한다.

1) 무기류: 비파형동검과 세형동검, 동모, 동과, 동촉

비록 비파형동검의 세부 형식에 대한 이견이 있지만 중국 동북 지역에서 확인되는 비파형동검이 200여 점 이상인 데 비해 지금까지 한반도 내에서 확인된 비파형동검의 개수는 다양한 형식의 변형 비파형동검과 재가공품 그리고 파편 등을 포함하여 120여 점을 상회하며 비파형동검을 포함한 비파형동검 문화와 관련된 유물의 수는 수백여 점에 이를 것으로 추정된다(〈그림 3-14〉 참조). 이 숫자는 비파형동검을 포함하여, 비파형동모와 선형동부(부챗살 혹은 버선 모양의 청동도끼)를 아우르는 숫자이다. 비파형동검은 곡인이 뚜렷한 전형과 곡인이 미약해지면서 세신화된 변형으로 구분된다(〈그림 3-15〉 참조). 일반적으로 등대의 단면 형태, 등대 날의 형성 유무, 돌기부 형태와 위치, 검신 하단과 기저부 형태, 봉부 길이 등의 속성을 바탕으로 크게 전형 비파형동검과 변형 비파형동검 그리고 이형 비파형동검 등으로 구분하거나 이를 보다 세분화하여 전형 비파형동검 내에서도 형식을 설정하여 형식학적 편년을 시도하기도 한다. 다만 비래동 출토 비파형동검의 예에서 알 수 있듯이 특정한 형식의 형식학적 순서에 대해 연구자들 사이에 이견이 존재하기도 한다(e.g. 강인욱 2005; 2010; 성정용 1997; 윤무병 1991; 오강원 2013; 이강승 1979; 이건무 1992; 이영문 1991; 이청규 2007b; 박진욱 1987; 조진선 2014; 미야자토 2010; 靳楓毅 1982; 1983).

〈그림 3-14〉 한반도 출토 비파형동검 출토 지역.

황해북도 신평리 선암리, 평안남도 대동군 연곡리 1, 평양시 석암리, 평양시 서포동, 평양시 평양 부근(비본 178), 평양시 평양 부근(비본183), 평안남도 성천군 전 성천(도록 29-8), 평안남도 개천군 용흥리, 평안남도 대동군 연곡리 2, 평양시 신성동, 평양시 평양 부근(비본 177), 황해남도 은율군 운성리, 황해북도 서흥군 천곡리, 평안남도 평원군 신송리, 평양시 토성동 M486-1, 평양시 토성동 M486-2, 평양시 토성동 M486-3, 평양시 토성동 M486-7, 평양시 석암리(비본 252), 평양시 석암리(비본 250), 평양시 평양 부근(비본 211), 평양시 평양 부근(비본180), 평양시 평야 부근(비본 255), 황해남도 인악군 노암리, 황해남도 재령군 고산리, 황해남도 신천군 청산리 토성 부근, 황해남도 신천군 청산리 일출동, 황해북도 천곡리 왜골, 평안남도 문덕군(도감 635), 평양시 동정리, 평양시 원암리, 평양시 평양 부근(비본 191), 황해남도 연안군 금곡동, 강원도 홍천군 방량리, 황해남도 백천군 대아리, 강원도 춘천시 춘천 부근 1, 강원도 춘천시 춘천 부근 2, 개성시 개풍군 해평리 1, 개성시 개풍군 해평리 2, 황해북도 금천군 양합리, 경기도 양평군 상자포리 1호 지석묘, 강원도 춘천시 우두동, 강원도 평창군 대하리, 황해남도 백천군 일곡리, 황해남도 연안군 연암읍, 개성시 개풍군 개풍동, 개성시 판문군 월정리, 개성시 판문군 삼봉리, 서울시 영등포 지구(종감 130), 황해남도 연안군 오현리, 전북 익산군 신룡리 용화산, 충남 예산군 동서리 1, 충남 예산군 동서리 7, 충남 보령시 청라면, 충남 부여군 수목리, 전 전북, 전 전라북도, 충남 부여군 송국리 1호 석관묘, 대전시 비래동 1호 석관묘, 충남 서천군 오석산, 충남 부여군 암수리, 충남 부여군 구봉리-9, 충남 부여군 구봉리-10, 충남 부여군 연화리-3, 충남 논산군 전 논산, 전북 익산군 평장리, 전남 장성군 북이면, 전남 여수시 적량동 7호 지석묘, 전남 여수시 화장동 26호 지석묘, 전남 보성군 덕치리 전북대 15호, 전남 보성군 덕치리 신기 1호 지석묘, 전남 고흥군 운대리 13호 지석묘, 전남 승주군 우산리 8호 지석묘, 전남 승주군 우산리 38호 지석묘, 전남 여수시 적량동 4호 지석묘, 전남 여수시 적량동 9호 지석묘, 전남 여수시 적량동 13호 지석묘, 전남 여수시 적량동 21호 지석묘, 전남 여수시 적량동 22호 지석묘, 전남 여수시 오림동 5호 지석묘, 전남 여수시 오림동 8호 지석묘, 전남 여수시 평여동 나-2호묘, 전남 여수시 봉계동 월앙 10호 지석묘, 전북 남원시 세전리, 전남 나주군 청송리, 전남 화순군 대곡리-2, 전남 승주군 평중리, 경북 금릉군 송죽리 4호 지석묘 부근, 경북 미산군 낙동면(비본 182), 경북 구미시 전 선산, 경북 구미시 전 구미, 경북 성주군 전 금릉, 전북 무주군 전 무주-1, 전북 무주군 전 무주-2, 경북 청도군 예전동-1, 경북 청도군 예전동-2, 경남 창원시 진동리, 경남 사천시 이금동 C-10호묘, 경남 사천시 이금동 D-4호묘, 경남 진주시 전 진주, 경남 창원시 덕천리 16호 지석묘, 경남 상주군 전 상주-1, 경남 상주군 전 상주-2, 경북 경산시 금오산 부근(비본 186), 경북 김천시 문당동 1호 목관묘, 경북 영천군 전 영천-1, 경북 영천군 전 영천-2, 경남 영덕군 전 사천동(종감 132), 경남 산청군 백운리-4, 경남 김해시 회현리 M3, 러시아 연해주 쉬코토프카-1 기타 출토지 미상 7점.

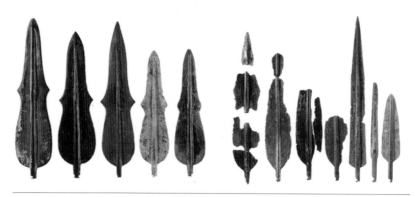

〈그림 3-15〉 한반도 출토 비파형동검(국립중앙박물관 1992: 19).

남한의 비파형동검 (〈그림 3-15〉 참조)은 대체로 전형이 중심을 이루고 있지만 세형동검으로의 변화를 추정해볼 수 있는 변형 비파형동검이나 특이한 형태의 이형 비파형동검 혹은 파편이나 재가공된 동검 역시 다수 발견되고 있다. 남한 출토 비파형동검은 중국 동북 지역의 비파형동검과는 다르게 경부에 홈이 1~2개 파져 있어 나무 손잡이와 연결할 수 있도록 하는 특징을 가지고 있다. 남한에는 곡인이 완전히 퇴화되어 거의 직인화된 변형 비파형동검도 발견되며 북한에서는 전형적인 비파형동검 대신 곡인이 거의 없는 직인화된 변형 비파형동검이 주로 발견된다. 비파형동모는 곡인의 모신에 자루를 끼울 수 있는 공부가 달려 있으며 동촉 역시 발견된 바 있다.

한반도 내 비파형동검 관련 유물의 분포 지역을 보면 서북한 지역에서 상대적으로 많은 수의 유물이 발견되는 것은 사실이지만 현재의 분포 패턴을 보면 특정 지역에 편중되어 분포하기보다는 대체로 전국의 여러 지역에서 산발적으로 발견되는 것으로 보는 편이 현재로서는 타당할 것으로 생각한다. 또한 발견 빈도도 어느 지역이나 유적에 집중해서 출토하기보다는 각각의 유적에서 한두 점씩 나오는 경우가 대부분이어서 한반도 내 특정 지역에 전문적인 장인이나 제작 공방이 있어서 비파형동검을 제작하여 공급했다고 보기보다는 특정한 경우에 자체적으로 혹은 이동하는 장인들의 도움을 받아 제작하지 않았을까 추정할 수 있다. 중국 동북 지역으로부터 수입했을 가능성도 배제할 수 없으나 봉부나 등대의 형식에서 차이를 보이고 있어 그럴 가능성은 그리 많지 않다고 볼 수 있다.

세형동검은 결입부가 뚜렷해진 검신에 짧은 경부가 달려 있으며 비파형동검을 형식의 측면에서 계승하고 있다(〈그림 3-16〉 참조). 출토지가 확인된 사례만 해도 330점 이상이며 출토지 미상인 세형동검을 포함하면 그 수는 400점 이상에 해당할 것으로 생각된다(미야자토 오사무 2010: 86). 연구자들에 의해 주목된 주요 형식학적 속성으로는 절대 및 돌기와 결입부의 형태, 그리고 등대 및 등날의 연마 형태와 범위, 봉부의 길이와 형태, 기부의 형태 등을 들 수 있으며, 이를 바탕으로 세부적인 형식 분류와 편년을 시도하기도 한다(e.g. 이건무 1992; 1997; 이양수 2015; 이청규 1982; 2007a; 2009a; 2015; 이후석 2008; 2014; 윤무병 1991; 조진선 2001a; 2005b 미야자토 2010; 宮里修 2007). 대체로 세형동검의 이른 형식은 비파형동검과 유사하게 검신 기부가 약한 호형이며 동부가 긴 반면 전형적인 세형동검의

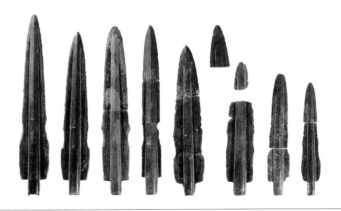

〈그림 3-16〉 한반도 출토 세형동검(아산 남성리 출토, 국립중앙박물관 1992: 32).

경우 기부가 직각으로 꺾이며 봉부는 3㎝ 내외로 짧은 편이다. 보다 뒤의 시기에 제작되는 세형동검의 경우 결입부와 절대 및 돌기가 약화되어 결과적으로 검신이 직선화하는 경향을 보인다.

동모의 경우도 세형동검과 마찬가지로 비파형동모와 세형동모 그리고 둥글고 장대화된 봉부를 갖는 퇴화형 등으로 구분된다(e.g. 윤무병 1991; 이건무 1992; 이청규 1982; 미야자토 2010). 한반도에서 발견되는 비파형동모의 경우 뚜렷한 돌기부가 발달하는 등 전체적인 형태가 비파형동검과 유사하나 두껍게 마련된 봉부에 등대가 이어지는 특징을 가지고 있으며, 시간이 지날수록 돌기부가 약해지고 모신이 점점 얇아지는 특징이 나타난다. 세형동모의 경우 마름모꼴의 모신에 자루를 끼울 수 있는 공부가 달려 있으며 공부에 구멍을 뚫거나 고리를 달아 자루를 달 수 있도록 하였고 세형동검과 마찬가지로 혈구가 마련되기도 한다. 이후 동남부 일부 지역에서 전체적으로 장대화하면서 봉부의 끝이 완만하게 둥글게 변하는 퇴화형이 등장하는데, 이는 일본에서 주로 출토하며 한반도에도 일부 발견되는 중형 혹은 광형 동모와 관련하여 주목할 만하다. 즉, 뒤에서 언급할 바와 같이 일본 야요이시대에 한반도에서 전래된 청동기 가운데 특히 동모와 동종이 주요 제사용 의기로 채택되어 원래의 기능과는 관련이 없는 특정한 형식적 속성이 강조되고 장대화하며 대량으로 매납되는 경향을 보인다. 이러한 일본열도 내에서의 청동의기의 등장과 형식 변화가 한반도 내에서의 동모의 형식 변화와 매우 유사하다는 점에서 주목된다. 현재까지 한반도에서 150여 개 이상의 동모가 발견된 것으로 알려져 있다.

중국 선진시대 전차에 대항하기 위해 사용된 것으로 알려진 동과는 한반도에 전해진 이후 전차전이 일반적이지 않았던 한반도의 상황에 따라 그 용도와 함께 형태도 함께 변화한 것으로 추정된다. 즉, 한국식 동과는 '一'자형의 과신과 경부로만 구성되어 있어 앞서 언급한 바와 같이 중국식 동과와는 다른 형식적 특징을 보여준다(e.g. 윤무병 1991; 이양수 2007; 이청규 1982; 최몽룡 1972; 미야자토 2010). 등대와 함께 등대 옆에 피홈이 마련되고, 시간이 지남에 따라 세형동과 외에 중형 및 문양이 있는 유문동과가 등장하게 된다. 이러한 피홈과 등대의 연마 여부 및 봉부의 길이와 형태, 문양의 시문 여부 등을 포함하는 여러 형태적 속성에 따라 동과의 형식을 구분하는데, 크게 보아 세형, 중형, 유문동과 등으로 나눌 수 있다. 현재까지 한반도 전역에 걸쳐 대략 80여 개 이상의 동과가 발견된 바 있다.

동촉의 경우도 형태에 따라서 양익형, 삼익형, 삼릉형 등등으로 구분하거나(한수영 2004), 혹은 화살대에 장착하는 방식에 따라 유경식, 유공식 그리고 무경식 등으로 구분하기도 하는데, 유경식과 유공식의 경우 등대가 있다고 보고 있다(미야자토 오사무 2010).

2) 생산 공구류: 동부, 동착, 동사

한반도에서 제작된 청동기의 종류는 동검이나 동과, 동모 등의 무기류에만 한정되는 것은 아니다. 벌목이나 목제 가공 등에 사용하였을 것으로 추정되는 동부, 동착, 동사 류 등을 청동으로 제작한 경우도 심심치 않게 발견된다. 동부의 경우 크게 보아 비파형동검과 공반되는 선형동부와 장방형동부 그리고 세형동검과 공반되며 특히 실제 유물뿐만 아니라 거푸집에서도 확인되는 인부에 어깨가 있는 유견동부 등으로 구분되는데 현재까지 한반도에서 대략 40여 점이 확인되고 있다(〈그림 3-17〉 참조). 동착은 단면 형태에 따라 단면 사각형과 단면 육각형으로 구분하거나(이건무 1992), 평면 형태에 따라 단이 있는 경우와 단이 없는 경우, 그리고 공부

<그림 3-17> 각종 청동도끼류(국립중앙박물관 1992; 109).

가 없는 판상 형태의 공부를 구분하기도 하며(미야자토 오사무 2010) 지금까지 대략 30여 점 이상 발견된 바 있다. 동사의 경우도 단면 형태(예를 들면 삼각형 혹은 초승달 모양)에 따라 세 종류로 구분되기도 하는데(이건무 1992) 현재까지 30점 정도가 확인된 바 있다.

유럽 청동기시대나 미노아나 미테네 문명의 예에서 보는 바와 같이 제의용 청동도끼는 제작되지 않는 반면 한반도에서 발견되는 도끼는 주로 공부가 달린 소켓형 청동도끼라는 점이 주목된다. 한편, 이러한 청동제 생산 공구류의 제작이 당시의 생산력 증대에 많은 영향을 끼쳤을 것으로 추정하기도 한다. 그러한 가능성을 완전히 배제할 수는 없지만 이러한 청동제 생산 공구가 목재 가공을 비롯하여 직접적으로 사용되었다는 직접적인 증거가 없는 한 이러한 추론은 성립하기가 어렵다고 할 수 있다. 예를 들어 대부분의 청동공구류들이 무덤에서 부장품으로 발견되고 있는 현실에서 공구류가 주거지에서 발견되거나 날이나 공부에서 사용흔이 발견되지 않는 한 직접적인 생산에 이용되었을 것으로 추정하기는 어렵다. 오히려 당시의 주된 생산도구로 생각되는 목제 또는 석제의 생산도구를 모방하여 귀한 소재인 청동으로 주조하였고, 이를 무덤의 부장품으로 매장한 것으로 보는 것이 타당할 것으로 생각한다. 그런데 이와 함께 고려해보아야 할 점으로는 이미 사회계층화가 진행되면서 당시 사회의 엘리트 혹은 주도세력으로 떠오르고 있던 개인들의 무덤에 이러한 생산 공구류가 부장되어 있다는 점이다. 이는 무덤의 주인공이 장인인지 아닌지의 여부뿐만 아니라 당시 사회에서 기술이 차지하는 상징적인 위치를 짐작케 하는 중요한 근거가 된다.

다시 말해서 청동무기류뿐만 아니라 청동공구류에 상징적으로 반영된 기술적 혁신과 수용을 포함한 생산과 기술 자체가 무덤의 주인공과 관련하여 매우 중요한 역할을 차지하고 있다는 점이다. 이는 생산과 기술에 대한 당시 사람들의 인식과 실제로 이러한 생산과 기술이 갖는 역할에 대하 주목할 수 있는 중요한 단서가 될 수 있을 것으로 생각된다.

3) 장신구류: 동포 등

중국의 심양 정가와자 6512호 묘에서 살펴볼 수 있듯이 당시 사람들의 의복이나 신발을 장식했던 것으로 생각되는 동포는 정문경을 포함한 청동거울과 동령과 함께 당시 사람들의 의복을 통한 정체성의 표현과 형성, 그리고 인식에 매우 중요한 유물이라고 할 수 있다. 앞에서 언급한 그리스의 예에서 볼 수 있듯이 무구류뿐만 아니라 이러한 의복의 장식은 스스로를 규정하거나 타인으로부터 자신의 상징적 정체성을 구별 혹은 경우에 따라 동일시하는 매개물이 된다. 따라서 이러한 동포는 단순히 유행의 차원을 넘어서 당시의 의복과 관련한 규범과 관습에 매우 중요한 기제가 된다고 할 수 있다.

4) 제의용 청동기: 동경, 방울류(간두령, 이두령, 팔주령 등), 방패형 동기, 검파형 동기 등

한반도 출토 청동기문화에서 가장 특징적인 청동기는 다양한 청동의기

〈그림 3-18〉 한반도 청동의기의 분포.
방패형 동기: 아산 남성리, 대전 괴정동
농경문 청동기: 전 대전
원개형 청동기: 대전 괴정동, 부여 합송리, 익산 다송리, 전 익산
검파형 동기: 대전 괴정동, 예산 동서리, 군산 선제리, 아산 남성리
간두령: 함주 조양리, 전 논산, 전 덕산, 함평 초포리, 화순 대곡리, 경주 죽동리, 경주 입실리, 대구 신천동, 전 상주 출토, 경산 임당동 BⅠ-7호 널무덤, 충남 부여군 세도면 청송리, 완주 신풍, 전 낙동강, 전 경북, 국립 박물관(M296)
팔주령: 화순 대곡리, 전 논산, 전 덕산, 전 상주
조합식 쌍두령: 함평 초포리, 전 논산, 전 덕산, 전 상주
이두령: 화순 대곡리, 전 덕산, 전 논산, 전 상주
견갑형 동기: 전 경주
동령 혹은 소동탁: 평양 장리 1호 지석묘, 북청 토성리 2호 주거지, 나진 초도 1-4 지점, 금야 금야읍, 대전 괴정동, 부여 합송리, 경주 입실리, 대구 신천동, 경주 구정동, 대구 평리동, 평양부근, 대동 상리, 평양 정백리, 당진 우두리, 평양 토성동, 북청 하세동리

라고 할 수 있다(〈그림 3-18〉 참조). 비록 한반도 북부 지역에 청동 방울류가 보고된 사례가 있지만, 역시 청동의기의 주 분포지역이라고 한다면 한국 중서부 지역과 서남부 지역이라고 할 수 있다. 주지하다시피 아산 남성리, 대전 괴정동, 예산 동서리, 전 덕산 출토 품 등의 유적에서 기원전 5-4세기에 해당하는 검파형 동기, 나팔형 동기, 방패형 동기 등이 간두령 등과 함께 출토된 바 있다(e.g. 국립중앙박물관 1992). 기원전 3-2세기에는 전남 화순 대곡리, 함평 초포리 등에서 팔주령, 이두령 등이 세형동검 등과 함께 발견된 바 있다. 청동의기라는 커다란 범주에서도 지역에 따라 그리고 시기에 따라 각종 청동기들이 세분될 수 있는 가능성을 제시하고 있다는 점이 주목된다.

청동의기 가운데 가장 빈번하게 발견되면서 한국 청동기 제작기술의 수준을 가장 잘 보여주는 청동거울에 대해 살펴보면(〈그림 3-19〉 참조), 지금까지 중국 동북 지역과 한반도 그리고 일본 규슈 지역을 포함하는 동북아시아 지역에서 대략 120점 이상의 청동다뉴경이 발견된 바 있다(이

청규 2015: 19). 이 가운데 한반도 출토 정(세)문경은 총 59점, 그리고 일본 열도 출토 정문경으로 총 12점이 알려져 있다(조진선 2016: 41-3) (〈그림 3-20〉 참조). 이러한 청동다뉴경에 대해 여러 연구자들이 시문의 정밀도와 더불어 문양의 종류와 문양 구획대 등을 바탕으로 다양한 형식분류안 (e.g. 복천박물관 2009; 이양수, 2009; 이청규 2015; 조진선 2016; 미야자토 2010) 을 제시한 바 있지만 이를 체계적으로 검토한 최근의 연구에 따르면(이청 규 2015), 대체로 크게 조문경, 조세문경 그리고 세문경으로 구분할 수 있 다. 조문경의 경우 배면에 Z자형 문양을 가진 형태와 삼각집선문을 가진 형태의 두 종류로 구분되며, 조세문경 역시 문양 구성과 형태에 따라 배 면의 주연부 내부에 전체적으로 문양이 없는 경우와 전면에 나뭇잎 줄기 문양이나 격자문 등을 시문하는 경우, 전면에 평행선을 구획하고 삼각집 선문을 시문하거나 내외구로 나누고 내구에 삼각집선문을 시문하는 경 우와 내외구의 구분 없이 시문을 하되 뉴가 있는 가운데 부분을 공백으 로 남겨두는 경우, 그리고 내외구 사이에 중구를 구획하고 여기에 다양 한 방식으로 삼각집선문을 시문하는 경우 등으로 구분하고 있다. 세문경 역시 주연부와 뉴, 그리고 세선의 문양이 새겨져 있으나 정연한 규칙이 보 이지 않는 형식을 비롯하여, 내외구에 중구를 구획한 후 원권문, 삼각집

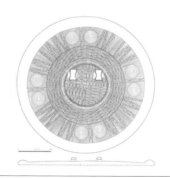

〈그림 3-19〉 전 논산 출토 세문경의 실물 사진과 복원도(숭실대 기독교박물관 2010: 139: 150).

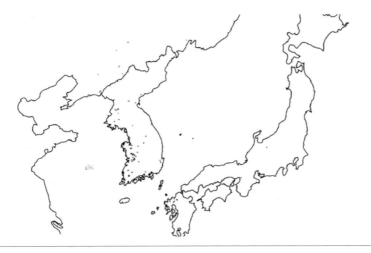

〈그림 3-20〉 동북아시아 조문경 및 세문경의 분포.
조문경: 내몽고 영성 소흑석구, 영성 건평 대랍한구(大拉罕溝), 영성 건평현 포수영자 881호, 영성 조양 십이대영자, 영성 심양 정가와자 6512호, 영성 본계 명산 양가촌 1호, 전 편안남도 성천, 평양 순안구 신성동, 전 평양
조세문경: 영성 본계 유가촌, 길림 동요현 남산강 용범, 길림 화전 서황산둔 2호-1, 서황산둔 2호-2, 연해주 이즈웨스코보예, 영성 단동시 관구현 조가보 1, 조가보 2, 조가보 3, 길림 통화현 대가산 용범, 길림 통화현 영진포 용범, 길림 집안현 오도령구문, 평안남도 맹산 용범 A면, 용범 B면, 평양 정백리 1경, 2경, 전 평안남도 중화, 황해도 연안 소무리, 전 경기 연천, 충남 아산 남성리 1, 남성리 2, 남성리 3, 충남 예산 동서리 1, 동서리 2, 동서리 3, 충남 부여 연화리, 대전 괴정동 1, 대전 괴정동 2, 충남 부여 구봉리 1호, 전북 익산 다송리, 전북 익산 오금산, 전북 전주 여의동 1, 여의동 2, 전북 완주군 덕동 G1, 전남 고흥 소록도
세(정)문경: 함흥 이화동, 인흥 용산리, 대동 반천리 1, 대동 반천리 2, 봉산 송산리 솔뫼골, 신천 룡산리, 양양 정암리, 횡성 강림리, 충주 호암동, 아산 궁평리, 당진 소소리 1, 당진 소소리 2, 예산 동서리(4경), 청원 주성리, 부여 합송리, 부여 구봉리(2경), 논산 원북리 나호, 논산 원북리 나6호, 논산 원북리 다호, 전 논산, 완주 갈동 5호, 완주 갈동 7호, 완주 덕동 D-1호, 완주 신풍 가2호, 완주 신풍 가31호, 완주 신풍 가35호, 완주 신풍 가45호, 완주 신풍 가55호, 완주 신풍 가 수습 1, 완주 신풍 가 수습 2, 완주 신풍 나호, 완주 신풍 나21호, 완주 신풍 나23호, 전주 원장동 1호(대), 전주 원장동 1호(소), 전주 원만성 적석목곽묘, 전주 원만성 토광묘, 전주 효자 4 적석목곽묘, 김제 서정동 2호, 김제 백산, 장수 남양리 1호, 장수 남양리 4호, 함평 초포리 a, 함평 초포리 b, 함평 초포리 c, 화순 대곡리 1, 화순 대곡리 2, 화순 백암리, 전 영암 용범, 사천 월성리 1호, 경주 조양동 5호, 전 경주 입실리, 전 경남, 서귀포 예례동, 숭실대 3 (전 영암), 숭실대 4 (전 영암), 전 영암, 전 평양
일본 출토 세(정)문경: 原ノ辻, 里田原3호, 宇木汲田12호, 本村籠58호, 增田6424호, 若山1, 若山2, 吉武古木3호, 米粟浜, 大懸, 名柄, 社宮司.

선문과 사각집선문 그리고 사각집선문 등을 다양하게 시문하였는데 이러한 시문 방식에 따라 몇 종류의 형식으로 세분되기도 한다.

간두령에 대해 살펴보면 간두령은 청동방울의 한 종류로 높이는 대략 15cm 내외이고 대체로 2점이 쌍으로 함께 발견되는 경우가 많으며 현재까지 대략 22점이 알려져 있다(e.g. 이건무 1992; 한수영 2013; 미야자토 2010). 전체적인 형태의 특징을 살펴보면, 외부는 동체 하부에서 위로 약

간 올라간 부분에 위치한 원형의 테두리를 중심으로 신부와 병부의 상하로 구분되며, 내부에는 이와 반대로 위에서 아래로 약간 내려오거나 혹은 중간 부분에 칸막이가 있어 상부(방울부)와 하부로 나뉘고, 상부에는 작은 놋 구슬 혹은 납 구슬이 있으며 내범을 고정시키기 위해 마련되는 형지공의 역할을 겸한 가늘고 긴 네 개의 가로구멍이 설치되어 있다. 단사선문, 능형문, 삼각문 등 다양한 문양이 단독 혹은 조합을 이루면서 신부의 가로구멍 사이사이와 아래 부분에 세로의 형태로, 그리고 병부에는 가로의 형태로 배치되어 있다. 대부분의 간두령이 비슷한 형태이기는 하지만 시기에 따라 형태적 속성이 변화하는 특징을 보이는데, 예를 들어 시간이 지날수록 방울부의 길이가 길어지며 문양이 거칠어지고 방울의 크기가 커진다. 또한 병부와 테두리가 만나는 부분이 완만한 형태에서 각이 지는 형태로 변화하게 된다. 대체로 이른 시기에 해당하는 간두령은 충청 지역을 포함하는 한반도 중서부 및 서남부 지역에서 주로 발견되며 뒤의 시기에 해당하는 형식의 간두령은 대체로 낙동강 유역을 포함하는 남동부 지역에서 발견되는 특징을 보이고 있다.

간두령의 제작에는 토제 거푸집을 사용하였으며, 원형법과 함께 외부 거푸집에 직접 문양을 새기거나(간두령 표면에는 철문으로 표현됨) 원형에 문양을 새기는 방식 혹은 외부 거푸집에 매우 가는 두께(1mm 이하) 점토띠를 붙여(간두령의 표면에 요문으로 표현됨) 주조하게 된다. 이때 점토띠가 분리되거나 이동하게 되면 원래 예정했던 간두령의 표면에는 문양이 나타나지 않고 예상치 않은 곳에 주조된 문양이 나타나기도 한다(e.g. 三船溫尙 2007).

검파형 동기의 경우(e.g. 이건무 1992; 미야자토 2010) 대략 길이 25cm 내외와 각각 15cm와 10cm 내외의 상단과 하단을 가지고 있으며, 현재까지 대전 괴정동, 아산 남성리, 예산 동서리, 군산 선제리 등 총 4군데의 적석 토광묘 혹은 적석목관묘에서 발견된 바 있다. 대체로 검의 손잡이와 비슷한 모양을 가진 까닭에 검파형 동기로 불리며 중간 부분의 마디에 의해 상단과 하단으로 나뉘게 되는데 각각 한 개의 고리가 달려 있다. 세 개가 한 세트를 이루어 발견되고 있어 두 개가 한 쌍을 이루어 발견되는 간두령과 비교된다. 특히 남성리에서 발견된 검파형 동기 가운데 하나에는 사슴 모양의 문양이, 그리고 동서리 유적에서 발견된 검파형 동기 가운데 하나에는 사람 손 모양의 문양이 확인된 바 있다. 나팔형 동기나 방패형 동기와 같은 다른 공반 유물과의 관계를 통해 볼 때 제의에 사용되거나 제사장 혹은 그에 준하는 지위를 가진 사람이 패용한 유물로 추정된다.

이와 함께 주목되는 사실은 전 상주 출토품이나 경주 출토품 등을 통해 알 수 있듯이, 한반도 동남부 지역에서 발견된 간두령 및 이두령 등은 중서부 지역 출토품에 비해 퇴화된 형태로 발견된다는 점이다. 이러한 특징은 청동기 사회의 권력을 상징하거나 매개하는 의례용 청동기가 한반도 중서부 지역에서 다른 이형청동기들과 등장하여 서남부로 확산되면서 팔주령을 비롯한 청동 방울류가 추가되고 다시 동남부 지역으로 확산되면서 간두령과 이두령만이 선택되어 원 지역의 의례용 청동기의 범주를 대표하는 것으로, 그러나 그것의 상징적 가치는 점점 더 약해져가는 것을 확인할 수 있다. 즉, 양 지역 간에 단순히 기술적 수준의 차이가 있었음을 의미할 수도 있지만 청동유물의 차이에서 매개되는 권력의 행사방식 및 그 근거의 차이를 반영하는 것이 아닌가 생각된다. 서남부 지역이 제의용 청동의기에 의해 매개되는 보다 상징적이고 의례적인 차원에서의 권력 행사가 주된 행사방식이었다면, 동남부 지역에서는 남서부의 영향을 일부 받거나 그러한 권력의 행사방식이 소개되는 것은 사실이지만 이보다는 다른 측면의 권력 행사방식이 주목된다.

목관묘에서 주로 발견되는 세형동검의 사례에서 잘 보이듯이 이 지역에서는 상대적으로 무력 혹은 이와 관련한 남성성이 강조되는 보다 개인적인 차원에서의 권력 행사가, 그리고 창원 다호리 출토품에서 알 수 있듯이 재지적인 성격보다는 낙랑을 포함한 중국과의 교역을 통제하거나 교역을 통해 얻은 중국계 유물을 함께 부장함으로써 외부의 정보를 독점하면서 자신의 권력을 표현한다는 점이다. 이러한 사실은 한국 청동기문화가 거시적인 관점에서 보면 매우 유사한 형태를 띠지만 세부적으로 살펴보면 매우 역동적이고 다채로운 색깔을 띠고 있다고 볼 수 있는 근거가 된다. 물론 여기에서 기술과 기술적 혁신을 수용하는 방식의 차이가 많은 영향을 끼쳤을 것이라는 점은 분명하다.

지금까지 살펴본 바를 간략히 정리하면, 세형동검을 비롯하여 세형동모와 동과, 그리고 세형동검에 부착되었던 검파두식과 목제 검집에 부착된 청동제 검집 장식을 포함하는 세형동검 관련 유물의 경우 출토지가 알려지지 않은 사례를 합해서 수백 점에 이른다. 따라서 세형동검만을 따로 떼어 설명하는 대신 지역적으로 크게 문화권을 구분하여 파악하는 경우가 많다. 예를 들어 조진선의 연구(2005b)에 따르면 이러한 세형동검을 중심으로 한 문화권은 크게 동북부, 서북부, 중서부, 서남부, 동남부의 다섯 권역으로 나누는 것이 일반적이다(〈그림 3-21〉 참조). 이 연구에 따르면 각각의 세형동검 문화권은 세형동검 자체의 양식적 측면에서는 커다란 변이를 보이지는 않지만 세형동검이 출토하는 맥락과 공반 유물, 그리고 다른 지역과의 관계나 사서에 등장하는 역사적 사실들을 고려할 때 나름의 특징들을 가지고 있다(이하의 내용은 조진선의 연구를 주로 참조하였음). 이 가운데 서북부 지역권의 경우 대동강 하류에서 재령강과 예성강 유역으로 이어지는 평야지대에 집중적으로 분포하는데 낙랑으로 대표되는 한 문화의 유입 이전과 유입 이후로 크게 나뉠 수 있다. 특히 한문화의 유입이후에는 세형동검, 동모, 동과 등 전통적인 재지계 청동무기류에

더하여 철검, 철모, 철극 등 철제 무기류와 중국식 한경이 더불어 출토되고 있어서 위만조선과 낙랑과 관련하여 주목된다. 동북부 지역권에서는 함흥평야와 두만강 유역 및 연해주 일대에서 세형동검 유적들이 발견되는데 세형동검과 동모 그리고 동과 등이 주로 발견되지만 철제 무기류와 간두령, 세문경 등이 발견되기도 한다.

〈그림 3-21〉 세형동검의 지역권(조진선 2005b의 도면과 본문을 바탕으로 작성).

중서부 지역은 세형동검 문화가 가장 발달한 지역으로 삽교천 유역과 금강 유역, 만경강 유역 등을 포함하는 지역이다. 적석목관묘와 목곽묘에서 세형동검, 동과, 동모, 그리고 각종 청동의기와 거울 등이 발견되며 늦은 시기로 갈수록 주조 철부 등이 공반되기도 한다. 점토대토기와 흑도장경호 등이 세트를 이루어 발견되기도 한다. 이 지역의 무덤들은 청동유물의 양과 질을 바탕으로 대략 3개의 등급으로 나뉘는데 이 당시에 성장했던 유력 개인의 존재와 더불어 매우 주목된다. 서남부 지역은 영산강 유역을 포함하는 지역으로 적석목관묘에서 세형동검, 동모, 동과 등의 무기류와 동부, 동착, 동사 등의 공구류, 조문경과 세문경 및 각종 동령류가 발견된다. 또한 이전 시기의 비파형동검 또한 여러 점이 발견된 바 있어서 이 지역의 비파형동검 문화와 세형동검 문화와의 관계도 주목된다.

동남부 지역권에서는 낙동강 중류의 대구와 영천, 경주 그리고 낙동강 하류의 창원, 김해 등 지역에서 청동기가 집중적으로 발견되는데 이른 시기의 세형동검뿐만 아니라 퇴화된 형태의 간두령 등이 발견되며, 철기 혹은 한대 유물과 공반되기도 한다. 따라서 이 지역의 세형동검 문화는 사로국의 형성, 낙랑 및 일본 규슈 지역과의 관계 등의 측면에서 살펴볼 여지가 많다. 세형동검 문화기의 경우 지역권별로 세형동검이 부장된 맥락이나 의미 혹은 기능에 약간의 미묘한 차이가 있었으며, 이러한 점을 염두에 두고 각 지역권의 청동기문화를 살펴보아야 할 것으로 판단된다.

한국 청동기문화와 동아시아 문명

1. 한국 청동기문화와 중국 동북 지역

지금까지 살펴본 바와 같이 한국의 비파형동검 문화는 현재 중국의 요하 유역, 그리고 요하 이동 지역을 포함하는 동북아시아 청동기문화의 일부로서 발전하였다. 이 문화는 중원 청동기문화나 오르도스 지역을 중심으로 한 북방계 청동기문화와는 전혀 성격을 달리하는 문화이지만, 이러한 문화들과 상호 교류를 하면서 영향을 주고받았다.

최근 진행된 중국 동북 지역의 청동기 주조기술에 관한 오강원의 연구에 따르면(이하 내용은 오강원 2005; 2006; 2013을 주로 참조하였음), 중국 동북 지역에서는 이미 기원전 30~25세기에 해당하는 이른 시기에 동을 제련할 때 사용했던 것으로 추정되는 야동로가 능원 우하량에서 발견된 바 있으나 거푸집은 발견되지 않아 아마도 홍동을 제련하여 단조로 가공했을 것으로 추정되며, 기원전 20~15세기에는 청동 합금과 함께 거푸집으로 반지와 귀걸이 같은 소형의 청동제 장신구와 도자나 침. 낚싯바늘과 같은 공구류를 주조했다고 한다. 하북성 북부의 대타두 유형, 내몽고 동남부의 하가점 하층문화, 요동 남단의 쌍타자 1기 유형, 흑룡강 서부의 소랍합 유형에 해당하는 유적과 내몽고 오한기 대순자 무덤군 등에서 주조에 사용했던 거푸집이 발견되고 있다고 한다.

기원전 13세기에서 11세기에 해당하는 시기는 식기와 장신구 외에 곡병단검을 비롯한 각종 무기류와 거마구, 그리고 예기류 등이 주조되는 시기이며, 하북성 북부의 초도구류, 내몽고 동남부의 두패자류, 요서의 위영자식 유적군, 요동 북부의 고대산 후기와 망화 유형, 요동 남단의 쌍타자 3기 유형 등에서 청동기 주조와 관련된 거푸집이 발견되고 있다. 기원전 10세기경은 요서와 요동을 비롯한 중국 동북 지역에서 청동기 생산이 급격히 쇠퇴하는 시기이며 따라서 거푸집을 비롯한 청동기 생산 관련 유적이나 유물이 거의 발견되고 있지 않으며, 기원전 9세기에 들어와 영성 소흑석구 무덤 유적으로 대표되는 내몽고 동남부 지역을 중심으로 무기류와 공구류, 장신구류 외에 거마구 및 청동용기와 각종 예기들이 주조되며, 특히 예기를 주조하기 위해 여러 매의 거푸집을 이용하는 분주법이 사용된다. 요서와 요동 지역에서도 비파형동검을 비롯한 무기류와 장신구 등이 이 시기에 주조된다고 한다.

기원전 9세기를 지나 기원전 8세기에 들어서면, 하북성 북부의 동남구 문화, 내몽고 동남부의 남산근 유적으로 대표되는 하가점 상층문화, 요서의 십이대영자 문화, 요동 북부의 이도하자 유형, 그리고 흑룡강 서부의 백금보 문화 전기 단계에서 청동기 주조가 활발하게 이루어지는데, 특히 이 시기에 각종 무기류와 장신구, 거마구 외에 비파형동검을 비롯하여 한반도의 청동기문화와 직접적인 관련성을 보여주는 청동거울이 주조된다고 한다. 또한 조양 십이대영자를 중심으로 한 지역에서 청동기의 주조에 사용된 거푸집이 집중적으로 발견되고 있으며, 이러한 십이대영자 문화가 객좌, 건평, 금주를 포함하는 주변 지역으로 급격히 확산되는 현상을 살펴볼 수 있다. 기원전 8세기 후반에서 7세기에 이르는 시기에는 요서 지역을 중심으로 청동기 제작이 급속히 확산되며 요동과 길림 중부 지역에서는 십이대영자 문화의 청동기 제작기술이 급속히 확산된다. 따라서 이 지역에 십이대영자 문화에 기원을 둔 비파형동검과 비파형동모 그리고 선형동부 등이 널리 제작된다고 한다.

기원전 6세기에서 기원전 5세기에는 중국 동북 지역의 거의 모든 지역에서 청동기가 광범하게 제작되며 하북성을 포함하는 중원의 청동기문화가 내몽고와 요동 지역에 널리 영향을 끼치면서 이와 동시에 십이대영자 문화가 요서의 남동구 유형과 요동 북부의 정가와자 유형으로 분화된다. 요동 지역은 이러한 십이대영자 문화에 기원을 둔 정가와자 유형이 유행하게 되는데, 앞서 언급한 바와 같이 정가와자 유형에는 중원의 청동기문화와 북방식 청동기문화의 영향이 그다지 발견되지 않으며 특히 한반도 남부의 청동기문화에 긴밀한 영향을 끼치게 된다. 기원전 4세기에 들어오면 중국 동부 지역에 전국 연계의 동주식 청동단검을 비롯한 청동무기류 및 철제 농공구류가 본격적으로 등장하게 된다.

결국 요하 유역(아마도 요서 지역)에서 시간이 지남에 따라 중원의 청동기문화와 철기문화가 이 지역에 점차적으로 확산되어갔으나 정가와자 문화나 한반도의 비파형동검 문화에서 잘 볼 수 있듯이 재지적 전통을 유지하고 있었다고 한다. 특히 한반도에서 발견되는 비파형동검의 경우, 경부에 홈이 마련되는 특징을 가지고 있어서 전체적으로는 동북아시아 비파형동검 문화에 속하지만 세부적으로는 나름의 독자적 특징을 잘 보여주고 있다. 세형동검 문화는 청동기의 종류와 형식의 측면에서 심양 정가와자 문화와 깊은 관계를 가지고 있는 것으로 파악된다. 정가와자 M6512호 무덤에서 출토되는 나팔형 동기 등이 한국 서남부 지역의 가장 이른 시기에 해당하는 세형동검기 적석목관묘에서 출토되고 있으며 비파형동검에서 세형동검으로 변한 직후의 동검들 역시 발견되고 있다. 이후 시간이 흘러가면서 한반도만의 독특한 청동기가 제작되는데 세문경이나 한국식 동과가 바로 그것이다. 비록 이 청동기들의 조형이 중국의 동북 지역에 존재하고 있었던 이전 단계의 문화에서 발견되는 것은 사실이지만 적어도 세형동검기에 들어와 한반도만의 독자적인 청동기문화가 형성되고 있음을 짐작해볼 수 있다(e.g. 윤무병 1991; 이건무 1992: 1997; 이청규 2005; 2007a; 2007b; 2009a; 2015).

이러한 사실은 한반도의 청동기문화가 적어도 전형적인 한국식 동검문화로 발전하는 초기의 단계까지는 동북 지역의 청동기문화와 깊은 관련이 있었음을 잘 말해준다. 특히 비파형동검 제작과 관련하여 한반도 내에서 동광 산지와 제련 관련 유적이 발견되지 않는 대신 거푸집이 발견되는 상황을 감안해보면, 앞서 언급한 바와 같이 아마도 청동기 주조에 필요한 원재료, 즉 동괴와 기타 금속 혹은 청동괴 자체를 한반도 외의 지역에서 수입하여 비파형동검의 원형을 기억하고 있었던 거주민 혹은 이동하는 장인들에 의해 자체적으로 제작되었을 것으로 보는 편이 합리적이다. 세형동검 역시 각 지역에서 전문 장인들에 의해 제작되었을 것으로 추정할 수 있는데, 특히 반복 사용이 가능한 석제 거푸집이라 하더라도 동일한 거푸집에서 제작된 청동기가 거의 없다는 점은 거푸집의 제작과 청동기 주조를 포함한 청동기의 제작이 단순히 상업적 목적이 아닌 일종의 이벤트적 성격을 띠었을 것으로 추정된다. 이러한 이벤트의 실행, 그리고 그 결과 만들어지는 청동기의 소유와 매납이 바로 청동기시대 유력 개인의 등장을 매개하거나 강화했을 것으로 추정된다.

2. 한국 청동기문화와 일본 출토 한국계 청동기의 관계: 세형동검의 일본지역 내 확산과 초기 정치체의 형성

일본의 고대국가 형성사 연구에서 고대국가의 형성 시기를 언제로 볼 것인지에 대해 학계에서 오랫동안 논쟁을 해왔다. 예를 들어 율령체제가 완성되는 기원후 7세기를 고대국가의 형성기로 보고자 하는 입장(주로 문헌사)과 고총고분이 등장하는 고분시기를 고대국가의 시작으로 보는 입장, 그리고 제사와 상징을 통해 지역적 통합이 이루어지고 지배자 혹은 수장이 등장하는 야요이시대에 국가(혹은 국)가 형성되었다고 보는 입장이 제시된 바 있다(e.g. 미야자토 2012). 이러한 견해의 차이는 고대국가를 어떻게 정의할 것인가, 그리고 그 근거와 기준에 대한 입장의 차이에서 기인하는 탓에 어느 하나의 입장이 옳다고 주장할 수는 없다. 다만 여기에서 중요한 사실은 한국 청동기시대 중기에 해당하는 야요이시대 전기 후반 혹은 중기 초에 규슈 지역에 한반도로부터 원형점토대토기 문화와 세형동검, 동모, 동과 등의 무기류를 중심으로 다뉴세문경, 동탁 등을 포함하는 세형동검 문화가 유입되었고, 이후 철기가 유입됨에 따라 청동기는 대부분 의기로 전환되는데, 특히 동모를 중심으로 하는 청동무기류와 동탁을 중심으로 하는 청동제기를 중심으로 일종의 제의권이 형성되어 지역적 통합의 계기를 마련하게 된다는 점이다(〈그림 3-22〉 참조). 한편 서일본에서 주로 발견되는 동경 역시 다뉴세문경과 한경을 포함하는데, 이 가운데 다뉴세문경은 대부분 한반도에서 수입된 것으로 파악되며 분묘 부장품으로 사용된다(e.g. 이청규 2015; 조진선 2016; 藤森榮一 1964; 三木文雄 1983; 三浩一 編 1978; 左原 眞 1974; 左原 眞·近藤喬一 1974; 樋口隆康 1974).

먼저 세형동검과 동모를 포함하는 무기류를 살펴보면, 규슈 지역을 포함하는 서일본 전역에서 발견되는 세형동검에 비해 세형동모의 경우 후쿠오카평원을 중심으로 북부 규슈에 한정되어 발견되면서 무기류 가운데 최상위의 사회적 혹은 상징적 가치를 점한다고 한다. 특히 동모의 경우 시간이 흘러가면서 세형→중세형→중광형→광형으로 변하며 날 부분과 혈구가 사라지고 봉부의 모양도 판상으로 변하는 등 무기로서의 실용성을 점차 잃어버리고 장식 효과를 두드러지게 나타내는 등 형태와 크기가 변하게 된다. 길이도 50cm(세형의 경우)에서 최대 1m 이상(광형의 경우)으로 커지게 된다(e.g. 미야지토 2012; 左原 眞·近藤喬一 1974; 樋口隆康 1974). 세형동모와 중세형동모의 경우 숭심 지역이 아닌 주변 시역에서는 매납되는 경우도 있지만 대체로 무덤에 부장된다고 하고, 중광형동모가 등장한 이후부터는 주로 제의용으로 무덤이 아닌 매납유적에 매납된다고 한다.

동탁의 경우도 비록 기원지와 전파 과정이 불분명하지만 대체로 한반도에서 기원한 것으로 여겨지며 동모와 마찬가지로 시간의 흐름에 따라 종을 매다는 현수 부분을 포함한 동탁의 모양이 변하게 되는데, 특히 1m 이상의 크기를 가진 동탁이 등장하면서 원래의 소리를 내는 기능에서 제작과 제의 그리고 매납 과정에서 권력이나 농경의례와 관련된 상징적 의미와 절차를 보여주는 제기로 변화한다고 한다. 동탁은 대체로 오사카와 나라 지역을 중심으로 한 긴키 지역을 중심으로 분포하는 특징을 보이고 있다. 이상에서 살펴본 바와 같이 청동무기류와 동탁이 대형화하면서 특정 지점에 다량의 청동기를 매납하는 새로운 형태의 제의가 등장한다. 청동기를 매납하는 의례는 서일본의 정치체의 변화와 깊은 관련이 있는데, 특히 국의 성장과 위상 강화와 깊은 관련이 있다고 할 수 있다(e.g. 藤森榮一 1964; 三木文雄 1983; 三浩一 編 1978; 左原 眞 1974; 左原 眞·近藤喬一 1974; 樋口隆康 1974).

한반도에서 일본으로의 문화 전파는 비단 청동기 자체에 한정되는 것이 아니라 주거지와 도작 농경, 토기, 지석묘 및 옹관묘 등 다양한 문화 요소들을 포함한다. 이러한 한반도 전래 문화 요소들은 아마도 주민들의 직접적인 이주와 문화 전파에 의해 가능했던 것으로 파악되는데, 특히 이러한 한반도계 청동기의 등장과 함께 기존의 죠몽 및 야요이 초기 사회가 급격하게 변화하게 된다. 생산 구역과 거주 공간, 무덤 구역과 제의 공간 그리고 환호 등으로 구성된 복합마을 유적들이 형성되며, 이러한 마을 구역의 내부 혹은 별도의 공간에 매장 구역을 마련하여 대형 옹관묘와 분구묘를 축조하게 되는데, 이들 무덤에는 세형동검을 포함하는 다양한 청동기와 후대의 한경 등이 부장되고 동모와 동탁을 중심으로 제의권이 구분되며 또한 부장품의 양과 질에 따라 지역 공동체 내부와 공동체들 사이에 등급화가 일어나게 된다. 이 가운데 분구묘는 동모와 동탁의 매납 및 제사권과는 다른 형태의 분구묘 제사가 공반되며, 이후 전방후원분으로 발전하게 된다.

이러한 현상을 통해 알 수 있듯이, 한반도의 청동기문화와 청동 제작기술의 일본 내 전파와 확산은 기존의 전통적인 죠몽 사회 및 야요이 초기 사회를 근본적으로 변화시키는 결정적인 계기를 제공하였다. 특히 청동기와 청동 제작기술의 전래는 유력 개인의 등장을 가능케 하고, 이들이 공동체 내에서 자신들을 차별화하거나 공동체들 사이의 차이를 표현하거나 가속화하는 매개물로 사용한다는 점에서 매우 커다란 의미가 있다. 결국, 중국 동북 지역(특히 요서 지역)에서 시작된 비파형동검 문화가 한반도를 거쳐 일본으로 전파되면서 사회 변화를 견인해나갔는데 특히 한반도에서는 최고 수준의 세문경 제작이, 그리고 일본에서는 대형 동모와 동탁의 제작이 가능하게 되는데, 다만 한반도의 경우 극히 세련된 형태의 청동의기가 주로 제작되다가 철기의 제작과 사용으로 전환되는 데 비해 일본에서는 공동체 차원에서 특정 종류의 대형 청동기를 의례용으로 제

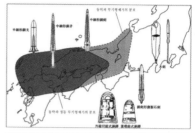
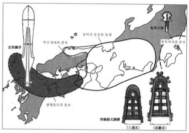
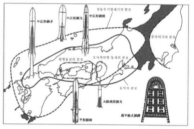

〈그림 3-22〉 일본의 동모와 동탁 및 제사권의 변화
(좌: 樋口隆康 編 1974: 67과 73; 우: 미야자토 2012:
11).

작하는 차이점을 보이고 있다. 공통된 형식의 청동기라고 하더라도 지역
에 따라 다른 방식으로 발전했으며, 또한 해당 사회 내에서 각기 다른 의
미와 기능을 담당했을 것으로 추정할 수 있다.

맺음말

지금까지 살펴본 바와 같이 한반도에서 제작된 청동기는 형태뿐만 아니라 제작기법의 측면에서도 매우 독특하면서도 독자적인 전통을 발전시켰다. 처음 단계의 한국의 청동기문화는, 흔히 도씨검(桃氏劍)으로 불리는 동주식 동검과 청동예기로 대표되는 중원의 청동기문화와 유목생활에 적합하도록 손잡이 끝에 고리가 달리거나 다양한 문양이 주조된 북방식 단검 문화와는 확연히 구분되는 비파형동검을 중심으로 하는 비파형동검 문화권에 속한다. 비파형동검은 손잡이가 함께 주조된 중국식 동검이나 북방식 단검과는 달리 손잡이가 달리지 않은 대신 따로 만들어 결합하여 사용하였으며, 비파형동모 또한 비파형동검과 함께 비파형동검 문화의 특징적인 유물이다. 이러한 비파형동검 문화는 중국 요령 지역의 요하를 중심으로 서쪽(요서 지역)과 동쪽 지역(요동 지역)을 포함하여 한반도 전역에 걸쳐 분포하고 있다.

비파형동검의 분포 지역, 즉 비파형동검 문화의 분포지의 성격을 어떻게 해석하는가의 문제는 오랜 동안 남한과 북한 그리고 중국 및 일본의 여러 학자들 사이에 비파형동검의 기원지와 중심지 문제와 더불어 커다란 논쟁거리였다. 예를 들어 남한과 북한 학계에서는 대체로 비파형동검 문화의 중심지를 고조선의 중심지로 파악하거나 비파형동검 문화의 분포지를 고조선의 강역으로 파악한다. 이러한 입장은 과연 특정 유물의 존재 유무와 분포를 근거로(고고학적) 뚜렷한 경계를 갖는 유형이나 문화를 설정할 수 있는지, 그리고 그러한 유형이나 문화를 특정 정치체나 민족과 관련지어 설명할 수 있는지에 대해서는 지금까지 고고학계 내에서 진행되어온 여러 연구 결과를 통해 볼 때 논의의 여지가 많다고 할 수 있다. 그럼에도 불구하고 분명한 것은 적어도 한반도의 비파형동검 문화는 한반도와 요령 지역을 중심으로 하는 중국의 동북 지역을 포괄하는 넓은 지역에 분포하는 비파형동검 문화의 일부이며 따라서 이 지역에 존재했을 일종의 상징적 네트워크 안에 위치했을 것으로 파악된다.

기원전 5~4세기경부터는 세형동검으로 대표되는 한반도의 독특한 청동기문화가 발달하게 된다. 동검의 형태상 비파형동검에서 자체적 변이를 거쳐 등장했을 것으로 여겨지는 세형동검은 적어도 그 수와 분포지의 측면에서 한반도 내에서 이전의 비파형동검과는 비교할 수 없을 정도로 확산되어간다. 청동기 종류의 측면에서도 중국을 비롯하여 여타 지역에서는 잘 발견되지 않는 방울류(간두령, 이두령, 팔주령)와 이형동기류(방패형 동기, 나팔형 동기) 등이 제작된다. 특히 한반도에서 발견되는 청동거울, 즉 세문경은 한반도와 중국 동북 지역에서 발견되는 조문경과 비교할 수 없을 정도로 제도 단계에서부터 정밀한 도안이 이루어지고 있으며 주조 단계에서도 지금도 모사가 불가능할 정도로 섬세한 문양이 베풀어지고 있다. 다시 말해서 이 시기에 진정한 의미의 독자적인 한반도의 청동기 제작이 이루어진다고 할 수 있다.

이러한 청동기 주조를 위해 다양한 방식의 청동기 제작기법이 사용되는데 청동 무기나 도구를 주조하기 위해 석제 거푸집이 이용되었으며, 청동방울 등의 경우 실납법이 응용되었을 가능성이 크다. 또한 현재 고고학 자료로서 간혹 확인되는 석제 거푸집에 비해 남아 있는 자료가 부재한 탓에 확언하기는 힘들지만 주물사 등을 이용하여 토제 거푸집를 제작 사용했을 가능성도 크며, 경우에 따라 이러한 다양한 기법을 부분별 공정별로 함께 사용했을 것으로 추정된다. 세문경의 경우 종래에는 토제 거푸집을 사용하여 제작되었을 것으로 추정되었으나 최근에 석제 거푸집으로 주조되었을 것으로 추정하는 가설이 제시된 바 있다. 비록 크기나 규모의 측면에서 중국의 예기나 일본의 청동의기(특히 동탁)와 비교할 수는 없겠지만 적어도 주조의 정밀함이나 정확성, 그리고 문양의 섬세함의 측면에서 다른 여타 지역의 청동기는 따라올 수 없는 높은 수준에 도달했다고 할 수 있다.

청동기 제작과 관련하여 일부 주거지나 무덤 등에서 발견되는 석제 거푸집 외에 다른 증거가 부재한 탓에 구체적인 주조 공정을 추정하기는 힘들다. 또한 청동의 주조에 필요한 동광이나 주석 산지 등이 한반도 내에서 아직 확인되지 않고 있다. 이와 아울러 많은 수의 청동기가 주조되었음에도 불구하고 같은 거푸집(특히 석제 거푸집)에서 제작된 청동기가 아직까지 한 점도 발견되고 있지 않는 점도 주목된다. 이러한 점을 감안했을 때 다음과 같은 몇 가지 사실을 추론해볼 수 있다.

첫째, 한반도 내 청동기 제작과 관련하여 청동 주조에 필요한 원자재들은 한반도 이외의 지역에서 교역이나 수입, 증여 등을 통해 유입되었을 가능성이 크다고 할 수 있다. 둘째, 비교적 자주 발견되는 철기 제작 유적에 비해 청동기 제작 공방이 발견된 사례는 아직 없다. 따라서 아마도 고정된 작업장을 가진 청동기 제작장인이 반복적으로 청동기를 제작하는 대신 아마도 일상적으로 사용되는 주거지 혹은 야외에 마련된 임시 작업장에서 거푸집 제작 및 청동 주조가 이루어졌을 것으로 추정되며, 셋째, 청동기의 제작과 사용은 단순히 당시 사회의 구조, 즉 계층화 등을 반영하는 것이 아니라 그러한 계층화를 가능케 하는 능동적인 역할을 했을 것이라는 점이다. 당시 사회의 지배자이기 때문에 그러한 청동기를 제작하거나 소유할 수 있었던 것이 아니라 그러한 청동기를 제작하거나 소유하는 것을 통해 자신의 지위와 역할 등을 확보하거나 유지 혹은 강화시켜나갔을 것이라는 점이다. 넷째, 대부분의 거푸집이 출토 맥락이 불분명한 상태에서 보고된 바 있으나 주거지나 무덤에서 발견된 몇몇 사례가 알려져 있다. 특히 후자의 경우 그 무덤의 주인공을 청동제작장인 혹은 지배계층으로 해석할 여지도 있으나, 보다 중요한 것은 무덤에 묻힌 주인공의 신분이나 지위가 아닌 청동 제작기술 자체에 대한 당시의 인식을 추정할 수 있다는 점이다. 즉, 무덤의 주인공이 장인인지 혹은 청동기를 제작하거나 소유할 수 있는 지배자인지가 중요한 것이 아니라, 적어도 단독 무덤에 묻힐 수 있는 사람이 청동 제작에 필요한 기술을 의미하는 거푸집과 함께 묻혔다는 점이다. 청동 제작기술이 단지 청동기 제작을 위한 실용적 목적을 달성하기 위한 수단에 그치거나 혹은 당시 사람들의 신분이나 지위를 가리키는 상징에 머무르는 것이 아니라, 당시 사람들이 기술을 통해 자기 자신과 자기의 세계를 구성해가며 세계와 관련을 짓는 사회적 정체성의 형성 과정과 깊은 관련이 있다는 점이다.

한편, 한반도의 청동기 및 청동 제작기술은 일본으로 전래되어 일본의 초기 국가 형성 과정에 중요한 역할을 한다. 도입의 초기에는 한반도에서 건너간 청동기 혹은 그와 유사한 형식의 청동기가 사용되거나 제작되지만, 어느 정도 시간이 지나면 일본의 고유한 형식인 광형동모와 동탁이 제작되며 이러한 광형동모와 동탁은 제의 혹은 제사와 관련하여 일본의 고대국가 형성에 결정적 기여를 한다. 즉, 일본의 고대국가 형성은 한국에서 전래된 청동 제작기술에 의해 가능했다고 추정할 수 있다.

결론적으로 한반도의 청동기문화는 초기에는 요하 유역을 중심으로 한 동북아시아의 비파형동검 문화 안에서 전개되었다가 기원전 5~4세기 이후에는 세형동검 문화로 대표되는 독자적인 양식을 발전시켜나간다. 특히 세문경의 제작에서도 알 수 있듯이 중국과는 다른 방식의 발달된 주조기술을 발전시켜나가며 이를 통해 사회구조의 변화를 견인해갔으며 일본으로 전파되어 고대국가의 형성에 중대한 기여를 한다. 이렇듯 한반도의 청동기문화는 고유하고 독특한 형태의 청동기 및 선진적인 청동기 주조기술을 발전시켜나가며 이를 통해 동북아시아 청동기문화의 중요한 한 축을 형성한다고 할 수 있다.

한국의 이형청동기와 지배자

기원전 5~4세기에 해당하는 시기에 한반도 중서부 지역에서는 각종 이형청동기를 부장한 무덤들이 발견된다. 이 무덤들에서는 세형동검과 청동거울, 흑도 외에 나팔형 동기, 검파형 동기, 방패형 동기, 원개형 동기 등이 발견되었다. 대표적인 유적으로는 아산 남성리, 예산 동서리, 대전 괴정동 유적이 있다. 기원전 3~2세기에는 팔주령, 이두령, 간두령과 같은 청동방울류가 세형동검 및 청동거울 등과 함께 발견되었다. 전남 함평 초포리 유적과 전남 화순 대곡리 등이 대표적이며, 전 논산, 전 덕산 출토품으로 알려진 청동방울류도 널리 알려져 있다.

이러한 이형청동기 가운데 특히 간두령이 주목된다. 대체로 지역적으로 편중되어 발견되는 다른 이형청동기들에 비해 간두령은 한반도 전역에서 발견되고 있고(《그림 3-23》 참조), 최근에도 완주 신풍 유적 토광묘와 부여 세도면 청송리 파괴 토광묘에서 출토된 바 있다. 검파형 동기 또한 군산 선제리에서 출토되었다.

이러한 이형청동기의 기원에 대해서는 아직 정확히 알려진 바가 없다. 다만 한반도의 세형동검 문화와 깊은 관련이 있는 중국 심양 정가와자 M6512 무덤에서 아산 남성리와 예산 동서리에서 발견된 바와 같은 나팔형 동기가 다양한 종류의 청동기와 함께 발견된 바 있어서 양자가 깊은 관련이 있음을 추정해볼 수 있다. 정가와자 무덤에서 나온 나팔형 동기는 말의 머리를 장식하는 말장신구의 하나로 추정하기도 한다.

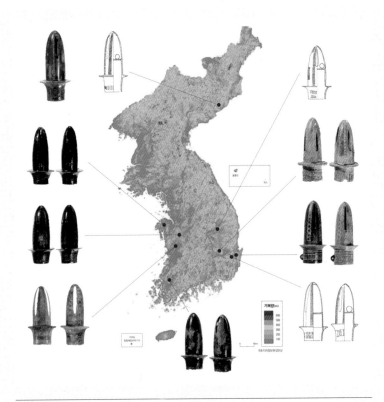

〈그림 3-23〉 간두령의 지역적 분포.

이형청동기를 부정한 사람들은 대체로 당시 사회의 군장이나 족장 혹은 수장 등 권력자였을 것으로 보는 견해에 대해서는 별다른 이견이 없다. 특히 팔주령과 같은 방울류가 무당들이 사용하는 무구(巫具)와 매우 유사한 점과 원개형 동기와 동탁 등이 시베리아 등지의 샤먼들이 패용하는 장신구들과 매우 유사한 점이 주목된다. 이와 아울러 『삼국사기』에서 왕의 칭호 가운데 하나인 "차차웅 혹은 자충을 무당이라고 설명하고 세상 사람들이 무당이 귀

〈그림 3-24〉 청동기시대 군장의 모습(국립전주박물관 1999).

신을 섬기고 제사를 받들며, 그를 존경하여 마침내 존귀한 어른을 일컬어 자충이라고 하게 되었다."는 사료의 내용을 감안하면, 당시의 권력자들은 정치적 권력과 종교적 권위를 아우르는 사제이자 정치 지도자였음을 잘 알 수 있다.

일본 요시노가리 유적과 한국식 세형동검

일본 규슈 지역의 사가현에 위치한 요시노가리 유적은 일본의 야요이시대(기원전 3세기~기원후 3세기)를 대표하는 마을 유적이다. 이 유적에서는 야요이시대 전기(기원전 3세기~기원전 2세기)에 환호가 있는 취락이 등장하며 중기(기원전 2세기~기원후 1세기)에는 남쪽 구릉 일대를 감싸는 대형의 환호와 함께 수장층의 무덤으로 판단되는 분구묘와 옹관묘군이 북쪽 구역에 등장한다. 야요이시대 후기(기원후 1세기~기원후 3세기)에는 유적 전체를 감싸는 V자형의 대규모 환호가 축조되고 유적의 중심 지역이 북내곽과 남내곽으로 구분되며 북내곽에는 제사에 사용된 대형 고상가옥과 망루 등 여러 건물들이 축조된다.

북쪽의 분구묘에서는 성분이 다른 흙을 이용하여 겹겹이 쌓아 조성한 인공 언덕에 총 14기의 옹관묘가 마련되었다. 이 가운데 가장 중앙에 위치한 대형 옹관묘를 포함하여 총 8개의 옹관묘에서 한국식 세형동검이 발견되었다. 이 가운데 한 무덤에서는 손잡이와 손잡이끝장식이 달린 한국식 세형동검과 유리제 관옥 등이 발견되었다. 이 분구묘는 요시노가리 유적에서 활동한 수장층의 무덤으로서 대략 기원전 1세기에 조성되었으며, 이후 시기에는 무덤이 아닌 조상들의 영혼이 머무는 일종의 제의 공간으로 사용되었을 것으로 추정된다.

이 유적에서는 대략 15,000기 이상의 옹관이 존재했을 것으로 추정하는데 분구묘 부근에는 총 200여 기의 옹관묘가 200여 미

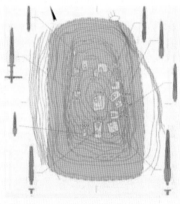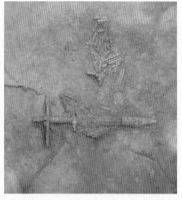

〈그림 3-25〉 요시노가리 북분구묘의 옹관묘와 세형동검(佐賀縣教育廳文化財課 2014: 17).

〈그림 3-26〉 요시노가리 북분구묘 출토 유병식 세형동검과 관옥(佐賀縣教育廳文化財課 2014: 16).

터에 걸쳐 질서 정연하게 분포하고 있다. 이 외에도 이 유적에서는 한반도에서 전래된 쌀농사가 성행하였을 것으로 추정되며 이와 함께 한반도에서 전래한 민무늬토기와 원형 주거지 등이 발견된 바 있다.

요시노가리 유적은 대규모 제사 유적 및 환호 마을의 등장을 통해 마을의 단계에서 국가 단계로 성장해가는 일본 고대 정치체의 발전 과정을 잘 보여주고 있는데, 특히 한국식 세형동검이 부장된 옹관묘가 대형의 분구묘에서 집단적으로 발견됨으로써 이러한 세형동검을 부장한 피장자들이 고대국가로의 발전을 이끌어갔던 수장층이었다는 점이 주목된다. 이 과정에서 세형동검이 수장층의 사회적 지위와 신분을 표시하는 동시에 이러한 사회적 지위와 신분의 획득을 가능케 하는 중요한 역할을 했을 것으로 추정할 수 있다. 결과적으로 일본으로 전래된 한반도의 청동 제작기술은 도작과 무문토기 제작 전통과 함께 일본의 고대국가 형성의 계기를 제공하는 중요한 역할을 담당하였다고 할 수 있다.

4장

쇠를 두드리다: 우리 역사를 바꾼 혁신적인 이기, 철

머리말:
철의 탄생과 그 중요성

인류사에서 최초(最初)이자 최고(最高)의 발명품이라면 과연 무엇을 꼽을 수 있을까? 혹 석기를 생각해볼 수도 있지만, 실상 석기는 원래 있는 재료에서 형태만 변화시킨 것에 불과하다. 이에 비해 토기는 일상적인 점토를 이용하여 기존에 존재하지 않던 전혀 새로운 형태의 것을 만든 다음, 이를 인류사에서 가장 획기적 발견으로 일컬어지는 불과 결합시켜, 즉 불에 구움으로써 새로운 소재의 도구를 만들어낸 것이다. 즉, 구석기시대를 거치며 인류가 수백만 년 동안 경험적으로 축적하였던 지식과 손기술 등당시 최고의 첨단기술들이 총체적으로 결집된 '하이테크'인 토기의 출현이 당시 사람들에게 미쳤을 충격이 어떠하였을지는 가히 상상하고도 남는다. 한편, 토기가 출현한 이후 겨우 만여 년의 시간이 흘러 현재 인류가 도달해 있는 발전상을 생각한다면, 토기가 출현하기 전과 후의 차이를 쉽게 느낄 수 있을 것이다.

그러나 토기의 발명 이후 인류가 찾아낸 최고의 소재를 꼽으라면 단연코 철을 들 수밖에 없다. 인류가 발명한 최초의 금속기는 구리와 그 합금인 청동으로 인류의 고대 문명은 이를 기반으로 탄생하고 발전하였으며, 우리나라 최초의 국가로 이해되는 고조선은 이를 토대로 성장한 사회였다. 이 청동에 이어 등장한 철기는, 광석을 녹이고 불순물을 제거하여 안정된 품질의 철을 얻을 수 있는 기술적 수준에 도달한다면, 그 어느 도구보다 고대사회의 생산력과 무장체계를 획기적으로 증진시킬 수 있다. 이점에서 한 사회 집단에서 철기 사용이 갖는 의미는 상상 이상으로 크다고 할 수 있다.

그렇다면 이러한 철은 언제 탄생되었을까? 현재까지 알려진 바에 의하면 서아시아 아나톨리아 지방에서는 기원전 3000년경이며, 힛타이트는 기원전 1450~1200년경에 철을 독점 생산하였고 멸망 이후 주변으로 전파되었다고 한다. 한편 메소포타미아에서는 기원전 13세기 무렵, 이집트는 기원전 12세기 무렵에 철을 사용하기 시작하였다고 하며, 유럽에서는 기원전9~8세기 무렵 철이 도입되기 시작한다.

동양에서 철의 사용은 언제부터였을까? 중국에서는 서주(西周) 말기 무렵인 기원전 11~10세기경에 운철(隕鐵)[1]을 사용하기 시작하였으며, 춘추시대(春秋時代)(기원전 8~5세기)에는 점차 철기가 증가하면서 인공철이 등장하기 시작하였다. 이후 전국시대(戰國時代, 기원전 5~3세기)에 들어와 철기의 사용이 본격화되는 한편 연(燕)나라와 초(楚)나라를 중심으로 주조철기문화(鑄造鐵器文化)가 성행하기 시작했다(이남규 1990). 이처럼 철광석을 녹여 만든 쇳물로 직접 철기를 만드는 주조기술은 중국에서 처음 시작된 것으로 알려져 있다. 이후 한대(漢代, 기원전 206~220년)에 들어와 이전의 주조철기문화에서 한 단계 발전하여 제련된 철에서 강철을 대량 생산하는 기술을 확보하게 된다. 이른바 초강법(炒鋼法)으로 불리는 제강기술로서, 이를 통해 한대에는 우수한 철소재를 가지고 단조철기를 제작·보급함으로써 농경과 군사력 등에서 획기적인 발전을 이룩했다. 지금의 중국 동북 지방과 한반도에서는 대략 기원전 5~4세기 무렵부터 철과 철기 제작기술이 시간적 낙폭을 가지면서 순차적으로 전해져 우리 사회 변혁의 혁신을 이루는 기폭제로 작용했다.

본 장에서는 우리 전통사회에서 철과 철기 제작기술이 가지고 있는 역사적 의미를 이해하기 위해 먼저 제철문화의 도입 과정과 함께 철과 철기를 생산하는 기술은 과연 무엇이 있는지 살펴보고, 사회 변혁의 이기(利器)로서 사용된 철기 종류들을 개관해보기로 한다. 이를 토대로 우리 역사에서 철이 가지고 있는 사적(史的) 의미를 찾아보고자 하는데, 철이라는 이기를 통해 사회적 변혁이 가장 크게 이루어진 시기가 바로 고대(古代)이기 때문에 이 시기를 중심으로 살펴본다.

철 생산과 철기 제작기술: 사회를 변혁시킨 신기술

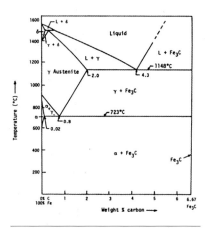

〈그림 4-1〉 Fe—C 평형 상태도(1538℃ 순철용융, 1495℃ 포정반응, 1148℃ 공정반응, 723℃ 공석반응. 韓鳳熙 譯, 1994, 그림1-2).

인류에게 최대의 이기라고 하는 철과 철기는 어떠한 과정을 거쳐 만들어져 우리 손에 들어오는 것일까? 일단 철기를 만들기 위해서는 그 소재인 철이 필요한데, 만약 철 속에 불순물이 많이 포함되어 있으면 너무 쉽게 깨어져 제 역할을 하기 어렵기 때문에, 일차적으로 불순물이 없는(또는 적게 섞여 있는) 철을 얻는 것이 대단히 중요하다. 그런데 순수한 철은 녹는 온도가 무려 1,538℃(〈그림 4-1〉)나 되어 선사시대에 철을 녹여 이용한다는 것은 상상하기 어려웠으며, 사실 철에 탄소가 포함되어 있지 않으면 너무 물러 도구로서 이용하기도 쉽지 않다. 이 때문에 초기에는 지구상에 도달하는 과정에서 불순물이 저절로 제거된 운철을 두드려 만들기도 하였으나(이남규 1990), 이는 그 양이 너무 제한적이어서 실생활에 적극 활용하는 것은 거의 불가능하였다.

순수한 철은 백색인데, 상온에서는 강한 자성을 띠고 있다. 습기, 곧 물과 접하면 녹이 스는데, 수증기와 반응하면 산화철(Fe_3O_4)이 된다. 탄소와 규소로 화합물이 만들어지기도 하는데, 탄소를 추가하면 철의 강도가 높아진다. 탄소의 농도가 주조와 단조를 결정하는 주된 요인이다.

철기를 만들기 위해서는 결국 맥석을 비롯한 각종 불순물이 섞여 있는 철광석을 녹여 불순물을 제거한 철을 이용하거나 또는 철 함량이 높은 광석을 고온으로 가열하여 이른바 해면철이라 불리는 무른 상태에서 두드려가며 불순물을 제거하고 철기를 만들 수도 있다. 그런데 철 순도가 높은 철광석을 얻는 것이 그리 쉽지 않아 후자의 방법은 보편적으로 이용되기 어려우며, 결국 제련로에서 철광석을 녹여 철을 생산하는 것이 일반적일 수밖에 없다.

'제철(製鐵)'은 말 그대로는 철을 만드는 것, 즉 철소재를 만드는 과정을 가리키는 것으로 사용되기도 하나, 이 철을 이용하여 철기를 만들기까지의 전 공정을 의미하는 것으로 이해하기도 한다(심재연 외 2012, 747). 후자의 경우처럼 넓은 의미로 사용한다면, 제철은 제련로 등에서 '소재로 이용될 철을 생산하는 과정'과 여기서 생산된 철을 이용하여 "도구로 이용할 철기를 생산'하는 두 가지 공정을 포괄한다고 할 수도 있다.[2] 이에 따라 전통적인 제철 조업은 개념적으로 보아 크게 "1) 철광석과 이를 녹일 연료 등의 원료 획득 과정 → 2) 제련로에서 철광석을 녹여 괴련철이나 선철 등의 철을 생산하는 과정 → 3) 주조 또는 단조로 철기를 제작하는 과정"의 3단계를 거친다고 할 수 있으며, 이는 다시 현대적 용어로서 "채광 및 선광(원료 획득) → 배소·제련(철 생산) → 용해·주조(주조 공정) → 제강(초강, 정련 및 단련단야) 및 성형단야"공정으로 나누어볼 수 있다(김권일 2012; 신종환 2012, 그림 4.2). 이를 토대로 철과 철기 생산 프로세스를 살펴보자.

1. 철 생산 공정

1) 원료 획득

철을 생산하기 위해 철광석이 필요함은 두말할 나위 없지만, 사실 철을 녹이는 데 필요한 연료(목탄)도 그에 못지않게 중요하며, 이들을 잘 준비하는 것이 제철 조업의 성패를 가름한다고 할 수도 있다. 채광(採鑛)은 말 그대로 제철에 필요한 원재료를 획득하는 첫 과정으로서, 노천이나 지하에서 철광석이나 토철을 채광하거나 혹은 강이나 바닷가에서 사철(沙鐵)을 채취할 수도 있으며, 이 과정에서 부유법을 이용하거나 또는 눈으로 좀 더 좋은 광석을 고르는 선광(選鑛)과정을 거치게 된다(〈그림 4-2〉).

우리나라의 경우 『삼국지(三國志)』 위서(魏書) 동이전(東夷傳) 한조(韓條)의 기록을 보면 삼한 단계에 변진 지역에서 철 생산이 활발하게 이루어져 마한을 비롯해 멀리 낙랑·대방 등의 군현 및 왜에까지 철이 공급되었

〈그림 4-2〉 채광과 선광 작업 모식도(심재연·김권일·송윤정·조록주 2012).

다고 한다.[3] 울산 달천광산과 양산 물금광산 등이 당시 이용된 유력한 광산 후보이기는 하지만, 당시 이들을 이용하였다는 분명한 증거는 아직 확실하지 않다.

그런데 『세종실록지리지』에는 조선 초기 전국의 철광산 수가 67개 읍에 달하고, 철장(鐵場)이 설치된 철장도회(鐵場都會)도 무려 30여 개 읍에 이른다고 되어 있다. 『세종실록지리지』와 『신증동국여지승람』에 기록된 조선시대 각 지역별 철광산과 철 생산 현황을 보면 경기도는 한 곳뿐이지만 충청 지역과 경상 지역은 각기 18개소, 전라 지역은 10개소, 강원 지역은 23개소로서 현재 남한 지역만 모두 70개소에 이른다(신종환 2012: 601, 표 4.1). 이들 기록을 보면 지역별로 철의 종류 등에 차이가 엿보이는데, 일단 경기·충청·경상·전라·함길도는 토산조(土産條)에 철을 기재한데 비해, 황해·강원·평안도는 토공조(土貢條)에 주로 정철(正鐵)을 기재하고 있다. 석철과 사철(沙鐵) 등이 기록된 곳은 철광 산지가 있는 지역이며, 수철(水鐵)·정철 등은 후술하는 것과 같이 제철 생산품을 가리키는 것이어서 이러한 기록이 있는 곳은 제련 및 제강 등의 제철 생산이 이루어진 장소라 할 수 있다. 특히 정철은 후술하는 것과 같이 괴련철을 두드려 만든 강철 철소재를 가리키는 것으로서, 정철만 기록된 14개소는 제련철을 공급받아 바로 철기 제작이 가능한 철소재를 만들던 대장간이 설치된 지역이었을 가능성이 있다고 한다(신종환 2012).

한편 강원도의 경우 『세종실록지리지』에서는 22개소 중 5개소에 사철 또는 석철과 같은 철광 산지가 있는 데 비해 『신증동국여지승람』에서는 9개소로 증가하여 철광 산지가 확대되는 모습을 보이고 있다. 『세종실록지리지』를 보면 경기 지역은 1개소이지만 영평현(永平縣)에서 사철과 함께 수철 즉 제련철이 생산되었다고 되어 있다. 이에 비해 충청도와 경상도, 전라도의 경우 『세종실록지리지』에서는 주로 철광 산지만 5곳·14곳·6곳이 기록되어 있는 데 비해, 『신증동국여지승람』에서는 불과 80여 년 만에 각기 18곳·17곳·10곳으로 철 산지가 늘어나 철광산을 지속적으로 확대·개발하는 모습을 보여준다. 이에 비해 영조 41년(1765)에 간행된 『여지도서』에서는 전국 철 산지가 64개 읍으로 줄어들고 11개 읍은 폐광된 것으로 나오고 있어(신종환 2012), 18세기에는 오히려 철 산지가 줄어드는 것으로 되어 있다.

이들 가운데 고대에도 채광이 이루어진 철광산이 얼마나 되는지는 전혀 알기 어려우며, 실제 관련 유적이 발견된 바도 아직 없지만, 충주목의 철장과 울산군의 달천광산은 고대에도 채광이 이루어진 곳이었을 가능성이 높아 주목되는 지역이다.

지역	연번	郡縣	世宗實錄地理志(1452년)	新增東國輿地勝覽(1530년)		
			土産	産鐵地 / 鐵場所在地	土産	産鐵地
경기	1	永平縣	土産/水鐵	産縣北金洞山鍊沙成鐵	水鐵	縣北倉洞
강원도	2	江陵大都護府	土貢/正鐵	–	–	–
	3	襄陽都護府	土貢/正鐵	石鐵産府西十里鐵掘山	鐵	西禪寺東峯下
	4	旌善郡	土貢/正鐵	石鐵産郡南五十里許能箭山東	石鐵	熊前山
	5	原州牧	土貢/正鐵	–	–	–
	6	寧越郡	土貢/正鐵	–	石鐵	郡北加乙峴
	7	橫城郡	土貢/正鐵	–	鐵	縣西金掘伊
	8	洪川郡	土貢/正鐵	–	石鐵	縣東末訖洞
	9	淮陽都護府	土貢/正鐵	–	–	–
	10	金城縣	土貢/正鐵	石鐵産岐城東四十五里釜嵓也音浦小川	石鐵	岐城里也浦坪
	11	金化縣	土貢/正鐵	石鐵産縣東二十里方洞川	石鐵	方洞川
	12	安峽縣	–	–	石鐵	縣東奴隱洞
	13	平康縣	土貢/正鐵	–	–	–
	14	伊川縣	土貢/正鐵	–	–	–
	15	三陟都護府	土貢/正鐵	沙鐵産府東六里浦汀	鐵	府西稷岾

강원도	16	蔚珍縣	土貢/鐵	–	–	–
	17	春川都護府	土貢/鐵	–	–	–
	18	狼川縣	土貢/鐵	–	–	–
	19	楊口縣	土貢/正鐵	–	–	–
	20	麟蹄縣	土貢/正鐵	–	–	–
	21	杆城郡	土貢/正鐵	–	–	–
	22	高城郡	土貢/正鐵	–	–	–
	23	通川郡	土貢/正鐵	–	–	–
	24	歙谷縣	土貢/正鐵	–	–	–
충청	25	忠州牧	土産	鐵場在州南末訖金(中品)	鐵	周連里
	26	淸風郡	土産/沙鐵	産縣西三十里許扵吾之	水鐵	郡東平登山
	27	堤川縣	–	–	鐵	縣北末古介
	28	沃川郡	–	–	水鐵	安邑縣枝內洞
	29	木川縣	–	–	鐵	山方川
	30	懷仁縣	土産/石鐵	産縣南老聖山	水鐵	老城山
	31	報恩縣	–	–	水鐵	熊峴及車衣峴
	32	公州牧	–	–	水鐵	馬峴
	33	全義縣	–	–	鐵	縣東西房里
	34	定山縣	–	–	鐵	縣南五里水閑里(有鐵冶)
	35	恩津縣	土産/沙鐵	産縣南七里鵲旨熊田吐串等處皆品下	鐵	縣南鵲旨熊田吐串等地
	36	懷德縣	土産/石鐵	産縣北二十里稷洞(下品)	石鐵	縣北稷洞
	37	尼山縣	–	–	鐵	縣南泉洞
	38	石城縣			鐵	縣南三山里
	39	洪州牧	–	–	鐵	生天浦
	40	瑞山郡			鐵	郡南馬山里
	41	泰安郡	–	–	鐵	多修山串
	42	海美縣	–	–	鐵	生天浦
경상도	43	慶州府	土産/沙鐵	産府東感恩浦(有鐵場歲貢正鐵 6,533斤)	沙鐵	府東八助浦
	44	密陽都護府	土産	産府東松谷山	–	–
	45	蔚山郡	土産	鐵場在郡北達川里,産白銅鐵 水鐵生鐵(歲貢生鐵 12,500斤)	水鐵	達川山
	46	梁山郡	–	–	鐵	火者浦
	47	永川郡	–	–	鐵	郡東乾川
	48	彦陽縣	土産/沙鐵	産縣西石南洞	鐵	石南山

지역						
경상도	49	安東大都護府	土産/沙鐵	産臨河縣北沙等羅里本谷里等處(有鐵場歲貢正鐵 9,950斤)	鐵	-
	50	醴泉郡	土産/沙鐵	産多仁縣東大谷灘(鍊正鐵以貢)	鐵	多仁縣東大谷灘
	51	盈德縣	土産/沙鐵	産縣南烏浦項及南驛浦汀等處(有鐵場歲貢正鐵 1,724斤)	鐵	無芚山
	52	禮安縣	-	-	鐵	縣東上里
	53	尙州牧	土産/沙鐵	産州北松羅灘	鐵	松羅灘
	54	陜川郡	土産/沙鐵	産冶爐縣南心妙里(有鐵場歲貢正鐵 9,500斤)	鐵	冶爐縣深妙里
	55	丹城縣	-	-	鐵	尺旨山
	56	龍宮縣	土産/沙鐵	産縣南無訖灘鵲灘修正灘明柳(有鐵場歲貢正鐵 8,878斤)	鐵	修正灘
	57	金海都護府	土産/沙鐵	産府東甘勿也村	鐵	府東甘勿也村
	58	昌原都護府	土産/沙鐵	産府南岳山里夫乙無山	鐵	佛母山
	59	山陰縣	土産/沙鐵	産縣北馬淵洞山(歲貢正鐵7,794斤)	鐵	尺旨山
	60	三嘉縣	土産/沙鐵	産三岐縣北毛台亦里檻頂山	鐵	黃山
전라도	61	金山郡	-	-	鐵	橫川
	62	珍山郡	-	-	鐵	郡西月外里
	63	光山縣	-	-	鐵	無等山長佛洞
	64	咸平縣	土産/沙鐵	-	水鐵	水鐵出縣西海際里兩班橋海岸 鐵出縣西沙乃浦瓮岩浦
	65	務安縣	土産	鐵場二,一在縣東南柴口洞,一在縣南炭洞(品皆上)(鍊鐵1,586斤 納于軍器監)	鐵	縣東鐵所里
	66	茂朱縣	土産	鐵場在縣東十里蓬寸(鍊鐵2,200斤納于繕工監,914斤納于全州)	鐵	大德山
	67	光陽縣	-	-	鐵	縣東十一里木谷
	68	昌平郡	土産	鐵場在縣南深谷里洞	鐵	無等山
	69	和順縣	土産	鐵場在縣北水冷川里(品中)	鐵	冷川
	70	同福縣	土産	鐵場在縣西靈神寺洞(品中)	鐵	無等山下

〈표 4-1〉 조선시대 중남부 지역의 철광산과 철장 관련 기록(신종환 2012, 표1~4 수정 인용)

한편, 제철 조업을 위해서는 가장 적은 부피로 고열량을 낼 수 있는 목탄이 다량으로 필요하다. 일반적으로 전통적인 원형 제련로에서 제련 작업을 하면 무게로 하여 철광석과 목탄이 대략 1 : 3∼4의 비율로 들어가는 것으로 알려져 있다. 그런데 철광석 300kg의 부피는 얼마 되지 않지만, 목탄 1t은 사과박스 2개 크기의 종이박스에 약 15kg 정도 목탄이 들어가므로 대형 박스 70여 개가 필요할 정도로 엄청난 부피이다. 이 때문에 철을 생산하는 곳은 대체로 목탄 산지 가까이 입지하는 경향이 있다고 한다(이남규 1990). 최근까지 남한 지역에서는 170여 개소의 목탄요 유적에서 1,010여 개의 탄요가 조사되었다(박상현 2018). 이 목탄요는 측구식 탄요와 무측구식 탄요로 크게 구분되는데, 기원후 2세기에서 5세기 후엽까지는 전형적인 측구식 탄요가 성행하다가 5세기 후엽 이후가 되면 측구식 탄요는 소성부의 폭이 좁아지며 측구의 개수도 적어지는 양상으로 변화하고, 무측구식 탄요가 5세기 후엽 이후부터 등장하여 7세기 이후에는 무측구식 탄요만 확인된다고 한다(〈표 4-2〉, 〈그림 4-3〉).

권역	유적수	측구식탄요	무측구식탄요	합계
한강권역	89	392	358	750
금강권역	34	61	25	86
낙동강권역	44	102	66	168
영산강권역	3	2	4	6
합 계	170	557	453	1,010

〈표 4-2〉 목탄요 유적 현황(박상현 2018, 표1)

사실 목탄은 경주 지역에서 취사를 위해 활용되는 기록도 있기 때문에 모두 제철 작업에 사용된 것은 아니지만 제철과 밀접하게 연관되어 있음은 부인할 수 없다. 목탄요 유적 근처에는 대개 제철 유적이 분포하고 있는 것에서도 이를 짐작할 수 있다(〈그림 4-4〉). 특히 충주 일원에서는

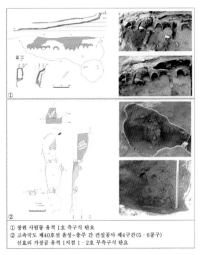

① 창원 사림동 유적 1호 측구식 탄요
② 고속국도 제40호선 음성~충주 간 건설공사 제4구간(5 · 6공구)
신효리 가장골 유적 1지점 1 · 2호 무측구식 탄요

〈그림 4-3〉 천장 및 생산품이 남아 있는 목탄요(박상현 2018, 그림 39).

● 남한지역 목탄요 유적
○ 남한지역 제철유적

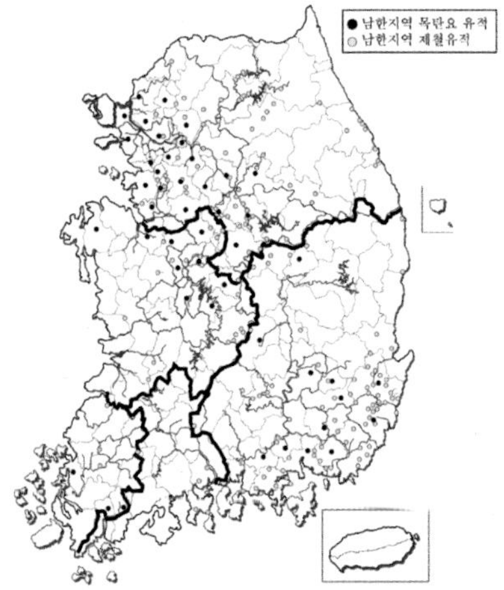

〈그림 4-4〉 남한 지역 제철 유적과 목탄요 유적 분포 현황(박상현 2018, 그림 35).

측구식 탄요 300여기와 무측구식 탄요 190여 기가 조사되어(박상현 2018, 표2) 고대~조선시대에 이르기까지 남한 지역 최대의 목탄 생산지임이 확인되었을 뿐만 아니라, 특히 충주 지역에는 근세까지도 철광석이 채취되어 제철을 위한 두 가지 원재료가 모두 활발하게 공급된 지역임을 알 수 있다. 또한 충주 지역에서는 칠금동·대화리·노계마을 등지에서 대규모 제철 유적이 확인되고 있는데, 특히 이류면 지역에는 고려시대의 유명한 다인철소(多人鐵所)가 설치되었다고 알려져 있다.

2) 제련 공정: 본격적인 철 생산

철 생산을 위한 최적의 입지는 원료 생산지와 수요처 가운데 어느 쪽에 더 가깝게 위치하게 될까? 생산된 철은 무게는 무겁지만 부피가 작아 운반이 비교적 용이하기 때문에 철 생산지는 수요처보다는 오히려 철광석

〈그림 4-5〉 철 생산을 위한 배소(좌)와 제련 공정(우) 모식도(심재연·
김권일·송윤정·조록주 2012).

과 목탄 등의 원료 입지에 크게 영향을 받는 것으로 알려져 있다. 이 중
전술한 것과 같이 특히 목탄의 양과 부피 때문에 목탄 산지 가까이 입지
하는 경향이 있다(이남규 1990). 철 생산지가 결정되고 원료가 준비되면
이제 본격적으로 철 생산을 하는 배소와 제련 공정을 거치게 된다(〈그림
4-5〉). 철 생산을 위해 준비한 원광석의 철 함유량이 항상 높을 수는 없
기 때문에 광석 속에 있는 불필요한 맥석을 골라냄으로써 향후 이루어
질 본격적인 제련의 효과를 높이게 하는 과정이 배소(焙燒)이다. 즉, 배소
는 철광석을 녹는 점 이하에서 가열하여 조직에 균열을 만들어 환원 및
파쇄를 쉽게 하도록 돕는 과정이라 할 수 있다. 이러한 배소는 제련로 주
변에서 이루어지는 것이 일반적인데, 보통 수혈상으로 판 구덩이에서 이
루어지기 때문에 본격적인 노의 형태라 하기는 어려울 수 있지만 그래도
가열하여 이루어지기 때문에 배소로라 칭할 수 있을 것이다. 수혈 구덩이
면서 가열 흔적이 있지만 화도가 제련로처럼 높지 않은 경우 배소로로
인정될 수 있으며, 배소된 철광석들이 남아 있는 경우도 있다.

배소까지 이루어진 철광석과 목탄이 준비되면 드디어 철광석을 녹여
본격적인 철을 생산하는 것이 바로 제련(製鍊) 공정으로서 철 생산의 핵
심이라 할 수 있다. 원형이나 방형 등 다양한 형태의 노(爐)를 만들고 그

〈그림 4-6〉 중국 춘추~한대의 송풍 방법(李京華 1994; 박상현 2018, 재인용).

안에 원료와 숯을 켜켜이 장입한 다음 풀무를 이용하여 송풍하여 오랜 시간 동안 1,200°C 이상의 고온으로 가열하면, 목탄을 매개로 철광석을 환원시켜 철을 얻게 된다. 이때 철보다 녹는점이 낮은 맥석 등의 불순물 은 먼저 녹아내리고 철은 잔존한 일부 불순물과 뒤섞여 괴상(塊狀)[4]으로 남거나 또는 조건에 따라 완전히 용융된 선철(銑鐵)이 생산된다.

철광석을 환원시키는 방법은 온도와 철광석의 상태에 따라 저온고체 환원법과 고온액체환원법으로 구분된다. 동아시아에서 철 생산이 가장 일찍부터 이루어지고 보편적으로 보급되기 시작한 곳은 중국으로서, 중국에서는 청동 주조기술을 바탕으로 고온액체환원법에 의한 선철 생산이 이미 전국시대부터 시작되었던 것으로 알려져 있다. 중국에서는 제련을 위한 송풍 방법으로서 가죽주머니를 이용하는 방법과 함께 한대(漢代)에는 말이나 수차와 같은 물리적인 힘을 이용하는 방법이 개발되었다고 한다(〈그림 4-6〉, 李京華 1994).

230 ㅣ 4장 쇠를 두드리다: 우리 역사를 바꾼 혁신적인 이기, 철

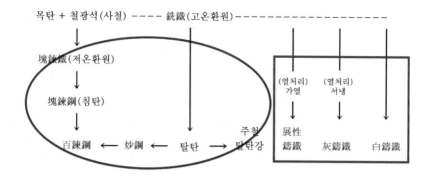

〈그림 4-7〉 중국 고대의 제철 공정도(李衆 1975 수정인용; 좌측-단야 공정, 우측-주조 공정).

〈그림 4-7〉은 이러한 중국의 고대 제철기술체계를 간단히 정리해본 것으로(李衆 1975), 고온환원에 의해 생산된 선철은 주조철기를 만드는 데 사용되거나 혹은 탈탄 과정을 거쳐 단조철기를 만드는 소재로 활용될 수 있다. 선철은 그 자체로는 너무 단단하기 때문에 주조한 철기의 물리적 성질을 개선하기 위해 가열과 서냉 등의 열처리를 실시하여 전성주철(展性鑄鐵)이나 회주철(灰鑄鐵)·백주철(白鑄鐵) 등을 만들어 사용하게 된다. 한대(漢代)에는 선철을 직접 탈탄하여 강을 만드는 방법을 개발하였다고 알려져 있는데, 이것이 이른바 초강정련법(炒鋼精鍊法)이다.[5] 중국에서는 이 초강정련을 통해 백련강을 생산하는 기술 공정을 중국 제강기술의 큰 특징으로 강조하면서(李京華 1994), 하남성 공현(鞏縣) 철생구(鐵生溝) 제철유적(河南省文物局文物工作隊 1962)의 소형로를 초강로로 추정하고 있으나 실제 유적 사례를 통해 확실히 뒷받침되는 정도는 아직 아닌 듯하다(김권일·이남규·강성귀·성정용 2019).

한편, 저온환원에 의해 생성된 괴련철은 정련 공정을 거쳐 강을 만들어 후술할 단야 공정에 사용하는데, 이에 대해서는 중국에서도 그리 자세하게 알려진 것이 없다.

우리 고대의 제철기술체계 또한 중국의 제철기술과 크게 다르지는 않을 것으로 생각되는데, 이는 역사적으로나 지리적으로 중국과 인접하여 전국시대 연(燕)이나 한(漢)나라와 계속 접촉함으로써 자연스럽게 이들 제철기술을 수용할 수 있었기 때문으로 생각된다. 이에 대해서는 다음 절에서 다시 살펴보도록 하자.

철을 생산하는 제련 공정은 우리 전통 용어로는 쇠(둑)부리라 불리는데 (《표 4-3》), 우리 고대의 쇠부리가마[제련로]는 어떠한 형태와 구조를 하고 있었던 것일까? 고대나 중세 제련로 가운데 높이까지 완전하게 남아 있는 것이 없어 그 정확한 구조를 알기 어려울뿐더러, 이에 따라 노 내부에서 일어나는 다양한 화학적 변화, 즉 조업 과정을 정확하게 파악할 수도 없다. 다만 노의 평면형이 제철 조업의 기본적인 형태를 결정짓는 것으로 생각되는데, 진천 석장리유적 A-4호 유구가 유일하게 상자형(箱子形) 제련로로서 일본의 상형로(箱形爐)와 유사하다는 주장이 있었다. 그런데 이에 대해 재검토해본 결과, 정련로 혹은 단야로로 추정된 바 있는 A-4-2호에서는 이에 상응하는 증거를 찾아볼 수 없고 A-4-1호는 쪽구들로서, 결국 이들을 갖고 있는 A-4호는 제련로가 아니라 작업과 관련된 수혈이나 주거지일 가능성이 높다는 의견이 제기되었다(장덕원 2017). 그 외에는 후술하는 것과 같이 진천 송두리와 충주 칠금동, 밀양 임천리, 경주 황성동 등 삼국시대 제련로들은 모두 원형(圓形) 평면을 하고 있어, 고대 제련로의 구조와 제련방식을 엿볼 수 있다. 지금까지 알려진 고대 제련로들은 내경(內徑)이 작은 것은 0.8m에서 큰 것은 1.6m까지 다양한데, 완전하게 남아 있는 것이 없어 전체 높이나 구조를 정확하게 알기는 어렵지만 작업 조건에 따라 선철과 괴련철을 생산하는 것이 모두 가능할 수 있다.

공정 구분		제련	단조			주조
전통용어	공정	쇠(둑)부리	큰대장간	대장간	무질부리	
	가마	쇠(둑)부리가마	강엿쇠둑	판장쇠둑	두드림쇠둑·대장간화덕	무질부리가마
	원자재	원광	잡쇠	강엿쇠	판장쇠	판장쇠·고철
	최소인력(명)	16	6	6	3	16
	생산물	잡쇠/선철	강엿쇠	판장쇠	두드림쇠붙이	무질부리쇠붙이
현대용어	공정	제철(製鐵)				용해(鎔解)
		제련(製鍊)	단야(鍛冶)			
			정련단야	단련단야	성형단야	
	노	제철로				용해로
		제련로	단야로			
			정련단야로	단련단야로	성형단야로	
	소재	철광석·사철·토철	잡철	철괴	철정(괴련철)	철괴·철정(선철)
	생산품	잡철/선철	철괴	철정	단조철기	주조철기

〈표 4-3〉 전통 제철 공정 복원안(김권일, 2017, 표1을 일부 수정 인용, 전통 용어는 권병탁(2004)이 제시한 것임)

최근 한국연구재단에서 지원한 제철기술복원팀과 국립중원문화재연구소, 울산 쇠부리 축제팀 등을 중심으로 고대 제철기술을 복원하는 실험을 활발하게 진행한 바 있는데, 이들 모두 원형제련로를 토대로 철 생산 실험을 실시하였다(《그림 4-8》, 〈그림 4-9〉).

이들 실험에 의하면 노 내경은 철 생산량과 종류를 좌우할 수 있는 중요한 요소이며, 노 높이가 $2m$로 동일할 경우 내경 $0.8m$와 $1.6m$ 노는 체적이 4배($4.0 : 16.1m^3$)나 차이가 나기 때문에 철광석과 목탄 등의 노 내 적재량과 그에 따른 생산량이 그만큼 많아질 수밖에 없다. 또 내경이 클수록 노를 높게 하는 것이 용이할 것인데, 아무래도 노가 높을수록 고온환원될 수 있는 환경 조성이 용이하여 그만큼 선철 생산 가능성도 높아지게 된다(한국연구재단 전통제철기술복원팀 2017). 그런데 삼국시대 제철 유적에서 괴련철 계통의 단야 공정과 관련된 노가 압도적 다수를 차지하고

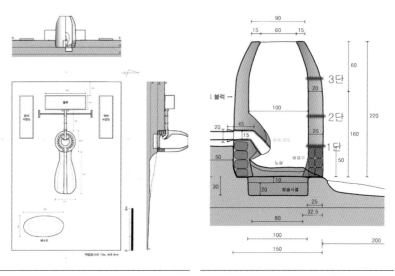

〈그림 4-8〉 한국연구재단 제철기술복원팀(2017)의 제철복원실험장 구성도(김권일 설계).

〈그림 4-9〉 한국연구재단 제철기술복원팀(2017)의 실험 제련로 단면 상세도(김권일 설계, 1·2·3단은 온도계 위치).

있고, 삼국시대 철기에 대한 분석 결과도 대부분 괴련철을 기반으로 만들어진 것으로 나오고 있다(김권일·이남규·강성귀·성정용 2019). 이로 보아 삼국시대 제련로에서 생산된 철들은 불순물이 포함된 괴련철이 대부분이었을 것으로 생각되며, 이 괴련철은 불순물을 다량 함유하고 있는 경우가 많아 양질의 철기를 생산하기 위해서는 후술하는 것과 같이 불순물을 제거하는 정련 과정[6]을 거쳐 철기를 생산하게 된다.

2. 철기 제작 공정

철기 생산 곧 철기 제작은 사용 목적에 알맞은 형태의 도구를 만드는 것으로서, 우리는 대개 이 완성된 형태의 도구만을 보기 때문에 이를 만들기 위한 전 단계에 얼마나 많은 공력과 기술이 필요하였는지를 실감하기

〈그림 4-10〉 철기 생산을 위한 주조(좌)와 단조(우) 공정 모식도(심재연·김권일·송윤정·조록주 2012).

어렵다. 사실 전술한 철 생산 과정의 어려움에 비하면 철기 제작은 오히려 그리 어려운 것이 아니라고도 할 수도 있다. 철기 생산기술은 도구의 사용 목적에 따라 크게 주조와 단조기술로 나눌 수 있다. 주조(鑄造)는 녹인 쇳물을 일정한 형태의 틀[주형(鑄型) 또는 용범(鎔范)]에 부어 만드는 것이며, 단조는 철을 두드려 원하는 형태로 가공하는 것을 말한다(〈그림 4-10〉).

이렇게 철기 제작방법에 차이가 나는 이유는 원하는 기물의 형태에 따른 것도 있지만, 무엇보다도 철을 철답게 만드는 원소인 탄소 속에 그 비밀이 숨어 있다. 철이 단단하고 무른 정도는 사실 철 자체가 아니라 철 속에 포함된 탄소의 양이 좌우한다. 철 속에는 최대 6.7%의 탄소가 고용될 수 있는데, 탄소량이 2%가 넘으면 너무 단단해져 휘거나[인성] 늘어나는[전성] 성질이 없게 되며, 반대로 탄소가 전혀 포함되어 있지 않은 순수한 철은 너무 무르게 된다. 결국 탄소량이 2%를 넘는 철은 단조를 위해 두드리면 오히려 산산조각 깨져버리기 때문에 틀을 만들어 주조를 할 수밖에 없으며, 이 때문에 주조는 늘어나거나 휘는 성질이 별로 필요 없는 반면에 경도가 요구되는 철기를 만드는 데 주로 사용된다.

1) 주조 공정: 용해 및 주조

용해·주조(鎔解·鑄造)는 제련로에서 생산된 탄소가 다량으로 포함되어 있는 선철(銑鐵)을 용해로(鎔解爐)에서 완전히 용융시킨 다음 준비한 틀[용범(鎔范)]에 부어 주조철기를 만드는 과정이다.[7] 주조하기 위해서는 어떤 식으로든 철을 녹여야[용해] 하기 때문에 주조 공정이라 하면 용해를 포함하는 것으로 이해해도 무방할 수 있다.

제련로에서 나온 쇳물을 주형(鑄型)에 부어 주조철기를 만드는 것을 우리 전통 제철 용어로는 '무질부리' 공정이라 한다(〈표 4-3〉). 대부분의 무질부리 작업장에서는 제련 작업장에서 만들어진 선철을 괴 형태로 공급받아 무질부리가마[용해로(鎔解爐)]에서 용해해 용선으로 만든 다음, 미리 준비한 용범에 부어 주조철기를 제작한다. 이때 용범은 미리 가열시켜 수분을 제거하고, 용선이 부어졌을 때 열 손실을 최소화해 용선의 유동성을 유지시키게 된다. 또 주조를 위한 철소재는 비단 선철뿐만 아니라 파손된 철기를 재활용하기도 한다.

이러한 용해·주조 공정은 단조철기에 비해 크거나 복잡한 기물을 만들 때 주로 이용되는데, 우리나라에서는 제련기술의 유입과 함께 새롭게 등장하였거나 혹은 그보다 조금 일찍 대륙의 철기가 유통되면서 이를 용

〈그림 4-11〉 19세기 말 김준근 풍속도 중의 〈주물도〉.

해하여 주조 공정을 실시하였을 가능성을 배제할 수 없다. 이러한 공정을 거쳐 만들어지는 철기로는 백주철로 만들어진 것을 비롯하여 주조철기의 냉각 속도를 조절하여 성질을 개선한 회주철과, 800℃ 정도의 가마에서 70여 시간을 가열하여 풀림 처리한 가단주철(전성주철)철기가 있다. 유물 분석 결과 가평 대성리 유적(京畿文化財研究院 2009) 출토 이조선돌대철부(二條線突帶鐵斧)가 가단주철로 확인되었고, 용인 수지 유적(신경환 외 2008)에서 출토된 주조괭이 인부에서는 편상흑연이 검출되어 서냉 열처리를 거쳐 인부만 회주철화된 것으로 파악되었다(한국문화재조사연구기관협회 2012). 한편, 많은 무덤에서 부장품으로 출토되고 있는 주조괭이는 대부분 백주철인데, 백주철은 취성이 강하기 때문에 철부나 자귀로는 부적합해 괭이로 사용되었다고 보기도 한다(최영민 2010).

2) 단야 공정: 제강 및 성형단야

이처럼 쇠를 틀에 부어 철기를 만드는 주조와 달리 쇠를 두드려 단조철기를 만드는 과정을 일괄하여 단야(鍛冶) 또는 단조 공정이라 한다. 흔히 이 단야 공정을 철을 두드리기만 하면 되는 간단한 작업으로 인식하기도 하지만, 오히려 이 단야 공정에는 철기를 만드는 데 가장 고도의 기술이 필요한 작업 과정이 숨어 있다. 단조는 주조에 대비되는 것으로서 두드려 만든다는 의미가 강하고, 단야는 두드리는 야금 작업의 의미로서 사실 양자는 혼용되어도 무방하지만 본고에서는 두드리는 작업을 단야 공정으로 통일하여 사용한다.

제련 과정을 통해 선철이나 괴련철(이는 유적에서 출토되는 경우가 비교적 많아 제련 과정에서 어떠한 상태로 철이 생산되었는지 알기 어렵지 않다.)이 생산되었음은 누구나 쉽게 이해할 수 있는 부분이다. 또 남아 있는 철기를

통해 이 철기는 어떠한 성형단야 공정을 거쳐 만들어졌는지 짐작하는 것
도 어렵지 않다. 최근에는 전통 대장간이 그리 많이 남아 있지 않아 단
조 작업을 쉽게 보기는 어렵지만, 그래도 이 성형단야 공정만큼은 우리
주변의 대장간에 대한 관찰을 통해 일정 부분 민속자료 확보도 가능하
다. 문제는 이 성형단야를 위한 소재를 어떻게 확보할 수 있느냐 하는 것
이다. 제련철 상태에서 바로 철기를 만드는 성형단야를 실시할 수 있다
면 그보다 좋은 일은 없을 것이다. 그러나 아무리 철 함량이 높은 철광석
이라도 목탄과 반응하여 녹는 과정을 거치면시 불순물이 남게 마련이다.
한편, 제련로에서 불순물이 거의 제거된 상태로 나온 선철은 탄소 함량
이 높아 두드려지지 않기 때문에 만약 단조철기를 만드는 데 이용하려면
탄소 함량을 낮추는 탈탄(脫炭) 과정을 필수적으로 거쳐야 된다.

(1) 강철 생산을 위한 정련 제강 공정: 초강정련, 정련 및 단련단야

정련제강(精鍊製鋼)은 말 그대로 탄소가 과다하게 많아 단야가 불가능한
선철을 탈탄하거나[탈탄제강] 또는 탄소 함량이 적은 괴련철을 침탄하여
[침탄제강] 연성(軟性)과 전성(展性)이 풍부한 강의 성질로 개선하는 공정
을 말한다. 전자는 중국 한대(漢代)에 선철을 직접 탈탄하는 이른바 초강
법(炒鋼法)(노태천 1997)이 해당되는데, 문제는 고대 제련로에서 생산된 선
철로 과연 초강정련을 실시하였는지 여부이다. 기원후 4세기 무렵으로
추정되는 청원 연제리 유적의 경우 원료인 철광석이 없고 미세조직에서
다량의 칼슘(CaO)이 검출되면서 반환원괴와 유출재 등도 확인되어 초강
정련이 이루어졌던 것으로 보고 있으며, 경주 황성동 유적도 반환원괴를
용해하여 초강정련을 하였을 가능성이 제기되고 있다(최영민 2015b).
　제강기술의 하나인 초강정련은 용융 상태의 선철을 탈탄하여 바로 강
소재를 만드는 것이기 때문에, 강을 대량 생산하는 데 매우 탁월한 공정

기술로 평가될 수 있다. 초강정련을 위해서는 제련 공정에서 생산된 선철괴나 반환원괴 등을 먼저 용해하여 용선 상태로 만든 다음, 여기에 산화철(Fe_2O_3, Fe_3O_4) 등의 탈탄제를 투입하고 용탕을 교반하여 산소와 접촉면적을 넓히는 작업을 거쳐 탈탄하게 되는데, 산소와의 반응으로 흡사 볶는 것과 같은 효과가 난다고 하여 초강이라는 이름이 붙여졌다. 한편, 용선과 불순물의 분리를 원활하게 하기 위해 칼슘(Ca) 성분을 다량 함유한 석회석($CaCO_3$) 등의 조재제가 사용되었다(최영민 2015b).

$$FeC(H) \quad + Fe_2O_3, Fe_3O_4 \quad \rightarrow FeC(L) \quad + CO, CO_2\uparrow$$

용선(고탄소) + 탈탄제(산화철) → 초강괴(저탄소) + 일산화·이산화탄소

그 화학식은 위와 같이 정리할 수 있는데, 이를 통해 만들어진 초강괴는 조직 및 탄소량이 균일하고, 비금속개재물이 적고 미세하게 분산되어 있으며, 그 성분에 칼슘(Ca) 성분이 많고, 비금속개재물이 입계가 아닌 기지조직 내에 형성되는 등의 특징을 갖게 된다. 이러한 과정에서 배출되는 철재는 조재제로 투입된 칼슘(CaO) 성분을 비교적 많이 함유하고 있어 염기성을 띠는 철재로서, 격렬한 화학 반응에 의해 다량의 가스가 배출되고 정련이 잘 되어 철의 함량이 낮기 때문에 부피에 비해 가벼운 특징을 보일 수 있다.

삼국시대에 초강정련기술을 보유하였을 가능성이 제기되고 있으나, 금속학적 분석 결과 이 시기 철기의 대부분이 괴련철 소재를 이용해 단야공정을 거쳐 생산되었던 것으로 보이는 점에서 초강정련기술이 과연 고대에 보편적으로 사용되었는지 여부는 확언하기 어렵다. 어쨌든 이처럼 초강정련에 의해 소재가 생산되었다면 이는 곧바로 철기 제작에 사용될 수 있다.

한편, 삼국시대 제련로에서 저온고체환원법에 의해 생산된 괴련철 잡쇠에는 다량의 불순물(SiO_2, Al_2O_3, CaO 및 기타의 미량원소)들이 포함되어 있고 탄소 함량도 불균일하기 때문에 그대로는 철기를 제작할 수 없다. 따라서 재차 불순물을 제거하고 재질을 균일하게 해 유통에 적당한 형태의 중간소재를 생산하는 공정을 곧 정련(精練)공정으로 통칭하여왔다. 그런데 이 공정은 1차로 제련로에서 생산된 괴련철을 단야로에서 반용융 상태가 되도록 녹여 단타·합체하는 과정을 여러 번 거쳐 부정형의 철괴를 만드는 공정[정련단야]과, 이 철괴를 반복 가열 단타하여 불순물 함량을 최저로 낮추고 조직을 치밀하게 하여 철정(鐵鋌)과 같은 유통 가능한 형태의 소재를 만드는 공정[단련단야]으로 세분할 수 있다. 이는 각기 권병탁 교수가 제시한 전통 용어로는 강엿쇠둑과 판장쇠둑 단계(《표 4-3》)에 대응될 수 있다. 정련과 단련단야는 사실 하나의 노에서 작업이 이루어져도 전혀 문제가 없으나, 괴련철 덩어리들보다는 부피가 훨씬 작은 철괴로 작업하는 단련단야로의 규모가 정련단야로보다는 작은 것이 연료 효율이나 작업 용이성 등에서 유리하였을 것으로 생각된다.

조선시대 김홍도와 김득신의 풍속화에서 이러한 정련단야 모습을 표현한 것으로 보이는 그림들이 있다(《그림 4-12》). 김홍도의 〈노변야로〉(1778)에서는 나무 위에 쇠로 된 모루가 있고 그 위에 있는 쇠를 한 명의 남성이 집게로 잡고 있으면서 나머지 두 명의 메질꾼이 큰 메를 들고 번갈아 내려치는 모습이 보인다. 모루 위에 올려진 붉게 달궈진 쇠가 부정형인 것은 괴련철이며, 그림에 보이는 큰 메는 기물 성형이 아니라 불순물을 제거할 때 사용하는 망치여서 이 그림은 괴련철[조선시대의 신철(薪鐵)]을 반복 단타하여 불순물을 제거하고 강철[후술할 조선시대의 정철(正鐵)]을 만드는 정련 과정을 그린 것으로 보아도 좋을 것이다(심재연 2017, 342쪽). 그런데 김홍도의 〈노변야로〉와 김홍도·김득신의 대장간 그림에 있

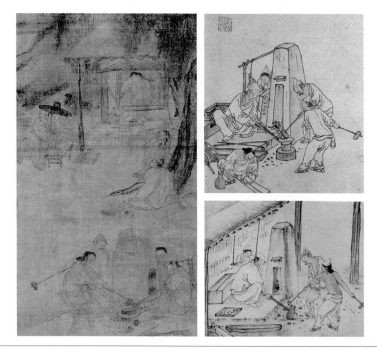

〈그림 4-12〉 조선후기 정련단야 공정을 보여주는 것으로 생각되는 풍속도들. 좌: 김홍도의 〈행려풍속도〉 속에 있는 〈노변야로〉, 우상: 김홍도의 〈대장간〉, 우하: 김득신의 〈대장간〉(심재연 2017, 342쪽 재인용).

는 노는 약간의 차이가 있다. 〈노변야로〉의 노는 장방형의 불창이 있고 원형에 위가 약간 좁아지는 형태여서 흡사 제련로를 축소한 듯한 모습을 보이고 있다. 김홍도와 김득신의 대장간에서는 이와 조금 다르게 노의 상하부가 모두 방형 평면에 위가 좁아지는 모습을 하고 있는데, 무엇보다 위가 막혀 있는 대신 화로 부분이 앞뒤가 뚫려 있는 터널식으로 되어 있는 것이 가장 큰 특징이며 노 옆에서는 손풀무질을 하고 있다. 이러한 노는 고대 제철 유적에서 확인되는 (반)지하식의 수혈식 노와는 달리 지상식으로서, 이러한 단야로로 직접 작업을 하고 있는 이은철 제철장인에 의하면 수혈식 원형로보다 온도 조절이나 작업 등에서 훨씬 용이하다고 한다.

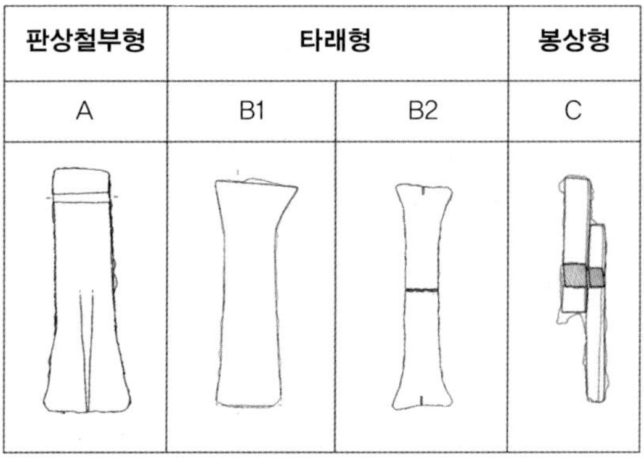

판상철부형	타래형		봉상형
A	B1	B2	C

〈그림 4-13〉 고대 철소재 유통을 위해 생산된 철정 형식 모식도.

한편, 정련과 단련 공정을 통해 생산된 철괴는 아무래도 유통에 편리한 형태이면서 동시에 다른 철기로 전환되기 쉬운 특성을 지녀야 하는데, 고대에 이를 위한 소재로서 일찍이 주목받아온 것이 철정과 판상철부이다(安海城 2009). 이 철정을 화폐로 보는 시각(송계현 1995; 黑田幹一 1930; 村上英之助 1977)과 실용기로서 사용이 제한되어 있고 간단한 단야 과정을 통해 충분히 다른 철기를 만들어낼 수 있다는 점에서 철소재로 보는 입장(森活一 1959; 大澤正己·山本信夫 1977; 박천수 2007), 그리고 이 두 기능을 겸해 소재이자 화폐로서 동시에 사용되었다고 보는 견해가 있다(임효택 1985; 김정완 2000). 한편, 판상철부는 형태상 철부로서 기능을 수행하기 어려워 철정의 기원을 판상철부에서 찾고 기능적인 면에서 철부의 기능을 완전히 상실한 것을 판상철부형 철정으로 구분하는 탁견이 송계현(1995)에 의해 제시된 바 있다. 필자도 고대에 철소재의 기능을 갖는 것을 모두 포괄하는 가장 적당한 용어가 역시 철정(鐵鋌)[덩이쇠]이라 생각하며, 이는 시기와 관계없이 그 형태에 따라 크게 판상철부형 철정(A)과 타래형 철정(B), 봉상형 철정(C)으로 구분할 수 있다(〈그림 4-13〉). 이에 대해서는 후술하기로 한다.

이들 중 판상철부형 철정(A)은 가야 지역의 경우 창원 다호리 1호묘에서 세형동검과 함께 세장형의 것이 출토된 바 있으며, 김해 양동리 235호묘에서는 대부장경호와 같은 신식 와질토기와 공반되고 있다. 또 진한 지역에서도 기원 이전에 축조된 경산 하양지구 6호 토광묘와 함께 기원 후 2세기 전반 무렵으로 비정되는 경주 사라리 130호 토광묘[8] 등을 비롯해 다수 출토되고 있다. 이처럼 판상철부형 철정은 영남 지역의 원삼국시대 유적에서 집중 출토되고 있는바, 『삼국지(三國志)』 위서(魏書) 동이전(東夷傳)의 기록대로 철 생산이 활발하였던 진변한 지역의 철 생산력을 반증해주는 동시에 철의 유통을 위해 적극 활용하였던 것으로 생각된다.

(2) 철기 생산을 위한 성형단야 공정

정련과 단련단야를 통해 생산된 철소재를 이용하여 마지막으로 실제 사용될 철기를 만드는 공정이 곧 성형(成形)단야인데, 이는 기존에 단련단야로 부르던 것(《표 4-3》)이다. 이처럼 단야 공정은 정련-단련-성형단야의 세 공정으로 세분할 수 있는데, 정련과 단련단야는 권병탁(2004)의 큰대장간에, 성형단야는 (작은)대장간에 각각 대응될 수 있다(김권일 2012).

이는 제강 공정을 통해 생산된 철소재를 다시 적당한 온도에서 가열하면서 단타하여 필요한 형태의 단조철기를 만드는 공정으로서, 이때 날 부분 등을 담금질과 같은 열처리를 통해 부분적으로 성질을 개선시키기도 한다(김권일 2012). 우리가 지금도 볼 수 있는 일반적인 대장간으로서, 기존에는 단련단야 공정으로 부르기도 하였으나 일정한 형태의 철기를 만든다는 의미에서 성형단야로 부르는 것이 적당할 것 같다.

19세기 말에 그려진 기산 김준근[9]의 대장장이 그림에서도 비슷한 모습이 보인다(《그림 4-14》). 노 앞에 쪼그려 앉은 사람이 왼손으로는 집게로 쇠를 잡고 오른손에는 작은 망치를 들고 단타를 하고 있는데, 각기 1~2

〈그림 4-14〉 19세기 말 김준근의 대장간 그림(좌: 숭실대기독교박물관 2008, 우: 영국도서관).

명의 메질꾼이 앞서 김홍도와 김득신 그림의 메보다는 조금 작은 메로 단타를 하고 있다. 영국도서관에 있는 그림에서는 한쪽에서 낫을 가는 모습이 있어, 이들 그림은 기물을 만드는 성형단야를 묘사한 것으로 보인다. 여기서 가장 큰 특징은 김홍도와 김득신의 그림에 보이는 단야로들보다 높이도 조금 낮고 무엇보다 상부가 반원형으로 되어 있는 것이 특징인데, 기본적으로 고대 단야로들이 수혈식으로 되어 있는 것과는 달리 지상식으로 되어 있는 것이 큰 특징이라 할 수 있다. 고대에서 중세로 넘어오면서 가장 큰 변화는 바로 노의 형태와 함께 지상화된 점을 들 수 있을 것 같다.

한국연구재단의 지원으로 2015~16년에 실시한 단야복원실험 결과, 정련 공정에서 작은 소재들을 사용할 경우 반용융되는 시간도 단축되고 조직 내의 미세한 불순물도 용융·분리가 원활한 반면에 파쇄하지 않은 큰 덩어리를 장입했을 경우 가열시간도 오래 걸리고 조직 내부의 불순물까지는 용융·분리가 어렵다는 점을 확인하였다(김권일·이남규·강성귀·성정용 2019). 이는 정련단야 시 잡쇠를 모두 잘게 파쇄해 노 안에 장입하는 것이 유리함을 말해준다. 한편, 정련에서 생산된 철괴는 여전히 탄소가 고르지 않고 조직 내 불순물이 남아 있어, 단련단야에서 이 소재를 반복

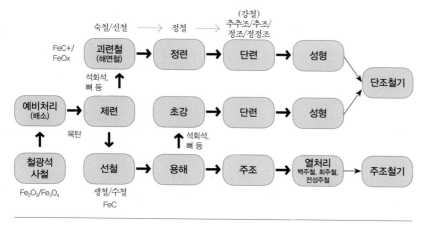

〈그림 4-15〉 한국 전통 제철 공정체계 모식도(이남규 2017의 그림8 수정 인용. 적색은 조선시대 용어로 정해득 2016 참조).

적으로 가열·단타·단접해 불순물을 제거하고 조직을 치밀하게 하며 탄소 함량을 조절한다. 따라서 장인의 숙련도가 조업의 성패를 좌우한다고 할 수 있으며, 필요에 따라 가열·단타·단접 횟수와 소재 간 겹침 여부가 즉각적으로 결정되는 경향이 있다. 결국 단련단야가 단야 공정 중 가장 힘들고 어려운 작업으로서 최종적인 철소재 생산의 성패를 좌우한다. 한편, 20kg 정도의 괴련철로 정련과 단련단야 과정을 거친 결과 1/10 정도 무게의 철정이 생산되어 손실률이 90% 가까이나 되었다. 이는 연구팀이 갖고 있던 기술력과 괴련철 소재 자체의 문제이기도 하지만, 정련과 단련단야가 그만큼 어려운 과정임을 보여주고 있다.

지금까지 전통적인 철 생산과 철기 제작 과정을 복원실험 결과 등과 함께 자세하게 살펴보았는데, 이러한 전통 철 생산체계는 〈그림 4-15〉와 같이 정리해볼 수 있다.

철기를 만들기 위해 필요한 도구는 무엇이 있을까?

철기를 만드는 방법은 전술한 것과 같이 쇳물을 틀[용범]에 부어 만드는 주조와 쇠를 두드려 만드는 단조가 있다. 주조는 제련로에서 나오는 선철을 바로 이용하든 또는 용해로에서 다시 녹여 이용하든 간에 쇳물을 운반하기 위한 다양한 크기의 도가니와 이를 잡을 수 있는 집게만 있으면 기본 작업은 가능하다.

이에 비해 단조 작업은 좀 더 많고 다양한 형태의 도구를 필요로 한다. 단조 작업에서는 내려치는 엄청난 힘을 받아줄 수 있는 튼튼한 모루가 가장 필수적으로서, 쇠로 만든 모루가 가장 이상적이며 보통 통나무에 고정하게 된다. 모루 위에 달구어진 쇠를 놓고 두드리면 크고 작은 박편들이 사방으로 튀게 되는데, 유적에서 이러한 박편이 집중적으로 나오는 곳은 곧 모루가 설치되어 있던 장소로서 단야 작업이 이루어지던 공방임을 의미하는 것이다(단조로 발생한 박편인지 알기 위해서는 금속학적 분석이 필요하다).

이러한 정련과 단련–성형단야 과정에서 크기는 물론 머리 형태도 대단히 다양한 집게가 필요하며, 망치도 상황에 따라 다양한 크기의 것이 사용되는데 특히 정련 작업에서 가장 큰 메가 이용된다. 그 밖에 철기에 구멍을 뚫거나 철을 자르고 접는 데 쓰이는 정과 끌, 가위, 숫돌 등도 필요하다(《그림 4-16》).

〈그림 4-16〉 단야 작업에 사용하는 각종 망치(1)와 집게(2), 정(3), 철제 모루(3)(여주 백련공방 이은철 장인 사용 도구: 성정용 촬영).

옛날 철 생산에는 얼마나 많은 작업 인원이 필요하였을까?

고려시대 이래로 중앙의 병기 제작 부서였던 군기시에는 644명의 공장(工匠)들이 근무한 기록이 있는데, 그들 가운데 주장(鑄匠) 20명, 갑장(甲匠) 35명, 궁인(弓人) 90명, 야장(冶匠)13명, 연장(鍊匠) 160명이 있었다고 하여 철과 직간접적으로 관련된 조업의 종사자들이 435명으로 전체 공인의 67% 정도를 점하고 있다. 아무래도 철기 제작보다는 철 생산에 더 많은 기본 인원이 필요할 수밖에 없는데, 제련 작업에 필요한 기본적인 인원은 몇 명 정도일까?

권병탁(2004, 575-580쪽)이 1967년 경주 외동읍에 거주하던 35~84세 사이의 주민 60여 명에 대한 인터뷰를 토대로 조선 말기 쇠부리 작업을 재구성해본 것에 의하면, 쇠부리 작업에는 총 지휘자인 골편수를 비롯하여 쇠와 숯·풀무 작업 등을 각기 담당하는

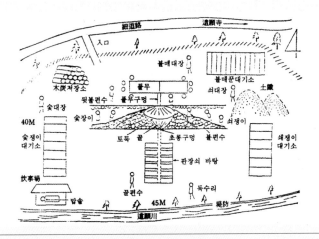

〈그림 4-17〉 전통 쇠부리가마 작업장 모식도(권병탁 2004, 650쪽).

40여 명이 넘는 많은 인력이 필요하였다고 한다. 필자도 최근 제련 작업 실험에 직접 참여하여본 결과 쇠부리 작업에서 가장 단순하면서도 힘들고 인원이 많이 필요한 것은 풀무질로서, 작업하는 동안 끊임없이 밟아야 하기 때문에 여간 고된 작업이 아니었다. 발풀무는 보통 4인이 짝을 이뤄 최소한 3팀 정도는 교대해주어야 수십여 시간에 이르는 오랜 작업을 그나마 견딜 수 있다. 그 외에도 철 생산 작업을 총괄하는 골편수를 보조하는 둑수리와 쇠와 숯을 다루는 사람들이 작업에 꼭 필요해, 기본 작업 인원이 최소한 20여 명은 된다. 당시 작업자를 부르던 이름과 역할 등을 정리해보면 아래와 같으며, 〈그림 4-17〉은 이들이 동원된 전통 쇠부리 작업장의 풍경을 묘사한 것이다.

이름	인원(최소)	역할	비고
전주(錢主)	1	자금 등 조달 총책	
대리관리인	2(0)		
골편수	1	기술 관련 작업 최고지휘자, 노 축조부터 끝 날 때까지 생산 성패 좌우하는 핵심 역할	원불편수 겸할 수 있음
둑수리	1	골편수의 조수	
원불편수	1	뒷불편수와 숯대장, 쇠(불매)대장 등을 지휘 하며 쇠부리 작업 전반을 담당	일종의 공장장
뒷불편수	1	원불편수 조수	
숯대장	1	숯 작업 지휘	(걸대장)
숯쟁이	8(1)	숯 손질과 운반, 투입	
쇠대장	1	철광석 투입 지휘	(불매대장)
쇠쟁이	8(1)	철광석 파쇄와 운반, 투입	
풀무대장	1	풀무 작업 지휘	
풀무군	16(8)	풀무 작업	4교대(2교대)
공양주	2(1)	식사 등	(취사노파)
계	44(19)		

우리나라 제철 문화의 발달 과정

1. 신기술, 언제 우리나라에 유입되었을까?

한반도에 철이 유입되고 제작된 시기는 언제쯤일까? 압록강 서쪽은 요령
지역, 두만강 북쪽은 연해주 지역과 맞닿아 있는 점에서 한반도 지역 철
기 사용 개시기의 연대는 이들 지역의 철기 사용 연대와도 무관하지 않
다. 무산 호곡동 제5문화층과 회령 오동 6호 주거지에서 출토된 철제 도
끼가 출토된 바 있는데, 북한에서는 토기상으로 보아 이들을 기원전 7~5
세기 내외로 주장하면서 한반도에 초기 시베리아 계통의 철기가 유입되
었을 것으로 보기도 한다. 그런데 이들 도끼는 분석 결과 연철과 선철 제
품으로 확인되었으며, 오히려 중국 전국시대 연(燕)나라 계통 철기일 가능
성이 높아 보인다. 결국 시베리아 계통 철기가 이처럼 이른 시기에 한반
도 지역까지 파급되었다는 주장은 아직 그 증거가 부족한 편이며, 현재
로서는 본격적인 철의 수용은 그다음 시기에 이루어진 것으로 보인다.

    요령 지역과 한반도에 철이 본격적으로 등장하는 것은 전국시대 연나

〈그림 4-18〉 청동기가 공반되는 초기 철기 각종(좌: 황해도 송산리 솔뫼골, 중: 당진 소소리, 우: 부여 합송리).

라 계통의 주조철기문화의 유입에 따른 것으로서, 본격적인 철기문화의
1차 파급이라 할 수 있다. 『삼국지(三國志)』 위서(魏書) 동이전(東夷傳) 한조
(韓條)에는 한(韓)과 고조선 준왕과의 관계를 설명하면서 전국시대 연(燕)
나라 장수 진개(秦開)가 고조선 서변을 침입하여 2천여 리의 땅을 차지하
였다 기록하고 있는데,[10] 이는 요동과 한반도 서북한 지역에 연나라 철기
문화가 파급되는 주요한 계기 중 하나로 작용하였을 가능성이 높다고 생
각된다. 물론 철기가 전적으로 이 사건을 계기로 들어왔다는 의미는 아
니다. 어쨌든 요령 지역의 무순 연화보와 금현 고려채(高麗寨)·대련(大連)
목양성(牧洋城) 및 평안 영변 세죽리, 황해도 봉산 송산리(〈그림 4-18〉의
'좌')와 백천 석산리·박천 단산리 등지에서 연나라의 특징적인 명도전(明
刀錢)과 도끼·끌·호미·괭이·낫·자귀·등의 주조철기가 타날문 회색도기
와 함께 공반되고 있다. 이 중 주조철기는 전술한 것과 같이 제련로에서
생산한 쇳물이 있어야 만들 수 있는 것으로, 이러한 선철 생산은 중국에
서도 전국시대 연나라와 초나라를 중심으로 이루어졌던 것으로 알려져
있다(李南珪 1988). 요동과 서북한 지역에서 이러한 주조철기를 받아들여
사용한 집단은 기본적으로 고조선계 주민들일 가능성이 높다. 점토대토
기와 세형동검 등의 재지적 물품과 회색타날문토기 및 주조철기 등의 외

래계 물품이 공반된 본계(本溪) 상보촌(上堡村) 석관묘는 기본적으로 고조
선계 주민이 남긴 것으로 보아도 좋을 것이다. 그런데 이들 지역에서 출토
되는 철기는 모두 연에서 수입된 것일까 아니면 자체 생산도 가능하였던
것일까? 아직 이와 관련된 유적이 거의 없으나, 평안남도 증산군과 대동
군 부산면에서 기원전 2세기대로 추정되는 주형이 발견되어 이 지역에서
이 무렵 선철 생산이 이루어졌을 가능성은 충분하다고 생각된다.

한반도 중남부 지역에서는 당진 소소리와 부여 합송리(〈그림 4-18〉의
'중'과 '우'), 장수 남양리, 논산 원북리, 공주 수촌리, 완주 신풍과 갈동 유
적 등지의 토광묘에서 점토대토기 및 흑도장경호 등의 토기류와 세형동
검·세형동과·정문경 등의 청동기류와 함께 요동과 서북한 지역에서 발견
되는 주조철기들과 제작기법 및 형태가 동일한 철기들이 공반되고 있다.
가장 발달된 청동기류와 공반되고 있는 점에서 이들 유적의 연대는 서북
한 지역보다는 조금 늦은 기원전 2세기를 전후한 것으로 생각되고 있다.
결국 지역에 따라 철기의 출현 시기에 조금씩 차이가 있는 셈인데, 이처
럼 한반도 중남부 지역에 철기가 유입될 수 있는 하나의 계기로 고조선
준왕의 남천과 관련시켜 보는 견해가 있다. 『삼국지』 위서 동이전 한조에
의하면 마한의 연원을 설명하면서 고조선 준왕이 위만에게 쫓겨 한지(韓
地)에 정착하여 한왕(韓王)이 되었으나 그리 오래가지는 못하였다 기술하
고 있다.[11] 이들 유적에서 공반된 유리의 성분 분석 결과 중국 전국시대~
한대의 납-바리윰 계통 유리로 밝혀져 철기와 유리 제작기술이 같이 유
입되었을 가능성도 시사하고 있다.

이처럼 고조선 지역을 중심으로 1차 파급된 철기문화는 주조철기를
기반으로 하고 있으나, 얼마 후 한(漢)의 제철기술에 기반을 둔 새로운 기
술의 단조철기문화가 파급되는 것으로 생각된다. 전국시대의 주조철기에
비해 한대(漢代)에는 탄소가 과도하게 함유되어 있는 선철에서 탄소를 제

거하여 강철을 만드는 이른바 '초강'기술이 개발되었다고 한다. 전국시대에도 단조철기가 전혀 없는 것은 아니었으나, 한대에 들어와 철 장검(長劍) 등 단조를 통해 생산된 강력한 강철제 무기들이 등장하는데, 그 배경에는 이러한 초강기술이 자리잡고 있었던 것으로 생각되고 있다. 『사기(史記)』 조선전(朝鮮傳)에 의하면 위만의 조선은 한(漢)의 외신(外臣)으로서 한과 우호적인 관계를 맺고 주변국들이 한에 예속하는 것을 막지 않는 조건으로 한으로부터 병장기를 공급받게 되는데, 위만의 조선은 그 약속을 어기고 오히려 이 병장기들을 사용하여 주변국들이 한(漢)에 예속하러 가는 것을 방해하는 한편 진번과 임둔을 비롯한 주변 소국들을 오히려 복속시켜 그 땅이 수천 리에 이르렀다고 한다.[12] 이때 위만의 조선이 받은 병장기가 바로 한의 강철제 무기였을 것으로 생각된다. 그러나 위만의 집권 기간이 80여 년 정도로 짧았기 때문에, 서북한 지역에서 위만과 관련된 유적을 특정하는 것은 아직도 쉽지 않다. 다만 토광묘에서 청동기와 함께 철검이나 철모 등의 강철제 무기가 공반되는 것은 위만조선 단계까지 소급될 가능성이 충분하다. 이처럼 한으로부터 유입된 단조철기문화가 기원전 108년 위만조선의 멸망과 함께 한반도 남부 지역으로 파급되었을 가능성이 높아, 철문화의 2차 파급이라 할 수 있다. 이러한 위만조선의 철기문화 파급은 준왕 계통의 강고한 세력이 자리잡고 있던 서남부 지역을 피해 동남부 지역에 집중되었을 가능성이 높아 보인다. 대구 팔달동과 창원 다호리 등지에서 확인된 초기 토광묘들이 그 산물일 수 있다.

한편, 변진 지역의 철 생산을 보면 원삼국시대에는 경주 사로국(斯盧國)과 김해 구야국(狗邪國)이 유력한 철 생산 후보로서, 이 지역의 철이 연안 항로를 따라 한반도 거의 대부분의 지역과 바다 건너 왜(倭)에까지 공급되었다고 한다. 아마도 판상철부형이나 실타래형 철정 같은 중간소재 형태로 널리 유통되었을 것으로 보인다. 대구 평리동, 창원 다호리, 경주 조

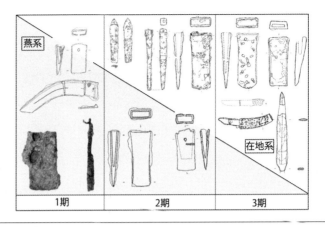

〈그림 4-19〉 한반도 서남부 지역 초기 철기문화의 전개 과정(김상민 2013, 그림 4.17).

단계 \ 중국 연표	300년 221년 206년 108년 8년					
	전국시대	중기	후기	진	전한(낙랑군의 설치)	신 후한
한반도 서남부		서남부 1기	서남부 2기		서남부 3기	‖‖‖‖‖‖‖‖‖‖‖‖‖‖
한반도 동남부			동남부 1기		동남부 2기	동남부 3기
초기 철기 생산			초보적 제지 생산		철기 생산기술 유입	생산기술의 발전
공반토기		원형점토대토기	원형+삼각점토대		삼각+신식삼각점토대	신식삼각점토대+고식와질

〈표 4-4〉 한반도 남부 지역 초기 철기문화의 유입 연대와 시기적 병행 관계(김상민 2013, 그림 4.19)

양동, 대구 팔달동, 경산 임당동, 영천 용전동, 경주 인동리 유적은 이 지역의 철 생산과 관련이 깊을 것으로 추정되며, 충주 탄금대와 진천 석장리, 경주 황성동, 화성 기안리 유적 등은 철 생산이 확대 보급되는 모습을 보여주는 것으로 생각된다. 이른바 3차 철문화의 파급이라 할 수 있을 것이다(〈그림 4-19〉, 〈표 4-4〉).

2. 고대의 제철 양상

앞서 우리나라에 철기문화가 들어오게 되는 과정을 일별하여보았다. 아마도 철기문화가 처음 유입되었던 당시에 바로 철 생산을 개시하였다기보다는, 중국으로부터 유입된 철기를 도구로서 직접 이용하다가 어느 시점부터 차츰 수입한 철기를 소재로 이용하거나 또는 철을 직접 생산하여 이를 철기 제작에 활용하게 되었을 것으로 생각된다. 과연 우리나라에서의 철 생산은 어떠한 과정을 거쳐 정착되었고, 어떠한 방법으로 철을 생산하여 유통하였을까? 제련과 단야 등의 각종 철 생산과 관련된 고대 제철 유적의 분포 현황을 보면 얼마 전까지 경상 지역이 46개소로 가장 많고, 다음이 강원 지역 26개소, 서울·경기 지역 17개소, 충청 지역 13개소 등이 조사되었는데(〈표 4-5〉, 〈그림 4-20〉 〈그림 4-21〉, 김권일 2012), 이 중 철을 직접 생산하는 제련로유적은 15개소 정도밖에 되지 않는다(〈표 4-6〉, 〈표 4-7〉).

김권일(2012)에 의하면 46개소의 유적이 조사된 경상 지역에서는 해안 지역을 중심으로 남한 지역에서 가장 이른 시기의 제철 유적이 확인되고 있는데, 사천 늑도 유적과 창원 성산 패총, 울산 달천 유적 등이 기원전 1세기를 전후한 무렵의 단야와 채광 유적에 해당된다. 전술한 초기 철기

시대＼지역	서울 경기	강원	충청	경상	전라	북한	계
초기철기	-	-	-	6(3)	-	3	9(6)
원삼국	8	2	-	14(3)	-	-	24(13)
원삼국~삼국	5	10	1	6	1	1	24
삼국	4	11	10	16(12)	1	1	43(39)
통일신라	-	3	2	4	1	-	10
계	17	26	13	46(28)	3	5	110(92)

〈표 4-5〉 고대 제철 유적의 지역과 시기별 현황(김권일 2012, 표2).

〈그림 4-20〉 초기 철기~원삼국시대 제철 유적 분포도(한국문화재조사연구기관협회 2012, 부록5-2).

〈그림 4-21〉 삼국~통일신라시대 제철 유적 분포도(한국문화재조사연구기관협회 2012, 부록5-3).

문화가 금강 유역권을 중심으로 처음 나타났던 것과 달리, 제철 관련 유적은 경상 해안 지역에서 이른 시기의 것이 확인되는 셈이다. 이는 1차 파급된 제철문화가 본격적인 철 생산체계까지 포함하지는 않았을 가능성을 시사하는 것인데, 아마도 수입한 철기나 철 소재를 활용하여 재가공하였을 수 있다. 이에 대해서는 향후 보다 심도 있는 논의가 필요하다. 약 26개소의 유적이 조사된 강원 지역의 경우 제련 유적이 확인되지 않는 반면에 기원후 2~5세기 무렵의 단야·용해 유적이 대부분을 차지하는 것이 특징이다. 동해 망상동과 송정동, 영월 주천리 등에서 정련단야로의 가능성이 있는 노가 조사되어, 이들 거점 지역에서 철소재를 생산해 주변에 공급했을 가능성이 제기되고 있다.

　서울·경기 지역 또한 원삼국~삼국시대 초기의 단야와 용해 공정에 해당되는 유적이 대부분으로서, 원삼국시대 수혈주거지 21동과 수혈 80기 이상이 조사된 연천 삼곳리 유적이 주목된다. 특히 2호 주거지 중앙부에서 확인된 노가 규모도 크고 다른 소형 노들과는 구조도 달라 정련단야로일 가능성이 있어(김권일 2012), 정련단야를 통해 생산된 철소재를 주변 지역에 공급하였던 것으로 추정해볼 수 있다. 또 서울 풍납토성은 도성 내에서 철기 제작이 이루어져, 백제 한성기 수공업의 일면을 보여주고 있다.

충청 지역의 경우 충주와 진천 지역에 제철 유적이 집중되어 있어 이 두 지역이 고대 철 생산의 근거지였음을 알 수 있는데, 충주 지역은 특히 고려~조선시대에 해당되는 제철 유적이 상당수 분포하는 것이 특징이다. 이 지역에서는 아직까지 원삼국시대 제철 유적이 거의 확인되지 않는 반면에, 진천 송두리와 석장리, 충주 칠금동 유적은 모두 기원후 4세기대에 집중되어 있어 현재까지 조사된 유적 중 남한 지역에서 가장 이른 시기의 제련 유적이라 할 수 있다. 특히 진천 송두리 유적에서는 최소 26기 이상의 제련로 및 이와 관련된 취락이 조사되어(강지원 2017), 고대 대규모 철 산업단지라 해도 과언이 아니다. 다만 이 유적에서는 백제 한성기 중앙의 토기가 거의 출토되지 않고 있어, 이 대규모 철 생산단지를 운영한 주체가 과연 누구였을지가 향후 풀어야 할 과제이다. 또 송두리와 석장리·칠금동 유적(《그림 4-22》)에서는 제련에서 정련·용해에 이르는 대부분의 공정들이 유기적인 생산체계를 이루었던 것으로 파악되고 있어, 충청 지역은 제련을 중심으로 한 체계적인 제철문화가 기원후 3~4세기 무렵부터 매우 발달되는 특징을 보여준다.[13]

전라 지역에서는 삼국시대 2개소와 통일신라시대 1개소의 제철 유적밖에 조사되지 않아, 장수 남양리와 익산 신동리, 전주 효자동, 완주 갈동 등 남한 지역에서 철기 유입이 가장 빠른 지역임에도 불구하고 오히려 제철 유적 수는 가장 적은 것이 특징이다. 현재까지 자료로 보는 한 기원후 2세기까지도 전라 지역에서는 제련을 통한 철소재의 자체 제작이 없었을 가능성도 있다.

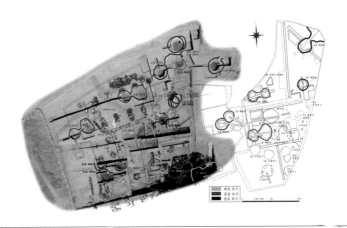

〈그림 4-22〉 충주 칠금동 제철 유적 전경(국립중원문화재연구소, 2018).

북한 지역에서는 5개소가 확인되었는데, 중강 토성동과 시중 남파동에서 한반도에서 가장 이른 시기에 해당되는 기원전 1세기의 제철로(제련로)가 조사된 것으로 알려져 있으나 정확한 성격은 알 수 없다.

먼저 1차적으로 철 생산의 가장 기초가 되는 제련로의 조사 성과를 통해 고대 제철의 양상을 살펴보도록 하자. 먼저 영남 지역에서는 밀양 사천(7기)과 임촌리(25기), 양산 물금(5기) 등 낙동강 하구의 신라 지역에 위치한 유적들에서 37기의 제련로가 확인된 반면에 가야 지역에서는 창원 봉림동과 김해 여래리에서 단 2기만 확인되었다(〈표 4-6〉, 〈그림 4-23〉, 〈그림 4-24〉). 이처럼 고대 영남 지역에서는 밀양과 양산 일대가 제철 생산의 중심이었음을 고고자료를 통해 엿볼 수 있는데, 이는 양산 물금광산 등 철광 산지가 지근거리에 위치하고 있는 것과 무관하지 않다고 생각한다.

연번	유적명	유구명	제원			평면형태	특징	시기
			외경	내경	깊이			
1	밀양 사촌	1호 제련로	(137)	(85)	63	원형	하부 모래+철재-소형 할석-황색 점토	6세기 전반 후엽
2		2호 제련로	(148)	(100)	70	원형	제사행위 흔적/ 하부 모래(-모래+목탄)-할석-점토	
3		3호 제련로	(154)	(112)	–	원형	하부 미조사, 1~2호와 같은 구조 추정	
4		4호 제련로	(118)	(85)	–	원형	하부 목탄+모래-소형 할석- 황색 점토	
5		5호 제련로	(65)	–	–	–	5호 하부와 같은 양상으로 추정	
6		6호 제련로	(134)	(70)	22	원형	하부 ?-소형 할석-황색 점토	
7		7호 제련로	(145)	(80)	–	원형		
8	밀양 임천리 금곡 (A, B 구역)	5호 제련로	잔존 지름 53		9	원형	6세기	6세기
9		14호 제련로	환원된 바닥 지름 75×80		환원층 두께 5~10	원형		
10		16호 제련로	127	97	–	원형		
11		17호 제련로	80	60		원형		
12		18호 제련로	80	65	21	원형		
13		25호 제련로	–	(48)	32	원형	하단에 할석을 쌓아 노벽 구축	
14		26호 제련로	75	70	6	원형		
15		37호 제련로	73	67	10	타원형		
16		47호 제련로	73	62	4~6	원형		
17		61호 제련로	117×114	85	1차: 23 2차: 13 3차: 8	원형	3차례 이상 조업, 노 안의 최종 조업을 반영하는 노 바닥의 외연은 할석 내연을 따라 드러남, 明器 6점(배재부)	
18	밀양 임천리 금곡 (C, D 구역)	5-2호 제련로	(130)	–		원형		6세기 전반~ 7세기 중엽
19		5-3호 제련로	(100)	–		원형		
20		5-4호 제련로	(130)	(70)		원형	2차례 조업/ 하부 목탄+모래(불다짐)-점토	
21		8호 제련로	(110)	(60)	20	원형	노벽+할석	
22		21호 제련로	(120)	(100)		원형		
23		22-2호 제련로	(120)	(60)		원형	할석	
24		22-3호 제련로	(150)	(100)		원형	할석	
25		22-4호 제련로	(150)	(100)		원형	할석	
26		22-5호 제련로	(150)	(100)		원형	할석	
27		24호 제련로	(160)	(100)		원형	할석	
28		25호 제련로	(110)	–		원형		
29		26호 제련로	(150)	(100)		원형	할석	

30	밀양 임천리 금곡 (C, D 구역)	28호 제련로	(150)	–		원형	할석	6세기 전반~ 7세기 중엽
31		37-1호 제련로	(100)	(60)	15	원형		
32		11호 제련로	(140)	(90)		원형		
33	양산 물금 (가촌리)[14]	수혈 1	224	210	40	원형		5~6세기
34		수혈 2	220	180	50	타원형		
35		수혈 6		145	27	원형		
36		수혈 7	100	80	18	원형		
37		수혈 12	233	175	20	타원형		
38	김해 여래리	제련로	(100)	(80)	–	원형		4세기
39	창원 봉림동	제련로	(116)	(85)	6	원형		4세기

〈표 4-6〉 동남부 지역 제련로 일람표(이지은 2019)

이러한 고대 영남 지역의 철 생산과 관련될 수 있는 너무나도 유명한 기록이 『삼국지(三國志)』 위서(魏書) 동이전(東夷傳) 한조(韓條)의 변진(弁辰)에 대한 기술에서 다음과 같이 전하고 있다.

> A. 나라에서 철이 나는데 한과 예·왜가 모두 이를 가져가며, 모두 시장에서 철을 중국의 화폐와 같이 사용한다. 또한 두 군에도 공급하였다(國出鐵 韓·濊·倭 皆從取之. 諸市買皆用鐵如中國用錢 又以供給二郡).

즉, 변진 지역에서 나는 철이 가까이 있는 한과 예·왜[15]뿐만 아니라 멀리 낙랑·대방군에까지 공급되었다는 것인데,[16] 이 철은 무게와 부피 때문에 운반이 어려운 철광석이나 완제품으로 만들어진 철기가 아니라 제련을 통해 생산된 철소재가 유통되었음을 의미하는 것으로 봄이 자연스럽다. 이는 철을 화폐와 같이 사용한다는 것을 통해서도 쉽게 유추해볼 수 있다. 이때 유통될 수 있는 철소재는 초강정련이든 괴련철정련이든 정련

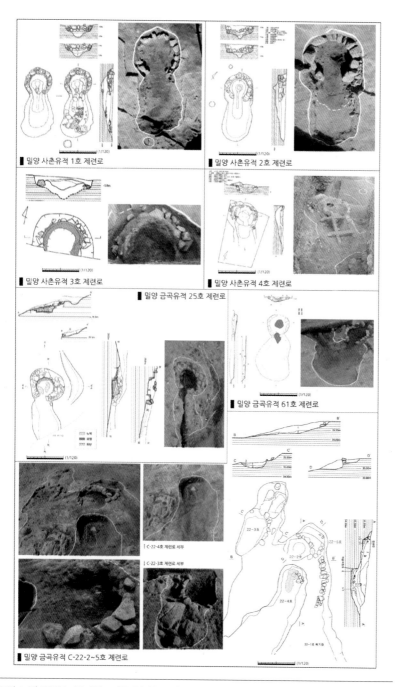

■ 밀양 사촌유적 1호 제련로

■ 밀양 사촌유적 2호 제련로

■ 밀양 사촌유적 3호 제련로

■ 밀양 사촌유적 4호 제련로

■ 밀양 금곡유적 25호 제련로

■ 밀양 금곡유적 61호 제련로

■ C-22-4호 제련로 세부

■ C-22-3호 제련로 세부

■ 밀양 금곡유적 C-22-2~5호 제련로

〈그림 4-23〉 동남부 지역 제련로 각종 1(이지은 2019).

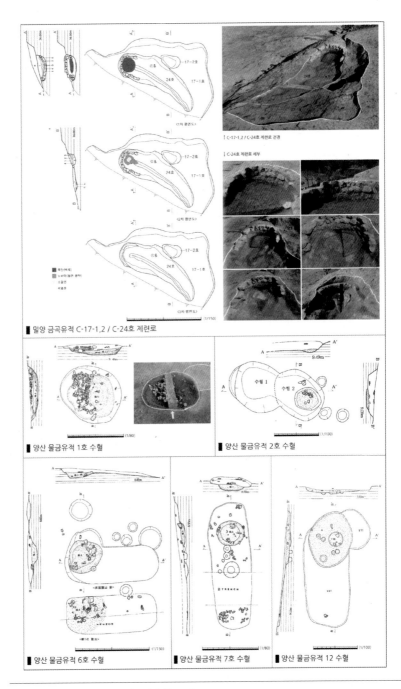

■ 밀양 금곡유적 C-17-1,2 / C-24호 제련로

■ 양산 물금유적 1호 수혈

■ 양산 물금유적 2호 수혈

■ 양산 물금유적 6호 수혈

■ 양산 물금유적 7호 수혈

■ 양산 물금유적 12 수혈

〈그림 4-24〉 동남부 지역 제련로 각종 2(이지은 2019).

과정을 거친 강철소재가 중심을 이루었을 것으로 생각되지만, 선철괴도 유통되었을 가능성을 배제할 수는 없다. 어쨌든 멀리 군현까지 고객으로 둔 것을 보면 변진 지역에서 생산되는 철소재가 대단히 고품질의 것이었음은 미루어 짐작하기 어렵지 않다. 당시 변진의 철 생산지가 어디였는지 구체적으로 알 수 있는 기록은 없으나, 철광 산지와 함께 제련로들이 밀집 분포하고 있는 낙동강 하류역이 그 유력한 후보지임은 분명하다. 아마도 삼한 어느 시점부터 채광과 제련이 이 지역에서 이루어지고, 이것이 삼국시대까지도 계속 온존하였던 것으로 봄이 역시 합리적일 것이다. 신라가 일찍이 4세기 무렵부터 낙동강 하류역으로 진출을 시작한 것이 낙동강이라는 교통의 요지를 장악하기 위한 필요성 때문이라는 견해(이희준 1998)가 있는데, 필자는 신라가 낙동강 하류역을 일찍부터 중시한 배경에는 교통로적 중요성과 함께 이 철 생산지들을 장악하려는 의도와도 밀접한 관련이 있지 않을까 생각한다.

한편 변진 지역에서 이처럼 질 좋은 철이 생산되어 유통되는 시점은 『삼국지』가 찬술된 때와 한에 대한 기록이 채록된 시점[17] 등을 감안하면 아무리 늦어도 기원후 3세기 전·중반 무렵을 하한으로 한다. 그렇다면 변진에서 유통이 가능한 제련철이 생산된 것은 이보다 얼마쯤 이른 시점부터였을까? 이와 관련하여 역시 『삼국지』 위서 동이전 한조에서 고조선 준왕(準王)이 한땅[韓地]으로 남래한 것을 전하면서 바로 이어 『위략(魏略)』이라는 역사책을 인용하여 신(薪) 왕망 때의 설화를 언급한 내용(B)이 극히 주목된다.

B. 위략에 전해지기를, 우거가 아직 건재할 당시 조선상 역계경이 우거에게 간하였지만, 우거가 듣지 않자 동쪽 진국으로 갔는데, 이때 따라 나온 백성들이 이천여 호나 되었으며 조선과는 서로 왕래하지 않

았다. 왕망 지황 연간(기원후 20~23)에 이르러 염사치가 진한의 우거수가 되었는데, 낙랑 땅이 비옥하고 사람들이 풍요롭다는 말을 듣고 도망쳐 나와 항복하였다. (염사치가) 자신의 읍락에서 나온 후 밭 가운데서 참새를 쫓고 있는 한 남자를 보았는데, 그 말이 한인(韓人)이 아니었다. 이에 물으니 남자가 말하기를, "우리는 한(漢)나라 사람으로 내 이름은 호래(戶來)인데, 우리 무리 천오백 명이 나무를 베다가 한인(韓人)들에게 붙잡혀 모두 머리를 깎이고 노비가 된 지 삼년이나 지났다." 염사치가 말하기를 "나는 지금 한(漢) 낙랑에 부항하러 하는데, 당신도 같이 가겠는가?" 하니 호래가 "좋다"고 말하였다. (염사)치가 호래를 데리고 함자현에 이르러 이를 고하니, 현에서는 (낙랑)군에 이를 알리었다. 이에 군에서 즉시 (염사)치를 통역으로 삼아, 금중에서 큰 배를 타고 진한에 들어가 호래와 함께 항복한 무리 천 명을 얻었으나 오백 명은 이미 죽은 뒤였다. 치가 이때 진한에 이르기를 "너희들은 오백 명을 돌려보내라. 만일 그렇지 않으면, 낙랑이 마땅히 병사 만 명을 배에 태워 보내 너희를 공격할 것이다."고 하였다. 진한이 말하기를 "오백 명은 이미 죽었으니 내가 재물로 이를 갚겠다." 하고, 진한인 만오천 명과 변한포 만오천 필을 바치니, (염사)치가 이를 거두어 곧바로 돌아갔다. (낙랑)군에서 (염사)치에게 그 공로를 치하하고, 관책과 밭·집 등을 하사하였다. 자손 수대에 걸쳐 내려오다가, 안제 연광 4년(기원후 125)에 다시 제수(除授)하였다. (魏略曰... 至王莽地皇時 廉斯鑡爲辰韓右渠帥 聞樂浪土地美 人民饒樂 亡欲來降. 出其邑落 見田中驅雀男子一人 其語非韓人. 問之 男子曰「我等漢人 名戶來 我等輩千五百人 伐材木 爲韓所擊得 皆斷髮爲奴 積三年矣.」鑡曰「我當降漢樂浪 汝欲去不」戶來曰「可」辰鑡因將戶來來出 詣含資縣 縣言郡 郡卽以鑡爲譯 從芩中乘大船 入辰韓 逆取戶來. 降伴輩尙得千人 其五百人已死. 鑡時曉謂辰韓「汝還五百人. 若不者 樂浪當遣萬兵 乘船來擊汝.」辰韓曰

「五百人已死 我當出贖直耳.」乃出辰韓萬五千人 弁韓布萬五千匹 鑡收取直還. 郡
表鑡功義 賜冠幘 田宅 子孫數世 至安帝延光四年時 故受復除.)

이 설화는 진한의 우거수 정도나 되는 유력자가 왜 낙랑으로 귀부하려
하였는지 또 그 시점이나 인원 등은 정확한지 등에 대해 의문이 있을 수
있으나, 한에 관한 기록 가운데 유독 이 내용만 완전 허위라 하기도 어렵
다. 그렇다면 여기서 간취될 수 있는 중요한 것은 1,500여 명이나 되는 한
(漢)나라 사람(낙랑군민)들이 한(韓) 땅 또는 근처 어디에서 벌목을 하다
잡혀 밭 지키는 일을 하였다는 것이다. 이 많은 사람들이 벌목을 한 것은
군현에서 필요한 막대한 목재 수요, 아마도 목관·목곽을 만드는 것과 목
탄 생산에 필요한 나무 수요를 꼽을 수 있을 것인데, 그중 군현의 철 생
산을 위한 목탄 수요가 가장 컸던 것이 아닐까 추측해볼 수 있다. 이에
비해 이들이 노역을 당한 한(韓) 지역에서는 벌목과 상관없는 일에 이들
을 동원하고 있어, 한 지역의 목재 수요는 그리 크지 않았을 가능성을 시
사한다. 즉, 기원후 1세기 무렵 군현과 한 지역의 목재 수요에 차이가 있
었고, 이는 혹 이 무렵 두 지역 제철 생산의 차이에 기인한 것으로 해석
한다면 과도한 것일까? 만약 이러한 추정이 받아들여질 수 있다면, 기원
후 1세기 무렵 한 지역에서는 아직 대규모 목재를 필요로 하는 제철 생
산이 본격화되지 않았음을 시사하는 것으로 볼 수 있다. 결국 문헌기록
으로 본다면 한 지역의 제철 생산은 기원후 2세기를 전후하여 본격화되
었을 가능성이 있는 것이다. 이에 대해서는 후술하는 절대연대측정자료
등을 통해 검토해보기로 한다.

한편, 중부 지역에서는 최근 진천(구산리 3기, 석장리 4기, 송두리 25기 등
32기)·청주(송절동 12기[18], 연제리 1기 등 13기)·충주(칠금동 21기, 대화리 3기
등 24기) 지역에서 70여 기 이상의 제련로가 확인된 반면에,[19] 그 밖의 지

역에서는 평택에서 유일하게 1기만 조사되어 중부 지역은 충북 일대가 고대 제철 생산의 중심이었음을 쉽게 알 수 있다(〈표 4-7〉, 〈그림 4-25〉, 〈그림 4-26〉).

연번	유적명	유구명	제원			평면 형태	특징	추정 연대
			외경	내경	깊이			
1	진천 구산리 (충청문화재 연구원 2010)	1호 제련로	114	101	20	원형	하부 숯-적갈색 점토다짐	4세기
2		2호 제련로	154	133	45	원형	하부 점토층-할석-슬래그가 포함된 흑갈색토 재사용	
3		3호 제련로	150	129	22	원형	하부 점토층-소결층-퇴적층	
4	진천 석장리 (국립청주 박물관 2004)	A-1호	지름 150		75	원형	3세기 말~5세기 초	
5		A-2호	지름 140~160		60	원형		
6		A-3호	–	155	58	원형		
7		B-23호	노 하 부직경 185	115	125	원형		
8	청원 연제리 (중앙문화재 연구원 2008)	제련로	추정 지름 120	–	(원형)		3~4세기?	
9	청주 송절동 (중원문화재 연구원 외 2018)	I-4지점 1호 제련로	(180)	(157)	32	원형		3세기 말 ~ 4세기 중반
10		I-4지점 2호 제련로	(168)	(125)	(19)	원형		
11		I-6지점 1호 제련로	(180)	(146)	(30)	원형		
12		Ⅶ-1지점 1호 제련로	(171)	(82)	14	원형		
13		Ⅶ-1지점 2호 제련로	복원 (145)	–	(8)	원형		
14		Ⅶ-1지점 3호 제련로	(151)	(100)	(25)	원형		
15		Ⅶ-1지점 4호 제련로	(208)	(165)	(34)	원형		
16		Ⅶ-1지점 5호 제련로	(178)	(95)	(65)	원형		
17		Ⅶ-3지점 1호 제련로	145	143	32	원형	하부 점토+숯	
18		Ⅶ-3지점 2호 제련로	150	155	14	원형	하부 점토+숯+사질토	
19		Ⅶ-3지점 3호 제련로	160	160	25	원형	하부 점토+숯+사질토	
20		Ⅶ-5지점 1호 제련로	(186)	(130)	(26)	원형	하부 목탄+슬래그층(carbon bed)	

21	충주 대화리 (중원문화재 연구원 2012)	1호 제련로	노 하부직경 140		30	원형	하부 할석-모래-암갈색점질토	4~5세기
22		2-1호 제련로	직경 163		–	원형	하부 소토+점질토-할석	
23		2-2호 제련로	직경 135		–	원형	하부 할석-암갈색 점질토-모래-숯+재	
24	충주 칠금동 (중원문화재 연구원 2008)	노	150	130	19~43	원형	하부 갈색 사질토-황갈색 사질토+숯3회 이상 작업	4세기
25	충주 칠금동 392-5번지 (국립중원 문화재 연구소)	1호 제련로	188	122	38	원형	하부 수혈-소결-숯-모래-조업면	3~4세기
26		2호 제련로	180	142	30	원형	하부 수혈-소결-숯-점토-모래-조업면	
27		3호 제련로	146	124	26	원형	하부 수혈-소결-숯-모래-점토-조업면	
28		4호 제련로	200	115	32	원형	하부 수혈-목조시설-소결-모래-조업면	
29		5호 제련로	160	112	40	원형	하부 수혈-목조시설-소결-모래+슬래그-조업면	
30		6호 제련로	170	120	50	원형	하부 수혈-목조시설-소결-숯+점토-모래-점토-조업면	
31		7호 제련로	170	140	30	원형	하부 수혈-목조시설-소결-숯+점토-모래-조업면	
32		8호 제련로	170	150	20	원형	하부 수혈-점토-모래-조업면	
33		9호 제련로	?	(140)	–	원형	–	
34		10호 제련로	150	110	30	원형	하부 수혈-목조시설-소결-모래-조업면	
35		11호 제련로	–	(110)	–	원형	–	
36		12호 제련로	190	130				
37		13호 제련로	210	135				
38		14호 제련로	190	130				
39		15호 제련로	(175)	125				
40		16호 제련로	179	140				
41		17호 제련로	150	115				
42		18호 제련로	?	?				
43		19호 제련로	185	130				
44		20호 제련로	–	–				
45~69	진천 송두리	제련로						
70	평택 가금동	제련로						

〈표 4-7〉 중부 지역 제련로 일람표(이지은 2019)

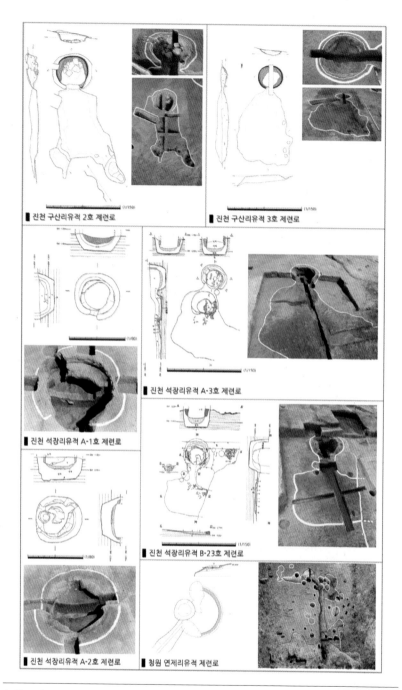

■ 진천 구산리유적 2호 제련로 (1/150)

■ 진천 구산리유적 3호 제련로 (1/150)

■ 진천 석장리유적 A-3호 제련로 (1/150)

■ 진천 석장리유적 A-1호 제련로 (1/80)

■ 진천 석장리유적 B-23호 제련로 (1/150)

■ 진천 석장리유적 A-2호 제련로 (1/80)

■ 청원 연제리유적 제련로

〈그림 4-25〉 중부 지역 제련로 각종 1(이지은 2019).

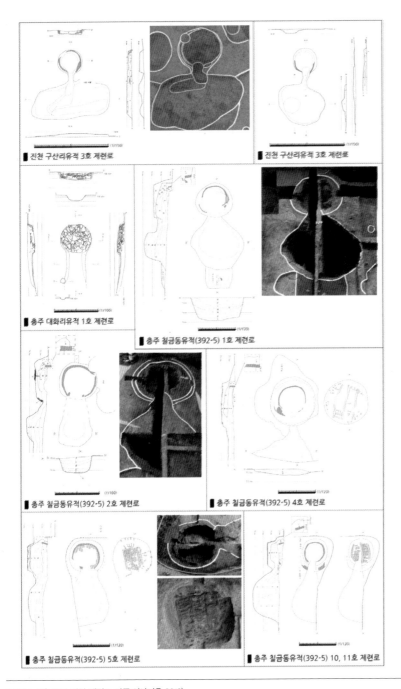

■ 진천 구산리유적 3호 제련로

■ 진천 구산리유적 3호 제련로

■ 충주 대화리유적 1호 제련로

■ 충주 칠금동유적(392-5) 1호 제련로

■ 충주 칠금동유적(392-5) 2호 제련로

■ 충주 칠금동유적(392-5) 4호 제련로

■ 충주 칠금동유적(392-5) 5호 제련로

■ 충주 칠금동유적(392-5) 10, 11호 제련로

〈그림 4-26〉 중부 지역 제련로 각종 2(이지은 2019).

이처럼 충북 지역에 고대 철 생산이 집중되었던 것과 관련해 대단히 주목되는 기록이 있다. 『일본서기(日本書紀)』신공기(神功紀) 52년 추(秋)9월 조에 백제 제철과 관련된 대단히 중요한 철 산지로 '곡나철산(谷那鐵山)'이란 지명이 보이고 있다.

C. 久氏等從千熊長彦詣之則獻七枝刀一口七子鏡一面及種種重寶仍啓曰 臣國以西有水源出自谷那鐵山 其邈七日行之不及當飮是水便取是鐵山以永奉聖朝(『日本書紀』神功王后 52年 秋9月 丁卯朔 丙子)

신공기(神功紀) 52년은 2갑자 인하한 수정기년으로는 기원후 372년으로서 백제 근초고왕대에 해당한다. 당시 구저(久氏) 등이 왜국에 가서 칠지도(七枝刀)와 칠자경(七子鏡) 각 1개를 바치며, "우리나라 서쪽에 곡나철산이 있는데 7일을 가야 다다를 수 있다."고 하였다. 당시 백제의 서쪽이라면 좁게는 인천·강화도·화성 일대, 넓게 본다면 한강 이북~황해도 일대까지도 포함될 수 있을 터이지만, 이 지역에서의 고고학적인 양상은 거의 알려져 있지 않다. 이에 대해 일찍이 구보타 구라오(窪田藏郎)(1973)는 곡나철산을 충주 지역으로 비정한 바 있었는데, 2010년대 이후 충북 지역의 제철 유적들에 대한 조사 성과는 가히 눈부실 정도여서 충주 지역을 그 유력한 후보지로 생각하는 것도 자연스럽게 되었다. 다만 곡나철산이 나라의 서쪽에 위치한다는 기록과는 배치된다는 점이 문제인데, 곡나철산이라는 지명과 관계없이 철 생산을 위한 가장 기초적인 제련로가 다른 어느 곳보다 밀집도 높게 조사된 충주-진천-청주 지역이 고대 마한·백제 제철 생산의 핵심 지역이라는 점은 분명하다 하겠다. 제철은 기본적으로 철광석-목탄의 원료 수급과 이에 대한 수요에 따라 생산지가 결정되는 구조를 갖고 있는데, 충주 지역이 근세까지도 유명한 철광 산지였음

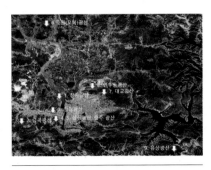

〈그림 4-27〉 충주 일대의 철광산 분포도(국립중원문화 재연구소 2018).

〈그림 4-28〉 충주 탑평리 1호 백제 주거지 출토 철괴 (國立中原文化財研究所 2013, 사진12).

은 잘 알려져 있다(〈그림 4-27〉). 이에 비해 진천이나 청주 일대에서는 큰 철광 산지를 찾아보기 어렵다. 결국, 진천과 청주에서 이처럼 대규모 철 생산이 이루어진 것은 충주 지역의 철광산을 그 기본 배경으로 하였을 것으로 봄이 합리적일 것이다. 다만 철광 산지가 있는 충주 한 곳에서만 생산이 이루어지지 않은 것은 목탄 수급 및 주변 집단들의 수요를 감안 하였던 것으로 해석할 수 있지 않을까?

전술한 것과 같이 고대 제련로들의 조사 예가 적지 않지만, 원형 그대 로 남아 있는 것이 없어 기본적인 크기는 물론 어떠한 방식으로 조업하 고 생산품은 무엇이었는지 파악하는 것이 그리 쉽지 않다. 중부와 영남 지역에서 조사된 제련로들은 모두 예외 없이 원형 평면을 하고 있어, 우 리나라 고대 제련로는 원통형 또는 원뿔형에 가까운 형태였을 것으로 보 아도 전혀 문제가 없다. 고대 제련로들은 기본적으로 윗부분이 트인 구조 로서, 노 내에 철광석과 목탄을 가득 장치한 다음 상부에서 계속 원료를 투입하며 송풍을 해줌으로써 이들이 서서히 아래로 내려가며 용융되어 환원된 결과 괴련철이나 선철이 생산되는 구조임은 전술한 바와 같다.[20]

제련로에서 조업의 규모나 생산방식 등을 결정할 수 있는 주요인들로 는 평면 형태와 함께 노 내부의 직경과 높이를 들 수 있다. 이 중 노 하부의 평면 형태는 지역을 불문하고 모두 원형으로 되어 있어, 백제·신라·가야 지역 제련로들이 동일한 기술적 계보를 가지고 있음을 시사하고 있다. 한편, 노 내부 직경[21]이 크고 높이가 높을수록 투입 원료량과 생산량 등 기본적인 조업 규모가 커질 수밖에 없다. 예를 들어 높이가 $1m$로 동일할 때 직경이 2배로 커지면($1→2m$), 동일 조건에서의 생산량은 산술적으로 3.14배만큼 늘어나게 될 것이다. 대신 이처럼 노 내 부피가 커지면 아무래도 노 내 환원 분위기를 조절하는 것이 용이하지 않을 수 있어 조업 결과물의 성패에 큰 영향을 미칠 수밖에 없다. 과연 생산력을 극대화할 수 있는 최적의 규모 비율은 무엇이었을까? 남아 있는 제련유구들의 잔존 높이가 최고 140㎝ 정도에 불과하여 당초 크기를 알 수 없을뿐더러 최적의 규모 비율을 파악하는 것은 더더욱 어렵지만, 고대 장인들에게는 이를 찾는 것이 대단히 중요한 과제였을 것으로 생각된다. 노의 높이는 직경에 어느 정도 좌우될 수밖에 없는데, 제련로들의 내부 직경을 비교해보면 상당히 흥미로운 현상이 발견된다.

남한 지역 전체 제련로를 대상으로 하였을 때 내경 115㎝를 기준으로 소형과 대형으로 구분할 수 있는데, 중부 지역 제련로들의 내부 직경은 기본적으로 100㎝를 넘는 대형으로서[22] 140㎝를 넘는 초대형 제련로들도 다수 조사되었다. 반면에 동남부지역의 제련로들은 내부 직경이 모두 110㎝ 이하로서 중부지역에 비해서는 소형의 것만 조사되어 극명한 대비를 보여주고 있다(《그림 4-29》).

한편, 상자도표를 보면(《그림 4-30》) 중부 지역 제련로의 경우 일정한 크기(직경 130~140㎝)를 중심으로 지역을 불문하고 정규분포 양상을 보이고 있는데, 이는 생산품의 종류와 1회 생산량에 대해 이 지역 장인들 사이에 조업 표준화 정도를 공유하고 있었음을 시사하는 것이 아닐까? 이 경우 대형 제련로 사이의 현격한 크기 차이는 생산품이나 생산량을 조절

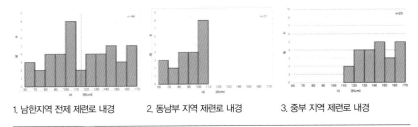

1. 남한지역 전제 제련로 내경   2. 동남부 지역 제련로 내경   3. 중부 지역 제련로 내경

〈그림 4-29〉 남한 지역 제련로 내경 비교 막대그래프(이지은 2019).

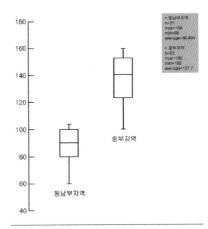

〈그림 4-30〉 중부 지역과 동남부 지역 제련로 내경 비교상자도표(이지은 2019).

할 필요가 있을 경우 만들어진 것으로 해석해볼 수 있다.

이에 비해 영남 지역의 제련로들의 크기가 현저하게 작은 것이 과연 중부 지역과 동남부 지역 철 생산 규모와 양상을 대변하는 것이라 할 수 있을까? 그런데 전술한 것과 같이 삼한 때 변진 지역의 철 생산이 유명하였다는 것에 비추어보면 의문이 있을 수밖에 없다. 현재 동남부 지역에서 조사된 제련로들 가운데 규모가 작은 것은 주로 용해로였거나, 혹은 제련로 규모에 따른 생산품의 종류가 다양하였기 때문에 다양한 크기의 제련로를 만들었지만 작은 규모의 것만 남아 있을 수도 있다. 앞으로 동남부 지역의 신라·가야 제련로 유적의 조사를 통해 그 실상이 밝혀지기를 기대한다.

한편, 충주 칠금동 유적에서는 최소한 세 층위에 걸쳐 중첩 조성된 제련로들이 확인되어 제련로의 하부 시설과 구조 변화 등을 추적해볼 수 있는 좋은 자료를 제공해주었다. 이를 보면 기반 목조시설이 하층과 중층·상층별로 조성 양상에 차이가 있는데, 크게 세 타입으로 구분된다고 한다. 3개의 긴 종방향 목재 사이에 짧은 횡방향 목재를 교차시켜 배치한 형식(A식), 한 방향으로 목재를 열을 지어 나열한 형식(B식), 마지막으로 목탄만 소량 확인되는 형식(C식)이 그것이다. 이것을 기준으로 각 층위별 양상을 보면, A식은 하층, 중층, 상층에서 고르게 확인되는 반면에, B식은 하층에서는 확인되지 않고 중층과 상층 유구에서만 확인되고, C식은 중층과 상층에서 각각 1기씩 확인되었다(《표 4-8》, 〈그림 4-31〉). 그렇다고 지하구조를 굴착하지 않은 것은 아니나 목재가 형태 그대로 거의 남아 있지 않거나 정형성을 갖추지 못하고 있다. 이렇게 각 층위별로 방습시설로서 목조시설의 조성방식에 차이가 나는 이유는 층위별 습도 차이를 생각해볼 수 있다. 하층의 경우 수분이 함유된 기반 점토층에 조성이 되어 상층보다 방습의 필요성이 더욱 컸을 가능성이 높다. 뿐만 아니라 점토가 현재까지도 수분을 머금고 목재의 잔존 상태가 매우 양호하다. 그러나 중층과 상층으로 갈수록 슬래그 등의 폐기층 위로 축조되면서 방습의 필요성이 점차 줄어들어 지하구조의 목조시설 설치 간략화가 진행되었던 것으로 추정하고 있다(국립중원문화재연구소 2018).

구분	A식	B식	C식
하층	5호로, 10호로	–	–
중층	6호로, 7호로	16호로, 20호로	–
상층	4호로, 9호로	12호로, 13호로, 15호로	–
없음 (목탄소량)	–	14호로	17호로

〈표 4-8〉 충주 칠금동 유적의 층위별 하부 목조시설 변화 양상(국립중원문화재연구소 2018)

칠금동 유적을 통해 드러난 중부 지역 제련로의 축조방식을 보면, 지면을 굴광 후 노 조업면 하부에 방습을 목적으로 숯-점토-모래 혹은 숯과 할석-모래 등을 채워 하부구조를 조성하고 그 위로 노벽을 축조하는 방

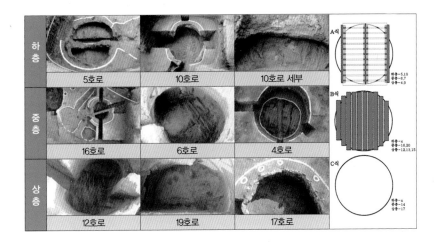

〈그림 4-31〉 칠금동 유적 하부 목조결구시설 층위별 변화 양상(국립중원문화재연구소 2018).

〈그림 4-32〉 충주 칠금동 5호 제련로 최초 굴광 후 기초판목 노출 모습(국립중원문화재연구소 2018).

식으로 이해되어왔다. 그러나 충주 칠금동 유적에서는 노의 축조 굴광면 이전에 기반 조성층으로 점토층이 확인되었고, 이러한 기반 점토층을 재굴착하여 하부구조와 노벽을 축조하고 있음이 1·2차 조사에서 확인되었다. 또한 이러한 기반 점토층에서는 바닥에 정연하게 깔린 목조시설과 그 주변으로 말뚝시설 등이 확인되고 있다. 이러한 목조와 말뚝시설을 갖춘 '지하구조'의 존재는 유적의 입지와 무관하지 않은 것으로서, 하부구조와 함께 방습을 위한 목적이 컸다고 보인다. 칠금동 유적의 입지는 북쪽으로는 구릉지와 산지(탄금대 남사면)이고 남쪽으로는 구하도에 인접해 있어 기본적으로 기반 점토층 내 수분이 다수 포함되어 있다. 따라서 이러한 수분을 제거하기 위해 목조시설을 깔고 소결시키는 등 이중의 방습 장치를 시설하였던 것으로

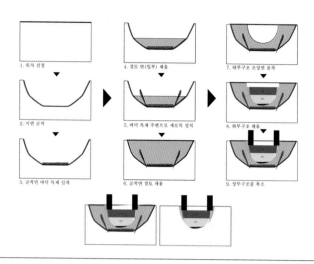

〈그림 4-33〉 충주 칠금동 유적의 제련로 축조 모식도(국립중원문화재연구소 2018).

추정하고 있다. 또한 노 조성 굴광면의 벽에 촘촘하게 판재를 기대놓은 것(5호 제련로, 〈그림 4-32〉)은 외벽을 따라 발생하는 습기를 막기 위한 시설이며, 말뚝시설은 높게 올라가는 노벽을 지지하고 침하를 방지하고자 한 지정(地釘)의 목적으로 설치했던 것으로 추정하고 있다(국립중원문화재연구소 2018, 〈그림 4-33〉). 이러한 구조들은 진천 송두리 산업단지에서 조사된 제련로들에서도 유사한 양상을 보이고 있어, 충북 지역 고대 제련로의 일반적인 구조임을 알 수 있다.

그렇다면 지금까지 살펴본 충북 지역을 중심으로 한 중부 지역과 영남 지역 제련로들의 조업 시기는 언제쯤일까? 이는 결국 중부 이남 지역에서 제련에 의한 본격적인 철 생산이 언제쯤부터 가능하였는지의 문제인데, 실상 제련로에서는 송풍관을 제외하고 당시 사용된 물건이 직접적으로 출토되는 경우가 별로 없기 때문에 유적 전체의 유물 공반 상황과 함께 C14연대측정 등의 절대연대측정결과(〈표 4-9〉)를 긴요하게 활용할 수밖에 없다.

유적명	유구명		측정 연대 (BP)	보정 연대		비고	
				1σ	2σ		
진천 구산리 제철 유적	1호		1940±40BP	기원후 10~90(55.1%) 기원후 100~130(13.1%)	기원전 50~기원후 140(95.4%)		
청원 연제리 유적	제련로		1872±34BP		기원후 70~230(100%?)		
			1915±30BP		기원후 20~140(97.0%) 기원후 160~210(2.3%)		
충주 칠금동 유적	5호(1)		1850±30BP	기원후 120~220(68.2%) 기원후 128~215(68.2%)	기원후 85~235(95.4%)	하 층	
	5호(2)		2080±30	기원전 160~130(16.3%) 기원전120~50(51.9%)	기원전 191~기원후 38(94.5%)		
충주 칠금동 유적	10호		1840±30BP	기원후 130~180(68.2%) 기원후 133~216(68.2%)?	기원후 86~242(95.4%)		
충주 칠금동 유적	6호	노 벽체	1830±30	기원후 130~기원후 220(68.2%)	기원후 117~252(91.5%)	선	중 층
		하부 목조시설	1700±30	기원후 264~기원후 274(8.4%)? 기원후 330~기원후 390(59.8%)?	기원후 313~406(71.8%)		
충주 칠금동 유적	7호	노 벽체	1870±30	기원후 80~170(58.6%) 기원후 190~210(9.6%)	기원후 73~226(95.4%) 기원후 82~170(58.6%)?	후	
		하부 목조시설	1770±30	기원후 230~330(68.2%)	기원후 138~345(95.4%) 기원후 274~330(42.3%)		
충주 칠금동 유적	4호 하부 목조시설(1)		1800±30	기원후 140~260(68.2%)	기원후 130~260(79.1%) 기원후 279~326(16.3%)	선	
	4호 하부 목조시설(2)		1800±30	기원후 140~260(68.2%)	기원후 130~260(79.1%) 기원후 279~326(16.3%)		
충주 칠금동 유적	4-1호 수혈(1)		1740±30	기원후 250~340(68.2%)	기원후235~385(95%)	후	상 층
					기원후250~340(65%)		
	4-1호 수혈(2)		1630±30	기원후 380~430(49.4%) 기원후 490~530(18.8%)	기원후 380~435 기원후 460~465 기원후 490~535(95%)		
					기원후 396~425(65%)		
	4-1호 수혈(3)		1760±30	기원후230~330(68.2%)	기원후220~345 기원후370~375(95%)		
					기원후240~265 기원후275~330(65%)		
진천 석장리 유적	A-4호 노적		1680±50	기원후 250~530			
			1059±50	기원후 380~600			
			1030±50	기원후 890~1160			
			1020±50	기원후 890~1170			
청주 송절동 유적	VII-3지구 1호 제련로		1820±40	기원후 130~240(68.2%)	기원후 80~260(86.1%) 기원후 270~330(9.3%)		
김해 하계리 유적	제련로		−	−	고고지자기연대측정 기원후 400±30		
창원 봉림동 유적	C-16호 수혈		1670±60	기원후 250~300(13.9%) 기원후 320~430(54.3%)	기원후 240~기원후 540(95.4%)		
밀양 금곡 제철 유적	C-22-4호 제련로		−	−	고고지자기연대측정 기원후 630±30		

〈표 4–9〉 고대 제련로의 C14연대측정 결과

주목되는 것은 25기의 제련로가 규칙적으로 배열되어 있는 진천 송두리 유적의 경우 백제 중앙과 관련될 수 있는 토기가 잘 보이지 않는 반면에 재지적 성격을 보여주는 토기의 출토량이 오히려 많은 양상을 보이고 있으며(강지원 2018), 충주 칠금동 유적 또한 유사한 모습을 보이고 있다는 점이다.[23] 최근 발굴조사가 이루어져 보고서가 출간된 청주 송절동 유적의 경우는 더욱 주목된다.

그런데 C14연대측정 결과를 보면 이보다도 조금 더 이른 것처럼 나오고 있는데, 특히 층위적으로 제련로들이 중첩되어 조사된 칠금동 유적의 연대측정 결과는 무척 의미가 있다고 생각된다. 칠금동 1호~11호 제련로에 대해 연대측정을 실시한 결과, 하층 유구의 점유 연대는 A.D. 130~180년(1σ), 중층 유구는 A.D. 180~250년(1σ), 상층 유구는 A.D. 220~330년(1σ)으로 각각 나왔다. 하지만 〈표 4-9〉에서 보는 바와 같이 중층 내 6호 제련로와 7호 제련로 사이의 연대차는 존재하지 않았으며, 상층 내 4호 제련로와 4-1호 수혈 사이의 연대차도 확인되지 않았다. 이는 선행 유구와 후행 유구 간의 폐기 및 신규 축조가 연속적으로 이루어졌기 때문으로 추정된다. 이러한 연대측정 결과는 기존에 중원 지역 제철 유적의 연대가 4세기 후반대에 집중되었을 것이라는 견해와는 상충되는 내용이다. 물론 상층 유구의 연대는 약 4세기 전중반대로 편년되지만, 연대측정 결과로 볼 때 하층과 중층의 연대가 기원후 2세기 말~3세기 중후반까지 소급될 가능성이 있다.

3. 중세의 제철 양상

1) 고고학 자료에 보이는 고려·조선시대의 제철

중세의 철 생산은 비록 많은 예가 조사된 것은 아니고 고대에 비해 그 역사적 의미도 다르기는 하지만, 우리나라 전체 제철 양상의 변화상을 찾아보는 의미에서 개략적인 양상을 살펴보기로 한다.

먼저 고려시대 철 생산의 경우(이남규 2012), 강원도에서는 아직 고려시대 제철 유적이 발견된 바 없지만, 동해 지상사지에서 철을 주조하여 불상을 제조하던 시설이 확인되었다. 이처럼 철불을 주조하던 유구가 발굴된 것은 국내 최초로서, 이를 통해 당시 철불을 만들 때 용범을 수혈 내에 안치시키고 불을 때가면서 작업한 사실을 처음으로 파악할 수 있었다. 경기도 고양 벽제동 유적에서는 제철로 1기와 목탄저장시설 1기, 폐기장 2기, 수혈유구(10호) 등에서 노벽편, 송풍관편, 용범편이 다수 출토되어 철솥을 주조하던 곳으로 보인다. 이곳은 당시 개경에서 남경(南京, 현 서울)으로 통하는 중요한 교통로이면서 인근에 고려시대의 중요한 시설인 혜음원이 위치하고 있어, 당시 생활용 철솥의 유통에 상당히 유리한 위치였다. 아마도 다른 지역에서 생산한 1차 철소재를 이곳으로 운송해 와 용해로에서 용선(鎔銑)을 생산하여 철솥을 주조하여 유통한 것으로 보인다.

한편, 6군데에서 고려시대 제철로가 확인된 충북 충주 지역의 경우는 고대에 이어 중세로 들어서면서 국내 최대의 철 생산지로 부상하게 된다. 이는 충주 지역의 풍부한 철광산과 한강 수계를 통한 교통 여건이 맞물린 결과로 생각된다. 충주 지역은 특히 여러 야철 유적에서 상당량의 철광석이 채집되고 있는 점, 적철광과 자철광이 청주~충주 사이에 위치한 주덕의 남서쪽 약 6㎞ 지점에 부존되어 있는 점, 가금면에는 근대까지 조

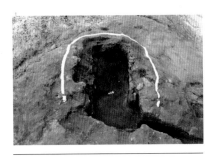

〈그림 4-34〉 충주 본리 당저유적 고려시대 제련로(한국문화재조사연구기관협회 2012, 사진20).

업하던 철광산이 위치하고 있고 지표에서 철광석 채집도 가능한 점 등에서 제철 원료 확보에서 국내의 그 어느 곳보다 유리한 조건을 갖춘 곳으로서, 중세 제철 역사에서 가장 중요한 지역으로 평가된다(이남규 2012).

한편 고려시대의 유명한 다인철소(多仁鐵所)가 충주 지역에 위치하였음은 의심의 여지가 없는데, 충주 첨단산업단지에서 고려시대 제철로 4기를 비롯하여 목탄요와 석곽묘 등이 조사되었고(中央文化財研究院 2009), 2008년도에는 이 산업단지의 남쪽 진입도로 개설 구간(충주시 본리 노계마을 일원)에서도 4개 지점에서 제철 관련 시설들이 다수 확인되었다(中原文化財研究院 2010). 노계마을 야철지에서는 제철로와 공방지·소성유구·탄요가 확인되었는데(〈그림 4-34〉), 이 중 완형 철제솥 등이 출토된 D지점은 원료인 철광석이 다량 출토되고 작업 폐기물도 풍부하며 주변 일대가 모두 철재 퇴적층을 이루고 있어 장기간에 걸쳐 대규모 제철 작업이 이루어졌음을 잘 보여주고 있다. 또 D지구의 매납유구에는 철솥 안에 보습과 볏·정(鼎) 등 중·대형의 철기들이 다수 매납되어 있어, 당시 농경의례와 관련된 철기의 성격도 보여주고 있다. 한편, 첨단산업단지 내의 본리와 완오리 일원에서 탄요(炭窯)가 52기나 발굴된 것이 주목된다(中央文化財研究院 2009). 철 생산을 위해서는 바로 쇠를 녹일 수 있는 연료가 가장 필요한데, 다른 지역보다 압도적으로 조사된 충주 지역의 탄요들은 이 지역에서 철과 관련된 조업이 얼마나 성행하였는지를 여실히 보여주는 증거라 할 수 있다. 이들 탄요의 연대로 볼 때 고대에 다량의 목탄이 생산되었다가 통일신라기에는 생산이 감소되고 고려시대에 다시 그 양이 증가

〈그림 4-35〉 울산 방리의 조선시대 석축형 제련로(한국문화재조사연구기관협회 2012, 사진 28).

한 것으로 보인다. 이는 고대 제철의 성행에 따른 삼림자원의 고갈 후 장기간 목탄 생산이 이루어지지 않다가 고려시대에 삼림이 회복되어 다시 탄요의 설치가 증가하였음을 말해주는 것으로 해석해볼 수도 있다(이남규 2012).

조선시대 전기의 제련기술은 고려시대로부터 이어져온 방법과 크게 다르지 않아, 삼국시대 이래의 반지하식 원형로의 전통이 이어지는 가운데 석재를 이용한 방형 제련로가 늦게 등장하는 것으로 파악되고 있다(김권일 2009; 김상민 2011). 특히 17세기 이후 영남 일부 지역에서는 다른 지역과 뚜렷이 구별되는 제련로의 구조 변화가 나타나는데, 울산 달천광산을 중심으로 노의 양쪽에 긴 석축을 가진 새로운 구조의 제련로가 등장한다. 이른바 석축형제철로(石築型製鐵爐)로서, 노가 있는 중앙부로부터 양끝으로 가면서 경사지는 작업로가 있어 사도형(斜道型) 제철로라고도 한다. 석축형 제철로의 석축부는 할석이나 천석으로 가장자리를 쌓고 안쪽에 사질토나 잡석을 채워 넣은 구조가 일반적이다. 노를 중심으로 양쪽에 동일한 규모로 구축되는데, 노가 있는 중앙부가 가장 높고 양쪽으로 갈수록 낮아져 양단은 지면과 자연스럽게 연결된다. 석축은 조업 시 철광석이나 연료를 투입하는 작업로의 기능과 함께, 고온에서도 노의 외벽을 견고히 유지시키고, 노벽의 단열 효과를 도모하는 등 여러 가지 복합 기능을 가졌던 것으로 보이며, 제련로의 기능이 유지될 때까지 반영구적으로 사용이 가능하였다(김권일 2009; 신종환 2012). 이는 주로 달천광산을 중심으로 반경 40km 이내의 울산과 경주, 청도 지역 등지에서 많이 확인되며 40여 개소 이상이 알려져 있다. 대표적인 유적으로는 울산의 활천리 야철지, 삼정리 야철지, 방리 야철지(《그림 4-35》), 대안동 야철지, 서사리 야철지, 당사동 야철지 등을 비롯하여 경주의 용명리 제철 유적, 덕천리 야철지, 모화리 모화지유적, 녹동리 야철지 등과 청도 신원리 야철지 등으로서 모두 달천광산을 중심으로 하고 있어 달천광산의 철광을 이용한 것으로 보아도 무방할 것 같다(김권일 2009).

2) 문헌에 보이는 고려·조선시대의 제철

전술한 바와 같이 고대의 철과 관련된 기록은 『사기』 조선전에 위만이 한나라로부터 병장기를 받아온 것이 우리나라에서 철과 관련된 최초의 것으로서, 이때부터 철 생산이 이루어졌는지 여부는 기록상으로 알 수는 없다. 이후 『삼국지(三國志)』 위서 동이전 한조(韓條)에서는 삼한 가운데 변진 지역이 철 생산지로서 유명해 주변 각 지역에 공급하였다 하므로, 아무리 늦어도 기원후 3세기 무렵에는 최소한 한반도 동남부 지역에서 본격적이고 질 좋은 철 생산이 이루어졌음을 알 수 있다. 삼한 단계를 지나 삼국시대에 들어오면 백제 지역의 곡나철산(谷那鐵山)이 새로운 철 산지로서 부각되는 모습이 『일본서기』에 나오는데, 충주 지역이 곡나철산인지의 여부를 떠나 백제가 제철의 강자로 등극하였음을 알리는 것에 다름 아니라 할 수 있겠다. 그러나 삼국시대의 철 생산 양상을 알 수 있는 구체적인 기록은 더 이상 보이지 않는다.

이후 고려시대의 철과 관련된 기록들이 『고려사』에 일부 전하고 있지만, 대부분 갑옷이나 병장기 등의 철기와 관련된 것들이고 철 생산과 관련된 내용은 거의 보이지 않아 당시 어떠한 방식으로 철을 생산하고 유통하였는지 구체적으로 알기 어렵다. 다만 충렬왕 6년(1279)에 원나라 중서성에서 탐라 다루가치가 책임을 지고 '철장(鐵匠)'에게 전함을 수리하도록 시키고 있어 철과 관련된 장인 명칭이 처음으로 보이고 있다(《附 4-1》). 당시 철장이 구체적으로 어떠한 것을 담당하였는지 알기는 어려우나, 철장이 철(기) 생산뿐만 아니라 철과 관련된 다른 역할까지도 수행하였을 가능성을 보여주고 있다. 한편 충렬왕 19년(1292)에는 세자가 왕에게 철봉(鐵棒) 4개와 장검 4자루 등을 바치고 있는데, 철봉이 혹 철정과 같은 철소재를 가리키는 것일 가능성이 있다. 한편 공민왕 6년(1357)에는 각 지역의 철과 소금을 관리하는 감독으로 염철별감(塩鐵別監)을 파견하고, 공양왕 3년(1391)에는 주철(鑄鐵)을 위한 관리로 야관(冶官)을 두기를 청하고 있어 철 생산 관련 관직의 이름을 일부 엿볼 수 있으며 철전(鐵錢) 주조 기록도 여러 차례 보인다. 그러나 역시 철 생산과 관련된 구체적인 기록은 보이지 않는 점이 아쉽다.

이에 비해 조선시대에는 원재료를 채취하는 철광산에서부터 제련과 단야에 이르기까지 각종 철 생산 공정들에 대한 기록이 비교적 많이 남아 있는 편이다(《附 4-2》), 전통적인 철 생산 양상을 이해하기 위해 이들 기록을 조금 더 구체적으로 살펴보도록 하자.

먼저 조선시대의 철 생산, 특히 광산에 대한 기록이 『세종실록지리지』에 처음으로 나오고 있다. 이에 의하면 조선 초기 전국의 철광산 수는 67개 지역에 달하며 철장이 설치된 철장도회(鐵場都會)도 무려 30여 개 읍에 이른다(신종환 2012). 이들 각 철광산과 철장에서는 관채(官採)든 민채(民採)든 당시 철 생산이 이루어지던 곳으로 볼 수 있다. 한편, 중종 25년(1530)의 상황을 보여주는 『신증동국여지승람』에 나타난 철 산지는 모두 83개 읍에 이른다. 이들 기록에 나오는 각 읍별 철광산은 경기도는 한 곳뿐이지만 충청 지역과 경상 지역은 각각 18개소, 전라 지역은 10개소, 강원 지역은 23개소로서 현재 남한 지역만 모두 70개소 정도 된다.

조선시대에는 선공감(繕工監)[24]과 군기감(軍器監)에서 철이 생산되는 고을마다 철장을 설치하고 관리를 위한 장부를 만들어 공조(工曹)와 해당 도(道), 각 군현(郡縣)에 비치한 뒤, 농한기에 쇠를 만들어 공납하도록 하였다. 지방의 각 영·진과 계수관에서 소요되는 철은 19개 읍에 민영 야철장(冶鐵場)을 설치하여 공급하였는데, 이곳에는 정부가 재력과 인력을 동원하여 파견한 철장관이 2백여 명의 취련군(吹鍊軍)을 모아 매일 필요량을 생산하는 체계였다. 또 1425년에 호조에서 각 도 고을의 무쇠대장간을 조사하여 대중소로 구분하기도 하였는데, 큰 대장간은 20명 이상, 15명 이상은 중대장간, 14명 이하는 작은 대장간으로 구분하고 있어 당시 대장간들의 규모를 짐작하여볼 수 있다.

한편 조선시대의 가장 공식적인 기록인 왕조실록을 보면 정철(正鐵, 76회), 신철(薪鐵, 10회), 수철(水鐵, 9회), 생철(生鐵, 9회), 연철(鍊鐵, 3회), 강철(剛鐵, 2회), 초철(炒鐵, 2회), 유철(鍮鐵, 1회), 연철(鉛鐵), 동철(銅鐵), 관(灌)등과 같이 다양한 철 종류를 지칭하는 용어들이 기록되어 있다(《附 4-2》). 이들 중 정철이 공납을 위한 철소재로서 가장 빈번하게 언급되고 있지만, 신철과 수철·생철·연철·강철 등과 같은 다양한 종류의 철소재도 공급되었다고 보이는 만큼 전적으로 정철만이 철 유통의 소재였다고 말하기는 어려울 것 같다. 철을 다루는 장인의 부류로 정철장(正鐵匠), 수철장(水鐵匠), 철장(鐵匠) 등이 있어 이를 전문적으로 제조하는 장인의 존재를 알 수 있으며(이남규 2017), 초철군(炒鐵軍)·취련군(吹鍊軍) 등과 같이 각종 철을 전문으로 생산하는 군 조직의 이름도 보이고 있다. 그러나 왕조실록의 기록은 주로 중앙과 지방 사이에 이루어진 공납에 관한 것이거나 또는 조직 운영 등에 관한 것이어서, 이들이 각기 어떤 것을 지칭하고 구체적인 생산방식이 어떠한지에 대해서는 알 수가 없다.

그런데 조선후기 이규경(李圭景, 1788~?)의 『오주연문장전산고(五洲衍文長箋散稿)』의 연철변증설에는 이와 관련된 대단히 중요한 기록이 남아 있다.

D. 철에는 몇 가지 종류[品]가 있다. 생철(生鐵)은 곧 수철(水鐵)이다.[철을 처음 제련할 때 광석을 제거하고 쇠를 쏟아 부어 기물을 만들어 쓴다.] 숙철(熟鐵)은 곧 연철(鍊鐵)이다.[철이 생성될 때 초(炒)질[25]을 하지 않으면 생철이 되고, 초질을 하면 숙철이 되는데, 속칭 시우쇠이다.] 무릇 (제)련철은 애초에 생철과 숙철의 구분이 없지만, 노(爐)에서 초질을 하지 않고 나오면 생철이 되고, 초질을 하면 숙철이 된다. 생철과 숙철을 서로 섞어 연성하면 강철(鋼鐵)과 빈철(鑌鐵)이 되어 천년이 되어도 닳지 않는 철이 된다.("鐵者有數品 生鐵卽水鐵【鐵之初鍊 去鑛用以鑄瀉器物者】熟鐵卽鍊鐵【鐵之生者 未炒則生 旣炒則爲熟鐵 俗名時又金】凡鍊鐵 初無生熟 出爐未炒則生 旣炒則熟. 生熟相和鍊成 則鋼鑌鐵 卽千年不磨之鐵也"『五洲衍文長箋散稿』天地篇 地理類「金銀銅鐵珠玉」鍊鐵辨證說)

이를 보면 먼저 생철=수철은 주조철기를 만드는 원료로서 지금의 선철(銑鐵)에 해당함을 알 수 있다. 이는 탄소 함량이 높은 주물용 쇠이므로 단조가공은 불가능하고, 주물 작업을 통해 주로 가마솥[26]이나 촛대·쇳대·화로·다리미·인두 등과 같은 기물을 제작하는 데 사용된다. 또 기본적으로 제련철은 초질을 하면 탄소 함량이 낮아 단조가 가능한 저탄소강 상태의 철이 되는데, 이것이 바로 '숙철'로서 전술한 초강법에 의한 강철 생산을 말하고 있다. 이와 달리 제련철에서 초질 즉 탄소를 빼주는 작업을 하지 않은 철이 곧 생철이라는 것이다. 이 고탄소의 생철과 저탄소의 숙철을 섞어 연성(鍊成, 두드려)해 만든 것이 곧 천년을 사용할 수 있다는 강철(鋼鐵)과 빈철(鑌鐵)로서, 정련단야를 통해 강철소재를 얻는 방법을 소개하고 있다. 이를 정리하면 생철=수철=선철이고, 생철을 초질하면 숙철이 되며, 숙철+생철=강철·빈철이 된다는 것이다.

한편 이규경은 제련을 위한 노를 만드는 방법이 중국과 우리나라가 달라 거기서 생산되는 생철과 숙철 또한 다르다고 이해하고 있다.

E. 우리나라는 하나의 노에서 생철 호(壺) 백균(百勻)이 나온다면 숙철은 이 수에 미치지 못한다. 숙철은 처음 나온 것을 신철(薪鐵)이라 한다. 신철 1근을 두드리고 불려 정철을 만드는데, 열철(劣鐵) 4냥이 들어가 정철(正鐵) 1근이 된다. 쇠를 두드려 잡물(雜物)을 만드는데 열철 4냥은 잠시 빌려오는 수량인 것이다. 우리나라에서 숙철을 생산하는 제련노(爐)는 풀무의 왼쪽 변을 취하여 옆으로 9행의 바람구멍[風穴]을 뚫는다. 단야로의 제법은 반드시 먼저 4곽을 쌓고, 곽 안에 9행의 담장을 쌓는다. 매 행은 풀무가 각 바람구멍의 담장 위에서 대적한다. 종횡(縱橫)으로 강한 탄(炭)을 적치하여 소식(消息)한다. 생철을 만드는 제련로는 풀무의 왼쪽 변을 취하여 옆으로 1행의 바람구멍을 뚫는다. 노를 만드는 법은 숙철로와 같다. 제련하는 데서 법식대로 하지 않으면 만들어지지 않는다. 그러므로 취련하는 것은 숙철에 비해 더욱 어렵다고 한다. 대저 단야로를 만드는 데 하나라도 혹시 빈틈이 있어 바람이 새면 앞의 공력이 모두 패하여 헛되이 재력을 없앤다. 또 사람이 풍로를 밟으면 노동력을 허비하고 재물이 줄어 물건 값은 여기에 다 들어간다. 만약 자동으로 행하는 풀무와 수배(水排)를 쓰면 재력이 반감되지만 대장장이들은 이와 같은 기발한 기구를 알지 못한다. 수배는 물로 인해 돌아가는 풀무의 이름이다.("我東則一爐火. 出生鐵壺百勻. 則熟鐵不及此數. 而熟鐵初出者爲薪鐵. 薪鐵一斤. 打鍊正鐵. 劣者四兩. 正鐵一斤. 鍛成雜物. 劣者四兩. 卽仮令爲數者也. 我東煉熟鐵爐法. 就風廂左邊. 橫穿九行風穴. 而治爐製法. 必先築四郭. 郭內築九行牆. 每行當風廂之每風穴牆上. 縱橫置剛炭消息之. 煉生鐵爐法. 就風廂左邊. 橫穿一行風穴. 而爐制如熟鐵爐法. 煉之不以其法則不成. 故煉吹比熟鐵最難云. 大抵作治爐. 一或有礴隙泄風. 則前功盡敗. 徒

耗財力. 且以人踏風爐. 費力耗財. 物價盡入於此. 若用自行風廂及水排. 則財力半

減. 而冶爐人不知有此奇器也. 水排. 因水設風廂名."『五洲衍文長箋散稿』天地篇

地理類)

　　이를 정리하면 숙철로에서 나온 첫 단계 쇠가 바로 신철(薪鐵)이며, 신
철 1근에 열자(劣者, 熱鐵) 4냥을 섞어 두드리면 정철(正鐵) 1근이 된다는
것이다. 1근은 16냥이므로 신철 : 열철의 비율은 1 : 0.25가 된다. 조선왕
조실록에 빈번하게 등장하는 정철의 실체가 비로소 확인되는 순간으로
서, 여기서 열철은 탄소 함량이 높은 생철을 가리키는 것으로 볼 수 있
다. 결국 앞서 숙철과 생철을 섞어 강철과 빈철을 만든다는 기술과 상통
하는 것으로서, 정철은 신철을 정련해 만든 강철이라 할 수 있다.

　　그렇다면 앞서 언급한 숙철과 신철은 어떠한 차이가 있는 것일까? 전
술한 숙철은 내용 그대로라면 선철을 초강법에 의해 탈탄해 만든 저탄소
강으로서 불순물이 거의 없는 반면에, 신철은 불순물이 다량 섞여 있는
괴련철 상태로 만든 숙철을 말하는 것이 되어 같은 숙철이라도 출발점이
전혀 다르게 된다. 다만 조선시대에 이러한 초강 생산이 저탄소강이라는
점에서는 공통적일 것이다. 수철이 숙철에 비해 만들기 어렵다고 한 것에
대해 일반적으로 민간에서 수철을 쉽게 만들 수 있다 생각하고 있지만
오히려 숙철 생산방식이 중국에 비해 쉬운 방식을 택해 중간재인 신철을
만드는 수준에 머물러 있었기 때문에 수철을 만들기 어렵다고 한 것으로
보기도 하며, 나아가 초강 생산에 의문을 갖기도 한다(정해득 2016, 21). 비
록 조선시대 초강 정련 유적 양상이 명확하게 알려지지는 않았으나, 앞서
언급한 초철(炒鐵)과 초철군(炒鐵軍)의 존재를 보면 조선시대에 초강 생산
이 이루어졌을 가능성은 충분하다.

　　한편 이규경은 풀무질의 중요성과 어려움을 인식하고 수차를 이용해

자동으로 풀무를 움직이는 방식을 제시하고 있으며, 제련에서 풀무와 바람구멍의 중요성도 강조하고 있다. 생철[수철] 풀무는 1개의 몸체에 2개의 구멍이 있으며, 숙철의 풀무는 7~9개, 16~19개의 바람구멍을 일정한 간격으로 만든다고 하였다. 비록 우리나라 제련 유적에서 송풍관의 개수와 관련된 증거들이 많이 나오지 않았지만, 하나의 노에 7개 이상의 바람구멍을 설치한 예를 찾아보기는 쉽지 않다.

F. 대저 오금(五金)을 불리는 풀무의 방법은 각기 다르다. 생철과 숙철을 불리는데 한 관에서 함께 나오지만 풀무질하여 취련하는 것은 전적으로 야로와 풍혈의 특수한 제도에 말미암는다. 대개 바람구멍은 사람이 콧구멍으로 살아 숨쉬는 것과 같아서 스스로 오그라들다가 늦추었다 한다. 생철을 불리는 풀무는 하나의 구멍으로부터 갈라져 두개의 구멍이 된다. 숙철을 불리는 풀무는 7공, 9공으로부터 16공, 19공에 이르기까지 갖추는 척도가 있다. 하나라도 혹시 법식에 어긋나면 생철과 숙철 모두 이루어지지 않고 재물이 줄고 공력을 허비한다. 그러므로 여러 철을 불리는 자는 십분 잘 살펴서 먼저 풀무와 공혈을 잘 만든 연후에야 실패가 없다.("大抵煉五金風廂之法各異. 煉生熟鐵. 同出一卹. 而鼓槖吹鍊. 專由於冶爐風穴之殊制. 蓋風穴. 如人鼻孔之生息. 自有緊慢. 煉生鐵之風廂. 自一穴岐爲二穴. 煉熟鐵之風廂. 自七孔九孔至 十六孔十九孔. 俱有尺度. 一或違式. 則生熟兩鐵. 竝不得成. 耗財費工. 故煉諸鐵者. 十分省察. 先擇善作風廂孔穴者. 然後可無敗工也"『五洲衍文長箋散稿』萬物篇 萬物雜類 異物辨證說2)

G. 7공부터 19공이라는 것은 소철(小鐵)을 불리고자 하면 7공을 만들고, 대철(大鐵)을 만들고자 하면 19공을 만든다. 불리는 철의 대소(大小)에 따라 구멍 또한 많고 적어진다. 수철은 곧 생철이다. 만든 바람구

명의 이름이 속칭 '현골'인데 골은 곧 방언으로 '골짜기 곡'이다. 현곡의
이름이다. 수권[수건]불소리, 만리불소리가 있는데, 큰 불소리의 여러
칭호이다. 수권불소리는 풍혈을 구부려 세(勢)가 급하고 바람기운으로
하여금 아래를 취하여 부딪쳐 일어나게 한다. 훼상되어도 쉽게 고쳐지
고 불린 쇠가 낭패에 이르지 않는다. 그러므로 수권불소리가 편리하다.
만리불소리는 풍혈이 평평하고 길다. 한번 만들면 비록 무너지거나 훼
손되어도 고치거나 바꾸기 어렵다. 또 철 불리기는 잘 되면 대성하고,
실패하면 대패한다. 항상 성패의 사이에 있으므로 전력하는 것은 불가
하다.("自七孔至十九孔者. 欲煉小鐵. 則作七孔. 欲煉大鐵. 則作十九孔. 隨煉鐵之
大小. 而孔亦多寡焉. 水鐵. 卽生鐵也. 其製風穴之名. 俗稱懸骨. 骨卽方言谷也. 其
懸谷之名. 有手拳火音. 有萬里火音焉. 德火音諸稱號. 手拳火音者. 風穴俯而勢急.
使風氣就下而衝起也. 毀傷則易改. 而煉鐵不至良貝. 故手拳火音. 爲便利也."『五
洲衍文長箋散稿』萬物篇 萬物雜類 異物辨證說2)

한편, 조선 중·후기의 각종 의궤(儀軌)류에는 신철에서 각종 강철을 정
련하는 방법이 보다 구체적으로 나와 있다. 먼저 1674년『현종숭릉산릉
도감의궤(顯宗崇陵山陵都監儀軌)』하(下)의 야로소(爐冶所) 철탄식鐵炭式)편에
는 정철-추추조-추조-정조-정정조 등 모두 5단계로 세분하여 강철을 만
드는 방법이 소개되어 있다.

H-1 정철: 신철 1백 근[28]으로 정철 50근을 만든다. 탄은 1석이 들어간
다(薪鐵百斤作正鐵五十斤 炭一石).

-2 정철추추조: 정철 1근에 열철(劣鐵) 1냥 6전이 들어가고 탄은 6승
이 들어간다(正鐵麤麤造正入一斤劣一兩六錢 炭六升).

-3 추조: 정철 1냥에 열철 1전 5푼이 들어가고 탄은 1근마다 9승이

들어간다. 정철 1근에 열철 2냥 4전이다(麤造正入一兩劣一錢五分 炭每一斤九升 一斤劣二兩四錢).

-4 정조: 정철 1냥에 열철 3전이 들어가고 탄은 1근마다 1두 4승이 들어간다. 정철 1근에 열철 4냥 8전이다(精造正入一兩劣三錢 炭每一斤一斗四升 一斤劣四兩八錢).

-5 정정조: 정철 1냥에 열철 1냥이 들어가고 탄은 1근마다 2두 4승이 들어간다. 정철 1근에 열철 1근이다(精精造正入一兩劣一兩 炭每一斤二斗四升 一斤劣一斤).

또 1757년 『정성왕후홍릉산릉도감의궤(貞聖王后弘陵山陵都監儀軌)』와 『인원왕후명릉산릉도감의궤(仁元王后明陵山陵都監儀軌)』에서는 정정조에서 정철과 열철의 혼합비율이 기존의 1 : 1에서 1근에 8냥 즉 1 : 0.5로 변하고 있다.[29] 또 1834년 작성된 『순조인릉산릉도감의궤(純祖仁陵山陵都監儀軌)』에서는 정철과 열철의 혼합 비율이 추조는 100근 : 30근, 정조는 100근 : 40근, 정정조는 100근 : 50근으로 변화하여 각기 70근(53.8%), 60근(42.9%), 50근(33.3%)의 강철을 생산하고 있다. 이러한 수율(收率)은 철의 강도가 더욱 높아졌다는 의미로 해석할 수 있는데, 이전에 비해 숯이 너무 많이 들어가는 방식이어서 비용이 높아지는 문제 때문에 1843년 효현왕후 경릉(景陵)의 산릉 조성 때부터 다시 이전 단계의 비율로 돌아가기도 하였다가, 1846년 문조의 수릉(綏陵)을 조성할 때부터 1834년 방식이 완전하게 정착되었다고 한다(정해득 2017).

이상의 논의 내용을 정리하면 조선시대의 숙철=신철이고, 신철과 열철을 합쳐 정련하면 정철이 되며, 추추조-추조-정조-정정조는 정철에 열철을 섞어 2차 단련(鍛鍊)을 진행하여 정철보다 강도가 높은 강철을 만드는 방식임을 알 수 있다(〈표 4-10〉). 『화성성역의궤』에서 추추조가 강철로 표현되었기 때문에 사료상에 보이는 강강철(鋼鋼鐵)은 추조가 될 것이다. 이러한 표기방식을 보면 정조는 3강철, 정정조는 4강철이라 할 수 있는데, 4가지 모두 강철로서 강도에 차이가 있는 것으로 판단된다(정해득 2016).

구분	1674(현종숭릉산릉도감의궤)				1757(인원왕후명릉산릉도감의궤)				1834(순조인릉산릉도감의궤)				
	正鐵	劣鐵	炭	比(正:劣)	正鐵	劣鐵	炭	比(正:劣)	正鐵	劣鐵	炭	比(正:劣)	實生産(수율%)
麤麤造	1근	1냥6전	6승	1:0.1	1근	1냥6전	6승	1:0.1	–	–	–	–	–
麤造	1근	2냥4전	9승	1:0.15	1근	2냥4전	9승	1:0.15	100근	30근	6석	1:0.3	70근(53.8)
精造	1근	4냥8전	1두4승	1:0.3	1근	4냥8전	1두4승	1:0.3	100근	40근	7석	1:0.4	60근(42.9)
精精造	1근	1근	2두4승	1:1	1근	8냥	2두4승	1:0.5	100근	50근	8석	1:0.5	50근(33.3)

〈표 4-10〉 강철 종류에 따른 정철과 열철의 합금 비율 변화(정해득 2016, 표1~3 수정 인용)

조선시대의 철 종류와 장인 (정해득 2016: 26~28)

1. 수철(水鐵)과 수철장(水鐵匠):

수철은 생철 또는 선철을 가리키는 것이며, 수철장은 철장이 만든 쇠를 다시 녹여 주조로 기물을 만드는 장인으로서 주철장(鑄鐵匠)이라고도 한다. 가마솥 만드는 곳을 가마부리간이라고도 불렀는데, '부리질'이나 '부질'이라는 말은 쇳물을 붓는다는 동작에서 나온 순수한 우리말로, 부리쇠는 수철을 뜻하는 용어로 보기도 한다(경기도 무형문화재 제45호 '주물장'). 한편 주장(注匠, 鑄匠)과 주성장(鑄成匠) 등은 공조와 상의원에 소속되어 화폐 주조와 교서관에서 활자를 만드는 일이나 국가에서 필요한 각종 그릇이나 장식품을 제작하는 장인을 말하는데, 동철(銅鐵)이나 유철(鍮鐵) 등 비철금속을 가지고 작업하는 장인으로서 그동안 철을 다루는 장인으로 잘못 이해되어왔다고 한다.

2. 신철(薪鐵)과 철장(鐵匠):

신철은 숙철로서, 제련로에서 생산된 괴련철을 말한다. 신철은 불순물이 많아 그대로 건축용 철재나 병장기를 만들기 어렵기 때문에, 정련단야를 통해 정철로 불리는 강철소재를 만들게 된다. 즉, 신철은 정철이 되기 이전의 1차 철 생산 소재이고, 철장(鐵匠)은 수철과 신철 2종류의 쇳물을 모두 만들 수 있는 제련장인을 가리키는 것으로 이해할 수 있다.

3. 정철(正鐵: 시우쇠)과 정철장(正鐵匠: 冶匠, 練鐵匠):

신철을 두드려 불순물을 제거하는 정련 과정을 거친 것을 정철(精鐵)이라 한다. 정철은 신철에 열철을 일정 비율로 섞어 정련하여 얻어지는 쇠로 단조철물의 원재료이다. 이규경은 신철 1근에 열철 4냥(4 : 1비율)을 섞어 정련해서 정철 1근을 만든다고 하였으나, 17세기~19세기 중반까지의 조선왕조의궤 자료에서는 신철 100근으로 정철 50근을 만드는 데 탄은 1석이 들어간다고 일관되게 기록되어 있는바, 신철만을 두드려 절반으로 줄면서 정철을 얻는다고 한다. 이규경이 소개한 방식은 민간에서 사용하는 방식을 기록한 것이고, 의궤 기록은 왕실에서 사용하는 최고급 정철을 만드는 방식으로 볼 수도 있다. 정철장은 야장(冶匠), 연철장(鍊鐵匠)이라고도 불리는데, 정철을 가지고 단야 작업을 통해 기물을 만드는 장인을 가리키는 것이지만 말 그대로 단야를 통해 정철을 만드는 장인도 포함될 수 있다.

4. 강철(鋼鐵)과 화빈장(火鑌匠):

강철은 『천공개물』에 의하면 미리 숙철을 단조하여 작은 박편으로 만든 다음 철편으로 숙철박편을 묶어두고 그 위에 생철과 진흙을 묻힌 짚을 차례로 올려서 단련로에 넣어 달구어진 것을 꺼내어 단조하고 달구기를 반복하여 만든다고 한다. 강철은 초강으로 만들거나 또는 정련을 통해 만들 수 있는데, 빈장은 강철을 담금질하는 장인으로서 조선 초기에는 상의원에 2명을 두었다고 한다. 조선후기에 강철의 수요가 늘어나자 정철장이 강철까지 취급한 것으로 보인다.

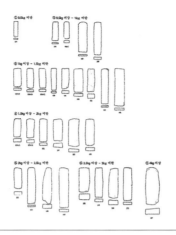

〈그림 4-36〉 군기시 터 출토 철정(이남규 2017, 그림 7 재인용).

이처럼 조선시대에 정철로 대표되는 철소재들은 과연 어떠한 형태로 유통되었을까? 이를 추정해 볼 수 있는 자료가 군기시(軍器寺) 터에서 출토된 바 있다. 군기시는 고려시대 이래 중앙의 병기 제작 부서로서 『경국대전』에는 644명의 공장(工匠)을 두었다고 되어 있는데, 이들 중 주장(鑄匠) 20명, 갑장(甲匠) 35명, 궁인(弓人) 90명, 야장(冶匠) 130명, 연장(鍊匠) 160명이 있었다고 하므로,[30] 철과 직간접적으로 관련된 조업의 종사자들이 435명으로 전체 장인 563명의 67% 정도를 점하고 있었음을 말해주고 있다. 그들이 부속 시설인 야로소(冶爐所)·조갑소(造甲所)·궁전소(弓箭所) 등에서 작업하고 있었던 것으로 볼 수 있는데, 이와 관련된 유구가 발굴에서 직접 확인되지 않았지만 바로 인근에 위치해 있었을 것으로 추정할 수 있다(이남규 2017, 42). 이 군기시 터에서는 철괴로 보고된 29점 가운데 19점이 2호 건물지에서 출토되었는데, 이 철괴가 곧 유통을 위해 제작된 철정이었던 것으로 보인다(〈그림 4-36〉). 이들은 길이 10~20cm의 것이 70% 이상이고 무게는 1~2kg 범위의 것들이 대략 절반을 차지하고 있어 이 단위의 것이 보다 일반적으로 생산·유통되었던 것으로 볼 수 있다.

다양한 철기의 종류

1. 무기

장수 남양리와 당진 소소리 등의 초기 철기 단계 유적에서는 농공구류만 부장되며, 무기는 출토되지 않고 있다. 기원 이후 점차 철제 무기가 부장되기 시작하는데, 원삼국시대 마한 지역의 경우 평택 마무리 유적에서 이단관형철모가 단독으로 부장되고, 철제 단검과 유개대부호가 공반되고 있다. 이러한 유물 조합상은 기원후 2세기 전반경으로 비정되는 영남 지역 목곽묘 초기 단계와 유사하다. 영남 지역에서는 철제 단검이 초기 철기시대부터 원삼국시대 후기까지 지속적으로 부장되는 반면에, 마한 지역은 군산 관원리, 평택 마무리 유적에서 각 한 점씩만 발견되어 계기적인 발전 양상이 모호하다. 이단관형철모는 진한 지역의 특징적인 철모로서, 경주를 중심으로 하는 영남 지역의 영향을 받은 것으로 추정된다(김새봄 2011, 85).

기원후 2세기 중반에서 3세기 초 무렵에는 철제 무기가 주요 거점 지

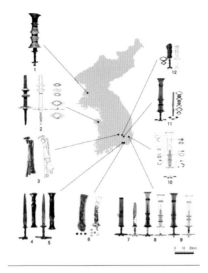

〈그림 4-37〉 칠초 동·철검 분포도(1. 평양 정백리, 2. 서산 예천동 18-1호, 3. 성주 백전 예산동 31호, 4·5. 창원 다호리 1호, 6. 김해 가야의 숲 3호, 7·8·9. 경주 사사리 130호, 10. 경주 탑동 21-3·4번지, 11. 경산 임당 A-1-121호, 12. 대구 봉무동 1호)(백제문화재연구원 2012, 341 참고).

역에 집중되면서 관부돌출형철모가 각 지역에서 유행하는 양상을 보이고 있다. 이 무렵 보편적으로 이용된 것은 장병기(長兵器)인 철모로서, 신부의 폭에 비해 두께가 얇아 베는 기능과 찌르는 기능을 동시에 수행할 수 있었던 것으로 생각된다. 마한과 진변한 지역에서 출토되는 양상으로 보아, 개인의 기본적인 병장기 역할을 하였던 것으로 보이며, 여기에 비행거리가 비교적 짧은 무경식 철촉이 사용되고 있다. 김포 운양동 유적에서는 신부의 폭이 좁고 경부가 세장한 장검이 집중적으로 출토되었는데, 영남 지역에서는 철제 장검이 매우 드물게 확인되어 부여·낙랑·고구려와의 교역 가능성이 제기된 바 있다(김길식 2014:146). 서산 예천동 18호 분구묘의 경우 이단관형철모와 관부돌출형철모가 공반되며 칠초철검과 함께 철검 2점이 복수 부장되었다. 칠초철검은 검의 재질이 청동에서 철로 바뀌는 양상을 확인할 수 있는 유물로, 주로 낙랑과 영남 지역을 중심으로 출토된다(《그림 4-37》).

한편, 기원후 3세기 전반 무렵에는 환두도가 확산되고 유관직기형철모가 유행하며, 유경식 등으로 철촉 형식이 다양화되는 모습을 보이고 있다. 이 시기에는 특히 '찌르는' 검에서 '베는' 환두도로 급격하게 전환되는 것이 특징인데, 병부와 신부를 구분해주는 관부(關部)의 형성이 미약한 모습을 보이고 있다. 또한 이 단계의 환두도는 검에 비해 출토량이 증

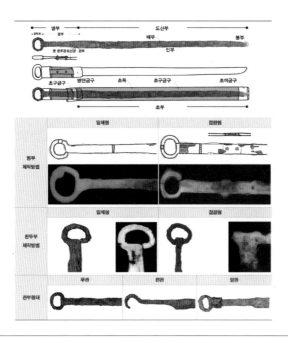

〈그림 4-38〉 환두도의 명칭 및 속성(이보람 2019).

가하기는 하지만 대형 환두도는 역시 실용기라기보다는 권력을 상징하는 위세품으로 추정된다. 또한 이 시기 철촉의 변화상도 주목되는데, 앞 시기에는 무경식 철촉이 대부분이었던 반면에 환두도와 철모가 변화하기 시작하면서 유경식 철촉이 증가하고 형태도 다양해진다(성정용 2000). 철촉의 관통력과 살상력, 비행거리의 향상은 곧 전술의 전환[31]을 의미한다. 특히 철촉 비행거리와 관통력이 향상된 유경식 철촉은 이전 시기 근접전 중심의 전투방식에서 원거리 전투로의 전환이 일부 있었음을 의미한다고 생각된다(〈그림 4-38〉, 〈그림 4-39〉, 〈그림 4-40〉).

기원후 3세기 중후반경에는 환두도가 보다 주력 무기화하고 연미형철모가 유행하고, 유경식 철촉이 보다 다양화된다. 전장이 짧아져 사용이 용이한 실용기로서의 환두도가 등장하는데, 경부 폭을 세경화하기 위해

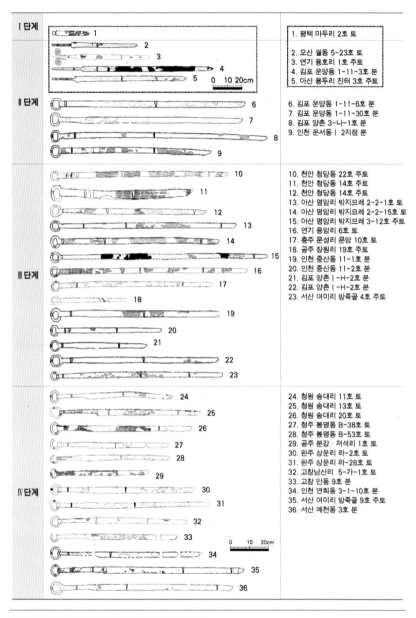

I 단계		1. 평택 마두리 2호 토
	1 2 3 4 5　0　10 20cm	2. 오산 궐동 5-23호 토 3. 연기 용호리 1호 주토 4. 김포 운양동 1-11-3호 분 5. 아산 용두리 진터 3호 주토
II 단계	6 7 8 9	6. 김포 운양동 1-11-6호 분 7. 김포 운양동 1-11-30호 분 8. 김포 양촌 3-나-1호 분 9. 인천 운서동 I 2지점 분
III 단계	10 11 12 13 14 15 16 17 18 19 20 21 22 23	10. 천안 청당동 22호 주토 11. 천안 청당동 14호 주토 12. 천안 청당동 14호 주토 13. 아산 명암리 밖지므레 2-2-1호 토 14. 아산 명암리 밖지므레 2-2-15호 토 15. 아산 명암리 밖지므레 3-12호 주토 16. 연기 용암리 6호 분 17. 충주 문성리 문암 10호 토 18. 공주 장원리 19호 주토 19. 인천 중산동 11-1호 분 20. 인천 중산동 11-2호 분 21. 김포 양촌 I-나-2호 분 22. 김포 양촌 I-나-2호 분 23. 서산 여미리 방죽골 4호 주토
IV 단계	24 25 26 27 28 29 30 31 32 33 34 35 36 0　10　20cm	24. 청원 송대리 11호 토 25. 청원 송대리 13호 토 26. 청원 송대리 20호 토 27. 청주 봉명동 B-38호 토 28. 청주 봉명동 B-53호 토 29. 공주 분강·저석리 1호 토 30. 완주 상운리 라-2호 토 31. 완주 상운리 라-28호 토 32. 고창남산리 5-가-1호 토 33. 고창 만동 9호 분 34. 인천 연희동 3-1-10호 분 35. 서산 여미리 방죽골 9호 주토 36. 서산 예천동 3호 분

〈그림 4-39〉 마한지역 환두도의 변화 양상(이보람 2018).

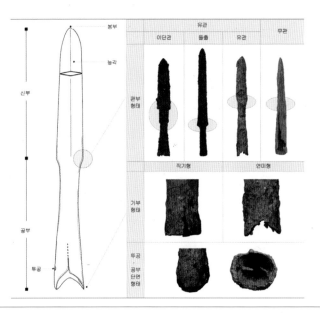

	유관			무관
	이단관	돌출	유관	
관부 형태				
	직기형		연미형	
기부 형태				
투공·공부 단면 형태				

〈그림 4-40〉 철모의 속성과 명칭(이보람 2018).

편관이 형성되고, 환두도를 제작하기에 용이한 환두부 결합형이 유행한다. 철모는 기부가 직기형에서 연미형으로 바뀌는데, 이는 계통적 차이뿐 아니라 실용적 측면에서도 철모의 나무 손잡이를 교체하는 데 유리하였을 것으로 보인다.

기원후 4세기 이후가 되면 환두도의 환두부가 없어지고 손잡이 부분[병부(柄部)]을 실용적인 나무 손잡이로 만든 이른바 목병철도(木柄鐵刀)가 보급되면서 개인의 보편적인 무기로 보급되는 반면에, 환두도는 손잡이 부분이 금은 등으로 장식화되는 장식대도화되면서 오히려 신분 상징적 위세품의 성격이 강해지는 방향으로 기능적 분화가 일어난다. 한편, 철모 또한 신부의 길이가 짧아지면서 두께는 두꺼워지고, 신부와 공부(銎斧) 사이의 경계 역할을 하였던 관부(關部)가 점차 사라져 이른바 무관연미형(無關燕尾形) 철모가 등장하여 사용된다. 이 철모는 베는 기능은 거의 없는 대신 찌르는 기능이 극대화된 것으로서, 철제 갑주 등의 방어구가 발달한 것과 관련이 깊다. 결국 장병기인 철모는 찌르는 기능으로, 단병기인 철도는 근접전에서 베는 기능으로 극대화되는 모습을 보이게 된다. 이러한 무기 형태 변화는 무기체계 나아가 당시 전투 양상의 변화마저 수반하는 것으로서, 이러한 변화는 고대국가들 사이의 빈번한 전쟁을 수행하는 데 핵심적인 역할을 수행할 수 있도록 개발되었던 것이라 할 수 있다. 철촉 또한 이에 맞추어 유경식의 경부가 길어져 비행거리가 늘어나고 살상력이 높아지는 방향으로 발달하고 있으며, 이러한 변화들이 이후까지도 지속되는 모습을 보이고 있다.

2. 농구

우리 고대사회에 사용된 철제 농구는 괭이와 따비 쇠삽날, 쇠스랑, 살포, 철서, 호미, 낫 등이 있다(김도헌 2008). 먼저 철제 괭이의 경우 소형 주조 철부를 괭이의 날로 보는 견해가 보편적이다. 한편, 묘광에 남아 있는 굴지구흔을 통해 단조철부 또는 판상철부를 괭이의 날로 보기도 하는데, 주조철부와 지속적으로 공존한다는 점에서 제작 당시 용도는 괭이의 날이 아니었을 가능성이 크다.

주조철부는 공부의 형태를 기준으로 크게 장방형과 육각형, 제형(梯形)으로 구분되고 평면 형태 및 돌대와 철대의 유무에 따라 다양한 형식으로 세분된다. 통일신라시대 전후가 되면 평면 형태가 세장방형으로 변화하면서 인부의 폭이 좁아지고 공부 아래쪽의 길이가 길어지는 형태가 된다. 세장방형의 주조철부는 괭이의 날로도 사용되었겠지만, 형태로 보면 따비 또는 쟁기 등의 날로 이용되었을 가능성이 있다(〈그림 4-41〉).

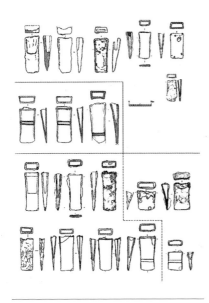

<그림 4-41> 한반도 출토 주조철부류(이남규 2018).

철제 따비는 기경구의 일종으로 곧은 목병에 철제 날이 장착된 형태이다. 다호리 유적 1호에서 완형에 가까운 외날의 철제 따비가 출토되었는데 이 철제 따비에는 답수부가 없다. 이 때문에 구체적인 사용법에 대해서는 검토가 필요하지만, 농경문청동기에서 확인되는 목제 따비의 사용법과 동일한 것으로 판단된다.

쇠삽날은 내측에 자루와 결합하는 홈이 있는데, 장착되는 자루의 형태에 따라 가래와 화가래, 말굽쇠형 따비, 삽 등 다양한 용도로 사용할 수 있다. 쇠삽날은 평면 형태를 기준으로 크게 凹자형과 U자형으로 구분되는데, 영남 지역에서 출토된 凹자형은 소량이다. U자형은 폭 18cm를 기준으로 대형과 소형으로 세분되는데, 대형은 상대적으로 전장보다 폭이 넓어 V자형에 가깝고 소형은 폭이 좁아 U자형에 가까운 형태이다. 크기로 볼 때 U자형 대형은 가래의 날로 한정될 가능성이 있지만, 소형은 삽과 가래, 화가래 말굽쇠형, 따비, 극쟁이 등 다양한 도구의 날로 사용될 수 있다.

고대의 쇠스랑은 일정한 규모를 갖춘 묘에서만 출토되는 양상을 보인다. 따라서 쇠스랑은 기경과 파쇄 등의 작업에 사용하였던 기경구로 보는 것이 타당하다고 생각하는데, 단단한 토양을 파거나 자갈이 많이 포함된 토양을 정리하는 작업에 사용할 경우에는 효율성이 상당히 높았을 것으로 보인다.

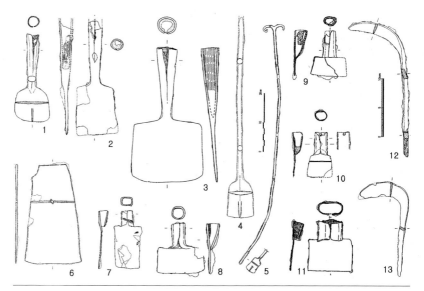

〈그림 4-42〉 살포(1~5)와 철서(8~11), 호미(12·13) 각종과 서형철기(6) 및 철서 유사품(7)[1: 시지지구고분군 Ⅰ 78호, 2: 학소대 2구 1호분, 3: 대성동 57호, 4: 구산동고분, 5: 가음정동 3호석실분황성동(강변로) 1호, 7: 조일리 (울)2호, 8: 오륜대 87호, 9: 예안리 138호, 10: 임당 G68호, 11: 하대 15호, 12: 병성동·헌신동 3-3호, 13: 안압지](김도헌 2008, 도면 25).

철제 보습은 쟁기의 날에 해당하는 것으로 우경의 존재를 뒷받침하는 자료이다. 지금까지 영남 지역에서 출토된 삼국시대 보습으로는 진주 옥봉 출토품이 유일하다. 삼국시대의 보습은 크게 삼각형과 U자형으로 구분되는데 전자는 전작(田作) 중심 지역, 후자는 수전(水田) 경작과 관련이 있는 것으로 알려졌다.

살포는 방형의 인부(刃部)에 긴 자루가 달린 형태로서 물꼬를 트고 막는 데 사용하였던 농구이다. 이는 자루의 형태에 따라 철제 날에 목병을 장착하는 것과 자루까지 쇠로 만든 것으로 구분된다. 자루까지 쇠로 만든 것은 실제로 사용하였다기보다는 의장용인 것으로 추정된다. 한편, 살포가 밭의 잡초 제거에도 사용되었다고 보기도 하는데, 민속자료에서는 살포가 논농사에만 사용되고 있고 밭농사 중심인 제주도의 재래농구에서는 살포가 확인되지 않아, 밭농사에 사용되었을 가능성에 대해서는 검

토가 필요할 듯하다. 기원후 3~4세기대 분묘에서 확인되는 이른바 판상
공부(板狀銎部)를 살포로 분류하기도 한다(〈그림 4-42〉).

3. 마구

마구는 그 기능에 따라 제어구와
기승구, 안정구, 장식구, 연결구 등
으로 나눌 수 있다. 제어구는 말
을 제어하기 위한 것으로서, 말 입
에 물리는 재갈[轡]과 기수가 이
를 통제하기 위한 고삐[手綱]로 구
성된다(〈그림 4-43〉). 기승구는 말
에 오를 때 사용하는 것으로서 등
자(鐙子)가 이에 해당한다. 안정구

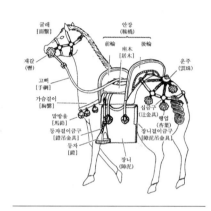

〈그림 4-43〉 부분별 마구 명칭 비교([ ]안은 일본 용어,
성정용 2008).

는 기수가 말을 타고 안정하기 위한 것으로서, 안장과 그 관련 부속구들
로 구성된다. 연결구는 제어구와 기승구, 안정구 등을 연결하는 것으로,
재갈을 말의 머리에 고정시켜주는 굴레[面繫 또는 頭洛], 안장을 중심으로
하여 안장을 말의 가슴 부분에 연결하는 전걸이[胸繫]와 안장 뒤쪽에서
안장과 장식구를 연결하여주는 후걸이[尻繫] 등이 있으며 이들을 일컬어
삼계(三繫)라고도 한다. 장식구는 승마에 필수적인 요소가 아니라 주로
말을 치장하는 데 사용되는 것들로서, 전걸이나 후걸이 등에 연결하여
늘어뜨리는 행엽(杏葉)이나 말방울[馬鈴] 등이 가장 대표적이며, 안장과 연
결되어 말 양옆에 늘어뜨려져 있는 장니(障泥)도 장식구라 할 수 있다. 운
주(雲珠)와 십금구(辻金具) 등은 삼계를 중간에서 연결시켜주는 기능을 하

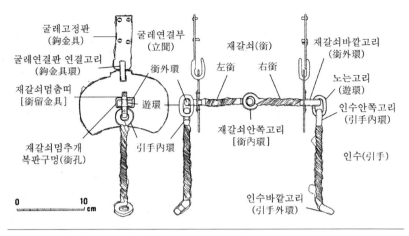

굴레고정판
(鉤金具)
굴레연결부
(立聞)
굴레연결판 연결고리
(鉤金具環)
衛外環
재갈쇠멈춤띠
[衛留金具]
遊環
재갈쇠멈추개
복판구멍(衛孔)
引手內環

재갈쇠(衛)
左衛   右衛
재갈쇠안쪽고리
[衛內環]

재갈쇠바깥고리
(衛外環)
노는고리
(遊環)
인수안쪽고리
(引手內環)
인수(引手)
인수바깥고리
(引手外環)

0   10
              cm

〈그림 4-44〉 재갈[板轡]의 부분 명칭(성정용 2008).

지만, 한편으로는 금은으로 치장하여 장식구로서의 역할을 하기도 한다. 말 뒤에 꽂는 기생도 깃발 등을 꽂는 것과 장식으로서의 기능을 동시에 수행할 수 있다(〈그림 4-44〉).

재갈은 금속제로 된 것을 말의 치조골에 물려 말의 고통을 유도함으로써 말을 통제하는 데 쓰이는 가장 핵심적인 도구이다. 재갈의 구성은 크게 말 입에 직접 물리는 함(衛)과 이 함을 고삐와 연결시켜주는 인수(引手), 그리고 함이 빠지지 않도록 말의 볼에 고정시켜주는 역할을 하는 재갈멈추개[衛留] 등 크게 3부분으로 구성되어 있다. 중국 한대(漢代)의 청동제 함은 3마디[3連式]로 되어 있으나, 삼국시대 함은 철제에 거의 대부분 2마디[2連式]로 되어 있다. 재갈은 재갈멈추개의 형식에 따라 크게 표비(鑣轡)와 판비(板轡, 〈그림 4-44〉), 원환비(圓環轡) 등으로 나눌 수 있고, 판비의 변형된 형태로서 내부가 고리 형태로 된 환판비(環板轡)가 있다.

이 중 표비는 가장 실용적인 재갈로 알려져 있는데, 재갈을 말의 볼에 밀착시키는 역할을 하는 표(鑣)가 대부분 사슴뿔 등의 유기물질로 되어 있어 남아 있지 않는 경우가 많다. 충주 금릉동 78-1호 토광묘에서 출토된 표비는 2연식의 함과 프로펠러형 표, 'ㄷ'자형의 봉상 입문, 짧은 삽자루형 인수 등이 특징인데, 특히 두락이 직접 표의 구멍으로 연결되는 초기의 2공식(孔式) 표에서 봉상의 입문이 처음 부가되는 모습을 잘 보여주고 있어 극히 주목

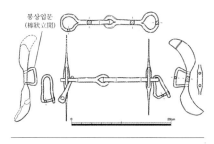

〈그림 4-45〉 충주 금릉동 78-1호 토광묘 'S'자형 표비와 공반된 토기.

된다(《그림 4-45》). 또한 인수의 경우 양쪽 모두 단면 방형의 철봉을 'U'자형으로 구부린 다음 한쪽 끝을 다시 직각으로 꺾어 납작하게 만든 반대쪽 철봉에 삽입시킨 형태로 청주 봉명동 C-31호 묘와 여주 용운리 유적 등에서 이러한 인수가 출토된 바 있다.

이와 관련하여 우리나라에 유입된 재갈의 제작기술은 한 줄의 철봉을 'S'자형으로 겹쳐서 단접하는 것과, 철봉을 3겹으로 겹친 다음 한꺼번에 돌려 꼬는 소위 '3줄 꼬기' 기법으로 대별된다(《그림 4-46》). 이 중 'S자형 단접'은 기원전부터 흉노를 비롯한 북방 지역의 기마문화에서 유행하던 것으로(《그림 4-47》), 주로 원삼국시대 후기에 소수 유입된 것으로 생각했었다. 그런데 최근 보성 현촌 토광묘에서 이 기술로 만들어진 것으로 볼 수 있는 재갈이 세형동검과 점토대토기, 주조철부 등과 공반되어(그림 《4-48》, 김성령 2019), 이러한 철제 재갈의 유입 시기가 기원 이전으로 소급될 수 있음을 알 수 있게 되었다. 이처럼 초기 철기문화에 북방 계통의 것이 혼입되어 있는 것은 초기 철기문화의 형성 과정이 그리 단순하지 않음을 시사하는 것으로 생각된다.

한편, 판비는 재갈쇠멈추개가 판으로 되어 있는 것으로서, 기본적으로 표비에 비해 장식성이 보다 부가될 수 있는 형태이다. 4세기 중반 이후 백제와 신라 지역에서 출현한다. f자형 판비는 가장 장식성이 뛰어난 것

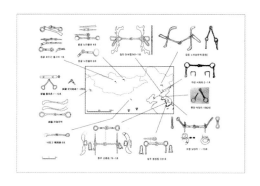

〈그림 4-46〉 철제 재갈의 제작기법 2종
류(성정용 2008).

〈그림 4-47〉 S자형 단접 재갈의 분포 양상(세종문화재연구원 2019,
諫早直人 2012의 圖 43 수정 인용).

〈그림 4-48〉 보성 현촌 1호토광묘 출토 재갈과 공반유물(김성령 2019, 사진3).

으로 가야와 왜 지역에서 집중 출토되고 있다.

원환비는 재갈쇠멈추개가 단순히 둥근 고리로만 되어 있는 것으로서, 입문이 없어 고리에 직접 굴레를 연결하도록 되어 있다. 이는 유환과 혼동할 수도 있으나 유환에는 함 외환과 인수 내환이 동시에 연결되어 있는 반

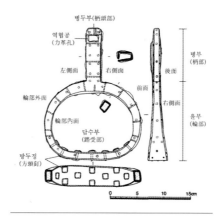

면에, 원환은 함 외환에만 걸려 있어 구분된다. 이는 주로 백제 지역에서 출토되고 있는데, 논산 모촌리고분군에서 출토된 3점의 재갈이 대표적으로서 5세기 후반대로 비정되는 모촌리 93-5호분 출토 원환비는 꼬아 만든 3연식의 함이 특징적이며, 인수는 2조선에 외환이 약간 굽어 있는 형태를 하고 있다.

등자는 기수가 말을 타고 내리거나 또는 말 위에서 안정을 유지하는 데 사용되는 것인데, 윤등은 발을 끼우는 부분이 고리 모양으로 되어 있는 것으로서 처음 목제로 만들다가 이를 금속제로 감싸 보강하고 다시 전체를 철제로 만드는 형태로 발전한다. 한반도 중남부 지역에서는 기원후 4세기대에 처음 출현하는 것으로 보이는데, 백제 지역에서 출토된 등자는 목심 위에 철판을 부분적으로 보강한 윤등[32]이 대부분이어서 백제 등자의 특징이라 할 수 있으며, 이에 비해 신라나 가야는 전면 보강한 것이 보다 많은 편이다(〈그림 4-49〉). 한편, 기원후 5세기 무렵에는 등자를 철판이 아닌 금동으로 보강한 것이 황남대총 남분을 비롯한 각 지역의 대형 고분에서 출토되고 있는데, 이는 장식 재갈과 함께 마구가 고대사회에서 신분 상징적 위세품으로 전용되는 모습을 잘 보여주는 것이다. 또한

나무로 등자를 만들 경우 필연적으로 부식될 수밖에 없는 약점이 있는데, 이를 보완하기 위해 아예 등자 전체를 철로 만든 등자가 기원후 5세기 후반경부터 나오기 시작한다.

철의 사회적·기술사적 의의: 철, 과연 우리 세상을 바꾼 이기였는가?

모두에 서술하였던 것과 같이 인류사에서 최초(最初)이자 최고(最高) 발명품으로는 제일 먼저 토기를 꼽을 수 있다고 하였다. 토기는 지구상에 가장 흔한 점토를 이용하여 기존에 존재하지 않던 전혀 새로운 형태의 것을 만든 다음(창조적 작업), 이를 인류사에서 가장 획기적 발견으로 일컬어지는 불과 결합시켜 화학적 변화를 일으킴으로써 지구상에 존재하지 않던 새로운 기물을 만들어낸 것이다. 즉, 토기는 무에서 유를 만든 새로운 창조물로서, 인간의 풍부한 상상력이 만들어낸 결집체라 할 수 있다. 이러한 토기가 만들어질 무렵은 그 전까지 식량 공급을 채집에 의존하던 것에서 벗어나 농경과 목축이라는 인위적인 생산체제를 통해 생산량을 획기적으로 증대시켜 급격한 환경 변화와 인구 증가에 대응하던 시기로서, 고든 차일드의 이른바 신석기혁명이 이루어지던 시기와 그 궤를 같이한다. 이 토기는 음식 등을 끓이거나 저장하는 실용적인 기물부터 예술성을 가진 것에 이르기까지 다종다양하게 만들어지며 변화를 거듭해온 결과, 유약과 결합되어 최고의 기술과 아름다움을 자랑하는 자기로까지 발전하게 된다. 한편, 현대 생활에서 빠질 수 없는 반도체도 실상 흙과 불이 결합된 산물이라는 점에서는 토기의 연장선에 있다 해도 과언이 아니다. 결국 토기는 변화와 발전을 거듭하며 인류 진보의 역사와 그 궤를 같이하여왔던 것이다.

그렇다면 이보다 훨씬 늦게 인간생활에 도입된 철은 인간사에서 과연 어떠한 의미를 가진다고 말할 수 있을까? 토기는 재료가 무궁무진한 편이고 400~500℃의 비교적 낮은 온도에서도 소성이 가능하여 좀 더 손쉽게 만들 수 있었던 반면에, 순수한 철을 녹이기 위해서는 무려 1,538℃라는 고온이 필요하기 때문에 도구를 제작하기 위한 철소재를 얻는 것부터가 대단히 복잡하고 어려운 일이었다. 고대사회에서 철을 가열하여 녹일 수 있는 원료는 목재[33]가 거의 유일하였고, 온도를 높이고 유지할 수 있는 도구는 손이나 발로 공기를 불어 넣는 풀무(풍구)가 고작이었다. 원형이나 사각형 등 일정한 규모의 제련로에 철광석과 목탄을 계속 넣으면서 풀무로 산소를 공급하며 장시간 가열하여 철소재를 얻는 방법은 얼핏 보면 너무나도 원시적이고 단순해 보이기까지 한다. 그러나 이처럼 단순해 보이는 과정이 실은 그리 단순하지 않은 것이다.

철을 생산하기 위해서는 먼저 필요한 높이[34]로 노를 축조한 다음 그 안에 숯과 철광석을 교대로 쌓고 풀무질을 통해 계속 산소를 공급하면, 노 안에서 연료(숯)와 산소·철광석이 화학반응을 일으키며 철광석을 녹인 결과 철기를 제작할 수 있는 소재인 진정한 의미의 철을 얻게 된다. 이 제련로에서 얻을 수 있는 철은 크게 두 가지 종류가 있다. 하나는 노 안에서 완전히 용융되어 불순물이 거의 없고 탄소 함량이 비교적 높은 선철(銑鐵)이 있으며, 다른 하나는 불순물이 비교적 많이 혼입되어 있으면서 탄소 함량이 2% 이하로 비교적 낮아 두드리는 것이 가능한 이른바 괴련철(塊練鐵)이 있다. 이 중 선철은 탄소 함량이 높아 두드리는 것이 불가능하기 때문에 솥과 같은 주조철기를 만드는 데 사용되는데, 제련로에서 나온 선철을 바로 거푸집에 넣어 철기를 주조하는 것도 가능하지만 용융된 상태로는 그리 오래가지 못하기 때문에 철기를 제작하는 공방, 이른바 대장간으로 옮겨 주조하는 경우가 많다. 이를 위해서는 차갑게 식어 단단해진 선철을 용해로에서 다시 녹여 사용하게 된다. 한편, 선철은 탄소가 많아 그 자체로는 단조가 불가능하지만 탄소량을 저감시켜 강으로 만들면 단조철기를 제작할 수 있게 된다. 이른바 초강정련이 그것이다.

괴련철은 불순물이 많이 포함되어 있기 때문에 그 상태로 바로 단조철기를 제작하면 형태를 만들기도 어려울 뿐더러, 만들더라도 성질이 취약해 무기나 농공구로서 역할을 하기가 어렵다. 이 때문에 먼저 불순물을 제거하는 과정을 거치게 되는데, 이것이 전술한 정련단야 공정이다. 여러 번의 정련 과정을 거쳐 철기 제작에 적당한 상태의 철이 되면 바로 철기를 제작하거나 또는 유통을 위해 적당한 크기로 만들게 된다. 이 철기 제작을 위한 소재로서 유통을 위해 만들어진 것이 이른바 철정(鐵鋌)인 것이며, 조선시대에는 이러한 강철소재를 주로 정철(正鐵)로 불렀다. 일반적으로 이 철정은 단조철기를 위한 소재로서 공급되는 것이며, 선철 또한 괴(塊) 상태로 공급되어 주조철기를 위한 소재로서 사용될 수 있는데, 이 경우는 선철괴를 용해로에서 용융시키는 과정이 필요하다.

이러한 철소재들을 가지고 주조철기나 단조철기를 제작하게 되는데, 탄소 함량이 적어 적당히 구부러지면서도 깨지거나 끊어지지 않아 무기나 농공구로서 적당한 것은 역시 단조철기라 할 수 있다. 이에 비해 주조철기들은 탄소가 많이 포함되어 있어 대단히 단단하지만, 너무 강해 오히려 충격에 깨지기 쉬운 성질을 갖고 있다. 이 때문에 도끼와 같이 충격을 많이 받는 도구들을 주조로 만들 경우에는 날 부분의 탈탄 처리 등을 통해 성질을 개선해 사용하는 경우가 많다.

이처럼 지금 우리 눈에는 보이지 않는 수많은 공정을 거쳐 철기가 만들어지게 된다. 이렇게 만들어진 철기가 인류 특히 우리 역사에서 어떠한 역할을 하였으며 그 역사적 의미는 무어라 할 수 있을까? 고대사회에서 도구로서 가용할 수 있는 소재는 나무와 돌, 청동, 철이 전부였다고 해도 과언이 아닌데, 이 중 철이 가장 강한 도구를 만들어줄 수 있는 소재였음은 주지의 사실이다. 과연 이러한 철이 도입되어 사용되기만 하면 그 사회는 획기적으로 변하였던 것일까? 역사를 보면 꼭 그러하였던 것은 아닌 듯하다. 전술한 것과 같이 중국에서는 전국시대에 선철 제련법이 각지에서 발달하면서, 각종 농공구들과 함께 철모와 같은 철제 무기가 연(燕)나라와 초(楚)나라를 중심으로 보급되는 양상을 보이고 있었다(이남규 1990). 그런데 전국시대를 통일하였던 것은 철제 무기가 많이 보급되었던 연이나 초나라가 아니라, 오히려 청동무기로 무장한 전통이 이어진 진(秦)나라였다. 진나라는 진시황 병마용의 무장 모습에서 보듯이 보편적인 무장은 오히려 청동기였으며, 이를 가지고 각종 전쟁에서 승리하였던 것이다. 또 마야문명에서도 청동기와 같은 금속이기 없이 테오티우아칸과 같은 거대한 도시가 만들어지고 유지되었다고 한다.

이것은 무엇을 시사하는 것일까? 이는 어느 시점에 새롭고 강력한 도구가 출현하였다고 하여 그것이 곧바로 그 사회를 변혁시키는 기제로 작용하였던 것만은 아니라는 점을 웅변하는 것 아닐까? 결국 어느 물질로 된 도구이든 간에 그 사회에서 필요로 할 때 비로소 그 역할을 할 수 있게 되는 것이라 생각한다. 이를 토대로 우리 사회에서 철기가 가지고 있는 의미를 다시 한 번 음미해보자.

기원전 고조선 시기에 중국 요동 지역과 한반도에 철기문화가 파급되었지만, 이것이 우리 사회에 바로 보편적으로 확대·보급된 것이 아님은 전술한 바와 같다. 초기 철기시대에는 주로 철제 농공구 위주로 사용되었으며, 세형동검과 같은 청동무기와 의기가 오히려 청동기시대보다도 확연하게 증가하는 모습을 보인다. 비록 철제 농공구가 무덤에 부장되기는 하였지만, 이것이 어느 정도 효과적으로 사용되어 농경 생산력 증가에 기여하였는지는 확실하지 않다. 이후 원삼국시대에 들어오면 철검과 긴 철모·무경식 철촉이 무기로서 점차 보급되기 시작하는데, 철검은 극히 소수의 무덤에서만 출토되는 데 비해 이 시기 무덤에서 가장 보편적으로 출토되는 무기는 철모이다. 철모는 좀 더 먼 거리에 있는 적을 공격할 수 있는 장병기(長兵器)로서, 이 시기 철모는 신부가 길고[長身形] 두께가 얇아 찌르는 것보다는 베는 기능이 훨씬 강한데 무장한 사람이 가장 보편적으로 소유한 병장기였다. 그러나 이때 곧바로 철을 직접 생산하여 철기를 제작하는 수준은 아니었던 것으로 생각된다. 아마도 처음 철기문화가 유입될 당시에는 외부에서 유입된 철기를 그대로 사용하거나 또는 파손된 철기를 소재로 재가공하는 정도의 초보적 수준이었을 것으로 생각된다. 이후 동남부 지역에서는 기원전 1세기, 중부 지역에서는 기원후 2세기 무렵부터 제련을 하기 이전에 정련단야를 통해 강철 생산이 있었을 것으로 추정하기도 하는데(〈표 4-11〉, 최영민 2018), 정련을 위한 소재 공급 등의 문제가 있어 이 부분에 대해서는 향후 발굴조사를 통해 확인될 필요가 있다.

제철기술 발전단계	제철공정	유형	중부 지역	동남부 지역
1단계	단련단야	1유형	기원전 3세기	기원전 3세기
2단계	정련단야	2유형	기원후 2세기	기원전 1세기
3단계	제련·용해주조	3·4·5유형	2세기 후반~3세기 전반(제련), 3세기 전반(용해주조)	기원후 2세기 후반(용해주조), 기원후 4세기(제련)
4단계	초강정련	6유형	(4세기 전반) 5세기 후반	6세기 전반

〈표 4-11〉 제철기술의 발전 단계안(최영민 2018)

우리가 직접 철을 생산하여 소재로 활용하였던 시기는 전술하였던 것과 같이 중부 지역의 경우 늦어도 기원후 3세기 무렵에는 시작되었던 것으로 보이지만 기원 전후까지 소급될 가능성을 배제할 수 없다. 이에 비해 동남부 지역의 경우 기원후 4세기 이후의 것들만 확인되고 있어 변진 지역에서 활발한 철 생산이 있었다는 기록과는 큰 차이가 있는데, 앞으로 이 지역에서 보다 이른 시기의 제련 유적이 발견될 가능성은 충분하다. 어쨌든 현재의 자료로서는 기원후 3세기 무렵을 전후하여 중부 이남 지역에서 본격적인 제련을 통한 철 생산이 이루어졌는바, 사철보다는 철광석을 이용해 원형의 제련로에서 제련하였던 것이 가장 일반적인 모습이었던 것 같다. 이 시기 제련로는 중부 지역의 것들이 규격상에서 통일성이 있어(평균 140~150cm), 생산품에서도 그러할 개연성이 높아 보인다. 기본적으로 순도가 높은 괴련철을 생산하여 정련단야를 통해 강철을 공급하는 체계였던 것으로 생각된다.

이러한 철 생산을 기반으로 기원후 3세기 무렵부터는 점차 환두도가 사용되면서 도가 검을 대체하게 된다. 기본적으로 검은 베는 것보다는 찌르는 기능이 강한 반면에 날이 한쪽에만 있는 도는 베는 기능이 강함은 주지의 사실이다. 결국 검을 대체하여 도가 보급된다는 것은 전술적 변화의 가능성을 시사하지만, 이 시기의 환두도 역시 소수의 무덤에서만 출토되고 있어 보편적으로 보급된 병장기는 아니었으며 이전과 같이 철모가 기본 무장 역할을 하였다. 이 무렵 철촉은 무경식과 함께 유경식이 보급·사용되면서 그 길이가 점차 길어지는 변화를 겪게 된다. 또 기원후 4세기 무렵부터는 환두도의 환두부가 없어지고 손잡이 부분[柄部]을 실용적인 나무 손잡이로 만든 이른바 목병철도(木柄鐵刀)가 보급되면서 개인의 보편적인 무기로 보급되는 반면에, 환두도는 손잡이 부분이 금은 등으로 장식화되는 장식대도화하면서 오히려 신분 상징적 위세품의 성격이 강해지는 방향으로 기능적 분화가 일어난다. 한편, 철모 또한 신부의 길이가 짧아지면서 두께는 두꺼워지고, 신부와 공부(銎斧) 사이의 경계 역할을 하였던 관부(關部)가 점차 사라져 이른바 무관연미형(無關燕尾形) 철모가 등장하여 사용된다. 이 철모는 베는 기능은 거의 없는 대신 찌르는 기능이 극대화된 것으로서, 철제 갑주 등의 방어구가 발달한 것과 관련이 깊다. 결국 장병기인 철모는 찌르는 기능으로, 단병기인 철도는 근접전에서 베는 기능으로 극대화되는 모습을 보이게 된다(성정용 2000). 이러한 무기 형태 변화는 무기체계, 나아가 당시 전투 양상의 변화마저 수반하는 것으로서, 고대국가들 사이의 빈번한 전쟁을 수행하는 데 핵심적인 역할을 수행할 수 있도록 개발되었다.

이처럼 고대사회에서 철제 무기체계의 변화가 갖고 있는 의미가 지대하기는 하지만, 이와 전혀 다른 측면에서 철이 갖고 있는 의의를 찾아볼 수 있을 듯하다. 『삼국지』 위서 동이전 한조의 기록에 의하면 기원후 3세기 무렵 마한 지역에는 50여 개국이, 진변한 지역에는 24개 나라가 자리하고 있었으며, 이 지역에서 각기 성장한 백제국(伯濟國)과 사로국(斯盧國)이 각 지역의 소국들을 통합하면서 고대국가로 성장하게 된다. 고대국가로 성장하면서 인구가 어느 정도 증가하였는지 정확하게 알 수 있는 자료는 없으나, 기원후 3세기 무렵 마한 지역에는 10여만 호가 있었다고 한다.[35] 그런데 『삼국사기』 백제본기 의자왕 20년(기원후 660)조를 보면 5부(部) 37군(郡) 200성(城)에 76만호(萬戶)가 있었다고 되어 있다. 마한과 백제는 대략 비슷한 공간에 자리하고 있었지만, 사비기에는 한강 유역을 갖고 있지 않아 사비기 백제가 마한보다 공간적 범위가 오히려 작을 수 있음에도 불구하고 불과 400여 년 만에 인구가 최소 7배 이상 증가한 것이다. 이러한 인구 증가뿐만 아니라 사회적 계층화의 심화와 수많은 전쟁에 필요한 물자 등을 감안하면, 식량은 인구증가율보다도 오히려 더 큰 폭으로 증가되어야 한다. 고대사회에서 식량을 증산할 수 있는 방법은 농경과 가축 사육이 거의 유일한데, 이 중 농경생산이 차지하는 비중이 절대적일 수밖에 없다.[36]

이처럼 고대국가 단계에서 농경생산을 획기적으로 증대시킬 수 있는 것은 바로 수리관개체계의 발달과 밀접한 관련이 있다. 수도작 농경이 본격화되는 청동기시대에는 하천 유로를 막아 주변의 경작지에 물을 공급하는 소규모 보 시설이 발달하며, 원삼국시대 후기~삼국시대 초기에는 저습지 개발이 시작된다. 이후 삼국시대에 들어오면 산간(山間) 계곡에 대규모 제언을 만들어 하천 하류의 충적지 전체를 개발하거나, 또는 김제 벽골제와 같이 방파제 성격의 제언을 축조하여 일종의 대규모 간척을 통해 경작지를 확대함으로써 농경을 통해 식량을 획기적으로 증가시킬 수 있었다. 늦어도 기원후 5세기 무렵에는 이전과는 차원을 달리하는 관개체계가 성립되어 삼국시대 국가 간 경쟁의 경제적 토대를 마련하였다고 보인다(성정용 2015). 그러나 수리관개체계만으로 이러한 효과를 극대화할 수는 없으며, 이를 뒷받침한 절대적인 도구가 바로 원삼국시대 말~삼국시대에 폭넓게 보급된 각종 철제 농경구라 할 수 있다.[37] 이 철제 농경구들은 심경(深耕)과 함께 경작 면적을 넓히는 데 크게 기여함으로써, 폭발적인 인구 증가를 감당할 수 있는 식량 증가에 대단히 커다란 역할을 하였던 것이다. 결국, 삼국시대에 발달한 철 생산과 철기 제작기술은 바로 고대국가가 성장하고 통합하는 데 가장 핵심적인 역할 가운데 하나를 수행하였던 것으로 평가하여도 부족함이 없다.

맺음말

지금까지 철과 철기가 어떠한 과정을 거쳐 만들어지고, 이러한 철이 우리나라에는 언제 유입되어 본격적인 생산이 시작되고 그 생산하는 모습은 어떠하였으며, 고려·조선시대를 거치며 이들이 어떻게 변화하고, 생산되는 물품들은 어떠한 것이 있는지 고고학적 자료와 문헌 기록을 토대로 살펴보았다.

토기가 지구상에 존재하지 않던 새로운 기물로서 인간의 풍부한 상상력이 빚어낸 인류 최초(最初)이자 최고(最高) 발명품으로 꼽히는 데 주저될 이유가 없지만, 사실 토기 또한 수백만 년 동안 석기를 만들면서 축적된 기술적 토대—자유로운 손놀림과 상상력 등— 위에서 가능하였음은 부인할 수 없다. 결국 인간이 만들어낸 최고의 도구인 철기는 장구한 시간—인류역사의 거의 대부분의 시간— 동안 석기와 토기를 통해 축적된 인간 진보의 결정적 산물이라 해도 과언이 아닐 것이다.

철을 생산하는 과정은 얼핏 보면 너무나도 원시적이고 단순한 것처럼 보이지만, 철 생산은 1,200°C 이상의 고온을 수십 시간 동안 통제해야 하는 고난이도의 작업이다. 또 용광로에서 일어나는 각종 화학반응들을 적절히 통제할 수 있어야 비로소 우리가 원하는 소재를 손에 넣을 수 있게 되는 것이다.

이러한 철이 제 역할을 하기 위해서는 철 속에 들어 있는 가장 중요한 원소인 탄소(C)의 함량이 절대적이다. 제련로에서 얻을 수 있는 철은 크게 두 가지 종류가 있는데, 하나는 노 안에서 완전히 용융되어 불순물이 거의 없고 탄소 함량이 비교적 높은 선철(銑鐵)이며, 다른 하나는 불순물이 비교적 많이 혼입되어 있으면서 탄소 함량이 2% 이하로 비교적 낮아 두드리는 것이 가능한 이른바 괴련철(塊練鐵)이다. 이 중 선철은 탄소 함량이 높아 두드리는 것이 불가능하기 때문에 주로 솥과 같은 주조철기를 만드는 데 사용된다. 선철은 이처럼 탄소가 많아 그 자체로는 단조가 불가능하지만 탄소량을 저감시켜 강으로 만들면 단조철기를 제작할 수 있게 되는데, 이른바 초강정련이 그것이다. 이와 달리 괴련철은 탄소 함량이 낮지만 불순물이 많이 포함되어 있어, 정련단야 공정을 통해 불순물을 제거하는 과정을 거치게 된다. 여러 번의 정련 과정을 거쳐 철기 제작에 적당한 상태의 철이 되면 바로 철기를 제작하거나 또는 유통을 위해 적당한 크기로 만들게 되는데, 유통을 위해 만들어진 것이 이른바 철정으로서 조선시대에는 이러한 강철소재를 주로 정철(正鐵)로 불렀다. 이러한 철소재들을 가지고 주조철기나 단조철기를 만들게 된다.

한편, 철이 본격적으로 고대사회에 채용된 이후, 중국의 경우 전국시대를 통일하였던 것은 철제 무기가 많이 보급되었던 연이나 초나라가 아니라 오히려 청동무기로 무장한 진(秦)나라였다. 이는 어느 시점에 새롭고 강력한 도구가 출현하였다고 하여 그것이 곧바로 그 사회를 변혁시키는 기제로 작용하는 것만은 아니라는 점을 시사하는 것은 아닐까? 아무리 좋은 신소재가 있다고 하여도 곧 사회 내부적으로 이를 수용할 수 있는 여건이 되었을 때 비로소 그 활용가치가 극대화된다는 것이다.

이러한 관점에서 우리나라에 철이 도입된 시기는 비록 늦지만, 우리 사회 내부적으로 갖고 있는 의미는 결코 작은 것이 아니다. 우리나라의 원삼국~삼국시대는 흔히 고대국가체제로 진입한 시기로 알려져 있지만, 전술한 것과 같이 『삼국지』 위서 동이전과 『삼국사기』의 기록을 통해 볼 때 획기적인 인구 증가가 이루어졌던 시기였다. 나아가 수많은 전쟁 기사에서 보듯이 각종 사회적 갈등과 집단 사이의 경쟁이 최고조에 달한 시기이기도 하였다.

이러한 집단 사이의 경쟁과 인구 증가를 뒷받침하는 가장 효율적인 수단이 삼국시대에 발달한 수리관개체계였으며, 철기는 이를 뒷받침하는 생산도구였다고 생각된다. 특히 철제 농경구들은 심경(深耕)과 함께 경작면적을 넓히는 데 크게 기여함으로써, 폭발적인 인구 증가를 감당할 수 있는 식량 증가에 지대한 역할을 하였던바, 삼국시대에 발달한 철 생산과 철기 제작기술은 바로 고대국가가 성장하고 통합하는 데 가장 핵심적인 역할 가운데 하나를 수행하였던 것으로 평가하여도 부족함이 없을 것이다.

이처럼 철은 인간의 기본적인 번영과 생존을 가능하도록 하여주는 문명의 이기였지만, 한편으로는 인간 스스로를 파괴시키는 가장 살상력이 높은 수단이었다. 우리 고대사회에서 철보다 더 강력한 무기체계가 존재하였던가? 이는 철이 우리 인간 세계 내에서 가지고 있는 양면성을 극명하게 보여주는 것이다. 과연 철은 신이 인류에게 내린 축복일까 아니면 최악의 금단의 열매였을까? 이 문제에 대한 해답은 바로 지금 우리 손에 있는 것이 아닐까?

〈附 4-1〉 고려시대 문헌에 보이는 철 관련 기사(이남규 2017, 표 9 수정 인용)

연번	출전	권수	편명	기사명	연대	세부내용
1	高麗史	3	世家	成宗 15年 4月 辛未	996	夏四月 辛未 鑄鐵錢.
	高麗史	79	食貨志	화폐		成宗十五年四月 始用鐵錢.
	高麗史 節要	2	成宗文 懿大王	成宗 15年 4月		夏四月. 鑄鐵錢.
						철전을 주조함
2	高麗史	79	食貨志	화폐	1002	穆宗五年七月 教曰, "…今繼先朝而使錢 …便存務本之心, 用斷使錢之路. 其茶酒食味等諸店交易, 依前使錢外, 百姓等私相交易, 任用土宜."
						목종 5년 7월, 교서를 내려 철전 사용을 중단하게 함
3	高麗史	4	世家	顯宗 9年 2月 己巳	1018	西女眞凌擧·渠伊等來, 獻皮·鐵甲及馬.
	高麗史 節要	3	顯宗元 文大王	顯宗 9年 2月		西女眞凌擧渠伊等來, 獻皮鐵甲馬.
						서여진의 능거와 거이 등이 내조하여 철갑 등을 헌상함
4	高麗史	5	世家	顯宗 21年 12月 미상	1030	是月, 東女眞寧塞將軍睦史阿骨, 柔遠將軍闕那, 歸德將軍阿箇朱來, 獻馬及鐵甲·楛矢.
						동여진의 睦史阿骨 등이 말과 철갑옷·화살 등을 바침
5	高麗史	7	世家	文宗 卽位年 5月 己亥	1046	制曰, "先朝所御倚床踏斗, 皆以金銀裝釘, 又以金銀線織成闡錦爲茵褥, 宜令有司, 代以銅鐵綾絹."
						왕이 자신이 사용하던 금은장식의 못 등을 구리와 철제로 바꾸도록 함
6	高麗史	8	世家	文宗 11年 8月 丙寅	1057	以秘書省校勘慶鼎相權知直翰林院, 中書省言, "鼎相鉄匠之裔, 不宜淸要職, 請削之." 王曰, "采苕采菲, 無以下體', 盖貴其可用者耳. 鼎相才識有可採用, 豈宜論其世系." 不允.
	高麗史 節要	5	文宗 二	文宗 11年 8月		以秘書省校勘慶鼎相權知直翰林院, 中書省言, "鼎相鉄匠之裔, 不宜淸要職, 請削之." 王曰, "采苕采菲, 無以下體', 盖貴其可用者耳. 鼎相才識有可採用, 豈宜論其世系." 不允.
						비서성교감 경정상을 한림원으로 임명하려 하자 중서성에서 鐵匠의 후예라고 하여 반대하였으나, 왕이 그대로 시행함
7	高麗史	8	世家	文宗 12年 2月 辛亥	1058	都兵馬使奏, "界內鐵貢, 舊充兵器, 近創興王寺, 又令加賦, 民不堪苦. 請減鹽·海·安三州, 丁酉·戊戌二年軍器貢鐵, 專供興王之用, 以紓勞弊." 從之.
						병기 제조용으로 사용되는 兩界의 공납 철을 흥왕사 건축자재로 전용함
8	高麗史	8	世家	文宗 24年 11月 甲午	1070	置固守炭鐵庫于京城四面.
	高麗史 節要	5	文宗二	文宗 24年 11月		冬十一月. 置固守炭鐵庫于京城四面.
						목탄과 철을 보관하는 창고를 개경 사방에 설치함
9	高麗史	9	世家	文宗 33年 7月 辛未	1079	…瓊州沈香·廣州木香·康寧府鐵粉…已上各用開金鍍銀花合一具盛, 共重四百兩, 朱漆外匣全.
						왕의 요청에 따라 송 황제가 보낸 1백여종 약재 가운데 강녕부 철분이 포함

연번	출전	권수	편명	기사명	연대	세부내용
10	高麗史	9	世家	文宗 35年 2月 辛酉	1081	西女眞酋長遮豈等六人來, 獻鐵甲兵仗, 賜衣帶·綵帛有差.
	高麗史節要	5	文宗二	文宗 35年 2月		西女眞酋長遮豈等六人來, 獻鐵甲兵仗, 賜衣帶綵帛有差. 制曰, "凡東西酋長欲來見者, 兵馬使申報取旨後, 方許赴闕, 以爲永制."
						서여진 추장 차단 등 6인이 철갑옷과 병기 등을 바침
11	高麗史	11	世家	肅宗 6年 6月 辛丑	1101	辛丑 定州長今男盜官庫鐵甲四部, 賣與東女眞, 事覺伏誅.
						定州 사람 장금남이 관청 무기고의 철갑 4벌을 훔쳐 동여진에 매매한 죄로 처형됨
12	高麗史	79	食貨志	화폐	1102	肅宗七年十二月 制, "富民利國, 莫重錢貨. 西北兩朝, 行之已久, 吾東方, 獨未之行. 今始制鼓鑄之法, 其以所鑄錢一萬五千貫, 分賜宰樞文武兩班軍人, 以爲權輿, 錢文曰海東通寶. 且以始用錢, 告于太廟, 仍置京城左右酒務, 又於街衢兩傍, 勿論尊卑, 各置店鋪, 以興使錢之利."
						숙종 7년 12월, 제서를 내려 해동통보 발행을 선포함
13	高麗史	12	世家	예종 卽位年 11月 甲辰	1105	詔曰 "朕聞, 民閒買賣, 所用穀米及銀品甚惡. 故前代以來, 嚴法禁之, 而至今未見其懲戒者. 盖奸猾之類, 不畏法禁, 惟利是求, 乃以沙土和米, 銅鐵交銀, 以眩惑愚民. …"
	高麗史	85	刑法志	금령		詔曰 "朕聞, 民閒買賣, 所用穀米及銀品甚惡. 故前代以來, 嚴法禁之, 而至今未見其懲戒者. 盖奸猾之類, 不畏法禁, 惟利是求, 乃以沙土和米, 銅鐵交銀, 以眩惑愚民. …"
	高麗史節要	7	睿宗	睿宗 卽位年 11月		詔曰 "朕聞, 民閒買賣, 所用穀米及銀品甚惡. 故前代以來, 嚴法禁之, 而至今未見其懲戒者. 盖奸猾之類, 不畏法禁, 惟利是求, 乃以沙土和米, 銅鐵交銀, 以眩惑愚民. …"
						화폐로 쓰이는 쌀에 모래나 흙을 섞고, 은에 구리나 쇠를 섞어 속이는 행위를 엄금하는 조서를 내림
14	高麗史	12	世家	睿宗 元年 3月 戊申	1106	都兵馬使奏, "北朝奚家軍乃哥 以蕃賊霜丘之子阿主及鐵甲一副來 納款."
	高麗史節要	7	睿宗文孝大王一	睿宗 元年 3月		北朝奚家軍乃哥 以蕃賊霜丘子阿主及鐵甲一副來納款.
						북조(요) 해가의 군사 내가와 번적인 상구의 아들 아주를 데리고 철갑 한 벌을 가지고와 귀부함
15	高麗史	78	食貨志	전제 공부	1108	睿宗三年二月 判, 京畿州縣, 常貢外, 徭役煩重, 百姓苦之, 日漸逃流. 主管所司, 下問界首官, 其貢役多少, 酌定施行. 銅·鐵·瓷器·紙墨雜所, 別貢物色, 徵求過極, 匠人艱苦, 而逃избегнуть. 仰所司, 以其各所別常貢物, 多少酌定, 奏裁.
						예종 3년 2월, 경기철소를 비롯한 각 소의 별공들이 과중하니 조정토록 명함
16	高麗史	14	世家	睿宗 4年 3月 乙卯	1109	行營兵馬判官許載·金義元等與女眞, 戰于吉州關外, 斬三十級, 獲其鐵甲牛馬.
	高麗史節要	7	睿宗文孝大王一	睿宗 4年 2月		行營兵馬判官許載金義元等與女眞戰于吉州關外, 斬三十級, 獲其鐵甲牛馬.
						허재와 김의원 등이 길주에서 여진과 싸워 철갑과 소, 말 등을 포획함

연번	출전	권수	편명	기사명	연대	세부내용
17	高麗史	28	世家	忠烈王 元年 11月 癸巳	1275	元遣使來, 作軍器, 以起居郞金磾, 偕往慶尙·全羅道, 斂民箭羽·鏃鐵.
	高麗史節要	19	忠烈王一	忠烈王 1年 11月		元遣使來, 作軍器, 以起居郞金磾, 偕往慶尙全羅道, 斂民箭羽鏃鐵
						원이 사신을 보내 무기를 만들게하여 경상, 전라도 민간의 화살 깃과 활촉 쇠를 거두어 들임
18	高麗史	28	世家	忠烈王 2年 1月 己卯	1276	元遣使來, 求鐵.
	高麗史節要	19	忠烈王一	忠烈王 2年 1月		元遣使來, 求鐵
						원에서 사신을 보내 철을 요구함
19	高麗史	28	世家	忠烈王 2年 3月 辛未	1276	遣中郞將張得精, 如元獻鐵.
						중랑장 장득정을 원에 보내 철을 바침
20	高麗史	28	世家	忠烈王 3年 4月 丁卯	1277	元遣劉弘忽奴來, 王命李藏茂, 偕往忠州, 鑄環刀一千
						원나라에서 유홍과 쿠노가 오자 이장무에게 명하여 이들과 함께 충주에 가서 환도 천 자루를 주조하게 함
21	高麗史	28	世家	忠烈王 4年 2月 癸未	1278	令諸王至權務, 斂奐鐵粧忽奴, 所鑄環刀.
						여러 왕들로부터 권무에 이르기까지 대장장이(奐鐵粧) 쿠노(忽奴)가 만든 환도를 거두어 들임
22	高麗史	29	世家	忠烈王 6年 8月 癸酉	1280	元卿自元, 賫省旨來, 令耽羅達魯花赤, 自以其鐵匠, 修戰艦.
						원나라 중서성에서 탐라 다루가치가 책임을 지고 철장에게 전함을 수리하도록 시키라는 공문을 보냄
23	高麗史	30	世家	忠烈王 19年 12月 戊戌	1293	王次薊州. 世子迎謁于道, 獻鞍馬及鐵棒四枚, 長劒四口. 帝賜世子酒肉, 享王. 太子妃使人以羊酒迓勞. 沿途各萬戶·摠管·達魯花赤·大王等 皆獻羊酒, 或馬·駱駝. 王亦以銀布, 謝之.
						왕이 薊州에서 유숙했는데, 세자가 길에서 왕을 알현하고 철봉 4개와 장검 4자루 등을 바침
24	高麗史節要	25	忠惠王	忠惠王(後) 4年 5月	1343	王怒新宮營構稽緩 責監督官金善莊等曰 "…又斂諸道銅鐵 鑄鼎鑊錡釜 納之新宮 …"
						왕이 신궁을 짓는데, 여러 도에서 동과 철을 거두어 솥과 가마를 만들어 신궁에 들여 놓게 함
25	高麗史	39	世家	恭愍王 6年 9月 丙子	1357	遣塩鐵別監于諸道.
	高麗史節要	26	恭愍王一	恭愍王 6年 9月	1357	分遣諸道鹽鐵別監, 左諫議李穡起居舍人田祿生右司諫李寶林左司諫鄭樞等上書以爲不可遣. 王召宰相臺省, 問鹽鐵利害, 穡實林稱疾, 祿生樞固執前議. 左諫議南兢與同列素不相能, 獨曰, "遣之便." 王從之.
						염철별감을 각도에 파견하다
26	高麗史	39	世家	恭愍王 7年 7月 甲辰	1358	江浙行省丞相張士誠, 遣理問實刺不花, 來獻沈香山·水精山·畫木屛·玉帶·鐵杖·彩段, …
						강절행성 승상 장사성이 침향산 화목병, 鐵杖 등의 예물과 편지를 바치다.

연번	출전	권수	편명	기사명	연대	세부내용
27	高麗史	79	食貨志	염법	1391	恭讓王三年七月 都堂啓"塩鐵 國課之大者 本朝鐵人皆私之 而官未立法 宜置冶官鐵戶 一如塩法 以資國用"上從之 然事不行.
						공양왕 3년 7월, 철의 사사로운 매매를 금지하고, 冶官과 鐵戶를 설치하여 관리할 것을 도당이 건의함
28	高麗史節要	35	恭讓王二	恭讓王 3년 7월	1391	…又請, 置冶官, 鑄鐵以資國用, 事竟不行.
						도평의사사에서 冶官을 두고 쇠를 주조하여 국가의 재용을 충당할 것을 청했지만 시행되지 못함
29	高麗史	56	地理志	양광도 광주목 지평현	1392	砥平縣本高句麗砥峴縣. 新羅景德王, 改今名, 爲朔州領縣. 顯宗九年, 來屬. 辛禑四年, 以乳媼張氏之鄕, 置監務. 後罷之. 恭讓王三年, 置鐵場于縣境, 設監務, 以兼之.
						공양왕 3년에 현 경내에 철장을 설치하고 감무를 두어 임무를 겸하게 함
30	高麗史	78	食貨志	전제 조세	1401	靖宗七年正月 三司奏, "諸道外官員僚, 所管州府稅貢, 一歲, 米三百碩, 租四百斛, 黃金一十兩, 白銀二斤, 布五十匹, 白赤銅五十斤, 鐵三百斤, 塩三百碩, 絲緜四十斤, 油蜜一碩, 未納者, 請罷見任." 從之.
						정종 7년 1월, 三司에서 각도 외방관에서 관할 하는 지역의 세공에 철은 300근을 징수하도록 정함
31	高麗史	80	食貨志	祿俸 掌冶署		稻十二石【金箔匠行首校尉一, 行首大匠一, 生鐵匠左右行首大匠各一】
						生鐵匠 좌우행수 大匠은 각 1명은 稻 12석을 녹봉으로 받음

〈附 4-2〉 조선시대 철 생산 관련 각종 기록(정해득 2016: 13-56 및 이남규 2017, 표10 수정 인용)

실록	시기	내용
世宗實錄	6년 1월4일	造粉及黃丹所需鉛鐵二百五十斤, 請令産鉛黃海道 瑞興官, 每年採取, 依式上納. 其官所貢軍器監上納正鐵五百八十四斤, 移定本道各官.
		조분할 것과 황단에 수용되는 연철(鉛鐵) 2백50근을 연(鉛) 산출지인 황해도 서흥 지방관에게 매년 채취하여 정식으로 상납하게 하고, 그 관에서 군기감에 바치던 정철(正鐵) 5백84근은 그 도내의 각 관에 옮겨 배정하게 하소서.
	6년 5월25일	…以別例貢物, 於各道差等分定上納, 除在前月課鏁子甲所入各道正鐵之貢.
		…별례 공물(別例貢物)로써 각도에서 수량을 차등 있게 나누어 정해서 상납(上納) 하게 하는데, 전달에 과(課)한 쇄자갑(鏁子甲)에 소용되는 각도의 정철(正鐵)의 공물은 면제(免除)할 것이며,
	8년 3월20일	除昌原貢正鐵四百斤, 遂安二百斤, 長淵炭七十石, 別紋席三十張.
		창원(昌原)에서 공납하는 정철(正鐵) 4백 근, 수안(遂安)의 2백 근, 장연(長淵)의 숯 70석과 별문석(別紋席) 30장은 면제하여주십시오
	10년 1월28일	去歲自春至秋, 久旱失農, 炒鐵軍及爐冶匠, 動經一朔, 贏糧實難. 一年貢鐵, 只二萬八百八十五斤, 而五鐵場所在正鐵, 十萬七百九十五斤, 請依丁未年秋等例, 除今春炒鐵.
		지난해에 봄부터 가을까지 오랫동안 가물어 실농(失農)하였으니, 초철군(炒鐵軍) 과 노야장(爐冶匠)이 자칫하면 1개월을 지내게 되므로 양식을 가지고 가기는 실로 어렵습니다. 1년 동안의 공철(貢鐵)이 다만 2만8백85근인데, 다섯 철장(鐵場)에 있는 정철(正鐵)이 10만7백95근이나 되니, 정미년 추등(秋等)의 예(例)에 따라 올 봄의 초철(炒鐵)은 면제하기를 청합니다.
	12년 12월1일	今考本道貢鐵之數, 軍器監納正鐵五千一百六十三斤四兩, 則分定于各官, 繕工監納正鐵五千五百二十斤, 則分于海州, 文化, 松禾等官住鐵干.
		현재 본도에서 공납하는 철의 수량을 보면, 군기감(軍器監)에 바치는 정철(正鐵) 5천1백63근 4냥쭝은 여러 고을에 나누어 책정하고, 선공감(繕工監)에 바치는 정철 5천5백20근은 해주(海州)·문화(文化)·송화(松禾) 등 고을에 거주하는 철간에게 나누어 책정하여야 할 것입니다.
	21년 4월22일	山陰, 陜川二郡所納鐵器, 從僧惠會自願, 代以正鐵, 臣等慮恐收直之際, 姦僧憑藉天威, 貽弊不貲矣.
		산음(山陰)과 합천(陜川) 두 고을에서 바치는 철기(鐵器)를 중 혜회(惠會)의 자원에 좇아 정철(正鐵)로 대납(代納)하게 하셨사오니, 신 등이 염려되는 것은 값을 거둘 즈음에 간사한 중들이 천위(天威)를 빙자하여 폐를 끼침이 적지 않을까 두렵사옵니다.
	22년 2월16일	大莊化主僧惠會代納正鐵, 受價米三百九十餘石, 其分納於晉州, 咸陽, 以充官用.
		대장(大莊)의 화주승(化主僧) 혜회(惠會)가 정철(正鐵)을 대납(代納)하고,
	24년 2월11일	…請於本邑, 定貢銀每一年二百兩, 其曾貢正鐵, 令戶曹磨勘蠲減.
		…청하옵건대, 본읍에 대하여 매년(每年) 은 2백 냥쭝씩 공급하게 하고, 전에 바쳐온 정철(正鐵) 공납은 호조로 하여금 견감(蠲減)하도록 마감하게 하옵소서.
	24년 9월18일	黃海道 平山府所産鉛鐵, 旣充國用, 請減本府所貢正鐵一千七百二十七斤, 以鉛鐵三千斤, 定爲常貢.
		황해도 평산부(平山府)에서 생산되는 연철(鉛鐵)은 이미 국가의 용도에 충용(充用) 하고 있사오니, 청하옵건대, 본부(本府)에서 공(貢)으로 받고 있는 정철(正鐵) 1천7백27근을 감면하고, 연철(鉛鐵) 3천 근을 상공(常貢)으로 정하소서.

실록	시기	내용
世宗實錄	27년 5월9일	聞道內蔚山郡東北有鐵滿山, 或因雨水自生, 或掘取吹鍊, 則或成水鐵, 或成正鐵.
		도내 울산군(蔚山郡) 동북쪽에 쇠가 산에 가득히 있는데, 혹 비로 인하여 저절로 나기도 하고, 혹 파서 취련(吹鍊)하면 혹 수철(水鐵)이 되기도 하고, 정철(正鐵)이 되기도 한다는데.
	오례/흉례 의식/치장	凡造引釘, 先以正鐵作釘, 形如工字, 次以水鐵鎔灌.
		무릇 인정(引釘)을 만들 적엔 먼저 정철(正鐵)로써 정(釘)을 만드는데, 모양이 공자(工字)와 같게 하고, 다음에 수철(水鐵)로써 녹여 붙인다.
世宗實錄地理志	忠淸道	仍邑朴船炭, 正鐵.
		그 고을의 박선[仍邑朴船]·숯[炭]·시우쇠[正鐵]이다.
	충청도/공주목/정산현	土貢, 漆, 眞茸, 棗, 鳥足茸, 柿, 黃毛, 雜羽, 正鐵, 狐皮, 狸皮.
		토공(土貢)은 칠·느타리·대추·싸리버섯·감·족제비털·잡깃·시우쇠[正鐵]·여우가죽·삵괭이가죽이다.
	경상도/경주부	有鐵場, 歲貢正鐵六千五百三十三斤.
		철장(鐵場)이 있는데, 세공(歲貢)이 정철(正鐵) 6천5백33근이다.
	경상도/ 안동대도호부	有鐵場, 歲貢正鐵九千九百五十斤.
		철장(鐵場)이 있다. 세공(歲貢)은 정철(正鐵) 9천9백50근이다.
	경상도/ 안동대도호부/예천군	産多仁縣東大谷灘, 鍊正鐵以貢.下品.
		동쪽 대곡탄(大谷灘)에서 난다. 연철(鍊鐵)·정철(正鐵)로 공납(貢納)한다. 하품이다.
	경상도/상주목/합천군	有鐵場, 歲貢正鐵九千五百斤.下品.
		철장(鐵場)이 있고, 세공(歲貢)은 정철(正鐵) 9천 5백 근이다. 모두 하품이다.
	경상도/상주목/용궁현	鳴柳有鐵場, 歲貢正鐵八千八百七十八斤.下品.
		명류(鳴柳)에 철장(鐵場)이 있고, 세공(歲貢)은 정철(正鐵) 8천8백78근이다. 하품이다.
	경상도/진주목/산음현	土産, 銀口魚, 沙鐵… 産縣北馬淵洞山, 歲貢正鐵七千七百九十四斤.
		토산(土産)은 은구어·사철(沙鐵)이다. …현 북쪽 마연동(馬淵洞) 산에서 난다. 세공(歲貢)이 정철(正鐵) 7천7백94근이다.
	전라도/ 전주부/ 고산현	鐵場一, …在縣北番北洞. 煉正鐵七百四斤十二兩, 納于軍器監.
		철장(鐵場)이 1이요, …현의 북쪽 번북동(番北洞)에 있는데, 연철(煉鐵)·정철(正鐵) 7백4근 12냥쭝을 군기감(軍器監)에 바친다.
	황해도/해주목	正鐵産州北五十五里靑山里. 下品.
		시우쇠[正鐵]가 주의 북쪽 55리 청산리(靑山里)에서 난다. 하품이다.
	강원도/ 회양도호부/ 이천현	土貢, 蜂蜜, 黃蠟, 正鐵, 朱土, …
		토공(土貢)은 꿀[蜂蜜]·밀[黃蠟]·시우쇠[正鐵]·주토(朱土), …
文宗實錄	즉위년8월13일	鄭善以私齎羊角, 欲造刀七十部, 請正鐵及粧飾雜物, 又請箭竹五十枚, 桐木, 柳木, 馬蹄, 雉羽等物.
		정선(鄭善)이 사사로이 가지고 온 양각(羊角)으로써 칼 70부(部)를 제조하려고 하여, 정철(正鐵)과 장식에 소용되는 잡물(雜物)을 청구하고, 또 화살대[箭竹] 50매(枚), 동목(桐木)·유목(柳木)·마제(馬蹄)·치우(雉羽) 따위의 물건을 청구하니,

실록	시기	내용
文宗實錄	즉위년 8월14일	尹鳳以私齎羊角, 欲造刀五十部, 請正鐵及粧飾雜物, 許之. 윤봉(尹鳳)이 사사로이 가지고 온 양각(羊角)으로써 칼 50부(部)를 제조(製造)하려고 하여, 정철(正鐵)과 장식(粧飾)에 소용되는 잡물(雜物)을 청구하니, 이를 허락해 주었다.
文宗實錄	1년 6월16일	…其盈德都會吹鍊上納正鐵, 令其道監司, 量定鐵場, 都會慶州, 安東, 蔚山, 陝川, 龍宮, 山陰等各官吹鍊, 以貢. …그 영덕에서는 취련해서 상납(上納)하는 정철(正鐵)을 도회(都會)하게 하고, 그 도의 감사(監司)로 하여금 철장(鐵場)을 양 정(量定)하여 경주(慶州)·안동(安東)·울산(蔚山)·합천(陝川)·용궁(龍宮)·산음(山陰) 등 고을에서 취련한 것을 도회(都會)하여 바치게 하소서.
端宗實錄	즉위년 윤9월12일	一, 諸浦, 今秋等及來年春等, 京中諸司所納貢物, 及兵船所需, 正鐵, 採鍊等事停罷, 諸浦, 諸鎭, 當番色軍, 只留緊要者, 餘皆遣還, 令備救荒之物. 1. 제포(諸浦)의 금년의 추등(秋等) 및 내년의 춘등(春等)에 경중(京中)의 제사(諸司)에 바칠 공물(貢物)과 병선(兵船)에 수요(需要)되는 정철(正鐵) 채련(採鍊) 등의 일을 정파(停罷)하고 여러 포(浦)와 여러 진(鎭)에 당번(當番)한 제색군(諸色軍)은 긴요한 자만 머물러 두고 나머지는 모두 돌려보내어 구황(救荒)할 물건을 준비하게 하소서.
端宗實錄	2년 8월10일	一, 洪原, 北靑, 利城, 端川, 吉川, 鏡城等諸邑鐵場[38]吹鍊, 限明年秋停罷. 1. 홍원(洪原)·북청(北靑)·이성(利城)·단천(端川)·길주(吉州)·경성(鏡城) 등 제읍(諸邑)의 철장(鐵場) 의 취련(吹鍊)을 명년 가을까지 한하여 정파(停罷)할 것.
世祖實錄	6년 4월8일	"道內諸邑培養箭竹十萬介, 嶺東諸邑·諸浦正鐵一千斤, 船輸咸吉道 安邊. 又箭竹培養之法, 已曾下諭, 其禁伐, 禁焚, 宜益糾檢." 諭咸吉道觀察使鄭軾曰: "江原道輸送箭竹十萬介, 正鐵一千斤, 載諸浦兵船, 次次輸送都節制使營." "도내(道內) 여러 고을에서 배양(培養)하는 전죽(箭竹) 10만 개와 영동(嶺東) 여러 읍을 여러 포구(浦口)의 정철(正鐵) 1천 근(斤)을 함길도(咸吉道) 안변(安邊)에 배로 수송하도록 하라. 또 전죽(箭竹)을 배양하는 법은 이미 유시(諭示)를 내렸으니, 그 벌채(伐採)를 금지하고 그 불태우는 것을 금지하여 마땅히 더욱 규찰하도록 하라." 하고, 함길도 관찰사(咸吉道觀察使) 정식(鄭軾)에게 유시(諭示)하기를, "강원도에서 수송하는 전죽(箭竹) 10만 개와 정철(正鐵) 1천 근을 여러 포구의 병선(兵船)에 실어서 차례차례 도절제사 영(都節制使營)으로 수송하도록 하라."
世祖實錄	8년 2월30일	一. 釘鐵用忠淸道會計付正鐵, 隨所入支用. 1. 정철(釘鐵)은 충청도의 회계(會計)에 붙인 정철(正鐵)을 사용하되, 들어오는 데 따라서 지급하여 사용하게 하소서.
世祖實錄	10월 12월7일	戶曹謄錄正鐵代納價米, 豐年一兩三升, 歉年二升, 比他貢物之價, 過乎高重, 民弊不貲. 自今正鐵代納之價, 豐年則一兩一升五合, 歉年則一升以爲定限. 호조(戶曹)의 『등록(謄錄)』에 정철(正鐵)을 대납(代納)하는 미가(米價)가 풍년(豐年)에는 1냥(兩)에 3승(升)이고 흉년에는 2승(升)이니, 다른 공물(貢物)의 가격에 비하여 너무 지나치게 높고 무거워, 민간의 폐단이 적지 않습니다. 지금부터 정철(正鐵)을 대납(代納)하는 가격은 풍년(豐年)이면 1냥(兩)에 1승(升) 5합(合)으로 하고, 흉년이면 1승(升)으로 하여 한정하도록 하소서.
世祖實錄	10년 12월22일	賜僧信眉正鐵五萬五千斤, 米五百石, 綿布·正布各五百匹. 중[僧] 신미(信眉)에게 정철(正鐵) 5만5천 근(斤), 쌀 5백 석(石), 면포(綿布)·정포(正布) 각각 5백 필(匹)씩을 내려 주었다.

실록	시기	내용
世祖實錄	11년 2월20일	僧信眉構江原道 五臺山 上元寺, 命承政院, 馳書慶尙道觀察使, 給正鐵一萬五十斤, 中米五百石, 又命濟用監, 給縣布二百匹, 正布二百匹, 內需所給綿布三百匹, 正布三百匹. 중 신미(信眉)가 강원도 오대산(五臺山)에 상원사(上元寺)를 구축(構築)하니, 승정원(承政院)에 명하여, 경상도 관찰사에 치서(馳書)하여 정철(正鐵) 1만 5천 근(斤), 중미(中米) 5백 석을 주고, 또 제용감(濟用監)에 명하여 면포(綿布) 2백 필(匹), 정포(正布) 2백 필을 주게 하고, 내수소(內需所)는 면포(綿布) 3백 필, 정포 3백필을 주게 하였다.
	12년 11월2일	…其代納之物, 最爲民害者, 曰紙芚, 曰油蜜, 曰白楮, 曰正鐵, … 그 대납(代納)하는 물건 중에서 가장 백성의 해가 되는 것은 지둔(紙芚)·유밀(油蜜)·백저(白楮)·정철(正鐵) …
成宗實錄	1년 6월16일	稷山民訴于本府云 '戶曹正郞李埠, 前爲本邑縣監時, 有李桂中者, 捕逃奴, 告于縣, 埠卽決給, 桂中德之, 贈以奴, 埠許桂中防納本縣正鐵. 직산(稷山)의 백성들이 본부(本府)에 호소(呼訴)하기를, '호조 정랑(戶曹正郞) 이한(李埠)이 전에 본고의 현감(縣監)이 되었을 때에 이계중(李桂中)이라는 자가 도망한 노비를 붙들어서 현(縣)에 고발하니, 이한이 즉시 판결하여 지급하였는데, 이계중이 덕(德)으로 여겨서 종을 주었으며, 이한이 이계중에게 본현(本縣)의 정철(正鐵)을 방납(防納)하도록 허락하였습니다.
	1년 12월26일	李埠受李桂中贈奴, 又與桂中及奴軍才, 防納正鐵, 柴木, 角弓罪… 이한(李埠)은 이계중(李桂中)이 준 종[奴]을 받고, 또 이계중 및 종[奴] 군재(軍才)와 더불어 정철(正鐵)·시목(柴木)·각궁(角弓)을 방납(防納)한 죄와, …
	4년 2월11일	…正鐵匠非鑄鐵, 水鐵匠之比, 『大典』不載收稅法, 新立稅法未便. 철장에서 세를 거두는 것 …정철장(正鐵匠)은 주철장(鑄鐵匠)·수철장(水鐵匠)의 유(類)가 아니므로 『대전』에 세로 거두는 법을 싣지 않았으니, 세법을 새로 세우는 것은 미편(未便)합니다.
	4년 4월28일	諸司所儲雜物, 以經費之數, 磨鍊可減之物, 酌定限年, 具錄以聞. 尙衣院彩花席, 滿花席, 生苧, 正鐵, 魚膠, 黃蠟 限二年, 豊儲倉草紙 限三年, 제사(諸司)에 저장한 잡물(雜物)을 경비(經費)의 수(數)로써 감할 만한 물건을 마련(磨鍊)하고 연한(年限)을 정하여 갖추 기록하여 아룁니다. 상의원(尙衣院)의 채화석(彩花席)·만화석(滿花席)·생저(生苧)·정철(正鐵)·어교(魚膠)·황랍(黃蠟)은 2년으로 기한하고…
	6년 2월2일	野人不解鍊鐵, 但得正鐵改造耳. 야인은 쇠를 불릴 줄은 모르고, 다만 정철(正鐵)을 얻어서 개조(改造)할 뿐입니다.
	7년 3월29일	平山府使鄭忠源濫收縣布五十四匹, 米一碩十三斗, 租二碩于正鐵吹鍊軍入己罪, 律該杖一百, 流二千里. 평산 부사(平山府使) 정충원(鄭忠源)이 면포(縣布) 54필(匹), 쌀 1석(碩) 13두(斗), 조(租) 2석(碩)을 정철(正鐵)을 취련(吹鍊)하는 군인(軍人)들에게 함부로 거두어 자신이 소유한 죄는 율(律)이 장(杖) 1백 대에, 유(流) 2천 리에 해당합니다.
	8년 1월8일	一. 格軍軍器, 衣, 甲, 鎗, 環刀, 角弓, 木弓及旗, 麾, 錚, 鼓, 大小角預備, 火藥, 火桶, 流火蒺藜炮, 直上火, 大·中·小釘, 朴鐵, 巨末釘, 正鐵, 船牁, 休紙, 令其道題給. 1. 격군의 군기(軍器)·옷·갑옷·창(槍)·환도(環刀)·각궁(角弓)·목궁(木弓)과 기(旗)·휘(麾)·징(錚)·북(鼓)·대각(大角)·소각(小角)은 미리 장만하고, 화약(火藥)·화통(火桶)·유화(流火)·질려포(蒺藜炮)·직상화(直上火)·대정(大釘)·중정(中釘)·소정(小釘)·박철(朴鐵)·거말정(巨末釘)·정철(正鐵)·선녀(船牁)·휴지(休紙)는 그 도(道)에 제급(題給)하게 한다.

실록	시기	내용
成宗實錄	13년 9월29일	…且如黃海道正鐵吹鍊, 慶尙道焰焇正鐵吹鍊, 採金等事, 雖非失農之邑, 請限今年停寢. …황해도의 정철(正鐵)을 취련(吹鍊)하는 일과 경상도의 염초(焰焇)와 정철(正鐵)을 취련(吹鍊)하고 채금(採金)하는 등류의 일은 비록 실 농한 고을이 아니라도, 청컨대 금년에 한(限)해서 정지하도록 하소서.
	16년 윤4월28일	忠州人洪仲守所告銅石, 觀察使採取封進, 凡八斗. 令政院吹鍊以入, 一斗吹鍊, 正鐵四兩五錢. 命下工曹成器以入. 충주인(忠州人) 홍중수(洪仲守)가 고(告)한 동석(銅石)을, 관찰사(觀察使)가 채취(採取)하여 봉진(封進)한 것이 모두 8두(斗)였는데, 성원(政院)으로 하여금 취련(吹鍊)하여 들이게 하니, 1두에 취련한 것이 정철(正鐵) 4냥(兩) 5전(錢)이므로, 공조(工曹)에 내려서 그릇을 만들어 들이도록 명하였다.
	17년 5월2일	臣等以謂遣諳練朝官, 令京匠吹鍊以試之, 如鍊鋼鐵幾斤, 用人夫幾許, 鍊正鐵幾斤, 用人夫幾許. 抄本邑及附近邑民, 定爲吹鍊軍, 蠲免雜徭, 俾專此役. 신 등의 생각으로는, 일을 익숙하게 알고 있는 조관(朝官)을 보내어 경장(京匠)으로 하여금 시험적으로 취련(吹鍊)을 하게 해서 만약 강철(鋼鐵) 몇 근(斤)을 취련하는 데에는 인부(人夫) 얼마 정도를 쓰며, 정철(正鐵) 몇 근을 취련하는 데에는 인부 얼마 정도를 쓰는가를 보아서, 본고을 및 부근 고을의 백성들을 뽑아 취련군(吹鍊軍)으로 삼고는 잡역(雜役)과 요역(徭役)을 견면(蠲免)해 주고…
燕山君日記	2년 3월24일	如銅鐵之類, 泛稱鐵物, 而不分言正鐵, 水鐵則銅錫亦是鐵物, 其罪應絞. 但國家所禁者, 專指正鐵, 水鐵而言, 似非謂銅錫也. 구리[銅]·쇠[鐵] 따위를 철물(鐵物)이라 범칭하고, 시우쇠[正鐵], 무쇠[水鐵]를 나누어 말하지 않았으니, 구리·주석[錫]도 역시 쇠붙이므로 그 죄는 교수에 처할 것이니, 국가에서 금하는 것은 오로지 시우쇠·무쇠를 가리켜 말한 것이고 구리·주석을 이르는 것은 아닌 듯합니다.
	4년 10월30일	傳旨戶曹曰: "正鐵二十斤, 銅鐵八十斤入內." 호조에 전지(傳旨)하기를, "정철(正鐵) 20근과 동철(銅鐵) 80근을 대내(大內)로 들여오게 하라." 하였다.
	6년 2월23일	傳曰: "以正鐵, 依稱錘樣, 稍高大, 上置圓孔, 各重五十斤者二箇, 方正造作入內." 전교하기를, "정철(正鐵)로 저울추 모양같이 하되 좀 높고 크게 하며 위에 둥근 구멍을 뚫고 무게가 50근씩 되는 것 두 개를 방정하게 만들어 대궐 안으로 들이라." 하였다.
	8년 7월27일	傳曰: "軍器寺正鐵十五斤,剛鐵五斤入內." 전교하기를, "군기시(軍器寺)의 시우쇠[正鐵] 15근과 강철(剛鐵) 5근을 내전으로 들이라. 하였다.
	8년 12월17일	…吹鍊正鐵, 期以歲月, 量數打造, 省價許貿, 則不出五六年, 兩道軍士可以堅甲利兵矣." …정철(正鐵)을 단련해서 일정한 기한을 주어 수량을 계산, 〈갑옷을〉 만들어서 값을 낮추어 사게 한다면, 5, 6년이 지나지 않아서 양도의 군사들이 단단한 갑옷을 입고 날카로운 무기를 가지게 될 것입니다.
	11년 7월20일	傳曰: "軍器寺正鐵一百二十斤入內." 전교하기를, "군기시(軍器寺)의 정철(正鐵) 1백 20근을 대내에 들이라." 하였다.
	11년 8월4일	傳曰: "金成孫繕工監納正鐵五千斤價, 給京倉米每斤四斗." 전교하기를, "김성손(金成孫)이 선공감(繕工監)에 바친 정철(正鐵) 5천 근의 값은 경창(京倉)의 쌀로 매 근에 4두(斗)씩 주라." 하였다.

실록	시기	내용
燕山君日記	11년 9월4일	傳曰: "張亇加同正鐵一萬斤, 其納于繕工監, 以濟用監綿布, 每一斤給一匹."
		전교하기를, "장마가동(張亇加同)의 정철(正鐵) 1만 근(斤)을 선공감(繕工監)에 들이고 제용감(濟用監)의 면포(綿布)로 1근마다 1필씩 주라." 하였다.
	11년 9월11일	傳曰: "白同正鐵一萬六千斤, 納繕工監, 以司贍寺新縣布, 每一斤給一匹."
		전교하기를, "백동(白同)의 정철(正鐵) 1만6천 근을 선공감(繕工監)에 들이고, 사섬시(司贍寺)의 신면포(新綿布)로 1근마다 1필씩 주라." 하였다.
中宗實錄	7년 12월28일	大司憲南袞等, 以軍器寺奴吾亇伊, 偸取正鐵一片罪案, 照律啓曰…
		대사헌 남곤(南袞) 등이, 군기시(軍器寺) 종 오마이(五亇伊)가 정철(正鐵) 한 조각 훔친 죄안(罪案)을 조율(照律)하여 아뢰기를, …
明宗實錄	10년 5월23일	…亦非正鐵, 鑄成兵器, 恐不堅利.
		…또한 정철(正鐵)이 아니어서 병기(兵器)를 주조해도 견고하고 예리하지 못할 듯합니다.
宣祖實錄	26년 7월29일	本道价川等邑及廣梁等處, 雖有正鐵, 其數不敷.
		본도의 개천(价川) 등 고을과 광량(廣梁) 등지에 정철(正鐵)이 생산되기는 하지만 그 수효가 많지 않으며, 장인들을 모아 가마를 만드는 것도 그 폐해가 작지 않을 것입니다.
	28년 6월27일	其時瓮巖天兵處, 見奪正鐵鳥銃, 藏在訓鍊都監, 而亦出於其招, 似有證據矣.
		그때 옹암(瓮巖)의 중국군에게 빼앗긴 정철(正鐵) 조총(鳥銃)이 훈련도감에 간직되어 있는데, 또한 그 공초에서 나왔으니 증거가 될 것 같습니다.
	36년 5월23일	…況寧能以正鐵賤物, 鐵錢而通行乎?
		어떻게 정철(正鐵)같은 천한 물질로 돈을 주조하여 통용할 수 있겠는가.
	36년 6월24일	…正鐵, 水鐵, 鉛鐵, 皆不合於鑄用, 人情必以爲不便.
		…정철(正鐵)·수철(水鐵)·연철(鉛鐵)은 모두가 돈을 주조하여 쓰기에는 적합하지 않으므로 사람들이 반드시 불편하게 여길 것입니다.
	40년 6월17일	…今聞廟闕營建之奇, 自備正鐵五百六十六斤來納, 以補萬一之用.
		…그런데 이제 묘궐을 짓는다는 소식을 듣고서 정철(正鐵) 5백60근을 준비해 와서 바쳐 만의 하나나마 쓰임에 보탬이 되게 하고자 합니다.
光海君日記(中草本)	1년 10월22일	…丹靑所入及正鐵, 蒿索, 生葛等物, 亦依前例卜定移文爲當.
		…그리고 단청에 쓰일 재료 및 정철 (正鐵)·새끼줄·생칡 등의 물건도 전례에 따라 배정하여 이문하는 것이 마땅하겠습니다.
	6년 7월25일	鑄成火器, 打造鳥銃, 三穴銃筒, 皆以鍮鐵, 正鐵爲之, 非炭, 則不能成形, 必須優備炭石, 然後可不至停役.
		화기를 주조하고 조총(鳥銃)과 삼혈총통(三穴銃筒)을 제작하는 데에 유철(鍮鐵)과 정철(正鐵)로 하기 때문에 탄(炭)이 아니면 모양을 뜰 수가 없으므로 탄을 넉넉하게 준비해야만 역사를 정지하지 않게 될 것입니다.
	7년 11월19일	…且軍器寺所儲正鐵二千斤, 爲先引用, 待本廳物力稍完之後, 還償何如?
		…또 군기시에 저장된 정철(正鐵) 2천 근을 우선 끌어다 쓰고, 본청의 물력이 조금 완비되기를 기다렸다가 상환 하게 하는 것이 어떻겠습니까?

실록	시기	내용
光海君日記(中草本)	8년 5월4일	…如三水壺, 大鍾, 大鈴, 左右遞鈴所造鑄鐵, 牛皮, 正鐵, 炭石等物, 則或行會于各道, 移文于該司, 取用矣…
		삼수호(三水壺)·대종(大鍾)·대령(大鈴)·좌우 체령(遞鈴)을 만들 주철(鑄鐵), 우피(牛皮), 정철(正鐵), 탄석(炭石) 등의 물품들은 각도에 행회(行會)하거나 해당 관사에 이문(移文)을 하여 가져다 사용해야 하겠습니다.
	9년 3월21일	…本道監兵使處, 必有營儲正鐵.
		…본도의 감사와 병사에게 반드시 영저(營儲)의 정철(正鐵)이 있을 것입니다.
	9년 8월13일	…且行副護軍鄭景信, 別備正鐵二百斤, 亦爲願納. 似當各別褒賞, 以開助工之路.
		…그리고 행 부호군 정경신(鄭景信)은 별도로 정철(正鐵) 2백 근을 마련하여 자진 납부해 왔습니다. 각별히 포상하여 공사를 협조하는 길을 열어주게 하는 것이 좋을 듯합니다.
	9년 10월17일	前府使洪傑正鐵三百斤, 折衝(將軍) 朴德獜正鐵四百斤, 平昌副守萬壽正鐵四百斤, 前守門將尹雲老正鐵五百斤, 定州免役鄕吏石應卓正鐵四百斤, 願納都監. 當此鐵物難繼之時, 聖敎屢下, 不得已書啓. 而所納之數, 多少不同, 此亦依納石例, 定式捧用(似當). 敢啓.
		전 부사 홍걸(洪傑)은 정철(正鐵) 3백 근을, 절충〈장군〉 박덕린(朴德獜)은 정철 4백 근을, 평창 부수(平昌副守) 이만수(李萬壽)는 정철 4백 근을, 전 수문장 윤운로(尹雲老)는 정철 5백 근을, 신역을 면제받은 정주(定州)의 고을 석응탁(石應卓)은 정철 4백 근을 도감에 바칠 것을 원하고 있습니다. 철물을 이어대기 어려운 이때에 성상의 하교가 누차 내려왔으므로 부득이 서계합니다. 바친 수량의 다소가 서로 다르니 이것도 돌을 바친 전례에 의거하여 규정을 정하고 받아서 이용하는 것이 타당하겠기에 감히 아룁니다.
	9년 12월6일	靑陽縣監任吉後, 正鐵一千五百斤, 別措上送, 其有誠於大役, 極爲可嘉.
		현감(靑陽縣監) 임길후(任吉後)가 정철(正鐵) 1천5백 근을 별도로 마련하여 올려 보냈습니다. 그것은 중대한 공사에 성의가 있는 것이므로 아주 좋게 여길 만합니다. 그것을 받아 썼으면 하는 뜻으로 감히 아룁니다.
	9년 12월14일	黃延, 平安等道調度使尹守謙, 正鐵一萬三千五百斤, 薪鐵一萬斤, 連續上送, 使都監, 鐵物賴此而繼用. 調度使設或竣事上來, 從事官及次知軍官, 使之分付, 仍留吹鍊, 似爲便宜. 以此事意, 調度使尹守謙處, 下諭于未上來之前.
		황연도(黃延道)와 평안도(平安道) 등의 조도사 윤수겸(尹守謙)이 정철(正鐵) 1만3천5백 근과 신철(薪鐵) 1만 근을 연이어 올려 보냄으로써 도감에서 이에 힘입어 철물을 계속 쓸 수 있게 하였습니다. 조도사는 공사를 끝마치고 올라오더라도 종사관과 그 밖의 일을 맡아보는 궁관들은 그대로 머물러 있으면서 쇠를 불리게 하는 것이 좋을 듯합니다. 이런 뜻으로 조도사 윤수겸에게 올라오기 전에 하유하소서.
	10년 3월6일	內資寺婢蘭香正鐵一千斤, 德川監 麟蹄, 海原監 椿薪鐵各一千斤, 洪仁男正鐵六百斤, 譯官邊基, 延城令 忠元, 前郡守申晟正鐵三百斤, 願納.
		내자시의 여종 난향(蘭香)이 정철(正鐵) 1천 근을, 덕천감(德川監) 이인제(李麟蹄)와 해원감(海原監) 이춘(李椿)이 각각 신철(薪鐵) 1천 근을, 홍인남(洪仁男)이 정철 6백 근을, 역관 변기(邊基)와 연성령(延城令) 이충원(李忠元)과 전 군수 신성(申晟)이 정철 3백 근을 바치고 싶다고 합니다.
	10년 4월12일	濟州官婢耽眞正鐵一千斤, 宣務郎金河正鐵八百斤, 前訓導金應男正鐵五百斤 願納.
		제주(濟州)의 관비(官婢) 탐진(耽眞)이 정철(正鐵) 1천 근(斤)을, 선무랑(宣務郎) 김하(金河)가 정철 8백 근을, 전 훈도 김응남(金應男)이 정철 5백 근을 바치고 싶다 합니다.

실록	시기	내용
光海君日記(中草本)	10년 11월5일	傳曰: "大浦萬戶李濬上納都監正鐵之數, 更察添書以入." 전교하였다. "대포 만호(大浦萬戶) 이준(李濬)이 도감에 상납한 정철(正鐵)의 숫자를 다시 살펴 첨가해 써서 들이라."
	10년 11월22일	營建都監啓: "行司正李濬願納材木一百條, 正鐵二百斤. 當此材木乏絶之時, 百條之木有關, 故請依他捧用." 傳曰: "守令除授." 영건 도감이 아뢰기를, "행 사정(司正) 이담(李濬)이 재목 1백 조(條)와 정철(正鐵) 2백 근을 바치기를 원하고 있는데, 이처럼 재목이 부족한 때 1백 조의 재목은 공사에 요긴할 것입니다. 다른 전례대로 받아들여 사용하소서." 하니, 전교하기를, "수령에 제수하라." 하였다.
	11년 3월10일	營建都監啓曰: "全羅右水使李繼先在任時, 助工米四百九十九石, 黃角一百石, 蝦醢二十甕, 甘藿二百同, 正鐵二十斤, 已爲捧用之意, 敢啓." 傳曰: "加資." 영건 도감이 아뢰기를, "전라 우수사 이계선(李繼先)이 재임하던 때에 조공미(助工米) 499섬, 황각(黃角) 1백 섬, 새우젓 20독, 미역 2백 동(同), 정철(正鐵) 20근을 바친 것을 이미 받아서 썼으므로 감히 아룁니다." 하니, 가자하라고 전교하였다.
	11년 4월10일	薪串別將朴大任, 措備正鐵七千五百斤, 薪鐵十五塊, 鐵器七十部, 大小釜四坐, 大鍋二十五坐, 綿布三百匹, 大米二百石, 鹽二百石, 炭二百石, 踏泥牛六首等來納. 신곶 별장(薪串別將) 박대임(朴大任)이 정철(正鐵) 7천 5백 근, 신철(新鐵) 15덩이, 철기(鐵器) 7십 부(部), 크고 작은 가마[釜] 네 좌, 대과(大緺) 25좌, 면포 3백 필, 대미(大米) 2백 석, 염(鹽) 2백 석, 탄(炭) 2백 석, 진흙을 밟을 소 6수 등을 준비하여 와서 바쳤습니다.
	11년 5월17일	前縣令李守禮納正鐵七百斤, 加資守令除授. 전 현감 이수례(李守禮)가 정철(正鐵) 7백 근을 바치니, 가자하여 수령에 제수하였다.
	11년 8월18일	都監事目內: '東西班正職六品以上者, 納銅鐵二百斤, 納正鐵七百斤, 陞堂上'事, 啓下矣. 도감의 사목 안에는 동서반의 정직(正職)으로서 6품 이상인 자가 동(銅) 2백 근을 바치거나 정철(正鐵) 7백 근을 바치면 당상관으로 올려준다는 일로 계하하였습니다.
	11년 9월7일	新闕都監啓曰: "前縣令宋慶英願納正鐵三百斤. 目今鐵物造作之役, 極爲浩大, 請宋慶英所納, 竝爲捧用." 答曰: "守令除授." 신궐 도감이 아뢰기를, "전 현령 송경영(宋慶英)이 정철(正鐵) 3백 근을 자원하여 바쳤습니다. 지금에 철을 만드는 일은 지극히 방대하니 송경영이 바친 것을 다 받아 썼으면 합니다." 하니, 답하기를, "수령으로 제수하라." 하였다.
	11년 11월29일	…而都監又以 黃延 本道正鐵(所産之故), 數三萬斤收合上送事, (啓請)下諭後, 正鐵三萬斤上送, (都監已爲捧用)矣." 도감이 또 다시 본도에 정철(正鐵)이 〈생산되는 점을 이유로〉 3만여 근의 정철을 수습하여 올려보내도록 하는 일로 〈계청하여〉 하유한 뒤에 정철 3만 근을 올려보냈으므로 〈도감이 이미 받아들여 사용하였습니다.〉
	11년 12월13일	正鐵五百斤價, 與石子一百五十介之價相同, 而其價則不過木一同而已. 정철(正鐵) 5백 근의 값이 돌 1백50개의 값과 서로 같은데, 그 값은 목면 1동에 불과할 뿐입니다.

실록	시기	내용
光海君日記(中草本)	12년 6월14일	薪串別將金純措備車牛七首, 鹽一百石, 薪鐵四十七夫里, 正鐵三千四百斤, 刃加乃一百三十六箇, 廣鍋伊一百二十五箇, 鍤一百十三箇, 大釜十坐, 大加里二十六坐, 渠親領來納. 신곶 별장(薪串別將) 김순(金純)이 거우(車牛) 7마리, 소금 1백 섬, 신철(薪鐵) 47부리(夫里), 정철(正鐵) 3천4백 근, 인가내(刃加乃) 1백36개, 광과이(廣鍋伊) 1백25개, 삽 1백13개, 큰 솥 10좌(坐), 대가리(大加里) 26좌를 마련하여 그가 친히 가져와 바쳤습니다.
	13년 윤2월5일	當初事目(內), 東西班正職六品以上(者), 納正鐵七百斤者, 陞堂上(事, 啓下)矣. 今者禦侮將軍前(許沙)萬戶柳溫, 願納正鐵七百斤, (以補兵器之用,) 已爲捧用, 請依事目施行(何如?) 당초의 사목 〈안에〉 동반(東班)과 서반(西班)의 정6품 이상인 관리로서 정철(正鐵) 7백 근을 바친 사람은 당상관으로 승진시켜준다는 〈것으로 계하하였습니다.〉 이제 어모 장군(禦侮將軍) 전 〈허사(許沙)〉 만호 유온(柳溫)이 정철 7백 근을 바쳐서 〈병기 제조에 보탬이 되기를〉 원하였으므로 벌써 받아서 썼습니다. 청컨대 사목에 따라 시행하는 것이 〈어떻겠습니까?〉
	13년 9월23일	嘉善大夫金維正鐵一千斤, 通政大夫王明恢正鐵五百斤, 司果盧積正鐵三百斤願納, 故已爲捧上矣. 가선 대부 김유(金維)는 정철(正鐵) 1천 근을, 통 정대부 왕명회(王明恢)는 정철 5백 근을, 사과 노적(盧積)은 정철 3백 근을 바치겠다고 하여, 이미 받아들였습니다.
	14년 5월10일 39	영건 도감이 김순이 올린 정철, 소와 임응순이 탈취한 목면에 관해 아뢰다 영건 도감(營建都監)이 아뢰기를, "김순(金純)이 정철(正鐵) 4천 근을 올려보내 와서 이미 뭍에 내려놓았고, 진흙을 운반할 소 20마리는 수일 안에 의당 들여온다고 합니다. 정철은 가마에서 녹여야 하겠고, 진흙을 운반하는 소는 의당 기와를 굽는 데에 써야 할 것입니다. …
光海君日記(正草本)	14년 5월10일	金純上來, 正鐵四千斤已爲下陸, 踏泥牛二十首, 數日內當爲入來云. 正鐵則令爐冶所捧之, 踏泥牛則當用於燔瓦矣. 김순(金純)이 정철(正鐵) 4천 근을 올려보내 와서 이미 뭍에 내려놓았고, 진흙을 운반할 소 20마리는 수일 안에 의당 들여온다고 합니다. 정철은 가마에서 녹여야 하겠고, 진흙을 운반하는 소는 의당 기와를 굽는 데에 써야 할 것입니다.
仁祖實錄	3년 2월12일	賜正鐵三千斤於貞明公主, 以爲營第之用. 정명 공주(貞明公主)에게 정철(正鐵) 3천 근을 내려 집 짓는 데 쓰게 하였다.
	5년 6월10일	…問其功役, 則一坐所需椵板半葉, 松板五葉, 水鐵五十斤, 正鐵五斤, 熟麻一斤, 火藥則隨震天雷之多少, 或六斤, 或七斤云. …그것을 만드는 공력을 물어보았더니 1좌(坐)에 드는 재료가 가판(椵板) 반쪽, 송판 5쪽, 수철(水鐵) 50근, 정철(正鐵) 5근, 숙마(熟麻) 1근이고, 화약은 진천뢰(震天雷)의 다소에 따라 6〜7근이 든다고 하였습니다.
顯宗改修實錄	5년 11월10일	…其中正鐵鉛丸, 又非本州之産, 年年措備之際, 不但貽害於民, 舊件修補, 亦不暇給. 請量減月課軍器之數.… …그 가운데 정철(正鐵)로 만드는 연환(鉛丸)은 본주에서 나는 것이 아니어서 해마다 마련해 갖추는 즈음에 백성들에게 피해를 끼칠 뿐만 아니라 묵은 것을 보수하기에도 겨를이 없습니다. 월과 군기의 숫자를 헤아려서 줄이소서.

실록	시기	내용
顯宗改修實錄	14년 6월7일	…且山陵之役, 石役最鉅, 所用鐵物, 其數甚多, 而日期迫促, 勢難分定於外方. 請以訓鍊都監,御營廳所儲正鐵, 量入取用."
		…그리고 산릉 공사 중에는 석역(石役)이 가장 큰데, 거기에 쓰여지는 철물(鐵物)의 수가 매우 많습니다. 그러나 기한이 촉박하여 형세상 외방에 분담시키기가 어려우니, 훈련도감과 어영청에 비축된 정철(正鐵)을 들어가는 양을 헤아려 가져다 썼으면 합니다.
肅宗實錄	37년 10월19일	北漢城役, 始自四月初三日, 至是訖. …正鐵二千七百八十五斤, 薪鐵二十二萬九千一百八十斤, …
		북한성(北漢城) 역사(役事)를 4월 초3일부터 시작하여 이때에 이르러 마쳤다. …정철(正鐵)이 2천7백85근(斤), 신철(薪鐵)이 22만9천1백80근, …
高宗實錄	19년 1월8일	…繕工監正鐵契貢人, 依匠人鐵契受價例磨鍊. 以此分付戶惠廳何如?"
		…선공감(繕工監)의 정철계(正鐵契)의 공인들은 장인철계(匠人鐵契) 수가례(受價例)에 따라 마련하게 하소서. 이 내용을 호조(戶曹)와 선혜청(宣惠廳)에 분부하는 것이 어떻겠습니까?"

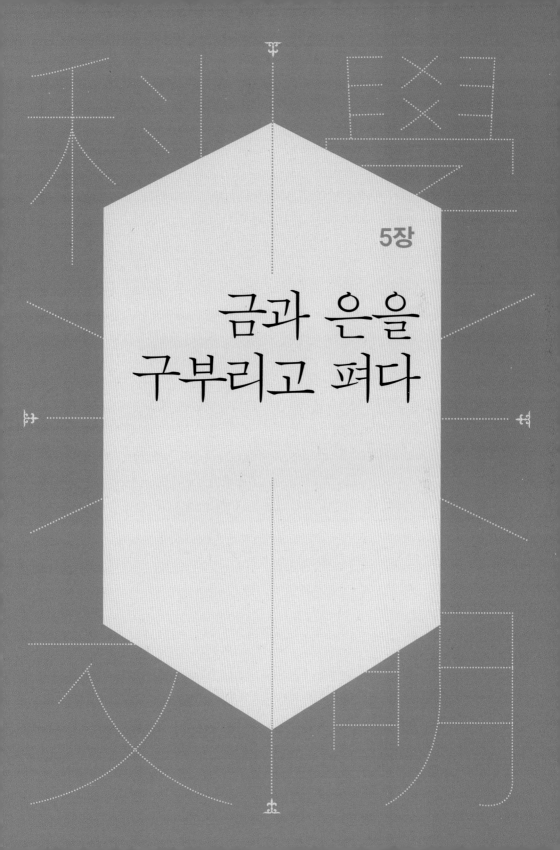

5장

금과 은을
구부리고 펴다

머리말

우리 역사에서 청동은 무기, 의기(儀器), 장식품 제작에 활용되면서 농업 생산력의 혁신에 직접적으로 기여하지 못했으나 석기시대와는 뚜렷이 구분되는 금속문명의 시대를 열었다. 청동기시대 사람들은 동과 주석 등을 고온에 녹여 합금하고 그것을 정밀한 거푸집에 부어 다양한 형태의 물품을 만들어냈다. 또한 일부 제한된 지역에서만 발견되는 금속 광석을 채취하여 제련 및 정련하고 이를 인근 혹은 경우에 따라 원거리 지역과 교역하기도 했다. 청동기를 만들 수 있는 기술력은 생산의 전문화 및 전문 장인의 등장으로 더욱 고도화되면서 사회 변화를 견인해갔다.

뒤이어 전개된 철기시대에는 청동기의 제작과 사용이 가져다준 여러 변화에 더해 또 다른 차원에서의 기술적 혁신과 사회적 변화가 일어났다. 예를 들어 철을 녹이기 위해 청동에 비해 더 높은 화력이 필요했을 뿐만 아니라, 철의 강도를 높이려 탄소의 양을 조절하는 한편 단단하게 두드리는 기법이 발전하였다. 또한 철은 청동에 비해 상대적으로 여러 지역에서 쉽게 그리고 대량으로 구할 수 있었기 때문에 다양한 종류의 무기와 농공구를 만들 수 있었다. 철제 무기는 크고 작은 전쟁에 쓰여 집단 사이의 통합을, 철제 농공구는 농업생산력을 획기적으로 발전시키는 견인차 역할을 수행함으로써 또 다른 차원의 사회 변화를 불러왔다.

금은공예품 제작의 경우 기술적 측면에서 청동기나 철기처럼 재료를 다듬고 녹이고 두드리는 것을 기본으로 하지만 자유롭게 구부리고 펴고 뚫고 자르는 기술이 추가되면서 인류가 수작업으로 할 수 있는 최고 수준의 세공 기술에 도달했다. 또한 미감이라는 측면에서도 석기와 청동기 그리고 철기에서 표출한 미감의 연속선상에서 지금까지도 경탄을 금할 수 없는 최고 수준의 경지를 보여주었다.

귀금속은 재료의 희소성 때문에 누구나 소유할 수는 없었다. 권력의 최정점에 선 사람들은 귀금속을 매개로 기존의 권력관계를 표상(表象)하거나 사여(賜與) 등을 통해 새로운 권력관계를 만들기도 했다. 이미 청동예기나 의기에서 단초를 보였던 '권력을 가시적으로 드러내는 금속'으로서의 성격이 더욱 짙어졌다. 여기에 더하여 동아시아 전체 혹은 유라시아 전체에 걸쳐 유사한 양식의 금은공예품들이 같은 시기 혹은 시간적 선후 관계를 가지며 분포하는 모습이 살펴지기도 하므로 문명 교류의 구체적 양상을 해명할 수 있는 실마리가 되기도 한다.

우리 역사의 범주에 든 국가 혹은 정치체에서 귀금속, 특히 금과 은을 선호했다는 기록은 『삼국지(三國志)』 위서 동이전 고구려와 부여조에 보인다. "그 공식 모임의 의복은 모두 견직물인데 금은으로 장식하고 있다."고 하거나 "금은으로 모자를 장식한다."는 기록이 있다. 실제 중국 길림성 유수노하심(楡樹老河深)을 비롯한 부여, 고구려 유적에서 금으로 만든 각종 장식품이 발굴되곤 한다. 그에 비해 삼한 사회에서는 금이 선호되지 않았다. 같은 책의 한(韓)조에는 삼한의 생활상을 묘사하면서 "구슬을 귀하게 여겨 옷에 꿰매어 장식하기도 하고 목이나 귀에 달기도 하지만, 금은과 비단은 보배로 여기지 않았다."고 적어놓았다. 이 시기의 유적에 대한 발굴조사에서도 금이나 은으로 만든 물품은 거의 출토되지 않으며 수정이나 마노, 유리로 만든 구슬이 다량 출토된다.

4세기 후반 무렵이 되면 고구려뿐만 아니라 백제, 신라, 가야를 비롯하여 바다 건너 일본열도에 이르기까지 금은공예문화가 만개한다. 물론 금은공예품을 사회구성원 누구나 소유할 수는 없었고 지배층의 위세품(威勢品)으로 활용되었다. 주요 장신구를 금과 은으로 만들고 장례용품이던 신발도 금으로 치장했다. 이러한 장식품의 대다수는 왕이나 왕족의 무덤에 집중된다. 그것은 곧 금은공예품이 왕권의 상징물이었음을 이야기해준다. 그 가운데 금관이나 금허리띠, 금동신발처럼 화려하지만 구조가 취약하거나 제작기술이 정교하게 구현되지 않은 것도 있어 모든 것을 평소 사용하였던 것으로 보기는 어렵다. 즉, 일정한 양의 금은공예품은 장례용으로 만들었던 것이다.

인간은 자신의 삶이 영원하기를 바라지만 그것은 불가능한 일이다. 많은 사람들은 인생의 한정성을 깨닫게 되면서 사후세계에 대하여 깊은 관심을 가지게 된다. 현세의 삶이 내세로 그대로 이어지기를 바라는 경우도 있고 그 반대의 경우도 있다. 현세의 지위나 경제력이 우월한 사람들은 특히 전자에 해당될 것이다. 그들은 자신이 사용하던 물품에 더하여 각종 물품을 새로이 만들어 무덤 속에 부장했다. 그 연장선상에서 심지어는 산 사람까지 죽여 함께 묻어주기도 하였다. 결국 금은공예품에는 높은 경지에 올랐던 고대사회의 공예기술이 담겨 있을 뿐만 아니라 영원한 삶을 갈구하고 사후에도 또 다른 세상에서 재생하기를 소망하던 옛사람들의 꿈이 고스란히 녹아 있다.

나라별로 다소 차이는 있지만 6세기 중엽부터 거대한 무덤이 줄어들거나 사라지며 그 속에 묻히던 금은공예품 역시 자취를 감추게 된다. 그와 같은 변화의 요인이 제대로 해명되지는 않았으나 금은공예품 소유의 엄격한 제한과 더불어 불교의 유행에 따른 사후관념 변화를 주목할 수 있다. 6세기 후반 이후의 금은공예품은 궁궐터나 사찰 터에서 간간이 출토될 뿐이며 고려와 조선의 금은공예품은 거의 발굴되지 않는다. 같은 시기의 중국 여러 왕조나 일본의 금은제 공예품은 발굴 사례가 많은 편이어서 차이가 있다. 따라서 우리 역사에서 귀금속문명이라 부를 수 있는 것은 삼국이 쟁패하던 4~6세기가 중심을 이루게 되며 이 책에서도 그 시기를 중심으로 다룰 수밖에 없다.

그럼에도 불구하고 이 책에서 금과 은으로 만든 공예품을 주목하는 이유는 그것에 선사시대부터 지속적으로 발전해온 한국 고대문명의 기술적 수준과 한국 문화의 원형이 고스란히 담겨 있기 때문이다. 비록 직접적인 생산도구로 사용되지 않았으며 주로 사회 최상부를 구성했던 지배층들이 사용했다는 점에서 한계는 있을 수 있지만, 선사시대 이래 지속적으로 발전해온 기술력과 미감의 최고 수준을 극명하게 보여준다는 점에서 금속문명사적 의의가 있다. 기술력과 미감은 서로의 발전을 가능하게 하는 조건이자 결과가 된다는 점에서, 기술 혁신과 사회 변화 그리고 인류의 미감이 어떻게 서로 조응하면서 동시에 어떻게 변화하는지를 잘 보여준다는 점에서 금은공예품 및 공예기술의 중요성은 석기, 청동기 그리고 철기에 못지않다고 할 수 있다.

문명의 진전과 귀금속

신석기시대 이래 농경과 유목 그리고 도시가 성장하면서 유라시아 곳곳에서는 청동과 철뿐만 아니라 금은과 같은 귀금속도 본격적으로 사용하였다. 귀금속은 주로 장신구나 금속용기의 제작에 폭 넓게 활용되었다.

인류문명사 전체에서 볼 때 이른 시기부터 독특한 양식의 황금문화를 꽃피운 사람들은 나일강 유역의 이집트인이었다. 초기 왕조에 얇은 금판을 만들어 그것의 표면에 사람이나 동물을 부조한 다음 손칼이나 검 손잡이에 감아 장식했다. 고왕국시대에도 황금문화는 지속되지만 이집트 황금문화의 최고봉은 중왕국시대이다. 이 시기에 이미 현대에도 여전히 구사되고 있는 금공기술의 대부분이 등장한다.

황금문화는 이집트뿐만 아니라 그리스와 로마, 페르시아, 잉카, 마야 등 여러 시대에 걸쳐 세계 각지에서 만개했다. 도안 및 제작기술이 계기적으로 연결된다기보다 해당 사회만의 특징적 요소가 훨씬 강하다. 이 가운데 그리스와 로마의 황금문화는 인접한 유목민족에게 전해졌다(增田義郎

2010, 國立西洋美術館 外 2015).

유목민 가운데 스키타이를 주목할 필요가 있다. 이들은 기원전 7세기 초 카스피해와 흑해 연안으로 이동을 시작해 고대 오리엔트 지역을 평정했다. 스키타이라 하면 그들이 지녔던 가공할 전투력과 잔혹성뿐만 아니라 황금문화가 떠오른다. 드네프로강 좌안의 솔로하(Solocha) 쿠르간에서 출토된 황금 빗은 스키타이 귀족의 주문을 받아 그리스 공방에서 제작된 것으로 추정되는 명품으로, 스키타이인의 전투 장면이 매우 정교하게 표현되어 있다(〈그림 5-1〉).

〈그림 5-1〉 솔로하 쿠르간의 황금빗. (The Metropolitan Museum of Art, *The Golden Deer of Eurasia*, 2001, p. 190)

사르마트(Sarmat)의 황금도 주목된다. 그들은 기원전 5세기 무렵 아조프해와 카스피해 사이에서 살았으나 기원전 4세기 무렵부

〈그림 5-2〉 호흐라치 쿠르간의 금관. (State Hermitage, St Petersburg, *The Hermitage: The History of The Buildings And Collections*, 2008, p. 158 사진265)

터 스키타이 영토로 이동하기 시작했다. 이어 3세기 후반에서 2세기 초가 되면 볼가강 하류에서 흑해 북안의 스텝지대로 이동하면서 주도권을 잡게 되고 스키타이를 드네프르강 쪽으로 쫓아낸다. 그들이 남긴 황금유물은 호흐라치(Khokhlach) 쿠르간 출토 금관(〈그림 5-2〉)을 비롯해 다수 남아 있다(국립중앙박물관 1991).

스키타이와 사르마트의 황금유물은 독특한 동물 양식을 갖추었고 일

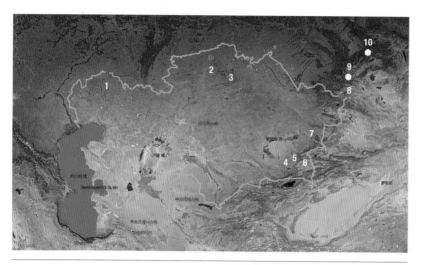

〈그림 5-3〉 카자흐스탄과 그 주변 주요 유적 분포(1. 탁사이, 2. 레베돕카, 3. 보로보예, 4. 카르갈리, 5. 이식, 6. 잘라울리, 7. 칠릭티, 8. 베렐, 9. 파지리크, 10. 아르잔).

부는 그리스 양식을 띤다. 기법으로 보면 동물을 부조로 표현하고 눈과 귀 등에 터키석, 홍옥수 등을 감장한 예가 있다. 금실과 금알갱이를 붙여 장식하는 누금기법도 많이 구사되었다. 유목민이 선호한 동물문 모티브는 유라시아 대륙에 넓게 확산되었고 여러 단계를 거친 다음 한반도와 만주 일원으로도 일부 전해진 것으로 보인다.

　중앙아시아의 황금문화를 대표하는 곳은 현재의 카자흐스탄 일대이다. 사카(Saka), 사르마트, 오손(烏孫), 강거(康居), 훈(Hun) 등 여러 종족이 카자흐스탄 경역 내로 이주해 오면서 초원의 황금문화가 만개한다. 특히 사카 시기의 황금문화가 주목된다. 사카는 스키타이의 다른 표현이다. 이 시기의 금세공품은 '스키토-시베리아 동물양식'이라 불리는 매우 독특한 조형성을 갖추고 있다. 염소, 산양, 멧돼지, 사슴을 부조로 표현한 것이 많다. 동물의 자세는 꿇어앉은 것과 서 있는 것으로 나뉘며 사슴 가운데 앞다리는 뒤로, 뒷다리는 앞으로 구부린 것이 많다. 황금장식의 표

〈그림 5-4〉 잘라울리 매납유적 출토 사슴 모양 금세공품. (Rey, Marie-Catherine, *Kazakhstan: Hommes, bêtes et dieux de la steppe*, Musée Guimet, 2010, p. 80 사진41)

면 곳곳에 터키석 등을 감입해 화려하게 꾸민 사례가 있다.

금세공품이 출토된 주요 유적의 위치를 표시하면 〈그림 5-3〉과 같다. 주요 유적을 중심으로 표시한 것이긴 하지만 카자흐스탄의 국경지대에 집중적으로 분포하는 점이 주목된다. 아르잔과 파지리크, 베렐 등 알타이 지역에서 시작해 남서쪽으로 이식쿨 호수가 위치한 천산을 향한 여러 곳에서 다수 출토되었다. 대부분 사카 시기에 해당한다. 그 밖에 북서쪽의 탁사이(Taksay), 북부의 레베둅카(Lebedevka), 보로보예(Borovoe)에서도 화려한 금세공품이 출토된 바 있다. 탁사이와 레베둅카의 경우 사르마트, 보로보예 출토품은 훈과 관련지우고 있다.

사카 초기에 해당하는 칠릭티(Chilikty) 쿠르간에서는 다리를 접은 사슴, 둥글게 몸을 휜 표범 등 기원전 7세기를 중심으로 하는 시기에 제작된 금세공품이 출토되었다. 2003년에는 무덤 주인공의 의복과 모자를 장식하는 데 사용된 것으로 보이는 장식판이 출토되었다. 산양, 표범, 늑대, 사슴, 독수리 모양을 하고 있다.

칠릭티와 비슷하거나 조금 더 늦은 시기의 세공품이 잘라울리(Zhalauly) 매납유적에서 출토되었다. 200여 점의 유물 중 장신구가 주목된다. 동물문에 더해 터키석과 홍옥수 등이 감장되어 있다. 두 마리의 사슴을 좌우에 배치해 전체를 삼각형에 가깝게 표현한 장식은 뛰어난 조형미를 보여준다(〈그림 5-4〉).

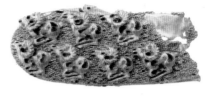

〈그림 5-5〉 잘라울리 출토 금제 허리띠장식. (Rey, Marie-Catherine, 2010 *Kazakhstan: Hommes, bêtes et dieux de la steppe*, Musée Guimet, 2010, p. 80 사진41)

베렐(Berel)에서는 파지리크와 마찬가지로 결빙 상태로 유지되어온 쿠르간이 발굴되었다. 기원전 4~3세기 무렵 축조된 것으로 추정되는 이 무덤에서는 무덤 주인공의 의복 표면에 장식하였던 각종 금세공품이 출토되었다. 사슴, 산양, 염소, 그리핀 등이 표현되어 있다.

사카 금세공품 가운데 가장 화려한 것들이 알마티 동쪽 이식(Issyk) 쿠르간에서 출토되었다. 2개의 매장주체부 가운데 하나가 도굴을 피했기에 다량의 금세공품이 남아 있었다. 대부분 무덤 주인공의 의복과 모자를 장식했던 것이며, 손잡이와 칼집을 금으로 장식한 보검도 포함되어 있다. 표범, 새 등 동물문이 표현되어 있다. 무덤 주인공의 성별에 대해서는 논란이 있으나 연령은 10대 후반으로 추정된다. 연대는 기원전 4~3세기로 보고 있다.

사카 시기의 가장 정교한 세공품은 잘라울리(Zhalauly) 퇴장유적에서 발견된 금제 허리띠 장식이다. 마치 곡옥을 옆으로 뉘인 것처럼 보이는 이 세공품은 허리띠의 표면에 부착했던 일종의 과판이다. 단면이 반원형이며 이면에 덧대어 고정한 금판이 함께 출토되었다. 볼록한 표면에는 다리를 접은 자세의 자그마한 산양이 땜질로 부착되어 있고 산양들 사이의 여백에는 금알갱이가 가득 장식되어 있다(〈그림 5-5〉, 카를 바이파코프

2017).

이와 같은 황금문화는 초원의 길을 따라 동쪽으로 전해졌다. 동아시아에서 금세공품의 중심지는 중국 중원 지역이다. 종류가 다양해지고 넓게 확산되는 것은 전국시대 이후의 일이다. 특히 한(漢) 문화의 확산 과정에서 각지로 황금문화가 전해졌다. 비슷한 시기에 중국의 북방에서는 흉노가 흥기했고 그에 후속하여 선비족 왕조가 북방을 장악하며 황금문화를 꽃피웠다. 흉노는 차츰 세력을 남으로 옮겨 진(秦)·조(趙)·연(燕)의 변경에 도달했다. 이 지역 무덤에서 각종 황금장식이 출토되며, 그 가운데 가장 특징적인 것은 아로시등(阿魯柴登) 금관이다. 관 위에는 독수리가 날개를 편 채 당당하게 서 있는 모습이, 관테에는 누워 있는 호랑이, 양과 말이 부조로 표현되어 있다.

동아시아 각국에서 금세공품이 본격적으로 제작되어 하나의 양식을 형성하는 시기는 서기 4세기 이후이다. 그중 삼연(三燕)의 관은 보요관(步搖冠)이라 불린다. 이 관은 하부에 짐승 얼굴 혹은 초문을 배치하고 상부에 나뭇가지나 녹각형 뼈대에 영락을 매단 모양이다. 선비족의 황금문화는 이웃한 고구려, 부여뿐만 아니라 남쪽의 백제, 신라, 가야로도 전해졌다(《그림 5-6》). 그것의 전형은 신라 황금이다(국립경주박물관 2001, 이한상 2004).

신라에서 금은공예품이 처음 만들어진 것은 4세기 후반이다. 이 시기의 신라가 북방문화권과 교섭해 귀금속문화를 수용한 것으로 보이나 양식적 차이가 현저하다.[1] 다만 신라고분 출토 황금유물 가운데 서역에서 들여온 것이 포함되어 있다. 황남대총 북분 감옥(嵌玉)팔찌와 계림로14호분 장식보검(裝飾寶劍)이 그것이다.

황남대총 북분 출토 여러 점의 팔찌 가운데 눈길을 끄는 것은 감옥팔찌이다(《그림 5-7》). 신라를 비롯한 삼국시대의 팔찌는 고리가 가늘고 단면

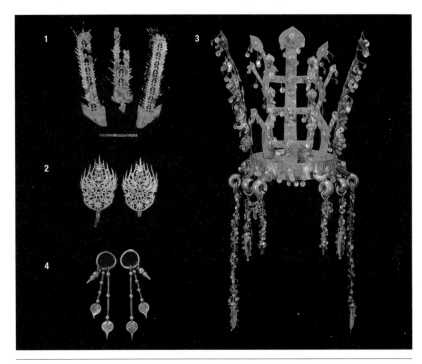

〈그림 5-6〉 한국 고대의 금공품(1. 고구려 관식, 2. 백제 관식, 3. 신라 금관, 4. 가야 이식). (1, 3, 4. 국립중앙박물관 홈페이지, 2. 국립공주박물관, 『국립공주박물관(상설전시실 도록)』, 2004, pp. 28, 29)

이 둥글거나 네모난 것이 많다. 그런데 이 팔찌는 금판이 넓고 길쭉하며 세선(細線)과 세립세공(細粒細工)이 베풀어져 있고 터키석 등 보석이 끼워져 있다. 팔찌의 몸체도 금판 2매로 만들었다. 즉, 금구슬과 보석이 끼워진 판의 뒤쪽에 금판 1매를 덧대고 위와 아래로 둥글게 감아 씌웠다. 이러한 기법은 동아시아 팔찌에서는 유례가 없다. 단면의 형태는 다르지만 외형에서 유사한 것이 페르시아 팔찌에서 확인된다. 이 팔찌의 제작지를 동로마로 보거나 서역에서 온 장인이 신라에서 만든 것으로 보기도 한다. 서역 공예품 중에서도 동일한 제작기법으로 만든 것은 존재하지 않는다. 그에 비해 북위(北魏)의 공예품인 내몽고 서하자향(西河子鄕) 출토 보요관(步搖冠)은 감옥에 사용된 부품, 감옥기법, 중공(中空)의 권사(捲絲)가

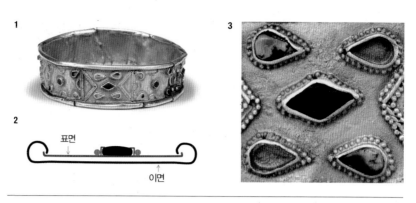

〈그림 5-7〉 황남대총 북분 감옥팔찌(2. 단면 모식도). (1, 3. 국립중앙박물관 홈페이지)

사용된 점 등에서 감옥팔찌와 공통점을 갖추고 있다. 따라서 북위에 거주하던 서역계 장인이 이 팔찌의 제작에 관여하였을 가능성도 배제할 수 없다.

계림로14호분은 길이 3.5m, 너비 1.2m 규모의 무덤임에도 불구하고 많은 유물이 출토되었다. 토기는 장경호와 고배 등 몇 점만 출토되었고 누금장식이 베풀어진 세환이식 2쌍과 함께 칠보기법이 가미된 행엽, 금입사로 쌍룡문이 표현된 안교 등 장식마구 3세트가 출토되었다. 출토품 가운데 가장 주목받은 것은 장식보검이다(〈그림 5-8〉). 전체 길이가 36cm에 불과한 단검이며 검신은 대부분 부식되었고 금과 보석으로 장식된 칼집과 손잡이가 남아 있다. 칼집의 표면에 윤곽을 만들고 그 속에 맑고 검붉은 석류석을 끼워 넣어 장식하였다. 장식의 중간과 외곽에 금알갱이를 붙여 넣어 화려함을 더하였다. 이 보검의 제작지에 대해 동로마로 보는 견해가 많다. 중앙아시아의 주문을 받아 동로마 공방에서 제작한 것으로 보기도 한다. 그와 달리 이란 혹은 중앙아시아산으로 보는 견해도 있다. 동아시아에서 유일하게 발굴된 서역산 보검이 어떤 과정을 거쳐 머나먼 신라까지 전해졌는지 등 계림로 보검을 둘러싼 여러 의문은 여전히 수수

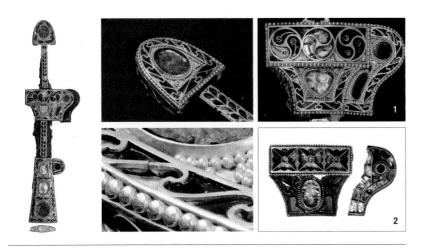

〈그림 5-8〉 계림로14호분 장식보검(1)과 보로보예 보검 칼집장식(2). (1. 국립경주박물관, 『경주 계림로 14호묘』, 2010; 2. 국립경주박물관 특별전 도록 『경주와 실크로드』, 1991)

께끼로 남아 있다. 그럼에도 불구하고 이 보검은 5~6세기 신라인들이 실크로드를 통한 동서 교류에 적극적으로 참여했고, 그 과정에서 수용한 새로운 문물이 신라의 잠재력을 일깨워 신라인 스스로 '덕업일신(德業日新) 망라사방(網羅四方)'이라는 담대한 지향을 세우는 데 촉매가 되었음을 웅변하고 있다.

이렇듯 이집트에서 시작된 귀금속의 본격적 사용은 트로이와 미케네, 그리고 그리스와 로마 등 아나톨리아와 지중해 지역뿐만 아니라 동쪽으로도 확산되었다. 중앙유라시아의 초원 곳곳에서도 매우 높은 수준의 금공예기술을 보여주었으며 궁극적으로 한반도에서 최고 수준의 황금문화를 꽃피우게 되었다. 즉, 한국 고대국가의 황금문화는 이집트에서 시작된 금공예문화의 시간적·공간적 연장선상에서 있으면서 동시에 최고 수준의 기술적·예술적 경지를 보여준다는 점에서 그 의의를 찾을 수 있다.

고대 금은공예품의 제작기술

1. 귀금속의 채광과 정련

세계 각지의 초기 문명에서 이미 다양한 금속을 장식품의 소재로 활용했다. 선택의 기준은 가공의 용이성, 내구성 그리고 아름다운 색채였다. 이러한 조건을 모두 갖춘 것이 황금이다. 금은 눈부신 황금색채를 지녔고 화학 변화에 강하다. 게다가 전성(展性)과 연성(延性)이 좋아 원하는 그 어떤 조형물로도 가공할 수 있다. 흔히 금을 순도에 따라 구분한다. 금 성분이 99.99%로 다른 성분이 거의 포함되지 않은 것을 K24(24금), 금 성분이 91.7% 이상인 것을 K22(22금), 금 성분이 75% 이상인 것을 K18(18금), 금 성분이 41.7% 이상인 것을 K10(10금)이라 부른다. K22~K10에는 은·동·니켈·팔라듐 등이 섞여 있다. 은은 금에 견줄 수 있을 정도의 색채를 지녔으나 산화되면 검게 변하며 부식이 발생하기 때문에 금보다는 가치가 낮은 것으로 여겨졌다.

금은 산금(山金)과 사금(砂金)으로도 구분한다. 산금은 암석에 포함된 금을, 사금은 금광상(金鑛床)이 파괴되어 하천 등에 퇴적된 금을 말한다. 지하에 금광상이 있는 산이 풍화, 침식작용을 거치면서 암석과 함께 금 광상 혹은 금광맥도 파괴됨에 따라 그 속의 금립(金粒)이 지표에 노출된 다. 그것이 빗물에 쓸려 하천으로 흘러 들어가 모래나 자갈과 함께 하천 바닥에 쌓인 것이 사금이다. 금 입자가 많은 경우 사금광상(砂金鑛床)이 라고도 부른다.

세계 각지의 사금 채취법은 비슷하다. 괭이 등의 도구를 이용해 하천 바닥의 모래와 자갈을 파서 바구니에 담는 것에서 시작한다. 이어 그것 을 홈통에 채운 다음 물을 흘려보내 모래와 자갈에 붙어 있던 금립이 씻 겨 내려가 아래쪽에 받쳐둔 천에 걸리도록 한다. 금이 많이 들어 있는 부 분과 천에 묻어 있는 흙을 재차 통에 옮겨 담는다. 마지막은 흐르는 물에 서 모래를 씻어내 금립을 채취하는 단계이다. 이때 곡식을 까불 때 사용 하는 키[箕]처럼 생긴 도구를 사용해 반복적으로 흔들어주면 한쪽 끝에 금립이 모인다.

산금을 채취하는 방법은 이와 다르다. 단단한 암벽을 파고들어가야 하 므로 끌과 망치를 사용한다. 전근대 시기의 채굴 흔적은 마치 너구리굴 처럼 갱도가 좁다. 채굴한 광석은 등짐을 져 밖으로 옮기거나 포대에 넣 은 다음 끈을 이용해 옮기는 방법이 사용된다. 외부에 대기하던 작업자 들은 광석을 잘게 부순 다음 육안으로 살펴 금을 포함한 광석과 그렇 지 않은 것을 선별한다. 이어 광석을 돌절구에 넣어 가루로 만든다. 이렇 게 만들어진 가루를 물과 섞은 다음 비스듬히 시설한 홈통을 통해 흘려 보내면 무거운 금립은 아래로 가라앉고 가벼운 암석 가루는 흘러내린다. 가라앉은 금립과 그 주변의 흙을 키처럼 생긴 전용도구에 올려 흔들면서 흙을 제거하면 최종적으로 금립이 남게 된다. 마지막 단계는 사금 채취

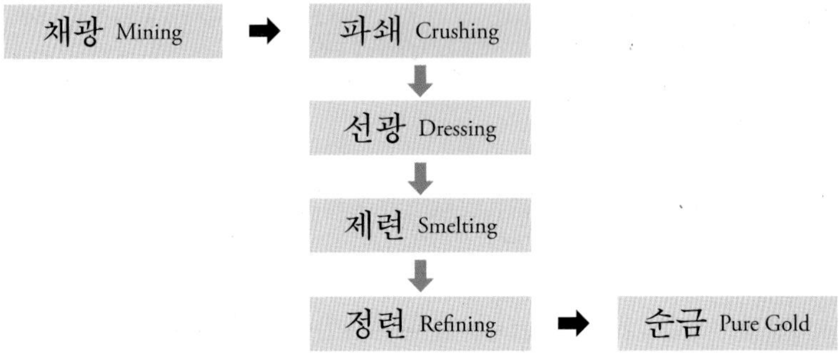
채광 Mining
파쇄 Crushing
선광 Dressing
제련 Smelting
정련 Refining
순금 Pure Gold

〈그림 5-9〉 채광에서 순금 산출에 이르는 공정.

공정과 동일하다(〈그림 5-9〉).

선광(選鑛) 이후 제련과 정련을 거쳐 순금을 획득하게 된다. 제련과 정련의 기본 원리는 열을 가해 불순물을 제거하는 과정이다. 모든 금속은 용융점에 차이가 있다. 주석(Sn)은 232.06°C, 납(Pb)은 327.6°C, 은(Ag)은 961°C, 금(Au)은 1064.58°C 등이다. 선광을 거쳤다 하더라도 금에는 다양한 금속이 섞여 있다. 조금씩 가열해 온도를 높여가는 과정에서 용융점이 낮은 금속부터 녹아내린다. 위 4가지 금속은 주석, 납, 은, 금 순으로 녹게 된다. 이 과정을 통해 최종적으로 순금을 얻게 되며, 중간 과정에서 차례로 다양한 금속을 얻게 된다(小浪博 1934, 倉橋藤治郎 1938).

국내에는 전근대 시기의 귀금속 광산이 남아 있거나 발굴된 사례가 없다. 따라서 17세기 이후의 자료이긴 하지만 일본의 금광 및 은광 자료를 참고할 수 있다. 일본 에도시대 막부 재정의 근간은 귀금속 광산이었다. 니가타현 사도가섬의 사도금산(佐渡金山), 시마네현 오다시의 이와미은산(石見銀山), 효고현 아사고시 이쿠노은산(生野銀山)이 대표적 사례이다(小葉田淳 1968).

사도금산의 광석에는 석영 사이에 은이 끼어 있는 것과 자연금 미립자

〈그림 5-10〉 일본 사도금산 전경 및 금은광석.

가 금맥을 이룬 것이 함께 존재한다. 금광맥은 동서 3*km*, 남북 0.6*km*, 깊이 0.8*km*에 달한다. 이 금산의 심볼로 불리는 것이 '도유노와레토(道遊の割戶)'이다. 산 중앙을 관통하며 진행하는 금광맥이 노두로 드러나 있는 것을 에도 초기부터 채굴해 산이 두 조각 난 모습으로 변했다(〈그림 5-10〉 왼쪽). 광석의 평균 품위는 광석 1톤당 금이 약 2.4~8.0g, 은이 약 50~120g이다. 흰 석영맥 가운데에 은흑(銀黑)이라 불리는 검은 띠(〈그림 5-10〉 오른쪽)가 보이는데, 금은 이 은흑 속에 조금씩 들어 있다. 1601년에 채굴을 시작한 것으로 전하며, 1603년에는 도쿠가와 막부의 직할지가 되었다. 1989년 자원 고갈 때문에 조업을 중단했다(磯部欣三 1992).

이쿠노은산은 807년에 발견되었다고 전해지며 본격적으로 채굴이 시작된 것은 1542년이다. 그 후 오다 노부나가, 도요토미 히데요시, 도쿠가와 이에야스의 직할지로 운영되었다. 메이지시대에는 프랑스 기술자의 도움을 받아 근대적인 채굴방식을 도입했으며 1973년 폐광했다. 이 은광에는 노두(露頭)를 채굴했던 갱이 길게 남아 있고(〈그림 5-11〉 왼쪽), 암맥을 뚫고 들어가 작업로를 확보하며 종횡으로 채광하던 갱도가 미로처럼 남아 있다.

〈그림 5-11〉 일본 이쿠노은산 노두 굴착갱과 은광석.

이쿠노은광에서는 약 70여 종의 광석이 채광되었다고 하며 그 가운데 은광석에 대한 성분 분석 결과가 공개되어 있다. 금 0.2g/t, 은 672g/t, 동(Cu) 0.05%, 납 20.93%, 아연(Zn) 16.21%이다. 금은 미량 포함되어 있고 은이 다량 함유되어 있다. 국내에서는 아직 이쿠노은광처럼 노두가 드러나 있어 그것을 채광하였다는 기록이 남아 있지 않다.

이와미은산은 전국시대 후기부터 에도시대 전기에 걸쳐 전성기를 맞이했다. 초기에는 은봉산 산정 부근에서 은광석 노두를 채굴했다. 그 시기 세계 은의 1/3가량을 산출한 일본의 은 가운데 상당량이 이와미은산의 은이다. 이와미은산의 기술 혁신을 불러온 것은 1533년 조선에서 도입한 회취법(灰吹法)이다. 이 기법은 광석에 들어 있는 금과 은을 우선 납에 녹인 다음 재차 금과 은을 추출하는 방식이다. 그러나 회취법이 확대되면서 납중독 때문에 사망하는 광부가 많아졌다(山根俊久 1974).

도쿠가와 막부는 사도금산을 효율적으로 운영하기 위해 〈그림 5-12〉와 같은 체계적 조직을 만들었다. 1603년 막부의 직할지가 되어 아이카와(相川)에 사도봉행소가 설치되었다. 그 산하에 광산 관리를 담당하는

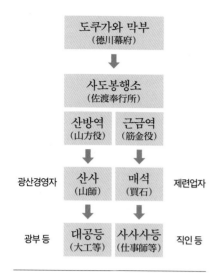

도쿠가와 막부
(德川幕府)

↓

사도봉행소
(佐渡奉行所)

산방역　　근금역
(山方役)　(筋金役)

광산경영자　　산사　　매석　　제련업자
(山師)　(買石)

↓　　　↓

광부 등　　대공등　　사사사등　　직인 등
(大工等)　(仕事師等)

〈그림 5-12〉 일본 에도시대 사도금산 운영 조직.

산방역(山方役)과 제련 업무를 담당하는 근금역(筋金役)을 두었다. 산방역 아래에는 광산 경영 실무를 담당하는 산사(山師)를 두어 광부 등을 관리했고, 근금역 아래에는 제련업자에 해당하는 매석을 두어 제련과 관련한 직인들을 관리했다(磯部欣三 1992).

이러한 방식은 조선시대와 다르다. 기록에 따르면 조선의 경우 지방 수령의 책임 하에 일정한 양의 금을 확보해 공출하는 방식이었다. 황금문화가 만개해 금의 수요가 많았을 삼국시대의 경우 어떠한 방식으로 채금하였을지 현재까지의 자료로 알 길이 없다. 다만 당시 사회에서 금을 비롯한 귀금속은 왕실 구성원이나 귀족의 전유물이었기에 금의 산출과 유통 과정에 국가의 권력이 강하게 개입되어 있었을 것이다. 신라에서는 6세기 이후가 되면 각 지로 지방관이 파견되므로 그 시점 이후에는 체계적 금 산지 관리가 가능하지 않았을까 추정해볼 수 있다.

우리 역사에서 특색 있는 귀금속문화가 꽃필 수 있었던 것은 재료 및 기술의 확보가 가능했기 때문이다. 신라 유적에서 출토되는 금의 양은 매우 많아 이 모두를 외부에서 수입한 것으로 보기는 어려울 것 같으며 자체에서 산출된 것으로 보는 것이 자연스럽다. 기년상의 논란은 있으나 『삼국사기』 일성니사금(逸聖尼師今)조의 "민간에서 금은과 주옥의 사용을 금한다."는 기록과 『일본서기』 중애기(仲哀紀)와 신공기(神功紀)의 기록으로 보면 신라에서 금의 산출이 많았음은 분명한 것 같다.

먼저 중애기에 "일본의 진(津)을 향하고 있는 나라가 있으니 눈부신 금은채색이 그 나라에 많다. 이를 고금신라국(栲衾新羅國)이라 부른다."는 기록이 있고, 신공기에는 "처음에 신의 가르침을 받아 장차 금은의 나라를 받으려 하고 (중략) 지금 이미 재(財)의 나라를 얻었으니"라 기록되어 있다. 여기서 '눈부신 금은채색'이나 '금은, 재의 나라'라는 표현이 당대의 사실을 반영하는 것인지, 아니면 『일본서기』가 찬술될 당시의 사정을 반영하는 것인지는 단정하기 어렵다. 『삼국사기』에 의하면 왕을 비롯한 성골만이 금은을 사용하고 있고 진골조차도 금의 사용에 제약을 받고 있어, 『일본서기』의 이 기록은 경주에 적석목곽분이 만들어지던 시기의 상황을 반영해주는 것으로 보아 무리가 없을 것 같다.

신라에서 금은을 산출하였다면 광산은 어디에 있었을까? 아직 경주와 그 주변에서는 금광의 존재가 알려져 있지 않다. 조선시대의 지리지와 일제 시기의 금광 조사 자료에도 경주 주변에는 금광이 없으며 경북 내륙 지방 특히 상주(尙州)에 금광과 금맥이 집중되어 있어 주목된다.

먼저 조선 예종 원년(1469)에 찬술된 『경상도속찬지리지(慶尙道續撰地理志)』에는 황금을 세공(歲貢)으로 바치는 곳이 기록되어 있는데, 고신라의 영역에 포함되어 있던 곳으로는 안동대도호부(安東大都護府)의 물야탄(勿也灘)과 요촌탄(蓼村灘), 예안현(禮安縣)의 손량천(損良川), 봉화현(奉化縣)의 매토부곡(買吐部曲) 남천(南川)에 불과하다. 물야탄과 요촌탄에서는 세공으로 1년에 황금 6냥(兩) 5전(錢)을, 손량천에서는 5냥, 매토부곡 남천에서는 황금 7냥을 바치도록 했다.

다음으로 일제 시기에 발간된 『금광제련법(金鑛製鍊法)』에 실린 경상도 일대의 금광을 정리하면 다음의 〈표 5-1〉과 같다.

지명	광산 이름
봉화	봉화금산, 금정금광, 춘양광산, 연화광산, 우덕금광, 우구광산, 진곡금산
상주	상주금산, 황금광산, 신촌사금광
성주	고령광산, 운수금산, 성산금광, 청파금광
의성	의순광산, 의성광산
김천	대야금산, 연명금광
칠곡	칠곡광산, 비룡금광

〈표 5-1〉 경북 지방의 금광

이 금광은 모두 1933년 당시에 존재했던 유명한 금광이다. 경북 지역의 금광인 봉화, 상주, 성주, 의성, 김천, 칠곡은 모두 소백산맥에 가까운 내륙에 위치한다. 이를 삼국시대까지 소급할 수는 없지만 신라 금광의 위치를 찾을 때 우선적으로 고려해볼 수 있는 곳이다. 이 가운데 『경상도속찬지리지』와 중복되는 곳으로는 봉화뿐이다. 이보다 조금 더 이른 시기에 발간된 『조선지금광(朝鮮之金鑛)』에서는 전국의 유명한 금광을 기술하면서 경북 상주의 금광을 언급하고 있다. 다음의 〈표 5-2〉에서 볼 수 있듯이 상주에는 8개소의 금광이 밀집되어 있고, 금맥 역시 34개 마을에 분포되어 있어 주목된다.

지명	비고	지명	비고	지명	비고
백상리	광맥	도중리	광맥	천중리	광맥
남하리	광맥	서당리	광맥	도사리	광맥
도하리	광산	인통리	광맥	곡본리	광맥
조일	광산	거물리	광맥	오대리	광맥
외여리	광맥	송계리	광맥	비래리	광맥
구서리	광맥	신평	광산	수상동	광맥
봉양리	광맥	운가리	광맥	은속리	광맥
봉원동	광맥	운천	광맥	지천리	광맥
낙상리	광산	삼갈리	광맥	분황리	광산
병성리	광맥	신상리	광맥	분황리	광맥

구주리	광맥	신하리	광맥	구도리	금산
어헌리	광맥	성동	광맥	애복산	금산
외답리	광맥	신평리	광맥	중리	금산
화개리	광맥	천하리	광맥	음오리,사막리	금맥

〈표 5-2〉 상주 지역의 금광과 금맥

　상주의 풍부한 금이 삼국시대까지 소급될지는 알 수 없다. 다만 상주의 경우 다른 경북 내륙과 달리 4세기 후반부터 신라 중앙의 집중적인 관심을 받는 것 같다. 발굴조사된 신흥리 고분군에서 4세기 후반대 경주의 영향이 짙은 유물상이 확인된다는 점이 이를 방증한다. 그 이유는 아마도 상주가 차지하는 요충지적 성격에 기인하는 것이겠지만, 한편으로 상주의 금과 관련될 가능성도 있을 것 같다. 아직 자연과학적 연구가 이루어지지 않았기 때문에 하나의 가능성으로만 제시해둔다.

　한편, 최근의 한 연구에서는 신라 유적 출토 황금장식의 원재료가 남천을 비롯한 경주 일원 하천의 사금이었을 것이라 추정했다. 실제 현장에서 사금 채취 작업을 진행한 결과 많은 양은 아니지만 금을 채취하기도 했다(박홍국 2014). 그렇지만 신라 중앙 및 지방 고분에서 출토되는 막대한 양의 귀금속 제품을 생각한다면 그에 소용되었을 귀금속을 경주 일원의 사금만으로 충당하기는 어려웠을 것이다.

2. 금은공예품의 제작기술

귀금속을 입수한 사람들은 수많은 시행착오를 거쳐 금속 가공기술을 발전시켜나갔다. 당시 장인들이 구사한 기술 혹은 기법으로 주조(鑄造), 단조(鍛造), 투조(透彫)와 색채대비, 조금(彫金), 누금세공(鏤金細工), 상감(象嵌),

도금(鍍金) 등을 들 수 있다(이난영, 2000). 이를 간략히 살펴보면 다음과 같다.

1) 주조

금속을 녹인 다음 형틀[鑄型]에 부어 원하는 형태의 물품을 만들어내는 기법이다. 주조품을 만들려면 금속의 용융점에 대한 이해와 정교한 형틀 제작기술이 전제되어야 한다. 물론 주조 공정 전체를 이해하고 체계적으로 작업을 수행할 수 있는 전문 장인이 필요함은 재언이 필요치 않다. 청동기와 철기처럼 귀금속 제작 과정에서도 종종 활용되는 기법이다. 다만 금은 등 귀금속만으로 주조한 사례는 매우 드물고 청동으로 주조한 다음 도금하는 것이 보통이다.

백제의 주조품 가운데는 무령왕릉 장식대도와 금동대향로가 대표 사례라 할 수 있다. 청동으로 주조한 다음 표면에 아말감기법으로 도금한 것이다. 무령왕릉 장식대도의 손잡이 끝 둥근 고리에는 용무늬가, 손잡이의 상하에는 귀갑무늬와 봉황무늬가 베풀어져 있다. 이 대도의 특징을 가장 잘 보여주는 것은 환두에 표현된 용무늬이다. 밀랍에 문양을 조각하고 그것을 모본으로 거푸집을 만든 다음 용탕을 부어 만드는 정밀 주조기법으로 제작된 것이다.

부여 능산리의 능사터에서 발굴된 금동대향로에는 하늘을 향해 머리를 쳐든 용의 입에서 연꽃 한 송이가 피어오르고 그 위에 산 23개가 여러 겹 중첩된 모습으로 표현되어 있다. 뚜껑의 맨 꼭대기에는 날개를 활짝 편 봉황이 조각되어 있다. 산 정상부 가까이에는 5명의 악사가 악기를 연주하고 있고 그 아래쪽에는 다양한 인물상과 동물상이 조각되어 있다 (〈그림 5-13〉). 중국 한나라의 박산향로(博山香爐)와 유사하다는 점, 한 치

〈그림 5-13〉 백제 금동대향로. (국립중앙박물관
홈페이지)

의 오차를 발견하기 어려우리만큼 정밀한 조각, 주조기법을 보여준다는 점 때문에 중국에서 제작된 것으로 보는 연구가 주류를 이루었지만, 근래에 들어 같은 시기의 중국 자료 가운데 이처럼 큰 향로가 없다는 점, 중국 향로와는 세부 도상에서 차이가 존재하고 제작의장에서 백제적 요소가 산견된다는 점에 근거하여 백제에서 제작된 것으로 보는 견해가 많아졌다(박경은 2018).

신라 적석목곽분 출토 청동제 금속용기 대부분은 이 기법으로 만들어졌다. 특히 금관총 초두는 조형미뿐만 아니라 유려한 문양을 갖춘 명품이다. 통일기를 전후한 시점에 제작된 불교 조각품을 보면 신라의 정밀 주조는 상당한 수준에 올라 있었음을 알 수 있다. 통일신라의 주조품 가운데 가장 거대한 것은 성덕대왕신종이다. 이 종에는 주종대박사(鑄鍾大博士)라는 주조장인의 직위가 새겨져 있다.

2) 단조

금속 소재에 압축하중을 부여해 형상을 만드는 기술이다. 철의 경우 고온으로 달군 상태에서 작업하지 않으면 안 되지만 귀금속의 경우 그대로 타격해 물품을 만들 수 있다. 금속 소재를 직접 타격하거나 혹은 모형을 만들어놓고 그것의 표면에 올려 타격한다. 귀금속공예에서도 단조는 가장 원초적이자 기본적인 기법이라 부를 수 있다. 고대사회에서는 금속 덩

〈그림 5-14〉 황남대총 북분 금제 고배. (국립중앙박물관 홈페이지)

어리를 크고 작은 망치로 두드려 금속판을 만들었다. 금과 은은 다른 어떤 금속보다 뛰어난 연성을 갖추고 있어 얇은 금박과 은박으로도 만들 수 있다. 육안으로 매끈해 보이는 금은판도 높은 배율로 확대해 보면 망치로 두드린 흔적들이 잘 관찰된다.

무령왕릉에서 출토된 은제 화형장식(花形裝飾) 이면에는 '一百冊'이라는 명문이 있는데 글자의 형태가 찌그러진 것을 보면 명문은 은제 지판(地板) 표면에 새겨졌던 것임을 알 수 있다. 다리작명(多利作銘) 팔찌에 새겨진 '庚子年二月多利作大夫人分二百冊主耳'의 주(主)가 무게 단위이고 제작에 소요된 은의 양이 230주임을 아울러 검토해본다면 백제 사회에는 무게에 따라 세분된 단위의 금속판이 공예의 소재 또는 재화의 단위로 존재하였을 가능성이 있다. 현대처럼 연판도구(延板道具)가 발달하지 않은 시점이므로 망치로 두드리고 갈아내어 균일한 두께의 금속판을 만들어내려면 연판을 전문으로 하는 장인이 필요했을 것이다.

황남대총 북분 금제 고배(〈그림 5-14〉) 등 신라 왕릉급 무덤에서 집중적으로 출토되는 금은제 그릇 가운데 다수는 단조기법으로 만들어진 것이다. 단조 가운데 판상으로 가공하는 것을 판금(板金), 뒷면에서 두드려내는 것은 타출(打出)이라 부른다. 금은공예문화 수용 이전에 이미 삼국시대 여러 나라에 철기 제작기술이 만개해 있었으므로 단조 역량은 충분했을 것이다. 신라의 경우 적석목곽분 출토 황금장신구나 금은기를 제작하는 과정에서는 단조기법의 구사 비중이 높지만 통일신라에서는 부분적으로 활용되는 경우가 많다.

3) 투조와 색채대비

투조란 금속판에 문양을 표현할 때 가시성을 높이려 바탕의 여백을 뚫어내거나 문양 그 자체를 뚫어내는 기법을 말한다. 전자를 지투(地透), 후자를 문양투(文樣透)라 부른다. 통상 금속판 표면에 스케치하듯 밑그림을 그린 다음 망치와 끌을 이용해 차례로 뚫어낸다. 고신라 유물 중에는 천마총 금제 관모(《그림 5-15》 왼쪽)나 금허리띠, 황남대총 남분 안장 부속구(《그림 5-15》 오른쪽)에서 전형을 볼 수 있고, 통일신라 유물 중에는 월지 출토 소형 화불이나 불상 광배에서 이 기법이 잘 확인된다. 투조기법이 구사된 유물 가운데 가장 화려한 것은 황남대총 남분 말안장 앞뒤장식이다. 전면에 걸쳐 용무늬를 투조기법으로 표현하였는데 투조판의 내측에 비단벌레[玉蟲]의 날개를 조밀하게 붙여 화려하게 꾸민 것이다. 이러한 기법은 고구려의 진파리7호분 출토 금동제 투조장식판에서도 확인된다.

금은 등 귀금속은 그 자체로도 아름답지만 색채를 대비시키거나 옥석을 끼워 넣어 장식할 때 화려함이 배가된다. 적석목곽분에서 출토된 공예품 가운데 감옥(嵌玉)기법이 구사된 사례로 경주 황남대총 북분 출토 팔찌가 있지만 외래품일 가능성이 크므로 이 시기 신라의 금은공예품

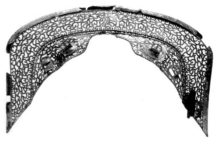

〈그림 5-15〉 투조기법으로 제작된 신라 공예품(좌: 천마총 관모, 우: 황남대총 남분 안교). (신라 천년의 역사와 문화 편찬위원회, 『신라 천년의 역사와 문화 자료집2』, 2016, pp. 108, 186)

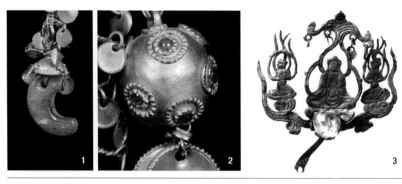

〈그림 5-16〉 감옥 등 색채대비 사례(1. 황남대총 북분 금관 수식, 2. 금령총 금관 수식, 3. 월지 화불). (신라 천년의 역사와 문화 편찬위원회, 『신라 천년의 역사와 문화 자료집2』, 2016, pp. 85, 97; 국립경주박물관, 『경주의 황금문화재』, 2015, p. 236)

가운데 옥이 감장된 사례는 현재로서는 없다. 그에 대신하여 유리를 녹여 장식하는 기법(〈그림 5-16〉 2)이 유행했다. 전형적인 감옥기법은 아니지만 황남대총 북분(〈그림 5-16〉 2)이나 금관총 수하식에서 볼 수 있듯이 경옥에 금모를 씌워 장식하는 것도 유사한 의장이라 할 수 있다. 그에 비해 통일 이후의 공예품에는 다양한 색채의 옥석이 장식된다. 경주 월지 출토 각종 화불(〈그림 5-16〉 3)이 대표적 사례이며, 불국사 석가탑 사리장엄구에도 여러 색조의 옥이 끼워져 있다(신숙 2016).

4) 누금세공

금속의 표면에 금알갱이나 금선을 붙여 문양을 화려하게 꾸미는 기법이다. 삼국시대 금은공예품 세공에 사용되는 금사(金絲)는 무령왕릉 환두대도나 보문리 부부총 석실묘 출토 태환이식에 사용된 것처럼 인발판(引拔板)에서 뽑아낸 것이며 속이 차 있다. 그런데 가끔은 속이 비어 있는 권사(捲絲)가 활용된 금속공예품을 발견할 수 있다. 그렇다 하더라도 전체 수량에서 보면 미미하다. 신라에서는 황남대총 남분 금령과 북분 감옥팔찌에서, 백제의 경우 능사·왕흥사지·왕궁리 공방지 출토품에서 확인되는 정도이다.

금립을 만드는 공정을 보면 먼저 끌이나 줄을 이용하여 금사를 가늘게 썬 다음 열을 가해 녹이고 그것을 재차 냉각시키는 과정에서 금이 가지는 표면장력으로 인해 둥근 형태를 띠게 된다. 누금세공에 앞서 먼저 금립을 준비하게 되는데 선별 과정을 통해 금립을 크기별로 준비하는 것은 상대적으로 쉬운 일이었을 것으로 보인다. 요즘은 국부에 열을 가할 수 있는 도구가 많이 있지만 고대사회에는 그런 도구가 없었기에 금립을 붙이는 공정이 가장 어려웠을 것이다. 누금세공이 베풀어진 삼국시대 공예품을 살펴보면 금립이 녹아 있거나 부착 간격이 일정하지 않은 사례가 많다. 통상 금립의 접합은 용융점(鎔融點)의 차이를 이용한 땜납 접합으로 보아왔으나 외래 물품이 확실한 계림로14호분 보검의 경우는 화학적 반응을 이용한 융착법(融着法)으로 접합하였을 것이라는 분석 결과가 나와 있다(신용비·정수연 2010).

백제 누금공예 자료 가운데 한성기까지 올라가는 사례로 공주 수촌리 8호분 금귀걸이를 들 수 있다. 길이가 4.6cm에 불과함에도 매우 정교하다.

〈그림 5-17〉 공주 수촌리8호분 귀걸이. (충청남도역사문화연구원, 『공주 수촌리고분군I』, 2013, p. 218)

중간식과 수하식에 크고 작은 금알갱이가 장식되어 있다(〈그림 5-17〉). 백제에서 가장 오래된 누금세공 자료이며 소환구체(小環球體)를 중간식으로 사용한 귀걸이 가운데 가장 이른 시기의 자료에 해당한다. 시기 차가 있지만 무령왕비 귀걸이와의 기법적 계승 관계가 인정된다. 신라의 공예품 가운데 누금세공이 베풀어진 초기의 자료로는 황남대총 남분 출토 금제 반지와 금령(金鈴)이 있다. 기원후 5세기대 자료이다. 이 가운데 금령은 표면에 권사(捲絲)와 그 좌우에 금알갱이가 조밀하게 부착되어 있다. 이와 유사한 금령을 외지에서 찾아보기가 어려워 일단은 신라에서 제작되었을 가능성에 무게를 둘 수 있다. 보문리 부부총 석실묘에서 출토된 금귀걸이는 신라 누금세공을 대표하는 명품이다. 통일기 이후에도 이 기법은 지속적으로 사용되었으며 감은사지 동탑 사리장엄구에도 이 기법이 구사되어 있다.

5) 상감

금속의 표면을 파낸 다음 다른 재질의 금속을 끼워 넣어 글자나 그림을 표현하는 기법이다(《그림 5-18》). 주조와 단조가 금속품 제작의 중심 기술이라면 상감은 무늬나 글자를 새길 때 사용하는 부수적 기술이다.

아시아에서 상감의 중심지는 중국 중원 지역이었다. 백제의 상감이 중국 본토에서 직접 전해진 것인지, 낙랑(樂浪)이나 대방(帶方) 이주민으로부터 전해진 것인지 분명하지 않다. 이 기술이 전해진 것은 4세기로 보이는

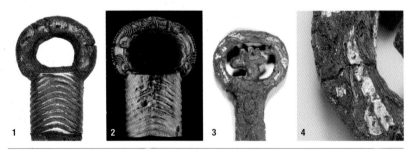

〈그림 5-18〉 상감기법이 구사된 백제 한성기 대도(1. 수촌리 II-1호묘, 2. 용원리 12호석곽). (국립공주박물관, 『한국의 고대 상감: 큰 칼에 아로새긴 최고의 기술』, 2015, pp. 38, 41)

데, 이 시기에는 백제 제철기술이 높은 수준에 도달했었기 때문에 상감을 새롭게 수용하는 데 기술적 문제는 없었던 것으로 보인다. 그 후 5세기를 전후하여 백제적인 기술로 자리잡게 되었다.

한성기 백제 사회에서 유행한 상감은 쇠로 만든 칼 표면에 홈을 내고 그곳에 금실이나 은실을 끼워 넣는 입사(入絲)가 기본을 이루었다. 상감을 통해 표현한 무늬로는 용무늬, 파도무늬, 당초무늬 등이다. 용무늬의 경우 용의 눈, 비늘 등 세부 특징을 묘사하는 데 사용되었다. 당시의 상감은 화려한 금속공예품을 선호하는 시대 분위기에 발맞추어 공예기술의 한 축을 담당하였고 외교 관계에 수반하여 주변국으로 널리 확산되었다. 현재까지의 발굴 자료로 보면 백제의 영향을 받은 가야에서 더욱 크게 유행한 것처럼 보인다. 백제의 상감 자료에는 새로운 기술과 문화를 적극적으로 수용, 자기화한 다음 그것을 주변 지역으로 확산시키던 백제 문화의 일면이 잘 담겨 있다. 신라의 경우 백제로부터 상감기술을 수용한 것으로 보인다. 호우총 대도와 계림로14호분 안교에 상감기법이 구사되어 있다. 통일기 이후에는 평산 호등(壺鐙)에서 볼 수 있듯이 면상감이 구사되기도 했다.

6) 도금

도금기법은 철이나 청동의 표면에 금이나 은을 덧씌워 장식하는 기법이다. 얇은 금속판을 감싸기도 하지만 아말감기법도 많이 활용된다. 아말감(amalgam)이란 금이나 은 등의 금속가루를 수은(Hg)에 섞은 상태를 지칭하는데, 이를 도금하고자 하는 금속의 표면에 바른 다음 열을 가하면 357.73°C에서 수은이 끓으며 증발하고 원하는 색상의 금속만 남게 된다. 진파리7호분 베개마구리 장식 등 정교한 금속공예품에 이 기법이 많이

〈그림 5-19〉 나원리 오층석탑 금동제 사리기.
(국립중앙박물관 홈페이지)

활용되었다. 유물 표면을 형광X선으로 분석해보면 금이나 은과 함께 수은 성분이 검출되곤 하는데 그것을 통해 수은 아말감도금의 존재를 찾아내곤 한다. 대가야의 경우 철제품에 금을 도금한 사례가 많이 확인된다. 철에는 아말감도금법이 기술적으로 적용되지 않으므로 얇은 금박으로 만들어 소지금속을 감싸는 방식으로 도금한다. 당나라 이후의 고급 금은기에서 유행한 부분 도금기법은 통일신라에서 많이 구사되지 않은 것으로 보인다.

위와 같은 금공기법 가운데는 주조나 단조처럼 작품의 형태를 만들기 위해 사용되는 것도 있고 투조나 조금처럼 문양을 표현하거나 문양을 강조하기 위해 활용되는 기법도 있다. 어자문(魚子文)이란 바로 조금기법의 한 가지로서 문양이 도드라져 보일 수 있도록 여백에 대롱 모양 끌로 원문을 조밀하게 타격해 배열하는 기법이다. 경주 월지 출토 초심지 절단용 가위나 감은사지 동탑 및 나원리 오층석탑 사리용기(〈그림 5-19〉) 등 고급 금은공예품에 이 기법이 사용되었다.

장인과 귀금속 공방

1 고대 장인의 사회적 신분

귀금속을 다루며 사회의 요구에 부응한 것은 장인들이었다. 고대사회의 장인들은 무슨 일을 하면서 살았을까? 요즘처럼 세련된 식기를 사용하지는 않았지만, 당시에도 나무를 깎거나 흙을 빚어서 만든 다양한 그릇에 음식을 담아 먹었을 것이다. 특히 귀족들은 각종 금속으로 만든 식기를 사용하였고, 귀금속이나 비단으로 온몸을 장식한 채 자신들의 지위를 과시하였다. 또 국왕이나 귀족은 살아서뿐 아니라 죽어서도 생전의 부귀영화를 누리려고 하였다. 무덤과 유해를 화려하게 꾸몄다. 장인들은 여기에 필요한 막대한 물품들을 만들어야 했다.

우리 역사에서 명실상부한 장인 집단이 출현하고 이들에 의해 만들어진 각종 물품, 특히 금속기가 널리 사용된 것은 철기시대부터이다. 철산 (鐵産)이 풍부한 우리나라는 이 시기에 들어와 대부분의 도구를 철로 만들게 되었고, 그에 따라 생산력도 급격히 향상되었다. 요즘으로 치면 국가의 기간산업이라 할 수 있는 철기와 금은공예품을 만드는 과정은 국가 관리 하의 전업적 장인 조직이 담당하였고, 토기와 일반 생필품은 지역별로 존재했던 장인들이 국가의 통제를 받으며 만들었다. 이처럼 단단하기 그지없는 광석에 고온을 가해 금속을 만들고 흙을 빚어 각종 생활용기를 만드는 작업, 곧 수공업의 출현은 요즘으로 치면 반도체를 만드는 일만큼이나 획기적인 사건으로 인류역사 발전의 기본 토대를 마련한 것이라 할 수 있다. 이러한 중대한 변화의 중심에 바로 장인, 그리고 장인 집단이 서 있었다.

5세기 전후가 되면 철기 제작소 외에 귀금속을 만드는 공방도 각광을 받게 되었다. 이 무렵에 만들어진 신라의 대형 무덤에는 다량의 귀금속이 부장되어 있다. 당시 귀족들은 화려한 금은제 장식품으로 온몸을 치장하였고, 사후에도 화려한 모습을 하고 저승으로 갔다. 이 물품들을 만들기 위해서는 금·은·동 등 금속 재료를 만드는 작업이 이루어져야 했다. 그리고 이들 금속을 이용하여 여러 공방에서 각종 공예품을 만들어야 했다. 공방에서는 일정한 '모델', 정형화된 제작기법에 따라 물품을 만들었다. 특히 장식품은 당시 삼국 간의 교류를 통하여 최고의 '패션' 감각을 선보이면서 새로운 유행을 좇는 분위기도 있었다.

장인들은 물품 주문들의 의지에 따라 기술을 발휘하는 경우가 대부분이었다. 관영 공방의 장인들이 집단화되면서 작업의 전업화(專業化)도 진행되었다. 예를 들어 6세기 이후 신라 토기는 생산 물품의 외형과 제작기법이 거의 비슷해진다. 이는 물품의 종류별, 작업 공정별 전업화의 진전을 반영해주는 것이다. 이처럼 집단화와 전업화가 이루어짐에 따라 각종 물품의 대량 생산이 가능해져 이질적 요소가 많았던 각 지역의 생활상을 통일시켜주는 계기가 되었다.

수공업에 종사하는 장인의 사회적 지위는 어떠했을까? 우리가 알고 있는 장인의 지위는 대체로 고려 이후의 모습이다. 대장장이, 미장이라는 표현은 장인의 지위가 매우 낮았음을 보여주지만, 장인의 지위가 본디부터 이렇게 낮았던 것은 아니다. 오히려 삼국시대 수공업자는 비교적 높은 사회적 지위를 누렸다.

백제에서는 기와장인을 '와박사(瓦博士)'라고 불렀다. 백제는 6세기 후반 이들을 왜국에 파견하여 기와 제작법을 전수하였다. 이들은 일본 최초의 기와 건축물인 아스카데라(飛鳥寺)에 사용될 기와를 만들었다. 이를 통해 볼 때 백제에서는 전문기술자로서의 장인을 상당히 높게 대우하였으며, 실제 장인의 역할이 컸음을 알 수 있다. 신라 탈해왕은 자기 자신을 본래 단야(鍛冶)장인 출신이라고 밝히고 있다. 왕이 대장장이 출신이라고 하면 의아하게 여길 수도 있을 것이다. 그러나 박·석·김 3성씨가 교대로 왕이 되던 신라 초기의 상황에서 세력을 잡고 왕위를 차지하기 위해서는 제철 집단을 장악하는 것이 필수적이었다. 석탈해가 직접 망치를 두드리는 장인이었는지 아니면 장인 집단을 총괄하는 책임자였는지 단정하기는 어렵다. 하지만 삼국시대 초기에 단야장인의 지위가 낮지 않았음은 분명하다.

삼국시대에 각국은 변화무쌍한 대외 관계를 맺고 있었다. 때로는 화해하고 때로는 대립하는 가운데 인적 물적 교류가 진전되었고, 그에 따라 문화적 동질성도 깊어갔다. 『삼국유사』에 기록되어 있는 것처럼, 백제 장인 아사달은 머나먼 신라의 수도에서 석탑을 만들기 위하여 사랑하는 아내 아사녀와 헤어져야 했다. 황룡사 목탑을 만든 백제 장인 아비지도 그러했을 것이다. 이러한 일은 당시 장인들에게는 흔히 있을 수 있는 일이었다.

아사달과 아비지보다 훨씬 더 먼 곳으로 길을 떠났던 장인도 있었다. 5

세기 무렵, 가야의 장인들은 집단적으로 왜로 이주하여 왜의 대표적 토기인 스에키(須惠器) 생산을 주도하였다. 이들은 왜 머나먼 곳까지 가서 토기를 만들었을까. 이에 대해서는 한·일 양국 학계에서 논란이 많다. 제 발로 건너갔다고도 하고, 왜에 의해 잡혀갔다고도 한다. 어쨌든 이들은 되돌아올 수 없는 먼길을 떠났다. 이와 달리 백제의 기와장인인 와박사들은 국가의 명령에 따라 왜국 땅으로 건너가 기와 만드는 기술을 가르쳤다.

이와 같이 삼국시대 장인들은 매우 다양한 일에 종사하였다. 이들이 종사한 수공업은 농업과 함께 고대사회를 떠받쳐주는 주요한 생산 분야로서, 고대사회가 발전함에 따라 그 비중과 중요성은 더욱 증대되었다. 그렇지만 국가권력이 강해질수록, 또 국가체제가 정비될수록 장인들은 더욱 강한 통제를 받게 되었다. 그 사회적 지위는 점차 낮아지게 되고 신분적 고착성은 심화되었다. 이로써 장인들은 자신의 의지에 의해 물품을 만들기보다는 자신들을 수공업에 옭아매려는 여러 여건에 순응하면서 일생을 마치는 존재로 점차 전락했다.

2. 귀금속 공방과 물품 제작

고대사회에서 금은공예품을 만들려면 먼저 금은 등의 귀금속 재료를 확보하여야 한다. 금은 같은 시기 중국뿐만 아니라 각국 지배층이 선호한 금속이었고 국가 사이의 선물로도 활용되었으며, 『일본서기』의 기록처럼 왜국에서는 산지가 확보되지 않아 신라의 금산(金産)을 부러워하기도 하였다. 이처럼 귀한 소재를 다루어 만든 장신구는 상당한 기술력을 보유한 장인과 공방의 존재를 전제한다. 최소한의 금을 들여 최대의 효과를

<그림 5-20> 경주 동천동 유적 제련로와 도가니. (신라 천년의 역사와 문화 편찬위원회, 『신라 천년의 역사와 문화 자료집2』, 2016, p. 49)

내야 했을 것이므로 귀금속장신구는 토기나 기와처럼 여러 번의 시행착오를 통하여 시제품을 완성할 여유가 없으며 최고의 장인으로부터 직접적인 지도를 받아야 가능했던 것이다.

　당시 귀금속장인들은 제한된 공간에 거주하면서 그들에게 부여된 작업을 진행했을 것으로 보인다. 귀금속공예품의 경우 여타 물품과는 달리 공방의 수가 많지 않았을 것이다. 신라의 경우 경주 동천동 유적이나 황남동 376번지 유적을 비롯한 왕경 일원에서 귀금속 공방이 확인되긴 하지만 실체가 분명하지 않다.

　동천동 유적은 북천의 북쪽에 위치하며 도로, 대규모 건물지와 함께

〈그림 5-21〉익산 왕궁리 유적 금도가니(좌)와 동도가니(우). (국립부여문화재연구소, 『왕궁의 공방Ⅰ—금속편』, 2006, pp. 17, 33)

청동 공방지가 조사되었다. 공방지는 석열로 구획된 세 칸 건물지 가운데 중앙 2칸에서 확인되었다. 지름 3m의 장방형 가마는 적갈색 용범이 다량으로 출토된 점을 보아 용범 제작용 가마터일 가능성이 있다. 이곳에서는 청동용해로 4기와 제련로 1기가 조사되었다. 주변에서 유리용범이 출토된 점으로 미루어 유리도 생산하였을 것으로 보인다(〈그림 5-20〉).

황남동 376번지 유적에서는 수혈유구, 우물, 적심 건물지, 목주열과 목책, 집석유구 등이 확인되었다. 이 유적은 통일신라 관청에서 관리한 창고의 부속 시설이거나 제사용 공헌물을 보관하던 시설의 부속 유구일 수도 있다. 이 유적에서 출토된 목간에 창고를 뜻하는 글자인 '椋(경)'자가 나오는데 이는 공방을 관리하던 관서의 물품 보관창고를 가리킬 가능성이 있다.

백제의 경우 가장 전형적 사례는 익산 왕궁리 유적에서 발굴된 귀금속 공방이 있을 뿐이다. 그 밖에 사비도성 내에서도 소규모 공방이 확인된다. 익산 왕궁리 유적의 서북편 일대에서 공방 흔적이 확인되었다. 적색 혹은 흑색을 띤 소토와 함께 공방 잔해물이 폐기된 채 발견되었다. 주변에서 공방터로 보이는 굴립주 건물과 노의 흔적이 드러났다. 공방 시설에서는 금, 유리, 동제품 생산에 쓰인 여러 점의 도가니, 찌꺼기(slag), 숫돌, 노 벽체 편 등이 출토되었다. 아울러 금제품 제작 과정을 보여주는 여러 점은 금제품이 수습되었다(《그림 5-21》). 이 공방에서는 금, 금동, 유리의 제련과 정련, 귀금속 세공작업이 이루어진 것으로 추정된다.

귀금속장인들이 거주하였을 공방에는 아마도 다양한 도안집(圖案集)이 보관되어 있었을 것이다. 그것은 삼국시대 각국의 경우가 마찬가지였을 것 같다. 나라마다의 독자적 양식이 발현된 금은공예품에 정교한 외래 문양이 시문된 점을 주목한다면 중국 위진남북조시대 각국과의 교류, 삼국시대 각국 사이의 교류를 통해 도안집의 반출과 입수가 가능했던 것으로 추정해도 좋을 것 같다.

고대 동아시아의 금은공예품 도안으로 많이 사용된 용무늬는 시대마다 지역마다 형태에서 차이가 존재한다. 그럼에도 불구하고 비슷한 시기에 동일 도안집을 참고하여 만들었음직한 사례도 발굴된 바 있다. 5세기 동아시아 각국 용무늬 과판의 문양을 비교해보면 〈그림 5-22〉와 같다.

나성리 4호묘 과판이 가장 이른 단계의 자료이다. 용의 머리를 구성하는 여러 요소 가운데 혀, 입과 이빨, 코, 눈, 벼슬, 눈, 귀, 뿔 등이 모두 표현되어 있다. 이처럼 여러 요소를 두루 갖춘 것은 시치칸고분(七觀古墳)과 고죠네코즈카고분(五條猫塚古墳) 출토품이다. 그에 비해 임당 7B호분 과판에는 코, 눈, 귀의 표현이 생략되었고 벼슬도 매우 간략하다. 벼슬의 존재를 인식하고 지판에 도안을 그렸는지조차 분명하지 않다. 초당동 A-1호분 과판에는 눈과 벼슬이 없는데 벼슬의 경우 처음부터 없었던 것인지 혹은 파손된 것인지 불분명하다. 쓰키노오카고분(月岡古墳)과 황남대총 남분에서 출토된 과판은 여타 요소를 모두 갖추었지만 이빨이 표현되어 있지 않다.

용의 네 다리 배치도 조금씩 다르다. 나성리 4호묘 과판을 위시한 일

〈그림 5-22〉 백제(1)·신라(3, 4, 7)·왜(2, 5, 6)의 용무늬 도안 비교(1. 나성리 4호묘, 2. 시치칸고분, 3. 임당 7B호분, 4. 초당동 A-1호분, 5. 고죠네코즈카고분, 6. 쓰키노오카고분, 7. 황남대총 남분).

군의 경우 니이자와센즈카(新澤千塚) 126호분 금제 방형판(方形板)의 그 것과 마찬가지로 우측 앞다리가 목과 꼬리 사이에 배치되어 있다(〈그림 5-23〉). 우측 앞다리를 이처럼 배치한 용무늬는 시치칸고분, 임당 7B호분, 초당동 A-1호분 과판에서도 확인된다. 그렇지만 전자와 후자는 우측 뒷 다리의 방향에서 차이가 있다. 즉, 전자의 발톱이 후미 쪽을 향하고 있음 에 비해 후자의 발톱은 전방을 향하고 있다. 고죠네코즈카고분, 쓰키노 오카고분, 황남대총 남분 출토품의 경우 또 다른 일군으로 구분할 수 있 다. 네 다리의 좌우 구분이 뚜렷하지 않으며 동체의 전방 및 하위에 네 다리가 배치되어 있다. 가장 높은 곳에 자리한 것이 앞다리 가운데 하나 이고, 아래쪽 3개가 앞 다리 하나와 뒷다리에 해당한다.

갈기의 숫자와 표현방식, 꼬리의 형태에서도 차이가 있어 더 세분할 수 있다. 여러 가지 특징을 종합해보면 나성리 4호묘, 시치칸고분, 초당동 A-1호분, 임당 7B호분 과판은 같은 유형으로 분류할 수 있는데 이들 과

〈그림 5-23〉 니이자와센즈카 126호분 금제 관식(좌)과 나성리 4호묘 과판(우) 문양 비교.

판은 동일한 도안집 혹은 같은 계통의 도안집을 참고로 제작되었을 가능성이 엿보인다. 문양의 정조에 기준해본다면 이들 사이의 선후 관계는 나성리 4호묘 → 시치칸고분, 초당동 A-1호분 → 임당 7B호분 과판 순이될 것 같다.

고대 금은공예품의 사회사:
권력의 표상, 귀금속

1. 금은공예품의 독점과 사여

대부분의 사회에는 다양한 종류의 귀중품이 존재한다. 그 가운데 일부는 일상생활에서 실용품으로도 사용되지만 소유자의 부나 지위를 과시하기 위한 목적으로 활용되는 경우가 많다. 이러한 물품을 위세품(威勢品)이라 부른다. 위세품은 특정 사회에서 높은 가치를 지닌 한정된 소재로 만들어지는 경향이 있고 소재의 다수가 희소성, 내구성, 그리고 시각적으로 눈길을 끄는 성질을 지니고 있다. 금은 등의 귀금속, 수정·마노·비취·터키석 등 귀한 옥석, 상아나 보배조개 등이 해당한다. 이처럼 원재료 자체가 희귀한 것뿐만 아니라 개인의 위세를 강조하는 데 도움이 되는 정교한 직물, 의복의 소재 역시 귀한 물품으로 여겨졌다(콜린 렌프류·폴반, 이희준 역 2006).

위세품의 가치에 대한 판단은 그것이 통용되는 사회마다 다양하며 일상용품에 비해 그것에 접근하거나 또는 취득할 수 있는 기회가 사회적인 요인에 의해 제한되므로 상대적인 희소성이 높다. 희소성이라는 측면에서 보면 전근대사회의 외래품은 위세품적인 성격을 지녔을 것이며 금은장신구처럼 착장했을 때 시각적으로 눈에 띄는 물품인 경우 위세품적인 성격이 농후하였을 것이다. 교역이나 생산을 통하여 집적한 위세품은 최고 권력자가 관리하였고, 이러한 물품은 재분배 또는 사여라는 방식으로 그 사회의 지배층에게 공급되었던 것으로 보인다.

한국 고대 유적에서 출토된 금은공예품을 '사여체제'라는 틀로 설명하기 위해서는 몇 가지 전제에 대한 검토가 필요하다. 즉, 그것이 특정 국가의 왕실 공방에서 제작된 것인지, 그것의 분포 범위를 특정 국가의 영역으로 볼 수 있을지, 중앙과 지방의 금은공예품 공유 현상을 사여라는 정치적 행위의 산물로 설명할 수 있을지, 사여된 것이라면 이런 물품의 용도는 무엇이고 왜 사여한 것인지에 관한 문제이다.

첫째, 특정 국가의 왕실 공방에서 제작된 것으로 볼 수 있을까 하는 점이다. 금은공예품을 제작하려면 먼저 금은 등의 귀금속 재료를 확보하여야 하며 상당한 기술력을 보유한 장인과 공방의 존재를 전제한다. 이는 6세기 이후 일본열도 내에 귀금속 공방이 유지되었음에도 불구하고 목탑의 노반(鑪盤) 제작을 위한 기술자를 백제에 요청한 일이나, 수십 년이 지난 다음에 안작부(鞍作部) 출신 도리(止利)가 호류지(法隆寺) 석가삼존불 등의 정교한 공예품을 비로소 제작하는 모습[2]에서 유추할 수 있다.

고대의 금은공예품 가운데 동범(同范)으로 만든 사례를 찾기 어렵다. 수촌리 1호분 출토품 등 일부 허리띠장식을 제외하면 주조품이 없기 때문이다. 금의 경우 청동기처럼 산지를 추정하기 어려우며 국가로 귀속된 중요 유물에 대해서는 파괴분석방법을 활용할 수 없는 여건이므로 외형 및 제작기법을 분석하여 양식론으로 접근할 수밖에 없다. 금은장신구의 제작지 문제와 관련해서는 장신구가 많이 출토된 신라의 사례를 참고할 수 있다. 신라의 장신구가 한 지역에서 제작된 것인지 혹은 각지에서 다원적으로 제작되었는지를 둘러싸고 논의가 있었다. 즉, 경주를 중심지로 설정하는 '분배론'(최종규 1983)과 경주의 물품을 지방에서 모방하여 제작하였다는 견해(박보현 1987)가 그것이다. '분배론'은 금속공예품을 제작하려면 원료 산지의 확보를 비롯하여 복잡한 제작 공정과 전문화된 장인의 존재가 필요하며 장인 집단을 움직일 수 있는 생산 조직이 갖추어져야 가능하다고 보는 입장이다. 낙동강 이동과 경북 내륙지역의 물품 사이에는 도안과 크기에서 일치점이 나타나는 점으로 보아 이들 집단이 독자적인 생산 조직을 편성, 유지한 것이 아니라 한곳에서 제작하여 각 지역으로 배포하였을 가능성을 추론하고 있다. 지역모방제작설은 제작기법이나 외형상에서 보이는 몇 가지 다양한 요소를 기준으로 제작지가 다원화되었던 것으로 이해하였다. 특히 관의 경우 한곳에서 제작·분배되었다기보다는 지역마다 존재했던 재래의 제작기술을 바탕으로 현지에서 제작한 것으로 보았다.

'분배설'에서 문제가 될 수 있는 사례로는 관과 허리띠장식이 있다. 지방 출토 관 가운데 강릉 초당동 B16호분 관은 대륜 상변이 거치상(鋸齒狀)으로 돌출되어 있어 경주 출토품과는 차이를 보인다. 그러나 현재까지 경주에서 출토된 금동관의 실례가 많지 않기 때문에 경주 제작품인지의 여부는 자료의 증가를 기다려야 할 것 같고, 허리띠장식 중 창녕 교동·송현동이나 경산 북사리에서 출토된 예는 경주 출토품과 꽤 다른 모습을 보이고 있다. 예를 들어 교동 89호분 출토품처럼 수하부(垂下部)에 많은 수의 엽문(葉文)이 투조된 예는 창녕에서만 출토되기 때문이다. 이 경우 경주의 허리띠장식을 모방하여 제작했을 가능성을 고려해볼 수 있다. 귀걸이 가운데는 창녕 교동 12호분 출토 태환이식은 황오리 34호분 등 경주 출토 귀걸이와 기본형은 유사하지만 중간식의 제작기법에 차이가 있고 기법상 합천 옥전 M6호분 등 대가야권 귀걸이와 연결되는 요소를 지닌 것이므로 창녕 소재 공방에서 제작된 것으로 추정된다.

이처럼 신라의 금은장신구 가운데 대부분은 경주에서 제작되었을 가능성이 높으며 일부 제작이 용이한 물품은 지방에서도 제작할 수 있었던 것으로 보인다. 창녕 세력은 비록 기술 수준은 경주에 미치지 못하지만 자체 공방을 가지고 일부 물품을 제작하였음을 알 수 있다. 지방 제작 장신구의 존재로 보면, 신라에서는 장신구를 비롯한 금은공예품의 제작 자체를 금지하기보다는 소재의 유통을 통제했거나 착용자의 범위를 제한하였던 것으로 이해할 수 있다.

둘째, 고고학 자료에서 살펴지는 양식 분포권을 영역과 관련하여 어떻게 해석하면 좋을까 하는 문제이다. 사료에 반영된 각국의 영역과 고고학 자료에서 살펴지는 양식의 분포권은 차이가 있다. 이 양자를 제대로 조합하는 작업이 쉽지 않아 학자들 사이에서 논란이 있다. 먼저 묘제에서 보이는 다양성의 문제이다. 묘제는 각 집단의 고유한 장례풍습이 구현된 것이며 외부로부터 신묘제가 전해진다고 하더라도 기왕의 전통이 오랫동안 유지되는 속성을 지니고 있다. 묘제의 변화가 반드시 지배층에서부터 시작하는 것은 아니며 다양한 변수가 개재하는 것으로 보인다. 신라의 경우 약 2세기에 가까운 기간 동안 왕족을 비롯한 왕경인은 적석목곽분이라는 묘제를 사용하였음에 비하여 지방에서는 수혈식석곽묘가 목곽묘에 대신한 신묘제로 유행하였고, 왕도에서 멀리 떨어진 곳에서는 오랫동안 목곽묘가 그대로 축조되기도 한다. 지방 세력 가운데 극히 일부는 왕경의 묘제를 모방하기도 하였음은 잘 알려진 사실이다. 5~6세기 우리 고대사회에서 일본의 대화박장령(大化薄葬令)처럼 율령으로 무덤의 규격을 규제하는 모습은 찾아보기 어렵다. 따라서 해당 지역의 정치적인 귀속 문제를 묘제라는 척도로 살펴보기는 어렵다.

　백제의 경우 한성기 후반 중앙의 직접적인 지배력이 미치는 공간을 금강 이북으로 볼 경우 이러한 공간 범위에 포함된 지방 유력자는 중국도자, 금은장신구, 마구, 장식대도 등의 물품을 공유한다. 그렇지만 묘제는 다양하다. 중앙에서는 석촌동처럼 적석총이 축조되었음에 비하여 지방에서는 단독의 목관묘와 목곽묘, 방형의 분구묘, 수혈식석곽묘, 석실묘 등 다양한 묘제가 존재한다. 이것은 이 무렵 지방 세력이 백제 중앙과 일정한 정치적 관계를 맺고 있었지만 자기의 문화적 전통 또는 정체성을 근본적으로 변화시킨 것은 아니었던 것으로 해석할 수 있다. 아울러 위세품으로 보면 지방사회의 유력자는 백제 중앙에 대한 귀속의식이 높아진 것으로 보이지만, 그 실태는 왕도에서의 거리나 집단 내 위상 등 여러 요소에 의해 집단마다 혹은 집단 내 계층마다 달랐을 것이다.

　다음으로 고고학 자료 가운데 가장 출토 사례가 많은 토기양식의 분포를 통하여 정치체의 공간적 범위를 인지할 수 있을까 하는 점이다. 각 정치체는 각기 특징적인 양식의 토기를 생산했고 중심지에서 양식이 먼저 형성되어 정치력이 미치는 곳으로 확산되었으며 토기양식의 분포는 곧 정치세력의 범위와 일치한다고 보는 견해가 많았다. 이와는 달리 토기의 확산은 단순한 영역 확대 이상의 경제적 통합을 반영하는 것이므로 지방에 중앙양식의 토기가 등장하였다는 것은 국가 지배력이 이미 적극적으로 관철되고 있었음을 나타낸다고 보기도 한다.

　결국 묘제가 다르다고 하더라도 지역양식이 발현된 토기문화를 가지고 있거나 중앙에서 제작된 장신구를 소유하고 문헌 사료에서 별도의 정치체 존립의 기록이 보이지 않을 때 이를 특정 국가의 지배력이 미치는 영역으로 판단할 필요가 있을 것이다. 다만 집권력의 한계 때문이거나 지배방식의 특징 때문에 묘제나 토기의 다양성이 존재할 수 있었던 것으로

볼 수 있다.[3]

셋째, 금은공예품 가운데 장신구나 장식대도의 용도와 관련한 문제이다. 사서의 기록에 보이는 고구려의 소골(蘇骨), 백제의 은화(銀花, 銀華)는 고분에서 출토되는 조우관(鳥羽冠), 은제 관식(銀製冠飾)일 개연성이 있으며 관인이라도 관(冠)과 허리띠의 사용에 엄격한 규제가 있었다는 기록, 고분 출토 장신구의 재질이나 소유에 일정한 제한이 보이는 고고학적 양상을 결합시켜 본다면 장신구 가운데 일부는 관복의 구성품에 포함될 것이다. 백제의 경우 관련 기록이 존재하고 물품의 제작과 부장에서 뚜렷한 정형성이 확인되는 사비기의 장신구가 더욱 그러하다. 그렇다면 그에 선행하는 한성~웅진기의 경우는 어떠할까. 한성~웅진기의 장신구 가운데 관과 허리띠장식은 무덤 속 부장 양상이 사비기와 비슷하며 더 화려하면서도 덜 정형화되어 있다는 점에서 차이를 볼 수 있다. 그 가운데 공주 수촌리 1호분이나 4호분, 서산 부장리 5호분 출토품처럼 용이나 봉황을 정교하게 도안한 금동관이 지방 고분에서 출토되는 현상은 색복규정(色服規定)의 이미지와는 큰 괴리를 보여준다. 즉, 물품의 위상이란 측면에서 보면 사비기에 비하여 높으며 무령왕릉의 사례를 참고하면 중앙 지배층의 물품에 준하였던 것으로 이해할 수 있다.

중앙으로부터 사여받은 화려한 도안의 금동관과 허리띠는 물품 자체를 보유하는 것만으로도 효과가 있었겠지만 의복과 함께 착용했을 때 위세는 더욱 드러났을 것이다. 더욱이 단위 지역의 범위를 넘어서서 많은 사람이 모이는 의례의 공간에 장신구를 착용하고 참석하거나 망자의 신체에 착장시켜 매장하는 일련의 장례 과정을 통하여 금은장신구의 소유자 또는 그의 권위를 계승하는 인물의 위세를 드러내기도 했을 것이다. 이러한 측면에서 보면 한성~웅진기의 금은장신구는 관복이나 예복을 구성하는 물품으로 이해할 수 있는데 소유자가 극히 제한적이었다는 점,

그리고 중앙의 지배층과 지방 유력자 사이의 구별이 현저하지 않은 점 등을 고려하면 사비기와는 다소 성격이 달랐던 것으로 이해할 수 있다.

한성~웅진기의 금은장신구 가운데 실용품으로 보기 어려운 것도 있다. 금동신발에서 전형을 볼 수 있듯이 장송의례용품이 포함된 것이다. 금동신발은 장식성은 뛰어나지만 지나치게 크고 너무나 취약한 구조를 지니고 있어 실용품으로 사용할 수 없다. 더욱이 『삼국사기』나 『구당서』 등 사서에는 공식석상에서 성장(盛裝)하였을 때 가죽신을 신은 것으로 기록되어 있으므로 더욱 그러하다. 무덤 출토 양상으로 보면 양자가 함께 출토되기도 하고 또 공주 수촌리 3호분이나 나주 복암리 3호분 96년 석실, 서산 부장리 6호분과 8호분의 경우처럼 도굴되지 않았음에도 불구하고 관이나 허리띠장식과 공반되지 않은 채 금동신발만 출토되기도 한다. 이처럼 성격이 다른 두 종류의 장신구가 일습으로 사여된 것일 수도 있겠지만, 사여 시점이 달랐을 가능성도 고려해볼 만하다. 고대사회의 장례식, 특히 권력을 소유한 인물의 장례식은 망자를 추모하는 본래의 기능에 더하여 장례의식을 주관하는 인물이 망자의 권위를 잇는 의식으로서의 성격도 지녔다.

복식을 사여하는 모습은 중국 중원 왕조와 주변국의 관계에서도 볼 수 있고 고구려와 신라의 관계에서도 확인된다. 다음의 사료는 그러한 예의 일부이다.

① 그 풍속은 의책을 좋아한다. 하호가 군현에 조알할 때는 모두 의책을 내려준다. 스스로 인수와 의책을 착용하는 자가 천 명 이상 있다 (『삼국지』 동이전 한조).[4]

② 매금의 의복을 내리고 (중략) 제위에게 교하여 상하 관리의 의복을 내렸다(중원고구려비).[5]

③ 진덕왕 재위 2년에 김춘추가 당에 들어가 당의 의례에 따르기를 청하니 태종이 조를 내려 허가하면서 관복을 내려주었다. 마침내 돌아와 시행하였다(『삼국사기』 잡지 색복조).[6]

④ 춘추가 또 관복을 고쳐 중국의 제도를 따르고자 청하니, 이에 진귀한 의복을 내어 춘추와 그 종자에게 내려주었다(『삼국사기』 신라본기).[7]

사료①은 한군현이 하호에게 의책(衣幘)을 사여하였으며 『삼국지』가 찬술된 3세기 중엽 이전의 마한 사회에서는 인수와 의책의 착용이 유행하였음을 보여준다. 이러한 유행은 다음 시기까지 지속되었을 가능성이 있다. 한나라풍 인수와 의책의 소유는 그 사회에서 지배층의 일원임을 시각적으로 보여주는 장치 가운데 하나였을 것이다.

사료②는 고구려 태자가 신라왕과 그 수종자에게 의복을 하사하는 내용이다. 이 비문에서는 신라를 동이로 표현하고 있고, 중국 왕조가 조공국에게 작호, 인장, 조복을 하사하는 것처럼 의복을 사여하고 있다. 여기서의 의복은 일상복이 아니라 고구려의 관복으로 여겨지며, 금은장신구는 이와 관련이 있을 것 같다. 중원고구려비는 언제 세워진 것인지 논란이 있지만 광개토왕릉비 영락 10년조에 이미 신라의 조공 기록이 있고, 고구려와 신라의 본격적인 교섭이 4세기 말에 시작된 이래 5세기 전반에는 고구려의 강한 영향력 아래에 신라가 놓여 있었다는 점을 감안한다면, 의복의 수수 관계가 4세기 말~5세기 초에 이미 시작되었을 가능성이 있다.

사료③과 ④는 진덕여왕 2년인 648년에 김춘추가 입당하여 당의 의복제도를 수용하는 모습을 기록한 것이다. 김춘추의 요청을 받은 당태종은 보관 중이던 관복과 그에 부속한 관대를 사여하였다. 김춘추는 귀국 후

진덕여왕의 재가를 얻어 진덕여왕 3년인 649년부터 당식으로 복식을 바꾸게 된다.

위와 같은 기록처럼 고대사회에서는 신속의 징표로 복식을 사여하는 방식을 활용하였다. 백제나 신라, 가야 사회 안에서도 이러한 방식이 존재하였을 가능성이 있다. 금은장신구 가운데는 복식의 구성품이 존재하는바, 양자가 조합을 이루어 사여라는 행위를 통하여 지방사회에 전해졌을 것으로 추정할 수 있다.

2. 금은공예품 활용방식

1) 백제

5세기를 전후해 축조된 백제 고분에서는 금동관, 금귀걸이, 금동제 허리띠장식, 금동신발 등 금은공예품이 조합을 이루며 출토된다. 금은공예품 가운데 다수는 장신구이다. 이 장신구는 주변국의 장신구와 구별되는 백제적인 양식을 발현한 것이다. 이 무렵 백제 사회에 장신구문화가 전개된 것은 아마도 왕족을 비롯한 지배층이 자신들의 위세를 시각적으로 드러내기 위한 목적에서 제작하기 시작한 것으로 볼 수 있다.

백제 장신구의 조합이 갖추어진 5세기 무렵, 삼국시대 각국 사이의 국제 관계는 실로 복잡하였다. 고구려·신라, 백제·가야·왜의 연합군이 국제전을 벌였고, 5세기 전반에는 고구려의 남진정책이 본격화하자 위기를 느낀 신라와 백제가 동맹 관계를 맺어 공동보조를 취하였던 시기이다. 고고 자료에서 보더라도 신라 수도 경주에 고구려계 문물이 다량 이입되었고 가야의 왕족묘에는 백제에서 제작되거나 혹은 백제의 영향을 받은 물품이 묻히게 된다.

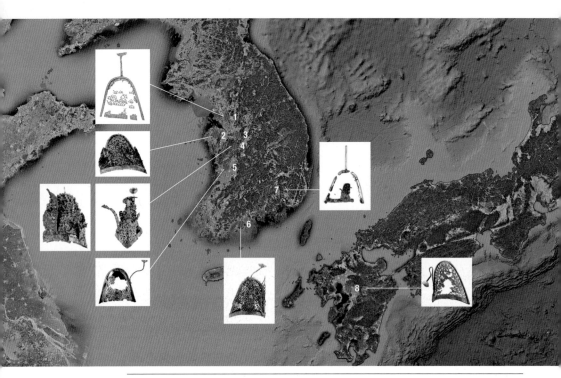

〈그림 5-24〉 백제 양식 금동관의 분포(1. 요리 1호목곽묘, 2. 부장리 5호분구호묘, 3. 용원리 9호석곽묘, 4. 수촌리 II-1·4호분, 5. 입점리 86-1호분, 6. 길두리 안동고분, 7. 옥전 23호분, 8. 에타후나야마고분). *3. 파편 출토

    4세기 중·후반 영토를 크게 확장한 근초고왕의 뒤를 이어 근구수왕, 침류왕이 즉위하였다. 이 사이 영역은 더 넓어졌고 사서 편찬과 불교 수용 등 일련의 왕권 강화책에 힘입어 고대국가의 기반이 확립되었다. 그러나 진사왕, 아신왕, 전지왕대에는 왕위 계승을 둘러싸고 분쟁이 발생하였다. 아울러 이 무렵 귀족 세력이 발호하여 왕권은 약화의 기미를 보였다. 대외적으로 백제는 5세기 이후 고구려와 잦은 전쟁을 벌였지만 중국 왕조와 조공-책봉 관계를 유지하며 상대적인 안정을 유지한 시기였다. 당시의 조공-책봉 관계는 외형상으로는 당사국 사이의 상하 관계를 규정하였지만 실제로는 교섭의례로서의 의미를 지니고 있었을 뿐이다. 이러한 시

대적 상황 하에서 5세기를 전후하여 백제적인 금은장신구문화가 성립하였다.

한성기의 백제 금은장신구가 출토된 곳은 서울, 화성, 원주, 천안, 청주, 서산, 공주, 익산, 고창, 고흥 등 여러 지역이다(《그림 5-24》). 해당 고분군은 지금까지 발굴된 최상급 무덤에 속한다. 이 점에서 백제 장신구가 가지는 위세품적 성격을 살필 수 있다. 그간 한성기의 백제 무덤이 많이 발굴되었지만 금은장신구가 출토되는 무덤은 극히 적은 편이다. 한성기 장신구는 아직 출토 예가 많지 않고 장신구 사이에 제작기법의 다양성이 일부 보이지만 백제적인 양식이 발현된 점은 주목할 필요가 있다.

이처럼 한성기에 금동관이나 금동신발 등의 장신구를 소유한 인물은 많지 않고, 백제의 지방 소재 주요 거점 지역에 위치한 집단의 유력자 가운데 일부에 한정된다. 공주 수촌리를 제외한다면 그것의 소유가 연속적인 경우가 드물며, 신라의 경우처럼 관에서 신발까지 신체 각 부위를 장식하는 장신구가 일습으로 부장되는 경우가 드물다는 점이 눈에 띈다. 이는 백제의 상장의례 가운데 염습이나 물품 부장방법이 신라와 다르기 때문일 수도 있고, 백제와 신라의 지방 지배방식에 차이가 존재하였음에 기인할 가능성도 있다.

금은장신구의 사여는 수입 도자나 청동용기의 사여에 비하여 체계적이었을 것이며 효과는 더욱 컸으리라 추정된다. 이러한 물품은 국가의 공식 행사, 즉 국가적인 의례나 모임에 참석할 수 있는 일종의 자격과도 같은 기능을 하게 되면서 백제 사회를 구성하였던 유력자들은 이러한 물품을 얻기 위하여 노력하였을 것이며 그것은 왕실에 대한 복속 의례나 충성 서약의 형태로 표현되었을 것이다.

사여된 금은장신구에서 위계가 확인되는 점을 중시하면 집단의 규모나 세력에 따라 차등을 두어 적절히 사여한 것으로 볼 수 있다. 다른 장신구에 비하여 금동관이나 금동신발을 부장하는 무덤의 격이 높았던 것 같다. 관은 관위제와 관련될 수도 있으며 착장했을 때의 가시성이 높다는 점에서 그러하고, 금동신발은 장송의례 전용 물품인바 이러한 물품을 중앙으로부터 받았다는 점은 중앙과 강한 유대를 맺고 있다는 점을 드러낼 수 있을 것이라는 점에서 그러하다.

한성기의 백제 지방에는 대규모 고분군을 조영할 수 있는 유력한 세력이 여전히 존재하고 있었고 그러한 세력의 무덤이 삼한 시기 지배층의 묘역과 멀지 않은 곳에 입지하고 있어 구래의 소국적(小國的) 질서는 여전히 남아 있었던 것 같다. 한성기에는 그러한 질서를 온존시킨 채 성-촌을 설정, 지배하였을 것이다. 고구려와의 전선을 상시적으로 유지할 수밖에 없었던 이 시기의 경우 왕권 강화를 기도하였던 왕들은 여러 성을 통할하는 주요 거점을 설정하였을 것인데, 그러한 존재를 웅진기처럼 담로라 불렀는지는 알 수 없지만 유사한 성격을 지녔을 것이다. 그렇지만 4~5세기의 백제 중앙에서 그러한 자율성을 용인하였던 것은 지방 세력이 중앙과 대등하거나 혹은 더욱 강했기 때문이 아니라 지방 지배의 효율성 때문일 것이다. 즉, 지방 세력이 지닌 기왕의 지배력을 인정하고 그들에게 지방 지배를 위임하는 대신 중앙에서 필요로 하는 물자와 역역 동원의 책임을 지웠을 것으로 추정할 수 있다. 지방 세력의 이러한 위상은 한성기 말까지 지속되었던 것으로 보인다.

475년 고구려의 공침을 받아 백제는 수도 한성을 잃고 웅진으로 천도하였으며, 천도 초기 정정의 불안으로 다시 원래의 상태를 회복하는 데는 꽤나 많은 시일이 필요하였다. 이 시기의 금은장신구는 한성기에 비하여 출토 수량이 적다. 그나마 대부분이 무령왕릉에 집중되며(〈그림 5-25〉) 귀족이나 왕족의 무덤에서조차 출토되는 경우가 드물다.

공주 일원에는 수촌리나 취리산고분군처럼 한성기까지 연대가 올라가

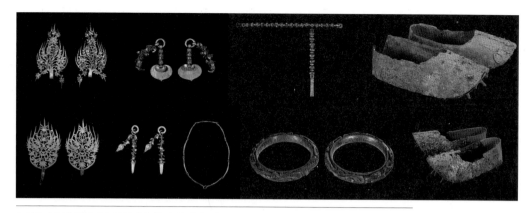

〈그림 5-25〉 무령왕릉 출토 금공품(상: 왕, 하: 왕비). (국립공주박물관, 『국립공주박물관(상설전시실 도록)』, 2004, pp. 15, 17, 20, 23, 28, 29, 32, 36, 38; 국립경주박물관, 『신라황금 신비한 황금의 나라』, 2001, p. 265)

는 고분군이 존재하는데 모두 금강 이북에 분포한다. 웅진기의 고분군으로는 송산리고분군, 교촌리고분군, 금학동고분군, 옥룡동고분군, 주미리고분군, 웅진동고분군이 금강 이남의 산록에 밀집되어 있다. 장신구가 출토된 무덤은 교촌리고분, 주미리 3호분 정도이다. 기타 옥룡동고분군, 금학동고분군에서 금제 장식품이 출토된 바 있으나 소량이다. 왕도의 중심 고분임에도 불구하고 왕릉을 제외하면 장신구의 부장이 적다. 한성기의 지방 무덤인 수촌리 1호분과 4호분에 금동관, 금귀걸이, 금동제 허리띠장식, 금동신발이 부장되었던 것과는 뚜렷한 차이를 보여준다. 지방에서는 나주 신촌리와 복암리고분군에 한정된다.

그러면 무령왕릉의 사례처럼 왕릉급 무덤에 장신구의 부장이 집중된 이유는 무엇일까. 왕이나 왕비의 장례의식은 그 사회에서 최고의 격을 유지한 채 치렀을 것이다. 묘지를 미리 선정하고 수릉처럼 고분을 사전에 축조하였을 가능성도 있으며 장례에 소용되는 다양한 물품도 미리 준비하였을 것이다. 무령왕릉 지석에 드러나 있듯이 무령왕과 왕비는 사후 바로 무덤에 안장되지 않고 27개월간의 빈(殯)을 거쳤다. 이 기간 동안 무덤을 만들거나 조문객을 받았을 것이며 왕권 계승 절차를 마무리하였을 것이다. 왕릉 속 장신구 가운데 생전에 제작한 것이 많은데 신라의 사례로 보면 장례 과정에서 만든 것도 일부 포함되어 있을 것이다. 6세기 전반의 백제 사회에 외래의 묘제가 수용되고 성대한 장례의식이 거행된 배경으로는 추락된 왕권을 복구하려는 목적이 개재되어 있었을 것이며, 강대한 귀족으로부터 왕권 내지 왕실을 보호하는 것이 우선시되었기 때문에 지방으로의 사여보다는 왕릉에 장신구의 집중적인 부장이 이루어진 것으로 볼 수 있다.

웅진기가 되면 한성기에 백제 금은장신구가 분포하였던 대부분의 지역에서 더 이상 금은장신구가 출토되지 않는다. 단지 공주 지역만이 수촌리고분군에서 송산리고분군으로 이어진다. 그 이유는 백제의 중앙에서 금은장신구를 사여하지 않았음에 기인하겠지만 한성 함락과 이어진 웅진 천도의 과정에서 천안-청주 이북의 여러 지역이 일정 기간 동안 고구려 세력의 지배를 받았던 점에서 찾을 수 있다.

그리고 새로이 금은장신구가 분포하는 지역으로 나주를 손꼽을 수 있다. 웅진 천도 초기의 자료로 나주 신촌리 9호분 출토품을, 6세기 전반대 자료로 나주 복암리 3호분 96석실 출토품을 들 수 있다. 이 무렵이 되면 백제는 지방 세력을 확실히 재편하였던 것으로 보이며 나주 반남면고분군 축조 세력 역시 기왕의 독자성을 상당 부분 포기하여야만 하는 새로운 여건을 맞이하였던 것 같다. 금은장신구의 분포 추이로 보아 백제의 중앙은 기왕의 유력한 지방 세력이었던 반남고분군 주인공에 대신하여 복암리고분군 주인공을 지역 지배에 필요한 새로운 협력자로 선정하여 지원하였을 가능성이 있다.

백제 사비기의 지방 지배방식은 전국을 5방으로 나누고 그 하부에 군-성을 편제하여 직접지배를 실현한 데서 특징을 찾을 수 있다. 5방제를 실시한 시점에 대해서는 논란이 있지만 대체로 6세기 후반에는 실시되었을 것으로 보는 견해가 많다. 5방제의 실시는 지방관을 전국적으로 파견하여 영역적 지배를 관철하는 것이었으므로 자연히 지방사회의 기존 질서는 재편될 수밖에 없었다. 특히 성왕대에 국왕의 권력기반 강화를 위하여 22부사 중심으로 정치를 운영하고 16관등제와 의관제도가 확립된 것은 중앙통치조직의 확립뿐만 아니라 지방 지배의 강화와도 연결되었을 것이다.

사비기의 금은장신구는 형태적으로 간소하고 종류도 관식, 귀걸이, 허리띠장식에 한정된다. 또한 박장화의 경향과 함께 유적에서 출토되는 빈도 역시 전 시기에 비하여 급격히 줄어든다. 장송의례용품인 금동신발이 소멸된 점은 특기할 만하다.

사비기의 장신구 가운데 은제 관식은 『주서』 『북사』에 기록된 은화일 것으로 보이는바, 이는 나솔 이상 고급 관인의 상징물임이 분명하다. 허리띠장식은 중앙 및 지방에서 모두 출토되는데, 관식에 비하면 소유층이 보다 넓어 하위의 관인도 소유할 수 있는 물품이었던 것으로 보인다. 『주서』에 의하면 사비기의 백제에는 16품계가 있었고 품계에 따라 허리띠의 재질이나 색깔에 차이가 존재하였다. 이 기록을 통해 보면 백제사회에서 관대(官帶)가 중시되었음을 알 수 있고, 허리띠에 부착하는 금구 역시 관인의 상징물 가운데 하나였을 것이다. 이처럼 사비기의 경우 중국 사서의 기록처럼 관직의 품계에 따른 색복의 차이가 장신구에도 적용된 것으로 보이며, 무덤에서 출토되는 장신구는 앞 시기와는 달리 관인의 소유물로 성격이 변화하였음을 알 수 있다.

사비기의 금은장신구는 중앙과 지방에서 고루 출토된다. 그렇지만 박장의 경향과 더불어 단위 고분 내에서는 매우 적은 양만 제한적으로 출토된다. 지방에서 출토되는 은제 관식을 통해 보면 지방에 나솔 이상의 관등을 가진 인물이 묻힌 것으로 볼 수 있다. 이들이 중앙정계에 진출하였다가 귀장된 것인지, 혹은 도성의 귀족이 전략적인 요충지로 사민되었다가 묻힌 것인지 여러 가지 가능성을 고려할 수 있다.

2) 신라

신라는 4세기 이래의 내적 발전에 더하여 고구려로부터 군사적인 지원을 받으면서 5세기대 초반이 되면 대외적으로 영역을 크게 확장한다. 그 후 5세기 중엽부터는 고구려의 통제에서 벗어나려고 노력하였으며, 보은의 삼년산성이나 문경의 고모산성처럼 군사적인 요충지에 성을 쌓고 지방민을 각종 노역이나 전쟁에 본격적으로 동원하면서 6세기대 대외팽창의 기초를 다져나간다.

이 시기 신라의 모든 영토 안에서는 경주의 공방에서 제작한 신라토기와 함께 그것을 모방하여 만든 신라양식 토기가 함께 사용되고 있었다. 아울러 지방을 통치하는 데 중요한 거점이 되거나 다른 나라와 국경을 접하고 있는 지역의 유력자들은 신라 왕에게서 사여받은 금동관이나 금귀걸이, 은제 허리띠를 착용하였다. 대체로 경주 시내에 황남대총 남분이 축조되던 5세기 중엽경이 되면 낙동강 이동의 모든 지역, 낙동강 이서의 성주와 선산, 안동·상주를 비롯한 경북 내륙지방, 강릉·삼척 등 동해안이 신라의 영토로 확실히 편입된다. 그러나 백제와 고구려에 접한 변경지역의 경우 시기에 따라 약간씩 변동이 있었다.

이 시기의 무덤은 경주와 지방 사이에 구조상의 차이가 있다. 경주의 왕경인은 배타적으로 우월한 자신들의 지위를 대외적으로 과시하고자 노력하였는데, 특히 육안상 위압감을 주는 큰 무덤을 만들었고 장례의식도 성대히 하였다. 그 과정에서 각종 화려한 금은공예품을 함께 껴묻었다. 특히 왕족의 경우 머리에는 금관, 귀를 비롯한 신체의 각 부위에 귀걸이와 목걸이, 팔찌, 반지, 허리띠, 신발을 금은으로 만들어 착장시켰다.

경주에 주로 만들어진 대형 무덤의 구조는 매우 특이하다. 적석목곽분으로 불리는 무덤의 축조에는 수많은 인력이 동원되었다. 이처럼 큰 무덤을 만드는 것은 신라의 성장과 힘을 나타내는 것이기는 하지만, 아직 무덤의 크기나 부장품의 화려함만으로 왕의 지위를 강조하는 단계에 머물러 있었음을 보여준다. 경주 시가지에 분포하는 대형분의 축조에는 매우 많은 노동력이 투여되었을 것인데 경주 시내의 그 많은 무덤, 특히 현재 봉분이 모두 없어졌으나 지하에 매장되어 있는 수천 기 이상의 고분을 만드는 데는 천문학적인 인력과 재화가 필요했을 것이다. 이에 필요한 자원은 모두 경주 주변이나 지방의 백성들을 동원하여 충당하였을 것이며, 그 과정에서 지방의 유력자를 우대하여 그들을 매개로 지방 지배를 실시하였던 것으로 추정된다.

그 결과 각 지방에서는 경주의 강력한 지원을 받고 있던 현지 유력자가 경주에 버금가는 큰 무덤을 축조하기도 하였다. 부산의 복천동고분군, 양산의 북정리고분군, 경산의 임당고분군, 대구의 달성고분군, 창녕의 교동·송현동고분군, 성주의 성산동고분군, 영덕의 괴시리고분군, 의성 금성산고분군, 영주 비봉산고분군 등이 이러한 예이다. 이 고분군의 매장시설은 일부 적석목곽분도 있지만, 대부분 수혈식석곽묘이다. 이 무덤에서는 경주와 동일한 장신구류와 금속제품이 출토되는데, 경주의 관심도가 높은 지역일수록 더욱 화려하고 많은 유물이 출토된다.

마립간기(麻立干期) 신라의 금은공예품은 중앙의 왕족과 귀족 묘역, 그리고 지방의 유력자들 묘역에서 출토되는데 물품의 재질이나 수준, 수량에서 차이가 현격하다.

〈그림 5-26〉 신라 금관(좌, 중: 천마총)과 금동관(우: 달성 37호분 1실). (신라 천년의 역사와 문화 편찬위원회, 『신라 천년의 역사와 문화 자료집2』, 2016, pp. 98, 99; 국립대구박물관, 『대구 달성유적Ⅱ』, 2015, p. 255)

　　왕경의 왕릉급 대형분에서는 관(대관과 모관), 귀걸이, 목걸이, 허리띠, 팔찌, 반지, 신발, 장식대도가 모두 출토된다. 이 중에서 대관(帶冠), 목걸이, 허리띠, 팔찌, 반지가 공통적인 착장품이다. 주목되는 것은 피장자의 머리장식이다. 황남대총 남분, 황남대총 북분, 금관총, 금령총, 천마총, 호우총, 은령총의 피장자는 모두 대관을 쓰고 매장되었다. 이중 출토 상황이 명확한 황남대총 북분과 금령총, 천마총의 경우 금관이 얼굴 전체를 덮고 있다. 대관을 착용치 않는 경우 모관(帽冠) 등의 여타 머리장식 없이 매장한다.

　　대형과 중형묘에 부장된 금은장신구는 재질이나 수량 차가 현저하다. 그 가운데 신분 또는 지위의 차를 반영해주는 주요 물품은 관과 신발이며 반지 역시 비중 있는 물품이다. 신발은 귀걸이, 목걸이, 허리띠, 팔찌와 조합을 이루는 경우가 많다. 금은장신구 가운데 가장 출토 예가 많고 보편적으로 소유하는 물품이 귀걸이, 목걸이, 허리띠이다. 이 가운데 왕경인 내지 육부인(六部人) 중 지배층을 상징하는 기본적인 물품은 귀걸이와 목걸이인 것 같다.

　　지방은 경주에 비하여 정형화된 모습이 덜 확인된다. 양산 부부총의

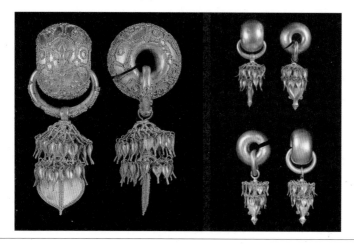

〈그림 5-27〉 신라 왕족과 귀족의 전유물이었던 정교한 귀걸이(1. 보문리 부부총 석실묘, 2. 황오리 52호분, 3. 계성
Ⅱ-1호분). (국립경주박물관, 『신라황금 신비한 황금의 나라』, 2001, pp. 87, 71, 73)

남성만이 관, 귀걸이, 목걸이, 허리띠, 팔찌, 반지, 신발, 장식대도를 유해부에 부장하고 있고 그 외는 부분적으로 부장한 예가 많다. 지방사회에서 가장 중요한 금은장신구는 관이었던 것 같다.

관을 중심으로 보면 대관과 모관을 부장하는 경우로 크게 나뉜다. 모관을 부장하는 예는 황남대총 북분과의 평행기에 집중되고 있고 대관과 모관이 함께 부장된 예는 양산 부부총 남성과 창녕 계남리 1호묘뿐이고, 그 외에는 대관과 모관을 각각 부장하고 있다. 대관을 부장하는 경우 강릉 초당동 B16호묘처럼 한쪽에 별도로 세워서 부장하거나 경산 임당 EⅢ-8호분이나 달성 37호분 1실의 경우처럼 목관 위에 부장하는 예가 있다. 지방에서 비교적 많은 부장 유형으로는 귀걸이와 허리띠를 부장하는 것이다. 목걸이는 경주에 비해 매우 소략하며, 팔찌와 반지를 부장한 예는 거의 없고 신발의 부장도 소수인데 착용한 예가 많다.

이처럼 관을 비롯한 금은장신구를 세트로 부장하는 장례풍습은 신라 왕족이나 귀족의 무덤에서 전형적으로 보이며, 5세기를 전후한 시기에 시작되어 6세기 중엽경 소멸되는 것 같다. 지방의 무덤에서 금속장식품이 보이는 것은 5세기 전반경이라고 생각되며, 수량이 증가되면서 관, 귀걸이, 허리띠, 신발, 장식대도의 전 세트가 부장되는 것은 5세기 후반에서 6세기 전반까지이다. 신라양식 금은공예품의 공간적 분포 양상을 살펴보면 『삼국사기』 등의 사서에 소국(小國)이 존재했던 것으로 기록된 곳과 상당 부분 겹치는 양상이 확인된다. 아마도 그런 소국적 기반을 가진 세력을 지방 지배의 거점으로 활용하였던 것으로 파악해볼 수 있을 것 같다.

또 하나 주목되는 것은 각 지역마다 금은공예품의 소유 내지는 분포 양상에 차이가 있다는 점이다. 경산, 대구, 의성, 창녕, 양산 지역에서는 관, 귀걸이, 허리띠, 신발 등의 주요 장신구와 장식대도가 다수 출토되고 있음에 비하여 성주, 안동, 강릉, 부산, 삼척, 상주, 청주에서는 종류가 적으며 양적으로도 열세이다. 조사가 균등하게 이루어진 것은 아니나 이러한 차이는 신라 중앙에서 각 지역에 대한 관심도, 바꾸어 말해 각 지역이 지닌 중요도와 관련될 것 같다. 신라의 중앙에서는 경산, 대구, 의성, 창녕, 양산 지역에 대하여 상대적으로 높은 관심을 가지고 그 지역의 유력자들에게 다양하고도 많은 금은공예품을 제공한 것으로 추정된다.

시기별 분포 양상을 검토해보면 시간의 흐름에 따라 분포 지역이 조금씩 변화하는 점을 확인할 수 있다. 부산·경산·의성·강릉 → 대구·성주·안동 → 양산·창녕·영주 → 청주 순으로 외연이 조금씩 넓어진다. 이는 신라 영역의 확장과 관련될 수도 있지만 그보다는 시간의 흐름에 따른 지배 거점의 변화나 관심도의 변화와 관련될 가능성이 있다. 5세기 후반에는 경산·의성·대구·양산·창녕에 많은 관심을 가지는 것 같고, 특히 6세기에 접어들어서는 그중에서도 양산과 창녕에 관심이 집중되었던 것 같다.

경주를 분포의 중심에 놓고 분포 지역을 몇 개의 군으로 묶어보면 다

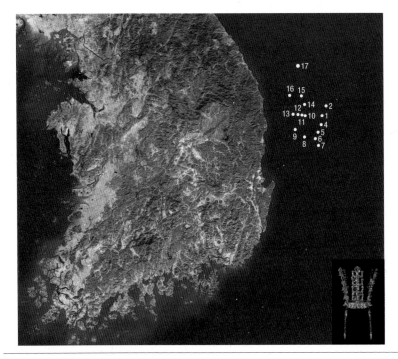

〈그림 5-28〉 신라 대관의 분포(1. 금관총 외, 2. 용흥동, 3. 초당동, 4. 하삼정, 5. 조일리, 6. 북정리, 7. 복천동, 8. 양동리, 9. 교동 외, 10. 임당, 11. 가천동, 12. 달성, 13. 문산리, 14. 화남리, 15. 금성산, 16. 낙산리, 17. 태장리 * 일부).

음과 같다(〈그림 5-28〉). A군은 경주-포항-삼척-강릉을 잇는 선이다. 경주에서 안강을 거쳐 포항으로 나가는 길에 냉수리고분군이 있고 동해안의 경우 영덕 괴시리, 강릉의 초당동고분군이 주요 고총군이다. 이 중 냉수리, 초당동에서 금은공예품이 출토되었다. B군은 경주-영천-의성-안동-영주를 잇는 선이다. 영천 화산리고분군, 의성 금성산고분군, 안동 명륜동·태화동고분군, 영주 비봉산고분군에서 금은공예품이 출토되었다. A, B군은 고구려와 통하는 교통로와 관련될 것으로 보이며, 이 중 강릉 초당동과 영주 비봉산고분군이 접경지대에 가까운 고분군이다.

 C군은 경주-경산-대구-선산-청주를 잇는 선이다. 경산의 임당고분군, 대구의 달성고분군, 선산의 낙산동고분군, 청주 미천리고분군 등이 주요

고분군이다. 청주로 통하는 루트는 의성-상주를 거쳤을 가능성도 있다. 여기서 경산-대구는 낙동강 서안의 가야로 통하는, 또는 칠곡을 거쳐 의성 쪽으로도 통할 수 있는 교통의 요지라고 생각된다. D군은 경주-(청도)-창녕으로 통하는 선이다. 아직 청도에서는 금은공예품이 확인되지 않았으나 교통의 요지이며, 창녕의 경우 낙동강에 접해 있고, 대가야 중심국 가운데 하나인 다라(多羅)와 가까운 곳에 위치하는 전략적 요충지이다. 이 때문에 창녕의 경우 교동·송현동고분군, 계남리고분군 등지에 많은 양의 금은공예품이 부장되는 것 같다. E군은 경주-언양-양산으로 통하는 선이다. 양산 지역은 창녕 못지않게 중요한 지역으로 생각된다. 낙동강을 경계로 김해와 마주하고 있으며, 밀양이나 창녕 쪽으로 올라가는 낙동강의 수운을 통제할 수 있는 곳이다.

그 외에 왜구의 침입 등 해로를 통한 공격으로부터 수도 경주를 방어하기 위해서는 울산에서 포항에 이르는 해안지대에도 큰 관심을 기울였을 것으로 생각된다. 그 때문인지 이 지역에는 일찍부터 경주에서 제작된 것으로 추정되는 토기와 철기 등 각종 물품들이 다량 출토되었고 적석목곽분이 다른 지역보다 많이 확인된다.

이와 같은 금은공예품의 분포 양상은 아마도 신라의 영역 범위와 유관할 것으로 해석할 수 있어 보인다. 신라는 5세기 전반에 고구려와 신속관계(臣屬關係)를 유지하고 있었으며, 그러한 관계가 신라 성장에 장애가 되자 신라는 고구려와의 신속관계에서 벗어나고자 노력하였다. 대외적으로는 나제동맹을 체결하였고 대내적으로는 변경을 중심으로 각 지방의 세력을 강하게 결속하고자 하였으며, 고구려와의 접경지대를 중심으로 활발한 축성 사업을 벌이고 지방민들을 동원하였다. 이때 필요한 제반 물품역시 각 지방에서 수취해야 했을 것인데, 그러한 임무를 현지 유력자들에게 부여했을 가능성이 높다. 즉, 당시의 신라는 전국에 지방관을 파견하여 직접지배를 실시하기에는 역부족이었기 때문에 차선책으로써 현지세력을 이용하려고 한 것 같다.

지방 유력자들의 입장에서 보면, 자신이 속한 지역사회에서 자신의 기득권을 계속 유지하기 위해서는 중앙의 인정과 도움이 필요했을 것이다. 그들은 중앙과 밀착됨으로써 이전 시기에 지녔던 독자성의 많은 부분은 점차 상실해갔지만 신라의 중앙이라는 보다 강한 배후세력을 등에 업고 지역사회 내에서 자신의 입지를 계속 유지하고자 시도하였을 것이다. 이처럼 양측의 입장이 잘 맞아떨어지면서 이러한 체제는 약 1세기가량 지속되었던 것으로 추정된다.

6세기 전반에 접어들면서 새로운 변화의 모습이 살펴진다. 즉, 단위 지역 내에서 중심 세력 이외의 새로운 세력에게도 금은공예품을 사여하는 사례가 확인되고 있다. 5세기대처럼 주로 앞 시기의 소국적인 기반을 가지고 있는 지역의 중심 고분군에만 사여 또는 지원하던 체제에서 벗어나 그 지역의 주변고분군에도 관심을 가지는 방식으로 바뀌는 것 같다. 그 예로 경산과 대구 지역을 들 수 있다. 대구의 경우 기존의 세력인 달성고분군 피장자들에게 장식대도 및 장신구류를 하사하면서 한편으로는 멀지 않은 곳에 위치한 대명동고분군 피장자에게도 귀걸이나 장식대도를 사여하고 있다. 또한 경산의 경우 임당고분군 이외에 북사리고분군 피장자에게도 금은공예품을 사여하고 있음이 확인된다. 이는 5세기와는 매우 다른 모습이다.

이와 아울러 단위 고분군의 대형묘 중 동일 시기로 편년되는 복수의 묘에서 금은공예품이 출토된다는 점도 주목된다. 즉, 현지 지배층 가운데 특정 유력자에게만 한정적으로 사여했다기보다는 집단을 움직일 수 있는 복수의 유력자들에게 사여했을 가능성이 인정된다. 이는 단위 지역 내에서 특정인에게 힘이 집중됨을 막기 위한 통제책일 가능성이 있다.

이러한 일련의 조치는 지방 세력들의 자율성을 규제하고 그들의 기반을 해체해야만 할 상황이 도래하게 되었기 때문일 것이다. 다음 단계인 6세기 중엽을 전후하여 각지에서 기존 대형 고분군의 축조가 종료되고 새로이 주변에서 비교적 균등한 규모의 많은 고분군이 축조되는 모습은 이 시기에는 중앙에 의한 지방사회의 재정비가 완료되어감을 반영해준다. 이러한 고고 자료는 지증왕 6년(505)에 실시된 주군제(州郡制)와 관련성이 있을 것으로 생각된다. 주군제의 핵심적인 내용은 지방관의 파견과 지방에 대한 영역적 지배의 관철인 것으로 이해된다. 6세기에 접어들면서 신라의 내적 성장이 본궤도에 오르게 되자 지방 지배층의 자치적 기반을 규제 내지는 박탈하고 새로이 지방관을 파견하여 그 역할을 대신하게 한 것으로 보인다.

3) 가야

가야를 구성한 여러 나라의 중심지에서는 다수의 왕릉급 무덤이 발굴되었고 가야인의 삶과 역사를 복원해볼 수 있는 중요 유물이 다량 출토되었다. 그 가운데 금은공예품은 고구려, 신라, 백제의 그것과 구별되는 가야적인 디자인과 제작기법으로 제작되었으며, 그 속에 매우 높은 수준의 기술력과 미감이 구현되어 있음을 확인할 수 있다.

가야 금은공예품은 일부 시기에만 한정적으로 존재하며 공간적으로는 대가야권역에 주로 분포한다. 대가야의 성립 시점은 분명하지 않으나 5세기 후반 이후의 기록에 비교적 뚜렷한 실체로 등장한다. 479년 남제(南齊)에 사신을 보내 보국장군본국왕(輔國將軍本國王)을 제수받은 가라왕(加羅王) 하지(荷知), 481년 고구려와의 전쟁에서 백제와 함께 참전하여 신라를 도운 가야, 법흥왕대 신라와의 혼인동맹을 맺은 가야가 그것이다.

대가야에서 관은 고령 지산동고분군과 합천 옥전고분군에 한정적으로 분포한다. 한성기 백제의 금동관은 화성, 서산, 천안, 공주, 익산, 고흥 등지에 넓게 분포하고 있어 대가야와 차이가 있다. 신라의 경우도 금동관은 신라 영역 내 주요 요충지 소재 고총에서 다수 출토된 바 있다. 유물 대부분은 신라 양식을 띠고 있어 역시 대가야와 다르다.

대가야의 관 가운데 대가야양식이 발현된 것은 지산동고분군의 32호분과 30호분 2곽 출토품이 전부라 할 수 있다. 이 점은 귀걸이와는 다른 양상이다. 그 이유는 무엇일까. 대가야 사회에서 금속제 관의 제작이 활발하지 않았거나 그것이 신분을 표상하는 물품이 아니었던 것으로 해석할 수도 있고, 지산동고분군 피장자들이 독점했기 때문일 수도 있다. 그러나 현재의 자료만으로 어느 쪽이라 단정하기는 어렵다.

대가야의 관 부장 양상이 정형화되어 있지는 않지만 출토품 대부분을 부장 전용으로 만든 것이라 설명할 만한 근거는 없다. 아마도 생전에 소유자가 지녔던 사회적 지위를 표상하는 물품이었을 것이다. 신라나 백제의 경우 관이 출토되는 고분군의 위상은 높은 편이고 단위 유적 내에서도 관 부장묘는 최상급 무덤에 한정되는 경향이 있다. 무덤의 규모로 보면 지산동 44호분, 45호분에서도 관이 출토될 법하지만 그렇지 않은데 도굴 때문일 수도 있다. 기왕의 출토품만으로 보더라도 대가야 사회에 대가야적 관 문화가 존재했음은 분명하다. 다만 고총 속에서 금속제 관이 출토되지 않는 경우가 많은 점이 문제이다. 그 이유에 대해 대가야에서는 용봉문대도의 중요도가 높았고 신라만큼 관식이나 관이 중요한 위치를 차지하지 않았기 때문이라 지적할 수도 있지만, 그에 더하여 망자의 유해를 염하고 매장하는 방식에서 차이가 있었기 때문은 아니었을까 한다. 여하튼 대가야 고분군에서는 금속제 관의 출토 여부만으로 무덤의 위계를 설정하기는 어렵다.

대가야에서 대관과 모관은 어떤 차이를 가졌고, 모관 내에서의 재질차를 어떻게 이해하면 좋을까. 대관과 모관의 차이는 신라에서 전형적으로 확인된다. 양자는 동 시기에 공존한 것으로, 용도에서 차이가 존재할 것이다. 32호분과 구 39호분 주곽에서 대관과 모관이 각각 출토되었기 때문에 대관〉모관의 위계를 설정하기가 어렵다. 구 39호분 주곽에 복수의 인물이 묻혔을 가능성이 높으므로 은제 전립식이 순장자의 소유물이라면 그와 같은 위계가 성립될 수는 있다. 더불어 30호분 2곽, 73호분과 75호분 순장곽에서 모관이 출토되었다는 점도 대관〉모관의 위계를 보여주는 근거로 해석될 여지가 있다. 그렇지만 518호분 주곽에서도 모관 부품인 금동제 관식이 출토되었으므로 다른 해석도 가능하다. 모관에서 보이는 은제, 금동제, 철제 관식의 위계에 대해 3자 가운데 철제품을 가장 낮은 위치에 배치할 수는 있겠으나 은제와 금동제품의 위치를 특정하기는 어렵다.

고대사회의 금은공예품 가운데 관은 소유자의 사회적 지위를 가장 잘 보여주며, 신라에서 전형이 확인된다. 신라 왕족은 화려한 금관을 독점했다. 금동관이나 은관은 귀족들과 지방 유력자들이 제한적으로 소유할 수 있었다. 『삼국사기』 직관지 색복(色服)조 기록에서 볼 수 있는 것처럼 세분화된 차별까지는 아니더라도 위계에 따라 차등을 둔 복식체계가 존재했다. 그에 비해 대가야에서는 금속장신구를 포함하는 세분화된 복식체계가 존재하지 않았을 가능성이 있다. 여타 물품을 무덤 속에 다량 부장하면서 관만 부장하지 않았다고 해석하기보다는 관의 생산이 적었던 것으로 추정하고자 한다. 그렇기 때문에 외래의 금속제 관 문화가 쉽게 수용되었고 그것을 방제한 물품이 유행한 것은 아닐까 한다.

금귀걸이가 대가야에 등장한 시점은 5세기 전반 무렵이다. 이는 백제, 신라보다 조금 늦은 것이며 5세기 중엽 이후 수량이 늘어나고 대가야양식이 성립한다. 고령뿐만 아니라 대가야권 전체를 놓고 볼 때 가장 이른 시기의 자료는 합천 옥전 23호분 출토품이다. 원판상 장식이 중간식으로 사용되었다. 이는 천안 용원리 9호석곽, 서산 부장리 6호분구 6호묘 출토품처럼 백제 한성기 귀걸이에 유례가 있는 것이며 정교함을 함께 고려한다면 백제산일 가능성이 있다. 고령에서는 아직 5세기 전반까지 올라가는 고총이 많이 발굴되지 않아 이른 시기에 제작된 귀걸이의 출토 사례가 없다. 그러나 옥전고분군 발굴조사 성과를 참고하면 장차 5세기 전반까지 올라가는 귀걸이가 상당수 출토될 것으로 예상된다. 귀걸이는 출토되지 않았으나 지산동 73호분 출토품 가운데 금은공예품이 다수 포함되어 있다. 단봉대도에서 볼 수 있듯이 지산동 73호분 단계의 금은공예품 가운데는 백제, 신라적 요소를 함께 활용하여 제작한 것이 있다. 즉, 이 시기가 되면 대가야 사회에 금은공예품 생산체계가 이미 성립해있었음이 분명하다.

 5세기 전반, 한반도 중남부 지역의 정치적 상황을 고려할 때 특정 국가의 장인이 자발적으로 다른 나라로 이주하여 금공기술을 전해주었다고 보기는 어렵다. 그보다는 외교 관계의 산물로 보는 것이 더 설득력이 있지 않을까 한다. 399~400년에 벌어진 전쟁에서 가야는 백제의 동맹국이자 신라의 적국이었다. 그 전쟁에서 가야와 백제는 큰 타격을 입었다. 당시의 가야는 김해의 금관가야를 지칭하는 것이지만 성립기의 대가야도 그에 참여하였을 가능성이 있다. 433년의 나제동맹에서 알 수 있듯이 5세기 전반의 어느 시점이 되면 국제 정세가 급변하여 신라, 가야, 백제 등 중남부 지역 국가들 사이의 화친 관계가 조성된다. 따라서 옥전 23호분이나 지산동 73호분 단계의 금은공예문화에서 확인되는 다양한 계보의 혼재 양상은 399~400년 전쟁 이후 재편되던 다이내믹한 외교 관계의 산물이라 평가할 수 있겠다. 뿐만 아니라 외래문화인 금은공예문화가 정착, 대가야양식을 발현할 정도로 발전한 이면에는 대가야의 성장이 전제되어 있었고 완숙의 경지에 올라 있던 대가야 제철기술이 금공기술 수용의 바탕이 되었을 것이다.

고분군의 규모나 출토 유물의 격으로 보면 대가야양식 귀걸이를 비롯한 금은공예품의 제작지는 고령 지산동고분군 조영자들의 거주 구역에 인접해 있었을 것으로 보아 크게 무리가 없다. 다만 금은공예품 출토 사례가 많은 합천 옥전고분군 조영 세력이 독자적으로 공방을 유지하였을 가능성은 없을까 하는 점도 고려할 필요가 있다. 아직 이를 밝힐 수 있는 자료는 적지만, 공방이 존재했다 하더라도 그곳에서 장기간에 걸쳐 다량의 물품을 생산하기는 어려웠을 것이다.

대가야양식 귀걸이는 고령과 합천에 집중되며 함양, 산청, 진주, 고성, 창원, 순천, 남원, 장수 등 여러 지역에서 출토된다(〈그림 5-29〉). 고분군으로 보면 고령 지산동고분군과 합천 옥전고분군에 집중되는 현상이 뚜렷하다. 귀걸이가 묻힌 무덤의 연대는 5세기 전반부터 6세기 중엽까지 약 1세기 이상이지만 중심 연대는 5세기 후반~6세기 전반이다. 신라권에 속하는 경산, 창녕에서 3점의 출토 사례가 있고, 일본열도에서는 완제품이 전해졌을 뿐만 아니라 현지에서 방제품도 다수 만들어졌다. 경산, 창녕, 일본열도의 경우는 공반 유물로 보면 가야권 귀걸이와는 출토 맥락이 다르다.

대가야양식 이식의 분포 위치를 살펴보면 고령 지산동과 합천 옥전을 양축으로 서쪽으로 진행하면서 합천 반계제, 산청 평촌리, 함양 백천리, 남원 월산리, 장수 봉서리, 장수 삼고리가 하나의 루트 상에 위치한다. 백제와의 접경지로 이어지는 방향이다. 남쪽으로는 낙동강에 인접한 다호리, 남강변의 중안동, 남해안에서 멀지 않은 고성 율대리, 순천 운평리에 분포한다. 대가야양식 토기와 공반하는 경우가 많고 공반하지 않더라도

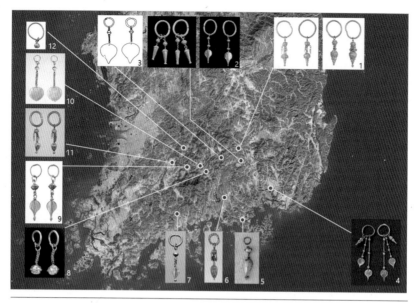

〈그림 5-29〉 대가야 귀걸이의 분포(1. 고령 지산동, 2. 합천 옥전, 3. 합천 반계제, 4. 창원 다호리, 5. 고성 율대리, 6. 진주 중안동, 7. 순천 운평리, 8. 산청 평촌리, 9. 남원 월산리, 10. 함양 백천리, 11. 장수 봉서리, 12. 장수 삼고리).

공반하는 무덤에 인접해 있다. 이와 같은 분포권을 대가야의 영역으로 치환하기는 어렵지만 대가야양식 토기와의 조합 관계를 고려할 때 영역은 아니라 하더라도 세력권으로 묶어볼 여지가 충분하다.

귀걸이나 장식대도 등 대가야양식 금은공예품의 제작지를 대가야로 보고 소유의 확산이 이루어지는 계기를 대가야의 성장과 관련지어 해석한다면, 당연히 그 중심에 위치하였을 대가야 왕은 금은공예품 사여의 주체로서 존재했을 것이다. 479년 남제에 견사한 가라왕, 481년 고구려와의 전쟁에서 백제와 함께 참전하여 신라를 도운 가야의 왕, 법흥왕대 신라와 혼인동맹을 맺은 가야 국왕은 대가야 왕을 지칭하므로 외교와 전쟁을 수행할 수 있을 정도의 통합된 왕권의 존재는 상정할 수 있다.

이처럼 가야인들이 사용하였던 관과 귀걸이에는 가야의 문화적 수준, 가야의 성장 과정 등이 투영되어 있다. 가야는 고구려, 백제, 신라 등 주변국과 다른 '가야적 색채'가 현저한 금공문화를 창출해 공유했음을 알수 있다. 대가야적인 금속장신구문화가 탄생하기까지는 백제와 신라로부터의 영향이 있었다. 특히 백제는 대가야의 오랜 우방이었으며 새로운 문화를 지속적으로 전해주는 원천이었던 것 같다. 대가야 사회에서 금은공예문화가 개시되는 5세기 전반의 금은공예품 가운데는 백제의 그것과 매우 유사한 사례가 다수 확인되기 때문이다. 이러한 단계를 지나 5세기 후반이 되면 대가야적인 특색을 더욱더 현저하게 갖춘 금은공예품이 등장한다.

관과 귀걸이를 소재로 대가야의 공간적 범위를 찾아낼 수 있는 시기는 5세기 후반 이후이다. 이 무렵이 되면 고구려, 백제, 신라 양식과 구별되는 가야양식 금은공예품이 제작되어 광역적 분포를 보이기 때문이다. 그것의 배경이 무엇인지 단정하기는 어렵지만 고려해볼 수 있는 것은 대가야의 성장이다. 특히 대가야 왕이 중국 남조에 사신을 보낸 479년 무렵, 대가야의 왕은 연맹을 구성한 유력자들을 결속하고 또 그들을 매개로 가야 사회를 유지하기 위해 대가야적인 금속장신구를 본격적으로 제작, 활용한 것으로 추정해볼 수 있다. 그러나 대가야의 금속장신구문화는 가야 여러 나라 중에서는 실체가 뚜렷한 편이지만, 같은 시기의 백제나 신라에 비한다면 정형성이 낮은 것으로 평가할 수 있다. 대가야의 금속장신구는 관복의 부품이라기보다는 신체를 장식하는 장신구로서의 기능을 지녔던 것으로 보인다. 이처럼 금은공예품을 사여하여 각 지역 세력을 지방 지배체제에 편입시키고 그들을 매개로 국가의 권력을 관철하는 지배방식이 대가야에도 존재한 것 같으나 백제와 신라처럼 정형화되지 않은 것 같다. 즉, 연맹의 일원임을 확인하는 정도에 머물렀던 것 같으며 상대적으로 느슨한 상호관계의 징표였던 것으로 이해할 수 있다.

고대 금은공예문화의 확산: 양식의 창출과 확산

한국 고대국가의 금은공예품은 유라시아 전체 황금문화의 연속선상에 있지만, 그와 동시에 매우 독창적인 기술적 수준과 미감을 보여주고 있다. 고구려, 신라, 백제, 가야 등 한국 고대사를 구성한 여러 나라의 금은 공예품에서 독자적인 양식이 확인되는 시점은 5세기 무렵이다. 물론 모든 금은공예품에서 양식적 특징이 드러나지는 않으며 귀금속장신구에서 전형적으로 드러난다. 여기서는 관과 귀걸이를 중심으로 동아시아 여타 지역과의 맥락에서 삼국시대 귀금속 양식의 창출과 확산 과정을 살펴보고자 한다.

1. 고구려의 금은공예문화

1) 관

고구려인이 어떤 관을 착용하였는지에 대해서는 중국 역사기록에 간략히 기록되어 있다. 『삼국지』에 의하면 "대가(大加)와 주부(主簿)는 머리에 책(幘)을 쓰는데, 중국의 책과 흡사하지만 뒤로 늘어뜨리는 부분이 없다. 소가(小加)는 절풍을 쓰며 그 모양이 고깔과 같다."고 한다. 『주서』에는 "벼슬이 있는 사람은 그 위에 새의 깃을 2개 꽂아 뚜렷한 차이를 나타낸다."고 하고, 『북사』에는 "사람들은 모두 머리에 절풍을 쓴다. 그 모양이 고깔과 같은데 벼슬하는 사람[士人]은 2개의 새깃을 더 꽂았다. 귀한 사람들은 그 관을 소골(蘇骨)이라고 하며 대부분 자줏빛 비단으로 만들어 금이나 은으로 장식하였다."고 한다. 이 기록에 의하면 고구려 관인들은 절풍 혹은 소골이라 불리는 비단 관에 새깃 2개를 꽂고 금테나 은테를 섞어 두른다고 하였는데, 새깃을 꽂는 목적은 신분 차이를 드러내기 위함이었다고 한다.

고분벽화 속에 묘사된 인물상 가운데 새깃을 꽂은 예는 개마총과 쌍영총, 무용총 등에서 확인된다. 세부적인 묘사에 차이는 있지만 기본적으로 직물로 만든 관에 새 깃털모양 장식을 끼운 것이다. 학계에서는 이를 조우관(鳥羽冠) 혹은 '깃털형 관'이라 부르고 있다.

이 중 개마총 벽화에 묘사된 관은 전 집안(集安) 출토 관식과 매우 유사하다. 가운데에 곧고 길쭉한 입식이 있고 옆에 새날개 모양 장식이 부착된 것처럼 보인다. 중간 세움장식의 가장자리에는 깃털 모양의 표현이 보이며, 맨 꼭대기는 조금 동그란데 투조문양이 있는 것처럼 보인다. 아프라시아브 궁전터 벽화와 당(唐) 이현묘(李賢墓) 벽화에 묘사된 인물상의 경우 주인공의 국적에 대한 논란이 있지만, 고구려 고분벽화의 인물상과

<그림 5-30> 고구려의 조우관(전 집안 금동관식). (국립중앙박물관 홈페이지)

마찬가지로 고깔 모양 관모에 새날개 모양 장식을 꽂고 있다.

유적에서 실물로 출토된 자료 가운데 고구려의 절풍과 관련지울 수 있는 예가 있다. 그중 집안 우산하(禹山下) 3105호묘 출토 관식이 가장 고식이라 추정되고 있다. 금동제품이며 양 날개부와 중간의 세움장식으로 구성되어 있다. 표면에 구멍이 많아 원래 영락을 달았던 듯하다. 세움장식의 가장자리에 깃털 모양 장식이 표현되어 있고 내면에 문양은 없다.

요령성박물관에 소장중인 집안 출토 금동관식은 중간 세움장식의 가장자리는 가위나 끌로 오려 깃털 모양으로 장식하였는데, 외형이 장타원형에 가깝고 맨 위에는 삼엽문(三葉紋)을 투조로 표현하였다. 좌우의 장식은 새날개 모양이며 전면에 둥근 달개가 가득 매달려 있다. 관식의 일부분이거나 혹은 비단 관의 전면 하부에 장식하는 다각형 판도 있다. 이 판의 윗부분은 톱니 모양처럼 오려냈다.

국립중앙박물관 소장품 역시 전형적인 고구려 관식이다. 3개의 세움장식이 있는데 전체 형태는 장방형에 가깝고 가장자리에는 역시 깃털 모양 장식이 베풀어져 있다. 세움장식의 중간에는 세로로 8개의 삼엽문이 투조로 표현되어 있다(《그림 5-30》). 함께 출토된 장식 가운데는 산(山)자형 장식이 있다. 장식의 하부는 곡선적이며 마치 봉오리가 3개 돌출된 산 모양이다. 내부에는 삼엽문이, 가장자리에는 원문과 삼각형문이 투조로 표현되어 있다. 북연(北燕) 풍소불묘(馮素弗墓)의 5각형 장식에 비견되는 것이며, 신라 조익형(鳥翼形) 관식의 중간 부위 장식과 연결시켜볼 수 있다.

<그림 5-31> 황남대총 남분 출토 은관. (국립중앙박물관 홈페이지)

집안 태왕릉(太王陵) 출토품 가운데 금동관이 포함되어 있다. 모두 분리되어 출토되었기 때문에 원래 어떤 모습으로 조합될지 분명하지 않다. 고깔 모양 관모가 2점이며, 새날개 모양의 장식이 1점, 관테로 보이는 장식품 여러 점이 수습되었다.

이 같은 고구려의 금속제 관 문화는 신라에 크게 영향을 주었다. 5세기 초 부산 복천동 10·11호분 출토 금동관은 관테 위에 3개의 세움장식이 있다. 세움장식은 나뭇가지 모양인데 좌우 장식의 위쪽에는 삼엽문이 투조로 표현되어 있어 집안 출토 관식과 공통적인 모습을 보여준다. 의성 탑리(塔里) 1곽 출토 금동관은 대륜 위에 3개의 세움장식을 붙였는데 세움장식의 가장자리에는 가위로 오려 비틀어 꼰 깃털형 장식이 베풀어져 있다. 그리고 세움장식의 맨 위에는 집안 출토 관식처럼 둥글게 투조된 부분이 있다.

이보다 조금 늦은 시기의 신라 왕의 무덤으로 추정되는 황남대총 남분에서는 여러 점의 관모와 관식이 출토되었다. 그 가운데 소위 전액식(前額式) 관으로 불리는 은관(《그림 5-31》)과 금동관이 주목된다. 비록 재질의 차이는 있지만 제작기법과 도안의 유사도가 높다. 이 관의 중간 세움장식은 관테와 붙어 있는데 하나의 금속판을 오려내 만든 것이며 좌우의 새날개 모양 장식은 별도로 오려 못으로 접합한 것이다. 바로 이 장식의 가장자리에 깃털형 장식이 표현되어 있다. 이러한 깃털형 장식기법은 경주의 금관총이나 금령총, 대구의 달성 37호분 2석실 출토 관에서도 확인되고 있어 6세기 전반까지 계속 이어지고 있다.

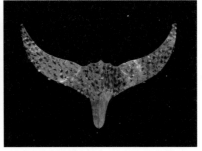

〈그림 5-32〉 고구려와 신라의 조우관(좌: 전 집안, 우: 황남대총 남분). (遼寧省博物館 外, 『遼河文明展 文物集萃』, 2006, p. 109; 국립경주박물관, 『신라황금 신비한 황금의 나라』, 2001, p. 59)

신라의 전형적인 관식은 조익형이다. 황남대총 남분 출토 금제 관식(〈그림 5-32〉 오른쪽)처럼 새가 날개를 활짝 펴고 날아가는 모습을 연상시킨다. 그것의 조형은 요령성박물관 소장 금동관식(〈그림 5-32〉 왼쪽)처럼 고구려에서 찾을 수 있음은 분명하다. 다만 가운데 세움장식이 없고 오각형 장식이 더 곡선적이며 관모에 끼울 수 있도록 아랫부분이 뾰족하게 만들어져 있음이 다른 점이다. 대표적인 예가 황남대총 남분 출토 금제 관식과 금동제 관식이다.

2) 귀걸이

만주 일원에서 부여양식 귀걸이가 유행한 후 약 2세기 이상의 시차를 두고 고구려에서도 귀걸이가 만들어졌다. 고구려 귀걸이의 계보가 전연(前燕) 금은공예품일 가능성이 있지만 아직은 자료가 부족하다.

고구려의 귀걸이는 태환이식과 세환이식으로 대별된다. 그중 태환이식이 고구려적인 특징을 잘 보여준다. 세계 각지에서 발굴된 귀걸이 가운데 고구려 귀걸이처럼 주환-유환-중간식-수하식을 모두 갖춘 예는 드물다. 태환이식은 세계 각지에서 출토되고 있지만 소환구체(小環球體)와 심엽형

〈그림 5-33〉 중원 출토 고구려 귀걸이와 세부(1·2. 청원 상봉리, 3·4. 진천 회죽리). (국립경주박물관, 『신라황금 신비한 황금의 나라』, 2001, pp. 240, 241)

혹은 추형 수하식을 갖춘 것은 고구려적인 귀걸이라 부를 만하다. 영락(瓔珞)을 갖춘 사례가 없으며, 중간식과 수하식의 구조와 형태에 따라 몇 가지로 나뉜다.

집안 마선구 1호분, 동 칠성산묘구, 동 승리촌, 평양 만달산록 7호묘, 동 안학궁, 강서 보림리 대동 6호분, 청원 상봉리(〈그림 5-33〉 1), 경주 황남대총 북분 출토품은 연결고리와 구체, 추형 수하식이 땜질로 연접되어 있다. 이와 유사하지만 수하식이 심엽형인 것으로는 진천 회죽리(〈그림 5-33〉 3), 대동군과 집안 마선묘구 출토품이 있다. 집안 마선묘구 412호묘 귀걸이처럼 중간식과 수하식이 땜으로 연접되어 있지 않고 분리된 것을 판상 금구로 연결한 것도 있다. 중간식이 신라 귀걸이에서 자주 볼 수 있는 입방체(立方體)인 점이 주목된다.

마선구 1호분과 칠성산묘구 귀걸이가 초기형에 해당한다. 크기가 작은 편이고 중간식과 수하식의 구별이 뚜렷하지 않다. 마선구 1호분의 연대를 4세기 후반으로 보는 견해도 있고 5세기 초로 내려 보는 견해도 있다. 고구려는 평양 천도 후 한반도 남부 지역에 대한 관심을 더욱 강화하였고 475년 백제의 왕도 한성을 함락시켰으며 이후 중원 지역을 장악하였다. 그 증거 가운데 하나가 충북 진천과 청원에서 출토된 고구려 귀걸이다.

세환이식은 중간식과 수하식의 형태
에 따라 몇 가지로 분류할 수 있다. 전
영원 출토 귀걸이는 주환에 유환, 입방
체, 추형 수하식이 차례로 연결된 것이
다. 집안 칠성산묘구, 강서 보림리 대동
19호묘와 용강 후산리 추동 8호묘, 태
성리고분군, 평양 만달산록 7호묘 귀걸
이는 주환에 유환, 연결금구, 구체, 심엽
형 수하식이 차례로 매달려 있다. 강서
약수리벽화분, 집안 칠성산묘구 귀걸이
는 주환에 금사(金絲)로 만든 연결금구
가, 그 아래에 공구체가 매달려 있다. 전
영원 출토품 가운데는 금판으로 만든

〈그림 5-34〉 마선구 1호분(상)과 황남대총 북
분(하) 태환이식. (吉林省文物考古研究所編,
『吉林集安高句麗墓葬報告集』, 科學出版社
2009, 圖版6; 국립경주박물관, 『신라황금 신
비한 황금의 나라』, 2001, pp. 240, 241).

연결금구, 구체, 사슬, 추형 수하식을 갖춘 것이 있다.

강릉 병산동 공항대교 도로유적 29호분 귀걸이는 중간식이 소환구체 1
개로 구성되어 있어 고구려적인 특징을 갖춘 것이다. 단정하기는 어렵지
만 고구려산일 가능성을 고려해볼 수 있는 자료이다. 동해안이 신라와 고
구려 문화의 접경지라는 점과 관련이 있을 것 같다.

고구려의 귀걸이는 정치적으로 밀접한 관계를 유지한 신라로 전해졌다.
신라 적석목곽분 출토 귀걸이 가운데 고구려에서 제작되었거나 고구려의
영향이 짙은 사례가 여러 점 포함되어 있다.

황남대총 북분 태환이식(〈그림 5-34〉 아래쪽)은 굵은 고리 아래에 조롱
박 모양 수하식이 매달린 것이다. 신라의 여타 귀걸이와는 차이가 현저하
며 집안 마선구 1호분 출토품(〈그림 5-34〉 위쪽)과 매우 유사하다. 고구려
산 완제품이 전해진 사례이다.

신라 유적에서 다수 출토되는 태환이식의 중간식은 매우 정형화되어 있다. 맨 위쪽에는 소환을 붙여 만든 구체 1개를, 그 아래에는 구체의 윗부분만 제작한 반구체를 연접한 것이다. 고구려 귀걸이는 구체 1개를 끼워 중간식으로 삼았다는 점에서 약간의 차이가 있다. 경주 황오동 100번지 2호분에서 출토된 귀걸이는 6세기 전반에 제작된 것으로 누금과 감옥장식이 베풀어진 것이지만 구체의 상하에 연결고리를 각각 땜으로 접합한 것이다. 이러한 기법은 진천 회죽리 귀걸이와 유사하다. 외형상으로도, 시기적으로도 차이가 존재하지만 고구려적인 요소를 갖추고 있음에 주목할 필요가 있다.

고구려 금은공예문화가 전해진 계기는 4세기 후반 이후의 고구려와 신라가 우호적인 관계를 유지한 점에서 찾아볼 수 있을 것이다. 서기 400년 고구려군의 남정(南征) 이후 두 나라의 우호 관계는 5세기 중엽까지 지속된다. 이 기간 동안 고구려의 공예품이 경주로 다수 이입되었을 것이며 그것을 신라화한 물품 제작이 활발했던 것 같다. 서기 450년의 고구려 변장(邊將) 살해사건을 계기로 약간의 갈등을 겪었지만 곧 회복되었다.[8]

부여의 귀걸이

고구려 귀걸이와 시공간적으로 근접해 있는 것은 전연(前燕)과 부여의 귀걸이다. 전연의 귀걸이는 북표 라마동(喇嘛洞) Ⅱ-M71·M198·M266호묘, 의현 보안사묘(保安寺墓) 출토품이 대표적 사례이다. 라마동 Ⅱ-M71호묘 귀걸이는 세환에 유환 1개를 걸고 다시 사슬을 늘어뜨린 다음 맨 아래에 심엽형 수하식을 매단 것이다.

부여와 전연의 귀걸이는 명확히 구분하기 어려운 부분이 있다. 부여의 귀걸이로 볼 수 있는 것 가운데 다수는 금사(金絲)나 은사를 비틀어 꼬아 기본 뼈대를 만든 것이다. 대부분 중간에 고리가 있고 영락을 매단 것과 그렇지 않은 것으로 나뉜다. 착장부는 고리를 둥글게 휘어 마무리한 것과 넓은 금판으로 이루어진 것, 그리고 양자가 공존하는 것으로 구분할 수 있다.

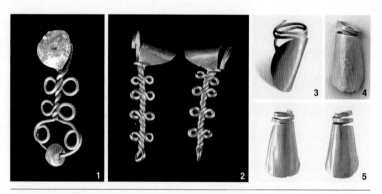

〈그림 5-35〉 부여 귀걸이(1. 모아산 목곽묘, 2. 노하심 106호묘, 3. 왕팔발자묘군, 4·5. 운양동 유적). (吉林省文物考古硏究所, 『田野考古集粹—吉林省文物考古硏究所成立二十五周年紀念』, 文物出版社 2008, p. 47; 賀雲翱, 『中國金銀器感賞圖典』, 2006, p. 65; 安文榮·唐音, 「鴨綠江右岸雲鳳水庫淹沒區古墓葬調査與發掘」, 『2007中國重要考古發現』, 文物出版社 2008, p. 83; 한강문화재연구원·한국토지주택공사, 『김포 운양동유적Ⅱ—(1권)—』, 2013; 국립중앙박물관 홈페이지)

유수 노하심(老河深) 유적에서는 여러 점의 귀걸이가 출토된 바 있다. 여러 유형이 공존하지만 서로 유사한 속성을 공유하고 있어 이를 하나의 양식으로 설정할 수 있다. 태래 평양묘장(平洋墓葬) 전창 M107호묘, 통유 흥륭산묘지(興隆山墓地), 북표 라마동 M266·M379호묘, Ⅱ-M71·M199호묘, 유수 노하심유적 41·93·106묘, 길림 모아산(帽兒山) 목곽묘, 통화 운봉댐 수몰지구 내 석호 왕팔발자묘군(王八脖子墓群), 환인 망강루(望江樓) 4호 적석묘, 서풍 서차구묘지(西岔溝墓地), 동요 채람묘지(彩嵐墓地) 출토품이 알려져 있다.

노하심 유적 출토 귀걸이 가운데 가장 화려한 것은 영락 달린 보요부이식(步搖附耳飾)이다. 이와는 다른 유형이 손톱처럼 생긴 장식을 갖춘 것이다. 금제품 5점과 은제품 3점이 출토되었다. 그간 중국 고고학계의 발굴조사 및 연구 성과를 참고한다면 이러한 유형의 분포 중심지는 부여의 왕도가 위치하였던 길림시 일원일 가능성이 있다.

운봉댐 수몰지구 왕팔발자 유적에서 발굴된 귀걸이는 노하심 유적 귀걸이와 약간의 형태 차가 있다. 나선상의 고리가 중상위에서 시작해 시계 방향으로 감겨 올라갔고 아래쪽 본체는 원판을 세로로 절곡하여 만든 것이다. 제작기법에서 다소 차이가 있지만 크게 보아 동일 유형으로 분류할 수 있다. 노하심 유적과 석호 왕팔발자 유적은 상당히 떨어져 위치한다. 그러나 송화강-육로를 통하여 연결될 수 있는 주요한 노선에 분포하고 있으며 부여와 고구려의 중심지에 해당하므로 장차 사서(史書)에 등장하는 부여, 고구려 사이의 친연성과 관련지어 검토할 여지가 충분하다.

노하심 유적 귀걸이 가운데 손톱처럼 생긴 유형과 유사한 예가 김포 운양동 유적에서 출토된 바 있다. 1-11지점 12호 분구묘에서 1점, 2-9지점 6구역 1호 분구묘에서 1쌍이 출토되었다. 이 2건 3점의 귀걸이는 외형이나 제작기법에서 유사도가 매우 높다. 모두 구두주걱처럼 생긴 장식과 나선형 고리가 이어진 모양이다. 나선상 장식은 시계방향으로 두 바퀴 정도 감겨 있다. 구두주걱 모양의 장식은 얇은 금판을 세로로 둥글게 말아 만든 것이고 아래쪽으로 내려가면서 차츰 넓어진다.

2. 신라의 금은공예문화

1) 관

신라 금은공예품 가운데 가장 현저한 특색을 갖춘 것이 관이다. 관은 재질에 따라 금관, 금동관, 은관, 동관으로 나누어지며 대륜(臺輪)의 유무 등 형태에 따라 대관과 모관으로 구분할 수 있다. 현재까지 발굴된 금관은 황남대총 북분, 금관총, 서봉총, 금령총, 천마총 출토품 등 5점이며 도굴 압수품인 교동 금관까지 포함하면 6점이다. 관의 맨 아래쪽에 대륜이 있고 그 위에는 수지형(樹枝形)과 녹각형(鹿角形)의 입식이 부착되어 있다. 금관에 표현된 장식들은 지상과 천상을 잇는 매개체로서 나무와 사슴을 상징화한 것으로 이해하는 연구가 많다.

5점의 금관은 대륜 위에 수지형 입식 3개, 녹각형 장식 2개 등 모두 5개의 입식을 갖추고 있다. 둥글게 말린 대륜 끝(후면에 위치)에 둥근 구멍이 뚫려 있으며 못이나 금속선으로 고정되어 있지 않다. 원래 가죽이나 끈으로 연결하였겠으나 썩어 없어졌다. 5점의 금관 사이에는 약간의 차이점이 존재한다. 첫째, 수지형 입식의 형태가 조금씩 다르다는 점이다. 황남대총 북분, 금관총, 서봉총 금관은 산(山)자형 장식이 3단이지만 금령총이나 천마총 금관은 4단이다. 뿐만 아니라 영락이나 곡옥의 수량과 금판에 베풀어진 무늬도 다른데, 이 또한 금관이 유행하던 시기마다 세부적인 양식 차가 존재함을 보여주는 것이며 그 변화는 간단한 것에서 복잡·화려해지는 방향이었던 것 같다. 둘째, 5점의 금관 가운데 유독 금령총 금관에만 곡옥이 달려 있지 않으며 녹각형 장식 역시 1매의 금속판으로 만들지 않고 세부 장식을 별도로 만들어 붙였다는 점이 특이하다.

금관은 화려한 외모와는 달리 매우 약하게 만들어져 있고 지나치게 장식이 많아 실용품으로 사용하기 어려워 보인다는 지적이 있다. 아울러

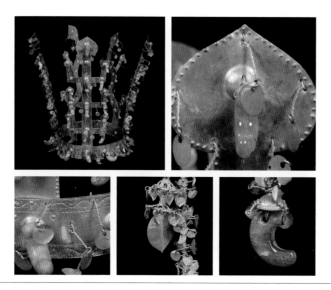

〈그림 5-36〉 황남대총 북분 금관과 세부. (신라 천년의 역사와 문화 편찬위원회, 『신라 천년의 역사와 문화 자료집 2』, 2016, p. 85)

금관을 제작하는 과정에서 끝마무리가 매끈하지 못한 부분이 많은 점은 귀걸이 등 여타 신라의 장신구와는 다른 점이며, 무덤 속에서 금관은 피장자의 머리 위쪽에서 출토되는 것이 아니라 머리 전체를 감싼 모습으로 발견된다는 점에 주목하여 금관을 장송의례품으로 보는 견해가 있다.

금동관은 경주의 왕족, 귀족 묘뿐만 아니라 지방 소재 수장급 인물의 무덤에서도 많이 출토된다. 신라 금동관의 외형은 금관과 대동소이하지만 출자형 입식 3개만을 갖춘 것, 출자형 입식 3개와 녹각형 입식 2개를 함께 갖춘 것으로 구분된다. 금동관의 여러 특징 가운데 시간의 변화를 반영하는 것은 수지형 입식 곁가지의 각도와 녹각형 입식의 유무 등이다. 금동관 가운데 초현기의 자료로는 부산 복천동 10·11호분 출토품을 들 수 있다. 복천동 금동관은 입식의 곁가지 모양이 다른 금동관보다 고식으로 생각된다. 즉, 가장 늦은 시기의 금동관 곁가지는 직각에 가까운데, 이 관은 나뭇가지처럼 둔각이기 때문이다.

신라 고분에서는 모관도 여러 점 출토되며 금·은·금동·백화수피제로 구분된다. 모관을 구성하는 관모와 관식 가운데 모의 경우 백화수피제가 가장 많고 금·동과 은제품도 일부 있다. 관모에 끼워지는 관식의 경우 경주에서는 금·금동·은제가 출토되나 지방에서는 은제품이 대부분이고 금동제품은 일부에 한정된다. 백화수피관은 형태에 따라 2가지로 나뉜다. 황남대총 남분과 북분에서는 위가 둥근 원정형(圓頂形)만 출토되었으나 금관총과 금령총, 천마총에서는 원정형과 함께 윗면이 수평면을 이루는 방정형(方頂形)도 출토되었다.

관모와 관식이 조합을 이루는 예도 있고 단독으로 출토되는 경우도 있으나 전자가 기본형인 것 같다. 금제품이 조합된 사례는 금관총과 천마총 출토품에 한정되며 은제와 금동제품은 경주 이외의 지방에도 넓게 분포한다. 형태적으로 보면 조익형(鳥翼形)을 띠는 것이 많다. 조익형 관식의 변화상은 금제 관식에서 살펴볼 수 있다. 황남대총 남분과 금관총 금제 관식은 중앙 상부의 돌출부가 5개이고 천마총 금제 관식은 3개이다. 대체로 돌출부가 5개인 것이 3개인 것에 비하여 고식으로 보인다. 문양을 투조한 것과 투조하지 않은 것은 공존하지만 투조한 것이 보다 늦은 시기에 등장한다.

2) 귀걸이

신라 귀걸이는 출토 수량이 많을 뿐만 아니라 삼국시대 귀걸이 가운데 가장 화려한 편이다. 왕도인 경주와 그곳의 대형분에 집중되는 양상이 뚜렷하다. 초현기의 신라 귀걸이는 고구려 귀걸이를 모델로 만들어졌다. 주환의 굵기에 따라 태환이식과 세환이식으로 구분된다. 태환이식은 종류가 단순한 편임에 비하여 세환이식은 여러 종류가 공존하는 모습이 보

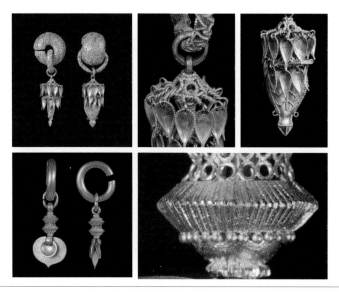

〈그림 5-37〉 가장 화려한 신라 귀걸이 사례(상: 금조총, 하: 보문리고분). (국립경주박물관, 『신라황금 신비한 황금의 나라』, 2001, p. 89; 신라 천년의 역사와 문화 편찬위원회, 『신라 천년의 역사와 문화 자료집2』, 2016, p. 119)

인다.

태환은 도넛 모양인데 속이 비어 있다. 태환의 표면에는 접합선이 관찰된다. 즉, 단면 반원형의 금판 2매를 땜으로 접합하여 만든 것이다. 황남대총 북분 단계에 이르면 태환이 커지면서 태환의 제작에 사용하는 금속판의 숫자도 늘어난다. 태환의 양끝에 동그란 금판이 부착된 사례가 있다. 제작 과정에서 태환 접합부가 터지는 경우를 대비하여 뚫은 것으로 보이는 자그마한 구멍이 남아 있는 것도 있다. 이러한 구조의 태환은 신라에 유일하므로 신라적인 귀걸이의 특징 가운데 하나라 지적할 수 있다.

태환이식의 중간식은 매우 정형화되어 있다(〈그림 5-37〉). 맨 위쪽에 소환구체 1개를, 그 아래에 구체의 윗부분만 제작한 반구체를 연결한 것이다. 고구려의 귀걸이에는 중간식으로 구체 1개가 끼워져 있어 차이가 있다. 소환구체를 만드는 기법 또한 조금 다르다. 신라의 경우 대부분 12개의 소환을 접합하여 만들었는데 장식 효과를 내기 위해 구체의 상하에 동일한 크기의 소환을 1~2개 더 덧붙이는 경우가 많다. 그리고 상하의 소환이 대칭을 이루는 경우가 많고 상하 소환열의 중간에 각목대(刻目帶)가 부가되곤 한다.

중간식의 기본 구조는 시간이 흐름에 따라 혹은 귀걸이의 격에 따라 약간의 다양성을 지닌다. 즉, 구체와 반구체 사이에 소환을 겹쳐 쌓거나 스프링처럼 감아서 만든 장식을 끼워 넣기도 한다. 고식은 구체와 반구체가 바로 연결되거나 2개 내외의 소환이 끼워진다. 후기로 가면서 귀걸이가 길어지는 경향과 더불어 구체 사이의 장식도 길어진다.

세환이식은 태환이식에 비하여 종류가 다양하다. 초기에 유행한 형식은 중간식이 소환구체나 입방체여서 태환이식의 중간식과 유사하다. 세환이식이 다양해지는 것은 5세기 후반 이후이다. 이 무렵이 되면 매우 작은 소환과 각목대 등을 조합하여 만든 원통형 장식이 중간식으로 활용되며 6세기에 이르기까지 지속적인 변화를 겪으며 제작된다. 이러한 유형의 귀걸이가 신라 세환이식 가운데 가장 유행한 것이다. 그 외에 중간식 없이 사슬로 수하식을 매단 간소한 것도 만들어졌다.

신라 귀걸이도 고구려와 마찬가지로 시간이 지나면서 차츰 화려해진다. 전체 길이가 길어지기도 하고 표면에 금알갱이를 붙이는 등 꾸미는 장식이 현저히 많아진다. 그에 따라 무게 역시 무거워진다. 이러한 변화의 경향성은 귀걸이뿐만 아니라 금관 등 여타 장신구에서도 확인된다. 따라서 변화의 세부적인 양상을 단계화시키면 귀걸이 출토 고분의 상대 서열을 확정해볼 수 있다.

태환이식은 기본형이 정해져 있기 때문에 변화 양상은 비교적 명확하다. 변화의 모습을 정리하면 다음과 같다. 첫째, 주환이 커진다. 황남대총 남분과 보문리 부부총 석실묘 귀걸이 사이에는 크기에서 현격한 차이가 보이는데 소형에서 대형으로 변화한다. 둘째, 연결금구가 변한다. 초기에는 금사를 사용하다가 차츰 금판을 사용하기 시작한다. 셋째, 중간식의 구조와 길이가 변한다. 중간식을 구성하는 구체와 반구체 사이의 장식이 길어진다. 넷째, 영락이 장식되는 부위가 넓어진다. 영락이 없는 것에서 중간식에만 있는 것으로, 다시 수하식까지 장식되는 것으로 그 범위가 넓어진다. 아울러 영락의 숫자도 늘어난다. 다섯째, 심엽형 수하식의 제작기법이 변화한다. 처음에는 장식 없는 판이 사용되는데, 중간에 타출로 돌대를 표현하는 단계를 거쳐 판 앞뒤에 세로로 돌대를 접착하는 방식으로 변화한다. 후기에는 테두리에 각목대와 금알갱이 붙임장식이 추가된다.

태환이식에서 관찰되는 이러한 변화 양상은 세환이식에서도 보인다. 초현기의 세환이식은 간소하다. 상하 길이도 짧고 영락장식이 없다. 이에 비하여 6세기 이식은 종류가 다양해지며 금알갱이를 붙이거나 옥을 끼워 장식하는 예도 생겨난다.

6세기 후반 이후의 유적에서 수식을 갖춘 귀걸이가 출토되는 사례는 거의 없다. 적석목곽분에서 그토록 빈번하게 출토되던 귀걸이가 여타 금속제 장신구와 함께 자취를 감추었다. 다만, 황룡사지 태환이식, 경주 동천동 승삼마을 37호묘 세환이식이 있을 뿐이다.

신라 귀걸이 완제품 혹은 방제품이 고구려나 백제에서는 출토된 바 없지만 가야에서는 여러 점이 출토되었다. 김해 대성동 87호분, 동 봉황동 '가야의 숲' 1호 석곽, 여수 운평동 M2호분, 합천 옥전 M3호분과 91호묘 귀걸이가 그에 해당한다.

일본열도에서도 신라산 혹은 신라적 요소를 갖춘 귀걸이가 출토된 바 있다(《그림 5-38》). 신라산으로 볼 수 있는 것으로 가시하라시(橿原市) 니

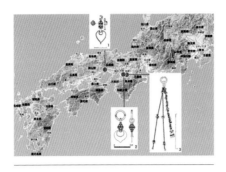

<그림 5-38> 일본 출토 신라양식 귀걸이의 분포(1. 고오리가와니시즈카고분. 2. 니시미야야마고분. 3. 니이자와센즈카 126호분).

이자와센즈카(新澤千塚) 126호분 귀걸이를 들 수 있다. 이 귀걸이의 중간식과 수하식 제작 의장은 경주 황남대총 남분 주곽 출토 드리개, 황남대총 북분 부장품 수장부 출토 드리개와 유사하므로 신라로부터 전해진 완제품일 가능성이 있다(中村潤子 1988).

다쓰노시(龍野市) 니시미야야마고분(西宮山古墳) 귀걸이는 중간식과 수하식을 모두 갖추었다. 중간식은 1개의 소환구체, 수하식은 심엽형의 모엽(母葉)과 원형의 자엽(子葉)으로 구성되어 있다. 중간식이 소환구체 1개인 것은 신라보다는 고구려 귀걸이와 유사한 면모이지만 수하식의 형태는 고구려보다 6세기 신라 귀걸이와 더욱 유사하므로 아마도 6세기의 어느 시점에 신라 귀걸이의 영향을 받아 왜에서 제작된 것으로 추정할 수 있다. 야오시(八尾市) 고오리가와니시즈카고분(郡川西塚古墳) 귀걸이는 외형으로 보면 5세기 후반 이후의 신라 귀걸이와 유사하지만 은제품이어서 차이를 보인다. 신라에서는 이러한 유형의 은제 귀걸이가 없기 때문에 이 역시 일본 현지 산으로 볼 수 있다.

황남대총 금은제 그릇

황남대총 남분과 북분에서는
다량의 금은제 그릇이 출토되
었다. 황남대총 남분의 경우
주곽 유물 수장부에서 금제
완 6점, 은제 완 6점, 은제 소
합 10점, 은제 대합 1점, 금동
제 대합 1점, 청동제 대합 1점,

〈그림 5-39〉 황남대총 북분 타출문은잔. (신라 천
년의 역사와 문화 편찬위원회, 『신라 천년의 역사
와 문화 자료집2』, 2016, p. 230)

은제 파수부용기(把手附容器) 3점, 은제 국자 3점이 출토되었다. 황
남대총 북분의 경우 금제 고배 8점, 은제 고배 8점, 금동제 고배 5
점, 금제 완 4점, 은제 완 4점, 금동제 대합 1점, 은제 소합 8점, 금
동제 소합 6점, 금동장패기(金銅裝貝器) 2점, 타출문은잔(打出文銀
盞) 1점이 출토되었다.

황남대총 남분 출토 금은제 그릇류 가운데 '신라적'이라 표현할
수 있는 사례로는 금제 완, 은제 완, 은제 소합과 대합, 은제 파수
부용기, 은제 국자 등이다. 금과 은으로 만든 호사스러운 그릇이
출토되는 것은 삼국 중 신라가 유일하다. 그간 발굴된 자료 가운
데 가장 오래된 것은 월성로 가-13호분 출토품이며 황남대총 남
분과 북분에서 전형적인 사례가 다량 출토되었다. 은제 파수용기
와 국자 또한 다른 곳에서 유례를 찾을 수 없는 특이한 사례이다.

황남대총 북분에서는 황남대총 남분 출토품에 비하여 더욱 화
려한 금은제 그릇이 출토되었다. 금제 고배 가운데 1점은 입술 주

변에 7개의 심엽형 달개를 매단 명품이다. 이 고배는 금판을 두드려 반구형의 배(杯)를 만들고 그 아래에 대각을 접합하였다. 은잔은 문양이 독특하다. 바닥이 편평한 작은 잔으로, 표면 전체에 갖가지 모양의 타출(打出) 무늬를 배치하였다. 무늬는 모두 안쪽에서 바깥쪽으로 두드려낸 후 세부 표현은 끌로 음각하여 표현하였다. 문양은 3단으로 구획했으며, 아가리와 바닥 쪽에 꽃잎 무늬를 조밀하게 돌린 문양띠를 두르고 그 사이에 거북등무늬를 베풀었다. 이 육각형 무늬 안에는 새, 노루, 범, 말 등의 동물을 한 마리씩 배치하였다. 밑바닥에도 2중의 문양띠를 돌리고 중앙에 봉황 1마리를 배치하였다. 거북등무늬는 원래 페르시아에서 크게 성행하는 도안이며, 중국에서는 북위(北魏)의 문물에서 다수 확인된다.

천마총 금은제 그릇

천마총에서는 금동제 소합 22점, 금동제 고배 4점, 금동제 삼이부고배(三耳附高杯) 1점, 은제 대합 1점, 은제 소합 4점, 금동제 대합 2점, 금동장패기(金銅裝貝器) 2점이 출토되었다. 황남대총 남분에 비하면 유물의 종류나 수량이 적은 편이지만 신라 고분 가운데는 최상급에 포함시킬 수 있다. 기본적으로는 의례에 활용되었던 제기로 볼 수 있다.

십자뉴(十字鈕)금동합은 십자형 꼭지를 갖춘 합이며 고구려 칠성산 96호분 출토 동합이 조형이다. 신라에서는 황남대총 남분과 서봉총 출토 은합, 그리고 천마총 출토 금동합이 대표적이다. 금동제 합은 바닥이 모두 편평하며 크기도 대략 비슷하나 꼭지의 모양이 다양하다. 즉, 둥근 고리가 달린 것, 단추

〈그림 5-40〉 천마총 십자뉴금동합 뚜껑. (국립경주박물관, 『천마, 다시 날다』, 2014, p. 105)

모양 꼭지가 달린 것, 보주형 꼭지가 달린 것 등이 있다. 꼭지의 받침은 꽃잎 네 이파리 모양인데 끝이 뾰족한 삼각형 모양이고 내부에 심엽형과 방형의 구멍을 뚫었다. 바닥에는 굽이 없다. 이 외에 은으로 만든 합도 주목된다. 이 합은 대접 모양의 몸체에 둥근 뚜껑을 덮었다. 뚜껑은 맨 위에 둥근 고리받침이 있고 그 위에 둥근 꼭지가 있다. 둥근 꼭지의 가운데에는 쇠못이 연결되어 뚜껑 안쪽으로 관통되어 뚜껑과 접합되었다. 몸체의 밑바닥을 둥글고 편평하게 두드려내어 얕은 굽을 만들었다. 표면에 아무런 무늬가 없으나 횡으로 돌아가는 침선상의 흔적이 있다.

　천마총은 광복 이후 처음으로 발굴된 왕릉급 무덤이다. 그 속에서는 각종 금속용기가 다량으로 출토되었다. 그 가운데는 실용기도 있고 각종 의례에 사용되었던 예기도 포함되어 있다. 기본 조합은 황남대총 남분과 북분 출토품과 유사하지만 신라적인 색채를 지닌 물품의 수량이 늘어났다는 점에서 특징을 살펴볼 수 있다.

3. 백제의 금은공예문화

1) 관

백제 관 관련 기록은 매우 소략하나 『양서(梁書)』에 의하면 백제의 관이 모(帽)와 유사한 모양이었다고 한다. 『구당서(舊唐書)』와 『주서(周書)』, 『수서(隋書)』, 『북사(北史)』에는 백제 왕족의 오라관에 금꽃이, 1~6품 관인의 관에는 은꽃이 각각 장식되었다는 기록이 있다. 아울러 국가적인 제사 등 공식적인 의례 시에는 조우관(鳥羽冠)이 활용되었음을 알려준다. 사서에 단편적으로 기록된 백제의 관 문화에 대해서는 발굴 자료를 통하여 보다 생생하게 살펴볼 수 있다.

한성기 금동관 가운데 공주 수촌리 4호분 출토품이 전형이다. 고깔 모양의 기본 구조에 문양판과 꽃봉오리 모양의 장식(대롱 + 반구상 장식)을 덧붙인 것이다. 유물에 따라 다소 가감은 있지만 전면과 측면 그리고 후면에 문양판을 덧붙인 것이 많다. 수촌리 4호분이나 부장리 5호분 출토품은 전면 입식의 위쪽이 삼지상(三枝狀)을 이룬다. 안동고분이나 옥전 23호분 출토품은 좌우에 조우형(鳥羽形) 장식이 부착되어 있다. 이처럼 전후 그리고 측면에 입식을 부가하는 것은 고깔 모양 관모를 더욱 화려하게 꾸미려는 의도에서 고안된 것으로 보인다. 그리고 수촌리 4호분이나 입점리 1호분 관모처럼 꽃봉오리 모양 장식이 후면 상부에 1개씩 부착된 것이 전형이지만 수촌리 1호분 예처럼 2개가 부착된 것도 있고 부장리 5호분 예처럼 없는 것도 있다. 재질은 모두 금동이다. 그 가운데 부장리 5호분 금동관은 금동 투조판 속에 백화수피제(白樺樹皮製) 부품이 온전한 모습으로 끼워진 채 출토되었다. 자료의 부족으로 중앙의 양상을 파악할 수 없어 아쉬움이 있지만, 한성기 백제의 경우 신라처럼 재질이 다양하지 않았던 것 같다. 문양으로 보면 용봉문(龍鳳紋) 계열과 초화문(草花紋) 계열

〈그림 5-41〉 한성기 백제 금동관(좌: 고흥 길두리 안동고분, 중: 화성 요리 1호분, 우: 공주 수촌리 4호분). (전남대학교박물관 외, 『고흥 길두리 안동고분』, 2015; 한국문화유산연구원 외, 『화성 요리고분군』, 2018; 충청남도 역사문화연구원, 『공주 수촌리유적』, 2007)

로 구분해볼 수 있다. 이 가운데 용봉문 계열은 제작기법이 보다 정교하고 화려하다.

웅진기로 편년할 수 있는 백제의 금속제 관은 수량이 매우 적다. 지역적으로 보면 왕도였던 공주를 제외한다면 지방에서는 나주가 유일하다. 이 시기의 관으로 무령왕 부부의 금제 관식과 나주 신촌리에서 출토된 금동관이 있을 뿐이다. 무령왕의 관식에는 인동초와 화염문이 도안되었고 영락이 달려 있다. 왕비의 관식은 왕의 관식과 달리 관식 문양이 좌우 대칭을 이루고 영락이 달려 있지 않다. 이 장식이 바로 중국 사서 『구당서』에 기록된 "검은 비단 관에 장식한 금꽃"이었던 것으로 보인다.

신촌리 9호분 을관 출토 금동관은 관테를 가진 대관(帶冠)과 관모로 구성되어 있다. 대관의 경우 초화형의 입식 3개를 못으로 고정하였다. 관모는 반타원형 금동판 2장을 접합한 다음 가장자리에 좁고 길쭉한 판으로 덮어씌우고 못으로 고정한 것이다. 대관과 관모 모두 수리흔이 남아 있다. 대관의 경우 좌우 입식(立飾)을 바깥쪽으로 조금씩 옮겨 새로 부착하였고 관모도 폭을 넓히기 위하여 해체 후 다시 조립하였다. 또한 관모의 좌우 문양이 비대칭이며 조금(彫金) 상태가 조잡하다.

사비기 백제 유적에서는 모두 3점의 은제 관식이 출토되었다. 지금까지 발굴된 관식 가운데 부여 하황리석실, 능산리 능안골 36호분 동쪽 유해부 출토 관식의 도안이 가장 복잡하며, 나주 복암리 3호분 5호석실 관식은 기본 도안이 전 2자와 유사하나 줄기에서 파생되어 나온 엽문(葉紋) 가운데 1개가 생략된 점에서 차이를 볼 수 있다. 미륵사지 석탑, 논산 육곡리 7호분, 나주 복암리 3호분 16호석실, 남원 척문리, 염창리 Ⅲ-72호분 관식은 기본적인 도안이 동일하며 능안골 36호분 남성 유해부 출토품에 비하여 간단하다. 능안골 36호분 서쪽 유해부 출토 관식은 좌우의 곁가지가 없어 매우 간략하다. 이 외에 나주 흥덕리석실분, 능안골 44호분에서도 은제 관식이 출토되었는데 곁가지가 결실되어 원형 파악이 어렵다. 그렇지만 기본형은 잔존 상태가 양호한 여타 은제 관식과 유사하였을 것 같다.

도안을 기준으로 살펴본다면 곁가지와 꽃봉오리 모양 장식이 3단에 5개인 것, 2단에 3개인 것, 1단에 1개인 것으로 구분된다. 은제 관식의 제작기법 가운데 시간의 변화를 보여주는 속성은 화형장식의 도안이다. 화형장식의 도안은 조금 복잡한 것과 간소한 것으로 구분된다. 이러한 도안 차이는 소유자의 신분 차이 내지는 관위의 차이로 이해할 수 있을 것이다.

백제의 중앙 공방에서 제작된 것으로 보이는 금동관이 가야와 왜의 무덤에서도 출토된 바 있다. 4세기 이래 밀접한 교류 관계를 유지하고 있던 가야와 왜로 백제 문화가 전해진 사례이다.

가야로 전해진 것은 합천 옥전 23호분 출토품이다. 합천은 다라(多羅)의 고지이며 쌍책면 옥전고분군(玉田古墳群)이 최상층 묘역이다. 그 가운데 옥전 23호분은 5세기 전반대로 편년할 수 있는 대형 무덤이다. 금귀걸

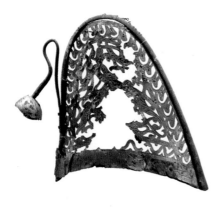

〈그림 5-42〉 에타후나야마고분 금동관 우측면과 문양.

이, 갑주류, 마구류가 공반되었다. 금동관은 고깔 모양 몸체의 좌우에 조우형(鳥羽形) 측식이 부착된 것이며 삼엽문이 투조로 표현되어 있다. 복륜 정부에는 관(管)이 부착되어 있으나 수발형 장식은 없다. 요리 1호 목곽묘, 길두리 안동고분 금동관과 유사한 특징을 갖추고 있다. 고령 지산동 고분군에서 출토된 금속제 관을 기준으로 보면 이질적 존재이므로 백제산일 가능성을 고려해볼 수 있다. 다만 이 관의 수입 주체가 다라(多羅)인지, 혹은 그 상위의 가라(加羅)인지 단정하기 어렵다. 지산동 73호분과 75호분 발굴 성과를 참고한다면 가라일 가능성도 있을 것 같다.

에타후나야마고분 금동관(〈그림 5-42〉)도 옥전 23호분 출토품과 유사한 맥락에서 일본열도로 전해졌을 것이다. 이 금동관은 공주 수촌리 4호분 출토품을 표지로 하는 백제 관의 특징을 충실히 갖춘 것으로 백제에서 제작되었을 가능성이 있다. 동판을 투조, 단조, 절곡, 조금, 도금해 만든 여러 부품을 조립한 것이다. 제작에 사용된 부품은 수발형(受鉢形) 장식과 관(管), 복륜(覆輪), 측판, 하연대(下緣帶), 전식(前飾), 후식(後飾), 영락, 못 등이다. 복륜에 부착된 수발형 장식과 관은 이 관의 주요한 특징이다.

측판 문양은 외곽 문양대와 중심 문양으로 구분된다. 가장자리를 따라가면서 화염상 문양이 투조되어 있다. 오른쪽 가장자리의 문양과 왼쪽 가장자리의 문양은 형태가 좌우로 반전된 모습이다. 그것이 맨 위쪽에서는 하나로 합쳐져 1개의 화문(花文)을 구성한다. 중심 문양과 경계를 이룬 좁은 띠에는 파상문이 조금(彫金)되어 있다. 중심 문양은 3마리의 용이다. 여백을 투조해 용의 윤곽을 만든 다음 조금을 통해 문양을 정교하게 표현했다. 영락은 복륜 정수리 부분과 측판 중상위에 일부 부착된 채 남아 있다. 영락을 매달기 위해 뚫은 소공(小孔)이 2개씩 조를 이룬 채 확인된다. 영락은 원판상이며 가는 금동사로 엮어 지판에 매달았다. 측판의 파손부가 많아 정확한 수량은 알기 어렵다.[9]

2) 귀걸이

백제 귀걸이의 주환은 모두 세환이며 아직 태환은 알려져 있지 않다. 백제의 세환은 속이 찬 금봉을 휘어 만든 것이 많지만 수촌리 4호분이나 용원리 37호분, 부장리 6-6호분 귀걸이처럼 단면 사각형의 금봉을 비틀어 꼬아 나선형으로 만든 것도 존재한다. 이러한 형태의 주환은 진주 중안동 귀걸이에서도 확인되나 백제 자료가 선행하므로 백제적인 기법이라 지적할 수 있다.

한성기 귀걸이의 중간식으로는 속이 비어 있는 구체가 많이 사용되었는데, 구체의 크기가 매우 작다. 공구체 중간식을 갖춘 것으로 용원리 129호분 출토품이 있다. 그와 함께 원판상의 장식 또한 특색이 있다. 용원리 9호 석곽묘나 부장리 6-6호분 귀걸이의 중간식은 금판을 땜으로 접합하여 만든 중공(中空)의 원판상 장식이다.

무령왕과 무령왕비 귀걸이(《그림 5-43》)의 중간식은 웅진기의 특징을 잘 보여준다. 무령왕 귀걸이는 2개의 원통체를 대칭되게 연결하여 중간식을 구성하였다. 원통체는 3개의 날개 모양 장식을 오므려 만들었는데 날개

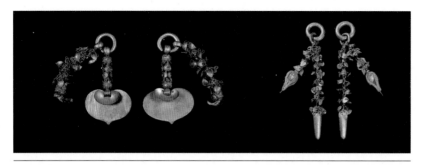

〈그림 5-43〉 무령왕(좌)과 무령왕비(우)의 귀걸이. (국립공주박물관, 『국립공주박물관(상설전시실 도록)』, 2004, pp. 20, 36)

모양 장식은 위가 좁고 아래가 둥글다. 이 장식의 가장자리에는 금알갱이를 1줄로 붙여 장식했고 안에는 좁은 금판을 오려서 둥글게 말아 붙였다. 무령왕비 귀걸이의 중간식은 담녹색 유리구슬에 소환을 연접시켜 만든 반구체(半球體)를 덧씌운 것이다. 소환을 연접하여 만든 반구체는 신라와 백제 귀걸이에서 모두 보인다. 신라의 경우 중간식의 일부 장식으로 쓰이며 반구체의 하변에 각목대(刻目帶)를 돌려 장식하고 있음에 비해 무령왕비 귀걸이에는 하변의 대(帶)가 없다. 특히 반구체 속에 유리옥을 끼워 장식한 것은 매우 백제적인 특색이라 지적할 수 있다.

〈그림 5-44〉 능산리 능안골 32호분 귀걸이. (국립경주박물관, 『신라황금 신비한 황금의 나라』, 2001, p. 257)

이와 같은 웅진기 귀걸이의 중간식은 사비기 이후 일변한다. 현재까지 출토된 사비기 귀걸이의 중간식은 모두 공구체이며 일부는 장타원형을 띠기도 한다. 능산리 능안골 32호분(〈그림 5-44〉)과 49호분, 관북리 연지, 염창리 옹관묘 출토품이 대표 사례이다.

상하 연결금구와 중간의 공구체가 땜으로 접합된 일체형 구조를 지녔다. 이는 진천 회죽리 태환이식 등 고구려 귀걸이와 구조상 유사한 것이므로 고구려 귀걸이의 영향을 받은 것으로 보인다.

백제 귀걸이 가운데 다수는 금사로 유환, 중간식, 수하식을 연결한 것이다. 공주 수촌리 1호분이나 원주 법천리 1호분 귀걸이처럼 금사를 중간식 속으로 끼워 넣은 다음 아래쪽을 갈고리처럼 휘어 수하식을 매달았고, 위쪽은 유환에 몇 바퀴 감아 고정한 다음 횡으로 1~2바퀴 돌려 감아 마무리한 것이다. 이처럼 연결금구의 마감 처리가 밖으로 드러나 있는 것이 백제적인 특징 가운데 하나이다. 아마도 백제 귀걸이의 경우 중간식이 아주 작은 공구체이거나 혹은 유리구슬이기 때문에 그 속으로 연결금구의 끝을 숨길 수 없었던 데서 기인한 것 같다.

백제 귀걸이의 수하식은 비교적 단순한 편이다. 심엽형이 많으며 일부 원형이나 삼익형이 존재하지만 적은 편이다. 심엽형 수하식은 상하로 길쭉한 것과 좌우가 넓은 것이 있으며 웅진기 이후 복수의 판이 사용되기도 한다. 삼익형은 익산 입점리 1호분과 무령왕비 귀걸이에서 확인된다. 특히 무령왕비 귀걸이는 중간에 영락이 달려 있고 금알갱이를 붙였던 흔적이 남아 있다.

백제 귀걸이 완제품 혹은 백제 귀걸이의 양식이 주변국으로 전해진 사례가 확인된다. 고구려나 신라로는 전해지지 않았고 정치적으로 밀접한 관계를 유지하였던 가야와 왜로 파급되었다.

합천 옥전 20호분 귀걸이처럼 구체의 중간에 각목대(刻目帶)가 장식되지 않은 것은 백제 한성기 귀걸이와 유사하다. 옥전 23호분 귀걸이의 중간식은 원판상이다. 이러한 부품은 천안 용원리 9호 석곽묘, 서산 부장리 6-6호분 출토품처럼 백제 한성기 귀걸이에 유례가 있는바, 백제의 영향을 받은 것으로 보인다. 합천 옥전 M11호분 귀걸이 역시 백제 무령왕비

〈그림 5-45〉 백제와 가야 귀걸이의 비교(1. 용원리 9호석곽, 2. 용원리 37호분, 3. 용원리 129호분, 4. 옥전 23호분, 5. 중안동, 6. 옥전 20호분). (국립경주박물관, 『신라황금 신비한 황금의 나라』, 2001, p. 253 사진317, p. 253 사진 316, p. 253 사진315, p. 276 사진347, p. 282 사진363, p. 278 사진354)

귀걸이와 유사도가 높으므로 백제와 관련지어 살펴볼 수 있는 자료이다.

가야 유적에서 출토되는 백제산 혹은 백제계 귀걸이는 두 나라 사이에 존재했던 교류 관계의 산물일 것이다. 4세기 이래 두 나라는 밀접한 관계를 유지하였다. 특히 광개토왕릉비에 기록된 것처럼 4세기 말의 국제 정세는 고구려-신라, 백제-가야-왜가 극한 대립 관계를 형성했고, 그러한 상황 속에서 백제와 가야는 혈맹 관계를 유지했다. 따라서 이 무렵 백제의 수많은 문물이 가야로 이입되었을 것이다. 그런데 400년 고구려군의 남정으로 백제-가야-왜 세력은 큰 타격을 입었으며 이후 원상 복구까지는 상당 기간이 소요되었을 것 같다. 아마도 신라가 고구려군을 축출하고 백제와 신라가 나제동맹을 결성하는 시기가 도래하면서 자연히 가야에도 신라와 백제 문화가 공히 이입되었을 것으로 추정해볼 수 있다.[10]

한편, 백제의 귀걸이는 일본에서도 출토된 바 있다. 일본 각지 출토 귀걸이 가운데 백제산일 가능성이 있는 사례로 다마나시 에타후나야마고분(江田船山古墳), 동 다이보고분(大坊古墳), 다카시마군 가모이나리야마고분(鴨稲荷山古墳), 오카야마시 야하타오츠카(八幡大塚) 2호분 출토품을 들 수 있다. 에타후나야마고분 출토 귀걸이 가운데 단쇄식이식(短鎖式耳飾)은 중간식과 수하식의 형태가 백제 무령왕 귀걸이와 유사하다(伊藤秋男 1978). 다이보고분 출토 귀걸이 가운데 1점은 익산 입점리 86-1호분, 나주 정촌고분 1호석실 출토품과 유사하다. 가모이나리야마고분 귀걸이는 백제 무령왕비를 비롯한 웅진기 백제 귀걸이와 제작기법상의 유사도가 높다. 야하타오츠카 2호분 귀걸이는 부여 능산리 능안골 32호분 등 사비기 백제 귀걸이와 유사하다(이한상 2009). 이처럼 백제 귀걸이는 완제품이 일부 전해졌지만 왜에서 백제 양식이 유행하지는 않은 것 같다.

무령왕릉 금속용기

무령왕릉에서는 여러 점의 금
속용기가 출토되었다. 그 가운
데 가장 정교하게 제작된 것은
동탁은잔(銅托銀盞)이다. 은과
백동, 황동으로 만들었다. 표
면 전체에 빼곡히 새겨진 연꽃
과 봉황, 산과 나무의 문양은

〈그림 5-46〉 무령왕릉 동탁은잔. (국립공주박물
관, 『국립공주박물관(상설전시실 도록)』, 2004, p.
47)

멋있는 그릇 형태와 함께 조화를 이루고 있으며, 특히 잔 받침에는
상상의 동물인 가릉빈가(迦陵頻伽)가 연꽃을 들고 있는 모습이 새
겨져 있어 주목된다. 이와 비교할 수 있는 예로는 고창 봉덕리 1호
분 4호 석실 출토 동제 탁잔이 있다. 신라권에서는 대구 내당동 55
호분, 일본열도에서는 군마현 간논즈카고분[觀音塚古墳]에서 출토
된 탁잔이 있다.

　무령왕릉에서는 몇 점의 동제 그릇도 출토되었는데 그중 동제
발(鉢)은 틀에 부어 전체 모양을 만든 다음 망치로 두드려 가공하
고 이어 녹로 조정을 통해 완성한 것이다. 대가야권에 속하는 고
령 지산동 44호분, 합천 옥전 M3호분, 의령 경산리 2호분에서 동
일한 제작기법과 형태를 가진 물품이 출토된 바 있다. 아마도 백제
에서 제작, 반입된 것 같다. 형태는 다소 차이가 있지만 백제의 지
방인 서천 옥북리 1호분에서 동제 대부완 1점이 출토된 바 있다.
굽이 달린 소형잔(小形盞)은 모두 크기와 모양이 같지만 틀에서 뽑

아낸 다음 가공하여 세부 모양이 약간씩 다르다. 잔 가운데 하나는 안팎에 섬세한 문양이 새겨져 있다. 몸체 밖에는 연못에서 막 피어오르는 연꽃을 줄기와 함께 묘사하고, 안쪽에는 서로 마주보는 두 마리의 물고기를 중심으로 그 주위에 연꽃과 줄기, 연밥을 치밀하게 새겼다.

무령왕릉 출토 금속용기는 무령왕과 왕비가 생전에 사용하였던 물품과 상례를 주관하였을 성왕 재위 초반기에 제작되었거나 수입된 물품도 일부 포함되어 있음을 알 수 있다. 즉, 늦어도 무령왕비가 무덤에 합장된 529년 이전에는 제작된 것이며, 그 가운데는 520년대에 제작된 것이 다수 포함되어 있을 것으로 추정된다. 그리고 동아시아 각국 출토 금속용기와 유사한 부분이 많아 백제를 중심으로 한 각국의 교류 관계를 밝혀줄 수 있는 결정적 실마리가 되고 있다.

4. 가야의 금은공예문화

1) 관

가야 유적에서 지금까지 10점의 금속제 관이 출토되었다. 이 가운데 대가야양식을 갖춘 사례는 지산동 32호분과 30호분 2곽 출토품에 불과하다. 여타 관은 백제 혹은 신라양식을 갖춘 것이다. 옥전 23호분 관은 백제양식을 띠며 제작 의장으로 보면 백

〈그림 5-47〉 고령 지산동 32호분 금동관.(대가야박물관, 『고령 지산동 대가야고분군』, 2015, p. 126)

제산 완제품이 전해진 것으로 볼 여지가 있다. 신라양식 관의 범주에 넣을 수 있는 사례는 지산동 518호분, 지산동 73호분 순장곽, 옥전 M6호분 금동관 2점 등이다. 이 4점 가운데 3점 이상은 신라 관과의 차이가 상당하므로 대가야 공방에서 신라 관을 모방하여 제작한 것 같다.

지산동 32호분 금동관은 대륜의 중위(中位)에 큼지막한 광배형 입식이 부착된 점이 주요 특징이다. 입식의 정부(頂部)는 보주형을 띠며 소형 곁가지가 따로 부착되어 있다. 대륜에는 상하 가장자리를 따라가면서 파상열점문이 시문되어 있고 6개의 원두정으로 입식이 고정되어 있다. 입식 중상위에 영락이 달렸지만 대륜에는 없다. 입식에는 횡선·X선 교차 문양이 베풀어져 있다(〈그림 5-47〉). 30호분 2곽 금동관은 소형이다. 무덤 주인공이 유아 혹은 소아인 점과 관련이 있을 것 같다. 대륜 위쪽에 보주형 입식 3개가 각각 1개씩의 못으로 고정되어 있으며 같은 간격으로 원형 영락 4개가 달려 있다. 대륜 가장자리를 따라가면서 파상점열문이 시문되어 있다.

518호분 금동제 관식의 경우 날개 모양 장식은 좌우 각 1개씩이며 왼쪽 장식은 가삽부에 결합하는 쪽이 남아 있고 오른쪽 장식은 상부 끝부분이 남아 있어 전체 형태를 그려볼 수 있다. 가삽부에 결합하는 쪽이 넓고 위로 향하며 조금씩 좁아진다. 전립식에 결합하는 부분은 조금 내만하며 3개의 못을 고정하였던 흔적이 남아 있고, 위쪽 끝은 외연이 신라 관식과 달리 각진 면으로 마무리되어 있다. 73호분 서순장곽 금동제 관식은 전립식과 좌우의 조우형 장식까지 함께 갖춘 것이다. 전립식은 하부가 좁은 것으로 보아 관모의 앞쪽에 끼워졌던 것 같고, 조우형 장식은 3개씩의 못이 있는 것으로 보아 어디엔가 부착되었던 것임을 알 수 있다. 75호분 봉토 내 1호 순장곽 철제 관식은 유례를 찾기 어려운 것이다. 하단 가장자리가 둥글게 처리되어 있다. 가삽부와 상부 장식의 경계에 미약한 돌대가 있다. 상단에는 5개의 뾰족한 장식이 있다. 횡단면은 '∧'형이다. 관식의 표면과 이면에 직물흔이 수착되어 있다.

대가야의 모관 자료는 근래 발굴되기 시작했다고 해도 과언이 아니므로 제작지를 비롯하여 다양한 관점에서 연구가 필요하다. 73호분과 75호분 순장곽 출토 관식은 조우형 장식을 갖춘 모관의 부품이다. 모관은 신라 사회에서 크게 유행하였다. 그것의 계보는 전 집안 출토 관식이나 고분벽화 속 인물상으로 보면 고구려에서 찾을 수 있다. 왕도인 경주뿐만 아니라 지방 소재 고총에서도 출토되는데 제작지가 왕도일 것으로 보이지만 일부분은 지방에서 제작되었을 가능성도 배제할 수 없다. 지산동 73호분 서순장곽 금동제 관식도 외형상으로 보면 신라양식을 띠는 것으로 보아 무리가 없다. 다만 제작지가 신라인지는 향후 상세한 검토가 필요하다. 왜냐하면 세부적인 표현기법에서 이 관식만의 특징도 확인되며, 지산동 75호분 순장곽과 518호분 출토품처럼 신라에는 없는 재질과 형태를 갖춘 것이 지산동고분군에서 출토되기 때문이다. 즉, 신라양식의 범주에 넣을 수는 있겠으나 대가야 공방에서 신라양식을 수용하여 만들었을 가능성이 더 클 것 같다. 이는 합천 옥전 M6호분 금동관의 경우도 마찬가지이다.

2) 귀걸이

가야 귀걸이의 대부분은 대가야양식을 띤다. 고령 지산동고분군, 동 본관동 36호분, 합천 옥전고분군, 합천 반계제 가-A호분, 함양 백천리고분군, 산청 평촌리고분군, 함양 평정리, 남원 월산리 M5호분, 장수 봉서리, 곡성 방송리, 순천 운평리 M2호분, 고성 율대리 2호분, 진주 중안동, 함안 도항리고분군, 창원 다호리 B-15호묘 출토품이 알려져 있다.

주환은 모두 세환이며 현재까지 태환의 출토 예가 없다. 이 점은 백제의 귀걸이와 공통적이다. 초현기의 가야 귀걸이 가운데는 백제적 요소가 많이 관찰되므로 태환이식이 없는 것도 같은 맥락에서 이해할 수 있을 것이다. 다만, 합천 옥전 M4호분이나 M6호분 귀걸이처럼 6세기 전반의 늦은 단계가 되면 주환의 고리가 조금 굵어지고 태환처럼 속을 비게 만든 것이 등장한다. 이 점은 비슷한 시기의 신라 귀걸이와 공통하는 현상이다. 이러한 유형의 귀걸이가 대가야에서 제작된 것인지 혹은 낙동강 이동의 창녕에서 제작된 것인지 불분명한 부분이 있다.

중간식은 대부분 공구체이다. 반구체 2개를 땜으로 접합하여 구체를 만든 것이다. 옥전 20호분 귀걸이처럼 구체의 중간에 각목대가 장식되지 않은 것이 일부 존재하는데 백제 한성기 귀걸이와 형태가 매우 유사하다. 여기서 조금 변형된 것이 옥전 M2호분 출토품처럼 각목대가 부착된 것이고, 지산동 45호분 출토품처럼 금알갱이와 영락으로 장식된 것이 가장 늦은 시기의 귀걸이로 보인다.

〈그림 5-48〉 고령 지산동 45호분 부곽 귀걸이와 세부. (대가야박물관, 『고령 지산동 대가야고분군』, 2015, p. 139)

수하식은 다른 나라의 경우처럼 심엽형 장식이 유행하였다. 그러나 그
간의 출토 예로 보면 금판을 둥글게 말아서 만든 원추형 장식이나 삼익
형 장식, 속 빈 금구슬, 산치자 열매 모양의 장식 등 다양한 형태의 수하
식이 공존하였다. 이 가운데 가장 대가야적인 색채가 짙은 것이 원추형
이다. 옥전 M2호분 예처럼 위가 넓고 아래로 내려오면서 좁아지며 끝에
각목대를 감아 장식한 것이 있고, 지산동 45호분 부곽 예처럼 위에서 아
래로 내려오면서 급격히 좁아지며 맨 아래에 금알갱이를 붙인 것이 있다.
산치자 열매 모양의 장식 또한 대가야적인 수하식이다.

귀걸이의 각 부품을 연결하는 금구는 금사를 이용한 것이 많으며, 금
사를 엮어 만든 사슬이 많이 사용된다. 금사슬 가운데는 겹사슬도 일부
존재한다. 이처럼 공구체 중간식에 금사슬을 연결금구로 활용한 귀걸이
는 일본열도에서도 유행하였다. 다만 열도 출토품은 대가야 귀걸이에 비
하여 길이가 매우 긴 것이 특색이다.

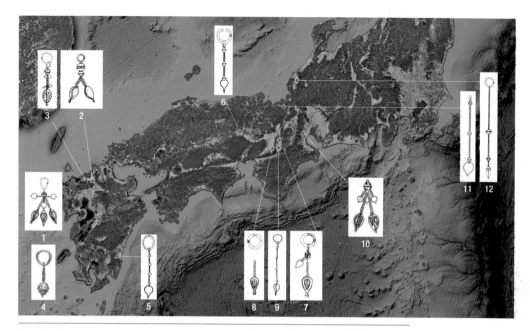

〈그림 5-49〉일본 출토 가야양식 귀걸이의 분포 (1. 다마시마고분, 2. 히하이즈카고분, 3. 다테야마야마 8호분, 4. 모노미야구라고분, 5. 시모키타가타 5호 횡혈묘, 6. 미야야마고분, 7. 와리즈카고분, 8. 이치스가 B7호분, 9.니이자와센즈카 109호분, 10.구루마즈카고분, 11. 덴진야마 7호분 *일부).

이 외에 함안 도항리(경남고고학연구소 발굴) 11호 석곽이나 도항리(창원 문화재연구소 발굴) 4-가호묘에서 출토된 귀걸이는 대가야 귀걸이와는 제 작기법이 다소 달라 이를 아라가야적인 귀걸이로 파악할 수도 있을 것 같다.

가야 귀걸이는 왜로 파급되었다. 백제나 신라 양식 귀걸이에 비하여 분 포 범위가 넓다. 장쇄식 가운데 가야산일 가능성이 있는 것으로 미야자 키시 시모키타가타(下北方) 5호 횡혈묘 출토품을 들 수 있다. 세환에 유 환이 끼워져 있고 그 아래로 4개의 공구체, 3개의 사슬, 심엽형 수하식이 이어져 있다. 수하식의 가장자리에는 각목대(刻目帶)가 부착되어 있다. 합 천 옥전 28호분 귀걸이와 유사하다.

가시하라시 니이자와센즈카(新澤千塚) 109호분 출토품도 가야로부터의 반입품일 가능성이 있다. 수하식이 삼익형이고 길이가 조금 더 길다는 점을 제외하면 시모키타가타 5호 횡혈묘 출토품과 유사하다. 수하식 가장자리에는 각목대가 장식되어 있다. 합천 옥전 91호분, 순천 운평리 2호분 귀걸이의 수하식과 유사하다.

미카타카미나카군(三方上中郡) 무카이야마(向山) 1호분 출토품은 3개의 공구체와 2줄의 사슬, 심엽형 수하식을 갖추었다. 특이한 것은 공구체 표면에 세로로 금립이 장식되어 있다. 무덤의 연대는 5세기 중엽 이전으로 볼 수 있는 자료이다. 아직 같은 시기 가야 귀걸이에서 누금장식이 확인되지는 않았으나 백제의 사례를 참고하면 한반도로부터의 반입품일 가능성이 있다.

한편, 히메지시(姬路市) 미야야마고분(宮山古墳) 2주체부와 3주체부 출토품은 공구체, 사슬, 심엽형 수하식을 갖춘 것이지만 가야 귀걸이와는 다소 차이가 있다. 전자처럼 수하식 중위에 반구상 장식이 부가된 것, 후자처럼 공구체와 수하식 상부가 연접된 것은 가야 귀걸이에서는 확인되지 않는 기법이다. 부품의 형태나 구사된 기술 수준으로 보면 지산동이나 옥전고분군 출토품과 큰 차이가 없어 제작에 대가야 장인이 관여하였을 가능성도 고려할 만하다.

장쇄식 가운데 왜의 특색이 완연한 것도 있다. 나메가타시(行方市) 산마이즈카고분(三昧塚古墳)에서 출토된 금동제 귀걸이와 이이다시(飯田市) 아제치(畦地) 1호분에서 출토된 은제 귀걸이 등은 열도적인 특징이 매우 현저한 것들이다.

단쇄식 가운데 가야와 관련지을 수 있는 예로 소위 '산치자(山梔子)형' 수하식을 갖춘 일군의 귀걸이를 들 수 있다. 야마토코오리야마시(大和郡山市) 와리즈카고분(割塚古墳), 야메시 다테야마야마(立山山) 8호분 출토품 등 7점이 알려져 있다. 산치자형 수하식을 갖추고 있는 점 이외에도 금사슬과 공구체가 사용되었다는 점 역시 공통적이다. 가야 유적에서 출토된 동류 귀걸이와 형태나 크기에서 다소 차이가 있어 7점 모두를 가야산으로 보기는 어렵다. 단쇄식 가운데 대가야산으로 볼 수 있는 사례로 구마모토 야쓰시로군 모노미야구라 고분(物見櫓古墳) 출토품(《그림 5-50》)을 들 수 있다. 이중의 금사슬과 화려한 공구체 수하식을 갖춘 것이다. 고령 지산동 45호분 1실, 합천 옥전 35호분 출토품과 같은 유형으로 분류할 수 있는 자료이다.

〈그림 5-50〉 모노미야구라고 분 출토 대가야 귀걸이. (熊本縣龍北町敎育委員會, 『野津古墳群Ⅱ』, 1999)

이처럼 5~6세기대 일본의 대형 고분에서 발굴된 귀걸이 가운데는 가야산 완제품이 반입된 사례가 있는가 하면 가야의 풍격을 가지지만 왜의 특색이 다소간 확인되는 예도 있다. 한반도에서 완제품이 반입된 것은 일부분에 지나지 않으며, 다수는 한반도의 물품을 모방하여 만들었거나 왜의 지배층 기호에 맞도록 변형한 것으로 추정된다. 아마도 그 과정에 장인의 이주가 있었을 것이다.

통일신라의 금은공예품

통일신라 이후의 금속용기는 왕궁이나 도성 내 생활 유적에서 주로 출토되며 가장 정교한 금속용기는 사찰의 사리장엄구 혹은 공양품에 포함된다. 적석목곽분에서 출토되는 각종 제기류가 더 이상 확인되지 않는데 신라 사회에서 아예 그 기종이 없어진 것인지 혹은 출토되지 않을 뿐인지 아직 단정하기는 어렵다. 그러나 신라 금속용기에 큰 변화가 존재했던 것은 분명하며, 통일기 이후에는 당의 금속용기문화를 본격적으로 수용하면서 새로운 변화를 맞이하게 된다.

신라 궁궐 내 월지 출토품 가운데 금속용기를 비롯한 식기류, 각종 생활 소품이 포함되어 있다. 문고리와 손잡이, 자물쇠, 마구리 장식 등 건축물의 부자재, 초의 심지를 자르는 가위와 같은 생활 도구류 등 종류가 매우 다양하다. 이 금은공예품과 함께 경주 소재 공방에서 제작된 좌파리가반(佐波理加盤), 가위, 숟가락 등의 물품들이 일본 정창원(正倉院)에 남아 있다.

불교 공예품 가운데 가장 중요한 것은 사리장엄구라 할 수 있다. 신성한 부처의 사리를 봉안하는 공예품이기에 최고급의 재료에 최상의 기술력을 더해 만들었다. 경주의 절터에 남아 있는 탑 가운데 발굴 혹은 해체된 사례는 많지만 그 속에서 창건기의 금속제 사리장엄구가 온전한 모습으로 출토된 경우는 많지 않다.

감은사는 682년경 신문왕이 선왕인 문무왕의 은혜에 보답하기 위해 세운 절이다. 서탑 사리장엄구는 밖에서 안으로 가면서 금동

제 외함, 금동제 사리기, 수정제 사
리병 순으로 중첩되어 있다. 사리
기는 목조 건축물 모양이며 난간
네 모서리에 주악 천인상이 배치되
어 있다. 외함 표면에는 역동적 자
세의 사천왕상이 표현되어 있다.
동탑 사리장엄구는 서탑 사리장엄
구와 유사하나 유존 상태가 좋은
편이다. 금동제 사리기는 전각 모
양을 잘 갖추고 있다. 사리병은 높

〈그림 5-5〉 감은사지 동탑 사리장엄구. (국
립중앙박물관 홈페이지)

이가 3.65cm에 불과하며 뚜껑과 받침에 정교한 누금장식이 베풀어
져 있다. 두 탑에서 출토된 사리기 모두 주조, 단조, 투조 등의 금
공기법으로 개별 부품을 만든 다음 못을 박거나 땜질로 접합해
완성한 것이다.

황복사지 석탑 사리장엄구는 안쪽에서부터 유리제 사리병, 금제
합, 은제 합, 금동제 외함 순으로 중첩되어 있다. 외함 뚜껑에 조각
된 명문으로 보면 692년 탑을 건립했고 706년에 불사리와 불상,
다라니경 등을 추가로 봉안했다고 한다. 외함 표면에는 99기의 소
탑이 새겨져 있다. 감은사지 사리장엄구와 시차가 크지는 않으나
사리장엄구의 형태와 구성에서 큰 차이를 보인다.

맺음말

이집트에서 처음 시작된 금은공예문화는 한편으로 중근동 지역과 지중해 그리고 유럽으로 확산되었으며, 또 다른 한편으로 중앙유라시아를 거쳐 중국, 한반도 그리고 일본열도까지 파급되었다. 그 가운데 유라시아의 동단에 위치한 한반도의 경우 삼국시대에 이르러 세계 그 어느 곳과 비교해도 뒤지지 않는 빼어난 금은공예문화를 꽃피웠다. 특히 귀금속장식에는 해당 사회와 문화가 투영되어 있는데, 대체로 4세기 후반 무렵이 되면서 고구려뿐만 아니라 백제, 신라, 가야 등 각국에서 특색 있는 양식이 발현되었고 그것은 바다 건너 일본열도까지 전해졌다.

동아시아 전체를 시야에 넣고 볼 때 금은공예문화의 출발점은 중국의 중원 왕조였다. 귀금속으로 만든 장식품을 주변 국가나 세력에게 사여하는 체제가 하나의 패턴으로 존재했고, 그러한 영향을 받아 삼연(三燕), 고구려, 백제, 신라, 가야, 왜에 이르기까지 완제품 및 방제품이 확산되었다. 한반도를 중심에 놓고 본다면 고구려의 금은공예문화는 4세기 후반 이래 정치적으로 밀접한 관계를 유지한 신라로 전파되었고, 백제는 고구려보다 조금 늦은 시기에 특색 있는 금은공예문화를 만들어 밀접한 관계에 있었던 가야와 왜로 전해주었다. 이 같은 교류의 결과 동아시아 각국은 금은공예문화를 공유하게 되었다.

고구려는 특색 있는 금은공예문화를 가지고 있었다. 특히 절풍(折風)의 표면에 부착하였던 관식의 경우 디자인이나 제작기법상에서 고구려적인 특징이 현저하다. 이 점은 귀걸이나 허리띠장식 그리고 금동신발에서도 마찬가지로 살펴진다. 그런데 고구려의 금은공예문화는 그 자체만으로도 중요하지만, 정치적으로 밀접한 관계에 놓여 있던 신라와 백제에도 큰 영향을 미쳐 삼국 전체에 금은공예문화가 크게 유행하는 데 기폭제로서의 역할을 톡톡히 했다는 점에서 의의를 찾아볼 수 있다.

백제의 금은공예문화는 백제사의 전개 과정과 맥을 같이하며 변화되었다. 첫 출발점은 중국 진식대금구를 번안하는 것이었지만 길지 않은 기간 동안 완숙의 경지에 도달한 점에서 백제 문화의 탁월성을 지적할 수 있을 것이다. 다만 웅진 천도와 사비 천도라는 정치적 계기와 사회 변화의 과정에서 다소 단절을 겪었던 것으로 보인다. 그런데 부여 왕흥사지, 익산 미륵사지 출토 사리공양품으로 보면 사비기의 백제 금은공예문화도 우리의 예상을 뛰어넘어 웅진기 후반의 전통을 그대로 잇고 있음을 알 수 있다.

신라에서 처음 금은공예문화가 시작된 것은 4세기 후반이었고 황남대총 남분과 북분 단계에 전형이 갖추어진다. 나뭇가지와 사슴뿔 모양의 기묘한 장식으로 꾸민 금관, 다양한 형식의 귀걸이, 유리구슬 수천 개와 금판을 엮어 만든 흉식(胸飾), 세련된 감각을 보여주는 황금제 목걸이, 금알갱이와 유리가 끼워진 반지, 상징성이 강한 각종 드리개를 매단 금제 허리띠, 평소 신을 수 없을 정도로 크고 약한 금동신발 등이 그것이다. 신라에 금은공예문화가 도입된 지 약 1세기가 지나는 시점에 이르면, 절정에 오른 안목과 공예기술이 합쳐지면서 최고조의 장식품이 만들어지게 된다. 그러나 절정기에 오른 신라의 금은공예문화는 더 이상 꽃피지 못하였다. 6세기 무렵 신라 사회는 마치 큰 소용돌이와도 같은 급격한 사회 변화를 겪는다. 그 과정에서 적석목곽분과 같은 큰 무덤과 각종 금은공예품이 차츰 사라지게 된다.

가야적인 특색은 관, 귀걸이 등의 금은공예품에 잘 드러나 있다. 관이나 귀걸이에 풀 혹은 꽃 모양의 도안이 가미된 점이 그러하다. 가야적인 장신구가 탄생하기까지는 백제로부터의 영향이 절대적이었다. 가야 사회에서 금은공예문화가 개시되는 5세기 전반의 유물에 백제의 그것과 매우 유사한 사례가 다수 확인되기 때문이다. 이러한 단계를 지나 5세기 후반이 되면 가야적인 특색을 보다 현저하게 갖춘 장신구가 등장한다. 제작기법이 정교해지고 보다 화려해지는 방향으로 변화한 것이다.

물론 삼국시대의 사회구성원이라 하여도 누구나 금은공예품을 소유할수는 없었다. 금은공예품의 소유자 가운데는 왕족과 귀족 이외에 지방의 유력자도 포함된다. 주로 무덤에서 금은공예품이 출토되곤 하는데 다수는 실용품이지만 일부 장송의례용품도 존재한다. 특히 금동신발이 그러하다. 특별히 만든 금동신발을 망자에게 착장하기도 하고 무덤 속 별도의 공간에 넣어주기도 하는데 부장방식에는 몇 가지 유형이 존재한다. 삼국시대의 금동신발은 여타 금은공예품과 마찬가지로 각국의 왕도가 유행의 중심지였을 것이며 식리 제작 및 사여의 주체를 왕실로 볼 수 있다. 그렇다면 지방에 분포하는 금동신발은 중앙으로부터 사여받은 것으로 이해할 수 있을 것이다. 이러한 물품은 보유하는 것만으로도 효과가 있었겠지만 장례 등 많은 사람이 운집한 의식에서 활용하였을 때 소유자의 위세는 더욱 드러났을 것으로 추정할 수 있다.

이처럼 삼국시대 각국의 국왕은 왕도의 귀족뿐만 아니라 지방 유력자들에게도 금은공예품을 사여했던 것으로 이해할 수 있다. 아마도 지방을 지배하는 과정에서 집권력의 미숙이라는 현실적인 여건을 타개하기 위하여 지방 유력자와 상하 관계를 맺어 통치체제 내로 편입시키고 그들을 매개로 지방을 지배하는 과정에서 생겨난 현상으로 볼 수 있다. 여기서 금은공예품에 투영된 고대사회의 정치성을 확인할 수 있다

금은공예품이 만들어지려면 귀금속 재료와 더불어 숙련된 장인을 갖추어야 한다. 공예기술 가운데 대부분은 본디 외래적인 것이었으나 5세기를 전후하여 각 나라만의 기술로 혁신되었다. 상감기술에서 단적으로 살펴볼 수 있듯이 금공기술은 금은공예품을 선호하는 시대 분위기에 발맞추어 기술 확립이 이루어졌고 외교 관계에 수반하여 주변국으로 널리 확산되었다. 현재까지의 발굴 자료로 보면 백제→가야, 고구려→신라, 가야→왜로의 기술 전파가 가장 활발했던 것 같다. 비록 자료는 부족하지만 금은공예품에는 글로벌을 지향하며 새로운 기술과 문화를 적극적으로 수용, 자기화한 다음 그것을 주변 지역으로 확산시키던 삼국시대의 여러 나라 문화가 잘 담겨 있다 하겠다.

이상에서 살펴본 것처럼 우리 역사에서 금은공예문화가 본격적으로 전개되었던 시기는 크고 작은 여러 나라들이 쟁패와 교류를 거듭하던 삼국시대였다. 각 나라마다 금은공예품 제작체계를 갖추었고 장인들은 시대 미감을 반영하여 당대 최고의 예술품을 만들어냈다. 그 예술품에는 각 나라만의 양식적 특색이 발현되었다. 더불어 각 나라 사이의 교류 과정에서 귀금속문화도 전해져 동북아시아에서는 약 2세기에 걸쳐 곳곳에서 금은공예문화가 만개했다. 세계 금은공예문화 가운데 동아시아적 특색이 현저하게 꽃핀 시기가 바로 4~6세기였다.

결론

인류가 최초의 도구인 석기를 제작하고 사용한 이래, 인류 문명은 이러한 도구를 제작하고 사용할 수 있는 능력을 지속적으로 발전시켜왔다. 실제로 도구의 제작과 사용은 단순히 무언가를 만들기 위한 수단을 개발하고 그 수단을 이용하여 특정한 목적을 성공적으로 수행하는 것만을 의미하는 것이 아니라 지금까지 인류가 발전시켜온 언어와 인지능력의 발전과 긴밀하게 관련되어 있으며, 이러한 도구의 제작과 사용을 통해 자신을 둘러싼 환경과 세계와 관련을 맺으며 또한 자신을 표현한다. 즉, 도구의 제작과 사용, 그리고 그와 관련한 다양한 사회적 조건들을 포함하는 기술의 발전은 인류 문명 자체의 발전을 의미한다고 할 수 있다. 한편, 이러한 기술의 발전은 인류가 자신을 둘러싼 환경과 세계에 잘 적응하여 살아가기 위한 전제 조건이기도 하지만 동시에 제약 조건이 되기도 한다. 인류가 원하거나 하고자 하는 바가 있어도 기술적 제약이나 한계에 의해 그 꿈을 이루지 못하는 경우가 대표적이라고 할 수 있다.

이 책에 실린 네 편의 글은 이러한 점을 염두에 두고 한국의 선사 및 고대 시기 기술문명의 발전 과정을 기존과는 다른 시각에서 살펴보고자 하였다. 지금까지 발표된 많은 연구들이 나름의 성과와 기여를 했음에도 불구하고 한국 선사 및 고대 시기 기술에 대한 과학적 분석이나 복원, 혹은 유물의 형식학적 분석이나 사회적 의미를 해석하거나 비교하는 등 어느 한 주제에 집중한 반면, 네 편의 글은 앞서 언급한 내용을 포함하는 동시에 제작 혹은 생산 과정에 대한 최신의 연구 성과를 반영하고 여기에 더하여 기존의 연구에서 상대적으로 소홀히 취급하였던 생산 장인과 공방의 문제와 동아시아 전체의 맥락에서 한국 선사 및 고대의 기술 문명이 차지하는 역사적 위치와 의의에 대해 비교사적 검토를 시도하였다.

이 과정에서 석기 제작에서 철기 제작에 이르기까지의 기술문명의 발달은 단지 소재 및 제작기법의 차이에 따른 단속적인 발전 과정이 아닌 앞선 시기의 제작기술을 바탕으로 뒤 시기의 제작기술이 등장하는 연속적인 과정임을 해명하고자 하였다.

한국의 석기시대에는 석재의 선택과 그에 맞는 제작기법, 효율적인 형태의 다양한 석기 제작을 통해 다른 지역의 인류 문명이 보여준 바 있는 인류의 인지능력과 인류 문명의 보편적인 발전 과정을 잘 보여주고 있음을 확인할 수 있다. 가장 이른 시기에 도구로 사용되었을 것으로 추정되는 목재는 유기물이라는 특성상 남아 있기 어렵기도 하거니와 있는 재료를 그대로 이용하는 경우가 많다. 석기 또한 최초에는 원래 있는 재료에서 형태만 변화시킨 것에 불과하며, 주변의 재료를 그대로 이용한다는 점에서 목기와 석기의 출발점이 비슷하다고 할 수 있을지 모른다. 그런데 인류가 처음 석기를 제작 사용한 이후 수십만 년 혹은 수백만 년이 지난 후 나타난 후기 구석기시대의 정교한 석기들을 보면, 석기는 단순한 재료의 이용이 아니라 인간의 진화 과정과 그 궤를 같이하는 산물이라는 점을 쉽게 알 수 있다. 인간으로서 인간다운 삶을 향한 거대한 여정은 결국 석기의 사용 및 그 발달 과정과 떼려야 뗄 수 없는 관계를 가지고 있는 것이다.

나아가 후기 구석기시대 수렵채집민은 광역의 교류네트워크를 세우고 유지, 관리했음을 흑요석이라는 정질 암석의 분포로 알 수 있다. 현재 많은 유적에서 확인되는 흑요석은 대부분 백두산 원산지로 알려져 있는데, 중부 지방에서는 직선 거리로 500km, 남부 지방에서는 800km에 이르는 먼 거리이다. 결국 후기 구석기시대라는 지금보다 훨씬 춥고 건조했던 시기에 이동하는 수렵채집민은 주변 집단과 상시적으로 교류하면서 먼 곳에서 흑요석을 조달했다. 물론 직접 교류는 아니었고, 집단과 집단을 잇는 간접 교류망을 넓게 지니고 있었던 것이다.

신석기시대와 청동기시대의 대부분 도구 역시 돌을 깨거나 갈아서 만든 것이기도 하다. 돌화살촉을 비롯한 수렵구를 비롯하여 밭을 갈고 수확하는 농구, 그리고 나무를 가공하는 목공구 등 다양한 뗀석기와 간석기가 확인되고 있다. 나아가 간돌검(마제석검)과 같은 석기는 청동기시대의 대표적인 석기이다. 주거지에서도 많은 유물이 출토되었기에 실생활에 쓰였음이 분명하면서도 무덤에 부장된 유물도 많으며 장식적 요소를 보여주기도 한다. 신석기시대 결상이식과 같은 유물은 한반도를 넘어서 요령 지방이나 일본에서도 확인되기에 광역의 교류를 가리키는 유물이기도 하다. 청동기시대에는 옥 장식품의 제작과 사용 그리고 교역이 널리 확인되기도 한다. 이와 같은 선사시대 석기의 제작은 적절한 암석의 소재를 파악하고, 채석하며 가공하는 활동이 전문화했으며, 전문 장인이 있었음을 시사하고 있다.

청동기 주조와 제작은 구석기시대 및 신석기시대에 발전한 석재에 대한 매우 전문적인 지식과 유적의 형태와 구조에 대한 인식, 그리고 도구의 제작과 관련한 인지능력의 발전이 전제되지 않으면 탄생할 수 없었다.

청동기시대, 심지어 철기시대(적어도 초기 철기시대)에 이르기까지 해당 사회의 주요 생산도구가 석기였음을 감안하면 설사 이미 금속이 사용되던 시대라 하더라도 석기의 중요성이 여전히 강조되고 있음을 염두에 두어야 함을 알 수 있다. 청동기의 제작은 석제 거푸집의 등장과 사용에서 알 수 있듯이, 그리고 거푸집의 제도와 제작과 함께 비록 이견의 여지는 있지만 일부 석제 도구의 형태가 청동제 도구의 그것에 모태가 되었다는 점에서 짐작할 수 있듯이, 석기 제작의 전통 위에 동과 주석 그리고 납 등을 고온에서 녹여 합금하는 새로운 제작기술, 즉 주조기술이 결합하여 성립한 것이었다.

청동기 제작장인 혹은 청동유물의 소지자는 청동기의 제작과 사용을 통해 자신의 신분과 정체성을 사회적으로 표현하고자 하였으며 따라서 사회적 위계와 복합화의 증거가 확인되는 것도 바로 이 시기이다. 비파형동검과 선형동부의 분포 범위나 세형동검의 일본열도 내 분포에서 알 수 있듯이 구석기시대 이래 내려온 동아시아의 여타 지역과의 폭넓은 자원의 교역과 상징 네트워크 또한 이 시기에도 여전히 지속되었음을 알 수 있다. 특히 세형동검과 세문경은 당시 기술적 측면에서 고도의 숙련된 전문지식을 요구하고 있으며 이러한 높은 수준의 청동 주조기술이 일본으로 유입되어 쌀농사와 함께 일본 내 고대국가 성립의 토대가 되었다는 점도 주목된다. 따라서 청동기시대는 청동기라는 새로운 금속의 등장과 함께 이에 따른 기술적 혁신과 위계화와 같은 사회적 변화가 가능했던 시기였다고 할 수 있다. 다만 청동기시대에는 여전히 주요 생산도구로 석기를 사용하는 생계경제를 유지하고 있었다는 점도 주목할 필요가 있다. 즉, 청동기는 금은기와 함께 생산을 위한 도구보다는 인간이 다른 인간 또는 집단들과의 사이에 사회적 차별화를 위한 도구로서 보다 활용되었던 것이다.

한편 순수한 철을 녹이기 위해서는 무려 1538℃라는 고온이 필요하기 때문에 도구를 제작하기 위한 철 소재를 얻는 것부터가 대단히 복잡하고 어려운 일이었다. 철기시대는 청동기시대에 등장한 금속 합금기술과 주조에 더하여 단조와 탈탄 과정을 통해 생산한 강철 소재의 등장이라는 새로운 기술적 혁신이 이루어지는 시기이기도 하다. 이러한 기술적 혁신은 철이라는 소재의 특성에 대한 과학적 지식의 획득과 용융점이 동에 비해 훨씬 높은 철을 녹이기 위해 요구되는 고온의 화도, 그리고 더욱 전문적이고 체계적이며 효율적인 생산 공정의 발달을 전제로 하고 있다. 또한 유럽이나 중국의 사례에서 보는 바와 같이 동광이나 주석 산지가 매우 제한적인 데 비해 철의 경우 상대적으로 용이하게 재료를 획득할 수 있어 대량 생산이 가능하였을 뿐만 아니라, 석기나 청동기와는 비교할 수 없을 만큼 강한 강도를 갖고 있어 더 다양한 목적으로 광범위하게 사용될 수 있었다. 드디어 철이 구석기시대 이래 청동기시대에 이르기까지 주요 생산도구로 광범하게 사용되었던 석기를 대신하여 새로운 생산도구로 채택되었고, 이러한 철기의 보급 여부가 해당 사회의 흥망성쇠를 좌우할 정도였다고 할 수 있다.

당시에 각 지역의 사회 지배계층은 철의 생산과 이에 따른 농업생산력의 증대를 토대로 비약적으로 성장하였으며, 자신들의 권력과 위세를 보여주기 위한 목적으로 다양한 형태의 철기를 제작하고 사용했을 뿐만 아니라 철 생산 조직과 과정을 통제하고자 하였다. 즉, 해당 사회의 농업생산력을 증대할 목적으로 철기를 보급하고자 하였으며 이러한 보급의 정도, 그리고 이에 따른 농업생산력의 차이에 따라 각 정치체 사이의 위계도 등장한 것으로 파악된다. 한편, 철기의 일본 수출을 통해 고구려, 백제, 신라 및 가야는 일본 내 정치세력과 긴밀한 관계를 맺었으며, 따라서 한반도에서 생산되는 철의 수입 여부에 따라 일본 내 정치세력의 변화도

감지될 정도로 고대 시기 한반도의 철은 동아시아의 정세 변화에서 매우 중요한 위치를 차지한다고 할 수 있다.

구석기시대 이래 지속적으로 발전해온 도구의 제작과 생산 기술은 금을 포함하는 귀금속제 물품의 제작을 통해 정점에 도달했다고 할 수 있다. 귀금속이 갖고 있는 희소성 때문에 일반인이 아닌 일부 계층에 의해, 그리고 일상생활에 주로 사용되는 일반적인 도구의 주요 소재가 될 수는 없었지만, 적어도 선사시대 이래 고대사회에 이르기까지 당대인이 도달할 수 있는 최절정의 기술적 수준과 미감을 보여준다고 할 수 있다. 구석기시대 이래 발전해온 조형미에 대한 인지능력과 두드리고 펴는 세심한 손기술, 그리고 주조기법의 발전은 누금과 상감기법에서 절정에 이른 기술적 수준의 한 단면을 보여준다. 또한 이러한 제작기법의 고도화와 그것의 전수에 필요한 장인조직 및 생산의 전문화를 통해 고대를 거쳐 중세에 이르러 꽃피우는 다양한 공예기술의 발전의 단초를 엿볼 수 있다.

고구려, 신라, 백제 그리고 가야는 각자 일정한 공통점과 함께 나름의 고유한 특징을 갖고 있는 각종 장신구 등을 발전시키며 고유의 귀금속 문화를 발전시켰으며, 또한 이러한 귀금속 장신구들이 일본 등지로 확산되면서 해당 사회의 사회적 변화와 국제관계를 견인하는 계기를 마련하였다. 따라서 비록 귀금속의 경우, 사용 계층이 한정되었으며 생산도구로 사용될 수 없었음에도 불구하고 당시 최첨단의 생산기술의 발전과 당대 미감의 절정을 보여준다는 점에서, 그리고 사여와 증여 등을 통한 한반도 내 각 세력 간의 정치적·사회적·상징적 관계를 매개했다는 점에서, 그리고 일본과의 국제관계를 견인해갔다는 점에서 그 의의가 매우 크다고 할 수 있다. 또한 생산 장인과 생산 조직의 측면에서 전근대사회의 기본적인 수공업 생산방식의 단초를 보여준다는 점에서 매우 중요하다고 할 수 있다.

결론적으로 석기, 청동기, 철기 그리고 귀금속은 시대를 달리하며 해당 사회의 기술적 발전과 이에 따른 사회적 발전을 이끌어왔을 뿐만 아니라 해당 사회의 사람들이 자신을 표현하고 자신의 세계를 특정한 방식으로 만들어가는 것을 가능케 한 조건이기도 하였다. 석기, 청동기, 철기, 그리고 귀금속은 제작기술과 방식에서 서로에 영향을 주고받거나 혹은 토대가 되었으나 각기 고유한 방식으로 해당 사회의 변화에 기여했다고 할 수 있다. 서로 다른 물질, 곧 돌과 금속을 사용했지만, 특정 시기 기술의 발전은 이전의 전통 위에서 이루어진 것이다.

　인류의 역사가 그렇듯이 한국의 선사시대와 역사시대의 사람들도 돌과 금속을 이용하여 자신과 사회를 표현하고, 그 속에서 스스로의 정체를 찾았다. 도구는 고정되거나 수동적인 물체가 아니라 사람과 사람, 사회와 사회를 연결하고 소통해주는 매개물이기도 했다. 장인은 고도의 기술로 자신을 표현하기도 했으며, 사회의 가치를 구현하고자 했다. 복합 기술로서 금속기의 제작, 그리고 정교한 귀금속의 제작이 그것을 잘 보여준다. 이러한 석기, 청동기, 철기, 그리고 귀금속의 제작기술과 이에 따른 사회적 변화는 중세와 근대 그리고 현대 사회에 이르기까지 지속적으로 영향을 끼치고 있다고 해도 과언은 아니다. 현대를 과학과 기술의 시대라 말하지만, 선사시대와 전통시대의 기술 역시 정교하고 복잡한 과학과 기술의 소산이다. 선사시대와 역사시대의 사람들은 지금과 마찬가지로 도구와 기술에 의존한 삶을 살았다. 따라서 현대를 살아가는 우리 또한 석기시대 이래 지속되어온 이러한 기술문명의 발전 과정의 흐름 속에 있다고 할 수 있다.

제2장 돌을 다듬다: 문명의 시작

1. 이 글은 글쓴이가 성춘택, 『석기고고학』(사회평론, 2017a)에서 제시한 자료와 논의를 수정·보완한 내용을 담고 있다.

2. 학문으로서 고고학의 시작과 발달, 그리고 현대 고고학의 전개에 대해서는 브루스 트리거, 성춘택 옮김 『고고학사』(사회평론, 2010)에서 자세히 논의되어 있다.

3. 현재 석기를 비롯한 많은 유물의 명칭에서 우리말과 한자말이 혼용되고 있으나 이 글에서는 가능하면 우리말 용어를 쓰면서 한자말을 괄호 안에 부기하고자 한다.

4. 구석기시대는 전 세계 인류의 보편적인 형질진화와 문화진화의 틀이 강조되고 있다. 그리하여 아프리카와 유럽의 연구전통을 따르는 연구자들이 많다. 다만, 글쓴이는 동아시아에서 무스테리안 전통, 곧 중기 구석기시대의 설정에 대해서는 비판적이다. 성춘택, "한국 중가구석기론의 비판적 검토", 『한국고고학보』 46 (2002), 5-28쪽.

5. 한국 후기 구석기시대에 널리 쓰인 정질의 암석은 퇴적암으로서 규질셰일, 곧 규질혈 암이라고도 부를 수 있지만, 경우에 따라서는 혼펠스, 유문암, 규질응회암, 이암 등 다양한 암석으로도 기술되고 있다. 성춘택, "구석기 제작기술과 석재분석: 한국 후기 구석기시대 석재에 대한 예비적 고찰", 『한국상고사학보』 39 (2003), 1-18쪽. 연구자에 따라 쓰이는 용어는 다르지만, 대부분은 같은 암석이라 봐도 무방할 것이다.

6. 실제 널리 쓰이는 한자 용어로는 돌괭이와 돌도끼를 모두 석부(石斧), 또는 석부류 석기라 부른다. 형태상 유사하기 때문인데, 기능적으로는 확연히 다르기 때문에 가능하면 구분해야 할 것이다.

7. 한반도 서남단이라 할 수 있는 장흥 신북 유적에서는 백두산 원산지와 함께 규슈에서 온 흑요석도 나왔다는 보고가 있다. 이기길, "장흥 신북유적의 흑요석기에 대하여", 『한국 구석기학회 학술대회 발표집』 (2013), 51-54쪽.

8. 고고학에서 특정 유물의 기원과 계통, 전파를 말할 때는 상사와 상동에 유념해야 한

다. 비슷한 형태의 유물은 기능적인 요인, 곧 상사의 결과일 수도, 같은 문화에서 기인한 상동의 결과일 수도 있기 때문이다. 성춘택, "고고학과 물질문화의 기원과 계통: 비판적 검토", 『한국고고학보』 102 (2017b), 164-196쪽

제3장 금속을 녹이다: 금속문명의 도입과 청동기

1. 기원전 5000~4000년 기에 코카사스 지역과 중근동 지역 그리고 남동부 유럽에 등장했던 시기로 순동만을 사용하였으며 순동에 주석, 아연, 납 등을 사용하여 합금을 한 청동기를 사용하는 시기인 청동기시대가 뒤를 잇는다.
2. 여기에서 사회구조는 기든스의 구조(structure) 혹은 구조적 원칙(structural principle)의 의미로 사용하고자 한다.
3. 사회체계는 흔히 사회계층화를 포함한 사회의 외형적 특징을 기술하는 용어로 사용하고자 한다.
4. 금속 제련이 가장 먼저 이루어진 코카사스 지역과 중근동 지역, 그리고 남동부 유럽에서는 청동이 매우 이른 시기, 즉 기원전 3000년기에 등장한다.
5. 헤시오도스와 루크레티우스의 시는 서울대학교 인문학연구원 안재원 교수의 번역에 따른다.
6. 서울대학교 철학과 이태수 교수의 개인교시에 따른다.
7. 호남고고학회, 『완주 갈동유적 출토 거푸집과 청동기 제작복원』 (호남문화재연구원, 2005); 한수영, "세형동검 거푸집의 제작과 주조실험", 『연구논문집』 8 (2008); 숭실대 한국기독교박물관, 『한국의 청동기 제작과 거푸집』 (2005); 숭실대 한국기독교박물관, 『한국기독교박물관 소장 국보 제141호 다뉴세문경 종합조사연구』 (2009); 숭실대 한국기독교박물관, 『거푸집鎔范과 청동기靑銅器』 (2011); 박학수, "논문", 이청규 외, 『한국기독교박물관 소장 국보 제141호 다뉴세문경종합조사연구』 (숭실대학교 한국기독교박물관, 2009); 오광섭, 『한국고고학전국대회 발표문』 (2017), 65-82쪽 등이 대표적이라고 할 수 있다.

1. 운석에서 채취한 철.

2. 사전적으로 제련(製鍊)은 '광석을 용광로에 녹여 함유한 금속을 뽑아내어 정제하는 것'을 가리키며, 제철(製鐵)은 '철광석을 제련하여 철을 뽑아내는 것'을 의미한다고 되어 있어(다음 국어사전), 사실 양자 사이에 큰 차이를 느끼기 어렵지만 제련은 철 이외의 금속도 포괄하는 의미로 사용됨을 알 수 있다. 김권일(2003)이 '철을 다루 는 모든 종류의 노'를 제철로로 지칭하고, 광석으로부터 철을 분리해내는 역할을 하 는 노는 제련로라 정의한 바 있으며, 이에 대해 이남규, "鐵器生産 프로세스의 이해", 『한국 매장문화재 조사연구방법론4』(국립문화재연구소, 2008)은 철과 제련의 두 개념어를 바꾸어 소재 생산과 철기 제조를 아우르는 모든 작업을 제련으로 보고 철 소재를 생산하는 1차 공정을 제철로 규정할 필요성을 언급하면서도 혼란을 피하기 위해 기존 용어를 따른 바 있는데, 송윤정, "통일신라시대 철·철기의 생산과 유통에 관한 시론", 『제7회 한국철문화연구회 한술세미나자료집』(2011)이 채광부터 철기 생 산에 이르는 모든 공정을 제련 공정도에 포함시켜 이남규의 개념을 확장시킨 바 있 다. 이에 반해 김경호, "백제의 남한강 진출과 그 과정—제철기술을 중심으로", 『국 립중원문화재연구소 학술세미나 자료집: 중원문화의 새로운 이해』(2019)는 철광석 을 제련하여 철을 뽑아내는 것, 특히 선철(銑鐵)을 생산하는 것을 제철이라 하고 그 노를 제철로라 칭하고 있어, 연구자 사이에 다소 혼선이 야기되고 있다. 철 자체에 중점을 둔다면 광석에서 철을 생산하는 과정을 '제철'이라 하고 그 노를 '제철로'라 하는 것이 좀 더 선명할 수 있으나, 결국 다양한 제련로 가운데 하나가 제철로인 셈 이어서 기존에 일반적으로 사용되던 것과 같이 철을 생산하는 노를 제련로라 칭해 도 큰 무리는 없다고 생각된다.

3. 나라에서 철이 생산되어 한과 예·왜가 모두 이를 가져간다. 시장에서 철을 이용하여 물건을 사고파는데 중국의 돈과 같으며, 또한 두 군에도 공급되었다(國出鐵 韓濊倭 皆從取之 諸市買皆用鐵 如中國用錢 又以供給二郡).

4. 이때 생성된 괴를 일반적으로 괴련철(塊練鐵)이라 부르는데, 이 괴 안에는 맥석이나 숯 등이 뒤엉켜 있을 수도 있고 혹은 조그마한 크기의 선철도 생성되어 포함되어 있 을 수 있어 잡철이라 부르기도 한다.

5. 〈그림 4-7〉의 원 부분이 바로 제강 및 단야 공정과 관련된 것이며, 네모 부분이 주조 철기를 열처리하는 기술을 표시한 것이다.

6. 특히 단야 공정이 정련과 단련단야로 구분되어 있지만, 후술하는 것과 같이 단야 공정은 오히려 정련-단련-성형단야로 보다 세분할 필요가 있다.

7. 제련로에서 생산된 선철은 금방 식어버리기도 하고 제련로의 작업 환경에 따라 순수한 철만 나오지 않을 수도 있기 때문에 제련로에서 나온 철을 바로 주조하는 것이 그리 쉬운 일은 아니지만, 고대에도 제련에서 주조까지 일괄 공정이 불가능한 것은 아니다. 만약 제련로와 용해로가 같이 나오는 경우에는 이러한 일괄 공정이 이루어 졌다고 볼 수 있는데, 19세기 말 김준근 풍속도 중의 〈주물도〉(본문 그림 4-11 참조)에서는 제련로에서 나온 쇳물을 바로 옮겨 솥과 같은 기물을 주조하는 공정을 그리고 있어 별도의 용해 공정이 보이지 않는다. 여기서 특이한 것은 제련로의 구조가 원뿔형에 화구가 약간 상부 측면에 나 있는 점이다. 일반적인 제련로가 원형 평면에 상부로 가면서 직경이 약간 줄어드는 구조를 하고 있다고 생각되는 것에 비해 상당한 차이가 있다. 그림의 사람 키를 대략 160~170㎝ 내외로 가정할 경우 노의 전체 높이는 3m 가까이나 되어 노 높이가 상당히 높았음을 알 수 있다.

8. 사라리 130호 토광묘는 무덤 바닥에 판상철부형 철정이 빼곡히 깔려 있었으며, 2017년에 성림문화재연구원에서 조사한 경산 하양(무학)지구 택지개발사업부지 내 하양읍 도리리 115-5번지에서 조사된 6호 토광묘에서는 통나무관의 바닥과 측면에서 최소 26개체분의 판상철부형 철정이 前漢鏡과 함께 출토되었다("고대 소국 '압독국' 실체 드러나나", 〈대구신문〉 2017.11.21.). 이는 판상철부형 철정이 유통소재로서 뿐만 아니라 首長級 무덤에서는 제의를 위해 사용되기도 하였음을 보여주는 것으로, 이는 당시 철소재가 갖고 있던 희귀성 등에 기인하였던 것으로 생각된다.

9. 金俊根은 주로 1880년대부터 1890년대까지 부산·원산 등의 개항장에서 활발하게 풍속화를 그려 주로 서양인들에게 판매하였다고 알려져 있는데, 그의 그림이 세계 20여 곳의 박물관에 1,500여 점이나 남아 있어 당시 풍속을 복원하는 데 큰 도움이 된다(한국정신문화연구원, 『한국민족문화대백과사전』 [1991]).

10. 장수 秦開는 燕나라 昭王 때 인물이어서, 연의 고조선 침입은 대략 B.C. 4세기 말 무렵으로 추정할 수 있다. (魏略曰 昔箕子之後朝鮮侯 見周衰 燕自尊爲王 欲東略地 朝鮮侯亦自稱爲王 欲興兵逆擊燕 以尊周室. 其大夫禮諫之 乃止. 使禮西說燕 燕止之不攻. 後 子孫稍驕虐 燕乃遣將秦開 攻其西方 取地二千餘里 至滿番汗爲界 朝鮮遂弱 『三國志』魏書 東夷傳 韓條.)

11. 侯準旣僭號稱王. 爲燕亡人衛滿所攻奪 將其左右宮人走入海 居韓地 自號韓王 其後絶滅 今韓人猶有奉其祭祀者. 漢時屬樂浪郡 四時朝謁(『三國志』魏書 東夷傳 韓條).

12. 會孝惠·高后時天下初定, 遼東太守卽約滿爲外臣, 保塞外蠻夷, 無使盜邊, 諸蠻夷君長欲入見天子, 勿得禁止. 以聞, 上許之, 以故滿得兵威財物 侵降其旁小邑, 眞番·臨屯皆來服屬, 方數千里(『史記』朝鮮傳).

13. 중부 지역에서 제련을 통한 철 생산이 이루어진 시기에 대해서는 후술하겠지만, 현재는 전혀 자료가 없으나 향후 조사를 통해 기원 전후 무렵까지 소급될 가능성을 배제하기 어렵다고 생각한다.

14. 수혈 크기를 측정한 것으로 제련로의 제원.

15. 여기서 한은 삼한 가운데 마한을 가리키는 것으로 봄이 자연스러우며, 왜는 바다건너 있어 멀다고 느낄 수 있으나 낙동강 하구에서 왜지역의 주 수요처로 볼 수 있는 구주북부까지 직선거리가 210여km 정도여서 마한이나 예보다 결코 멀다고 할 수 없다.

16. 지금까지 이 기록은 변한 지역 즉 가야의 철 생산의 우수성을 운위하는 사례로 대개 의심 없이 받아들여왔다. 그런데『삼국지』위서 동이전 한조(韓條)의 기록을 자세히 보면, 마한 다음에 먼저 진한의 위치와 언어·기원 지배구조 등을 기술하고 있다. 다음으로 변진한 24개국의 나라 이름을 열거하면서, 이들 중 12개 나라가 진왕에게 속하였음을 밝힌 다음, 변진 지역의 풍속과 생활상을 이야기하면서 철 생산에 대해 기록하고 진한인의 편두에 대해 기술하고 있다. 기술 순서나 내용으로 보면 한조(韓條)의 철 생산을 변한에 국한해 보아야 할 근거는 없으며, 최소한 변한과 진한의 구분 없이 철 생산을 언급한 것으로 보아야 할 것이다. 울산 달천광산을 위시한 진한 즉 신라의 철에 대해서도 주목해야 하는 이유이다.

17. 『삼국지』는 서진(西晋, 기원후265~316) 때 진수(陳壽, 기원후232~297)가 찬술한 것인데, 한(韓)의 경우 연대를 명확히 알 수 있는 기록은 위(魏) 경초(景初) 연간(기원후237~239)에 명제가 군대를 보내 낙랑·대방 2군을 평정한 것밖에 없다. 그 밖의 내용들도 250년대 이후로 볼 수 있는 근거가 거의 없어 한에 대한 기록이 채록된 시점은 240년대를 하한으로 하였을 가능성이 높다고 생각된다.

18. 송절동은 12기의 제련로가 조사된 Ⅶ지구 북쪽에서 1918년도에 추가 조사가 실시되고 있는데, 제련로를 비롯한 제철유구들이 더 확인되고 있어 이곳이 역시 대규모 제철 생산단지였음을 말해주고 있다.

19. 진천 송두 산업단지에서는 제련로 25기와 정련 및 성형단야로 31기 등의 제철유구가 조사되었으나 세부적인 제원 등에 대해서는 아직 조사 결과가 공표되지 않아 분석에 포함시키지는 않았다.(강지원, "진천 송두 제철·취락유적",『국립중원문화재연

구소 학술세미나 자료집: 中原, 마한에서 백제로』[2018]).

20. 충주 탑평리 1호 주거지에서 철괴가 출토된 바 있는데(〈그림 4-28〉), 불규칙적인 상태로 보아 제련로에서 생산된 괴련철일 가능성이 높아 보여 중부 지역 철생산 양산을 잘 보여주는 유물로 생각된다.

21. 노 규모에서 중요한 것은 외경이 아니라 내경이다. 외경은 벽 두께 등에 따라 차이가 있을 수 있지만, 내경은 순수한 조업 규모를 결정하는 주요인으로 작동한다.

22. 청주 송절동 Ⅶ-1지점 1호·5호 제련로의 내경이 각기 82㎝와 95㎝로 보고되었으나 소결면을 기준으로 추정한 것이어서 원래 크기인지 여부가 불확실하다. 이를 제외하면 현재 조사된 중부 지역 제련로의 내경은 모두 100㎝를 넘는다.

23. 찰금동 유적은 현재 유적 전체의 일부분만 조사되었다고 생각되기 때문에, 앞으로 주변 지역에 대한 조사가 확대되면 늦은 시기의 제련유구들이 다수 확인될 수 있을 것으로 생각한다.

24. 고려·조선시대에 토목과 영선(營繕)에 관한 일을 관장하기 위해 설치하였던 관서로서, 고려 목종 때 장작감(將作監)이라 불렸던 것을 1294년(충렬왕 24)에 선공감으로 바꾸었으며, 1308년(충선왕 즉위년)에는 繕工司로 하였다가 1356년(공민왕 5)에 다시 장작감으로, 1362년에는 선공시(繕工寺)로 하는 등 여러 차례 이름이 바뀌었다. 조선시대 선공감은 1392년(태조 1)에 설치되어 1414년과 1460년에 직제를 개정하였다고 한다(『한국민족문화대백과사전』).

25. 저어주는 행위로서 앞서 제철 공정에서 설명한 초강이 이에 해당한다.

26. 가마솥 만드는 곳을 가마부리간이라고도 불렀는데, '부리질'이나 '부질'이라는 말은 쇳물을 붓는다는 동작에서 나온 순수한 우리말로서 이 말을 보면 부리쇠는 주로 수철을 뜻하는 용어라 보고 있다(정해득 2017).

27. 1균은 30근으로서 100균은 3,000근이 된다.

28. 1근(600g) = 16냥(1냥 37.5g) = 160전(1냥=10전).

29. F. "精精造正入一斤 劣八兩 炭二斗四升."(『純祖仁陵山陵都監儀軌』下 爐冶所 鐵炭式)

30. 병기·기치·융장(戎仗)·집물 등의 제조 업무를 관장하기 위해 병조에 설치되었던 관서로서, 1392년(태조 1)에 군기감이 설치되었다가 1466년(세조 12)에 군기시로 개칭되었다. 『경국대전』에는 이들 외에 칠장(漆匠) 12인, 마조장(磨造匠) 12인, 궁현장(弓弦匠) 6인, 유칠장(油漆匠) 2인, 생피장(生皮匠) 4인, 시인(矢人) 150인, 쟁장(錚匠) 11인, 목장(木匠) 4인, 아교장(阿膠匠) 2인, 고장(鼓匠) 4인, 연사장(鍊絲匠) 2인

등의 공장(工匠)을 둔다고 되어 있다. 세종 때에는 서북 변경의 개척으로 화기 사용이 빈번해지자 군기시에서 화약기술의 확보를 위해 화약장(火藥匠)의 전지 전출을 견제했고, 군기시 안에 화기를 전담하는 10여 인의 관원을 두기도 하였다. 세조 이후 오랜 기간 전쟁이 없게 되자 군기시의 기능이 차츰 해이해져 본래의 기능을 제대로 발휘할 수 없게 되자 1884년(고종 21) 군기시가 폐지되고 그 직무가 기기국(機器局)으로 옮겨졌다고 한다(『한국민족문화대백과사전』).

31. 전술의 전환뿐 아니라 방어구의 기능 향상도 철촉의 변화상과 깊은 연관이 있다. 하지만 갑주나 방패와 같은 방어구는 현재까지 존재 유무가 불분명하다.

32. 나무 자체만으로는 구조상 취약할 수밖에 없어 그 표면을 철판과 같은 금속 물질로 보강하게 되는데, 일부만 철판으로 보강하는 것은 목심철판부분보강(木心鐵板部分補強) 윤등, 전면 보강하는 것은 목심철판전면보강(木心鐵板全面補強) 윤등으로 부를 수 있다.

33. 과거 손쉽게 얻을 수 있는 것 중 열량이 가장 높고 지속성이 강한 것은 목탄 곧 숯이 최고라 할 수 있다. 거기에 철은 탄소가 첨가되어야 비로소 제 기능을 할 수 있는바, 숯이 바로 탄소 그 자체이므로 숯은 철을 철답게 해주는 동시에 철을 녹일 수 있는 최적의 재료였던 셈이다.

34. 제련로의 높이는 얻고자 하는 철의 종류나 양 등과 밀접한 관련이 있다.

35. "凡五十餘國. 大國萬餘家 小國數千家 總十餘萬戶"(三國志 魏書 東夷傳 韓).

36. 현재 몽골의 인구는 약 310만 명이고 초원지대에 방목하여 기르는 가축 수가 약 5000만 마리로서 식량(가축 수)과 수요자 사이에 평형 관계가 형성되어 있다. 그런데 몽골의 국토면적이 156만㎢로 한반도보다 7배가량 넓음에도 불구하고, 초지(草地)가 수용할 수 있는 방목 가축 수는 거의 한계에 다다른 상태이기 때문에 현재와 같은 방목체계에서는 더 이상 가축 수를 늘리기가 어렵다고 한다. 이는 인구 증가가 이루어질 경우 전통적인 식량공급체계로는 이를 감당할 수 없다는 것을 의미하는 것으로서, 초지의 자연생산력에 의지하는 방목의 한계를 여실히 보여주는 것이다. 결국, 인구가 증가할 경우 이를 수용하기 위해서는 방목이 아닌 밀집 공간에서의 사육체계 나아가 사료를 이용하는 사육체계로 바뀌거나 또는 농경생산으로 전환되어야 하는데, 이 경우 가축 값의 급등 등 몽골의 전통적 생계경제체계를 위협하는 요소로 작동할 수 있다고 한다. 이는 결국 농경과 우리사육이라는 생산경제가 현재와 마찬가지로 고대사회에도 인구 체계를 감당할 수 있는 핵심 요소였음을 시사하는 것으로서, 철기는 농경생산력을 증대시키는 데 가장 핵심적 도구였던 것이다.

37. 원삼국시대 말·삼국시대 초 무렵 주조괭이의 보급은 가경지의 확대를 통한 농업생 산력의 증대를 수반하고 잉여생산물의 축적을 통한 경제적 격차 심화와 계층의 다 양화 과정을 촉진시킬 뿐만 아니라(김도헌, "선사·고대 논의 발굴조사 사례 검토", 『발굴사례연구논문집』 창간호 [2001]; 이현혜, 『한국 고대의 생산과 교역』 [일조각, 1998]), 읍락 차원의 생산과 호혜성의 유통에 기반한 사회구조가 국읍 차원의 생산 과 재분배의 유통에 근거한 국읍에 일반 읍락이 통합된 사회구조로 변화하는 중요 한 계기가 되는 것으로 보고 있다(김권일 2009a: 123).

38. 철장(鐵場): 철(鐵)을 캐내어 제련하던 곳. 수철(水鐵)·생철(生鐵)·사철(沙鐵)·연철 (煉鐵)·정철(正鐵) 등을 생산하였음.

39. 한국사데이터베이스에서 제공하는 원문 내용과 국문번역본 불일치. 정초본의 원문 내용 참조.

제5장 금과 은을 구부리고 펴다

1. 신라 황금문화의 중핵은 장신구라 할 수 있다. 신라 귀금속장신구 문화의 전형은 이 미 황남대총 남분 단계에 갖추어지나 이 시기에 황금장신구를 소유한 사람들은 매 우 제한적이었던 것 같다. 더 많은 사람이 황금장신구를 소유하고 한층 더 신라적인 디자인으로 탈바꿈한 것은 황남대총 북분이 축조되는 시점이다. 황남대총 남분과 북분 단계에서 볼 수 있는 황금장신구는 신라적 특색이 매우 현저한 것이므로 신라 황금문화 자체가 외부로부터 전해진 것으로 보기는 어렵다.

2. '以始造銅繡丈六佛像各一軀 乃命鞍作鳥爲造佛之工'(『일본서기』 권22 推古天皇13 년). 止利의 생몰년은 알 수 없고 중국에서 귀화한 司馬達 등의 후손이라 전해졌으 며 止利가 속한 鞍作工人이 백제계일 가능성이 있다고 한다. 문화공보부 문화재관리 국, 『무령왕릉 발굴조사보고서』, (문화공보부 문화재관리국, 1973), 30쪽.

3. 5세기 이후 영산강 유역에 독자적인 정치체가 존재했는지의 여부를 둘러싸고 여러 논의가 있다. 크게 보면 문헌 사료에 기준을 두어 정치체가 존재하지 않은 것으로 보는 견해와 고고학 자료의 지역성과 위세품의 소유에 주목하여 독자적인 정치체의 존재를 상정하는 견해가 있다. 전자의 경우 영산강 유역 세력이 독자적인 국명을 지 니고 있지 못함을 근거로 4세기 중엽 근초고왕이 영산강 유역을 평정한 이후 영역 화된 것으로 보며 신촌리 9호분에서 출토된 위세품은 독자적인 세력의 존재를 보여

주는 것이라기보다는 이 세력이 백제의 중앙귀족으로 전화된 양상을 보여주는 것으로 이해한다. 노중국, "웅진 사비시대의 백제사" 충남대학교 백제연구소 편, 『고대 동아세아와 백제』 (서경, 2003), 32쪽.

4. '其俗好衣幘 下戶詣郡朝謁 皆假衣幘 自服印綬衣幘千有餘人'(『三國志』권30 魏書 烏丸鮮卑東夷傳 東夷 韓).

5. '賜寐錦之衣服 (中略) 敎諸位 賜上下衣服'(『中原高句麗碑』).

6. '至眞德在位二年 金春秋入唐 請襲唐儀 太宗皇帝詔可之 兼賜衣帶 遂還來施行'(『三國史記』권33 雜志 色服).

7. '春秋又請改其章制 以從中華制 於是 內出珍服 賜春秋及其從者'(『三國史記』권5 新羅本紀 眞德王 2년).

8. 고구려가 역사의 무대에서 사라진 후 고구려의 물질문화는 발해로 계승되었다. 토기, 와당, 관식에서 볼 수 있는 문화적 연속성은 귀걸이의 양식에서도 확인된다. 함경북도 화대군 정문리 창덕 3호 무덤 귀걸이는 수하식이 간략하지만 고구려 귀걸이의 특징을 그대로 갖추고 있다.

9. 에타후나야마고분에서는 식리 이외에도 금동관, 금귀걸이, 장식대도 등의 백제계 물품이 출토되었다. 이 유물 사이에는 약간의 시차가 존재하므로 1인 혹은 복수의 인물이 백제계 물품 전체를 입수하는 데 상당한 기간이 소요되었을 것이다. 또한 이 무덤에 묻힌 인물이 백제의 장송의례에 관한 정보나 식견을 가졌을 공산이 크다. 따라서 백제 사회에서 그랬던 것처럼 일본열도에서도 금동식리가 백제 왕실과 에타후나야마고분 주인공 사이의 밀접한 관계를 표상하는 장치로 쓰였을 가능성이 있다.

10. 백제와 신라의 금은공예문화는 대가야 금은공예문화의 시작에 큰 영향을 주었을 뿐만 아니라 이후에도 단속적으로 영향을 미쳤다. 장식마구에서는 신라의 영향이 지속되었지만 장신구나 금속용기에서는 백제로부터의 영향이 더욱 컸다.

〈표 및 그림 일람〉

표 일람

〈표 2-1〉 신석기 및 청동기시대 석기의 분류

〈표 2-2〉 한국 후기 구석기시대 석기군의 유형과 대표적인 유적과 유물군의 절대연대

〈표 2-3〉 마제석검(간돌검)의 분류

〈표 3-1〉 한반도 출도 청동기 및 초기 철기시대 청동기 성분 분석표

〈표 3-2〉 청동기 종류에 따른 조성의 분포

〈표 3-3〉 한반도 출토 거푸집

〈표 3-4〉 한국 청동기시대의 시기 구분

〈표 4-1〉 조선시대 중남부 지역의 철광산과 철장 관련 기록

〈표 4-2〉 목탄요 유적 현황

〈표 4-3〉 전통 제철 공정 복원안

〈표 4-4〉 한반도 남부 지역 초기 철기문화의 유입 연대와 시기적 병행 관계

〈표 4-5〉 고대 제철 유적의 지역과 시기별 현황

〈표 4-6〉 동남부 지역 제련로 일람표

〈표 4-7〉 중부 지역 제련로 일람표

〈표 4-8〉 충주 칠금동 유적의 층위별 하부 목조시설 변화 양상

〈표 4-9〉 고대 제련로의 C14연대측정 결과

〈표 4-10〉 강철 종류에 따른 정철과 열철의 합금 비율 변화

〈표 4-11〉. 제철기술의 발전 단계안

〈附 4-1〉 고려시대 문헌에 보이는 철 관련 기사

〈附 4-2〉 조선시대 철 생산 관련 각종 기록

〈표 5-1〉 경북 지방의 금광

〈표 5-2〉 상주 지역의 금광과 금맥

〈그림 2-1〉 뗀석기의 제작과 사용, 폐기의 과정을 도해한 그림.

〈그림 2-2〉 돌칼과 그 구멍을 뚫는 데 쓰인 것으로 생각되는 투공구(대구 동천동 32호 주거지 출토).

〈그림 2-3〉 진주 상촌리 유적에서 나온 신석기시대 돌도끼.

〈그림 2-4〉 찰절기법으로 돌살촉의 소재를 만든 모습(대구 월성동 출토).

〈그림 2-5〉 간석기 제작의 연쇄.

〈그림 2-6〉 역동적인 석기 제작의 작업연쇄(chaîne opératoire) 또는 감쇄과정(reduction sequence)을 간단하게 도해한 그림.

〈그림 2-7〉 서산 신송리에서 나온 돌화살촉 제작과 관련된 소재와 완성된 유물.

〈그림 2-8〉 청도 진라리에서 수습한 간돌검.

〈그림 2-9〉 중서부 지방 신석기 유적 출토 석기에서 보이는 변화 양상.

〈그림 2-10〉 청동기시대 석기 조성의 변화에 대한 이해.

〈그림 2-11〉 제주 고산리에서 수습된 여러 형식의 돌화살촉.

〈그림 2-12〉 수렵채집 집단의 사회네트워크에 대한 모델.

〈그림 2-13〉 남양주 호평동에서 나온 흑요석 잔돌날(세석인)과 하남 미사지구에서 나온 잔몸돌.

〈그림 2-14〉 남해안 신석기시대 유적에서 출토된 흑요석제 석기.

〈그림 2-15〉 소흑석구 출토 비파형동검과 창원 평성리 출토 이단병식검.

〈그림 2-16〉 요동반도 쌍타자 유형의 석기군.

〈그림 2-17〉 고성 문암리 신석기 유적에서 수습된 결상이식.

〈그림 2-18〉 울진 후포리 수습 간돌도끼 일괄.

〈그림 2-19〉 여수 오림동의 고인돌 덮개돌에 새겨진 석검과 기도하는 사람.

〈그림 3-1〉 고대 이집트 청동 주조 모습.

〈그림 3-2〉 청동기 종류에 따른 성분별 최대치와 최소치.

〈그림 3-3〉 동북아시아 지역 방연석 납동위원소 자료.

〈그림 3-4〉 한반도 방연석 광산과 영역.

〈그림 3-5〉 각 영역별 납동위원소 분포범위와 분포도.

〈그림 3-6〉 세형동검과 납동위원소 분포.

〈그림 3-7〉 동 원료의 생산과 청동기 제작.

〈그림 3-8〉 숭실대 소장 전 영암 출토 조합식 합범.

〈그림 3-9〉 전 맹산 출토 청동거울 거푸집.

〈그림 3-10〉 완주 갈동 1호묘 출토 용범.

〈그림 3-11〉 낙랑토성 내 청동 주조 관련 유물의 분포와 주조 공방.

〈그림 3-12〉 경주 동천동 청동생산 공방지.

〈그림 3-13〉 동북아시아 청동기문화 분포.

〈그림 3-14〉 한반도 출토 비파형동검 출토 지역.

〈그림 3-15〉 한반도 출토 비파형동검.

〈그림 3-16〉 한반도 출토 세형동검(아산 남성리 출토).

〈그림 3-17〉 각종 청동도끼류.

〈그림 3-18〉 한반도 청동의기의 분포.

〈그림 3-19〉 전 논산 출토 세문경의 실물 사진과 복원도.

〈그림 3-20〉 동북아시아 조문경 및 세문경의 분포.

〈그림 3-21〉 세형동검의 지역권.

〈그림 3-22〉 일본의 동모와 동탁 및 제사권의 변화.

〈그림 3-23〉 간두령의 지역적 분포.

〈그림 3-24〉 청동기시대 군장의 모습.

〈그림 3-25〉 요시노가리 북분구묘의 옹관묘와 세형동검.

〈그림 3-26〉 요시노가리 북분구묘 출토 유병식 세형동검과 관옥.

〈그림 4-1〉 Fe-C 평형 상태도.

〈그림 4-2〉 채광과 선광 작업 모식도.

〈그림 4-3〉 천장 및 생산품이 남아 있는 목탄요.

〈그림 4-4〉 남한 지역 제철 유적과 목탄요 유적 분포 현황.

〈그림 4-5〉 철 생산을 위한 배소와 제련 공정 모식도.

〈그림 4-6〉 중국 춘추~한대의 송풍 방법.

〈그림 4-7〉 중국 고대의 제철 공정도.

〈그림 4-8〉 한국연구재단 제철기술복원팀(2017)의 제철복원실험장 구성도.

〈그림 4-9〉 한국연구재단 제철기술복원팀(2017)의 실험제련로 단면 상세도.

〈그림 4-10〉 철기 생산을 위한 주조와 단조 공정 모식도.

〈그림 4-11〉 19세기 말 김준근 풍속도 중의 〈주물도〉.

〈그림 4-12〉 조선후기 정련단야 공정을 보여주는 것으로 생각되는 풍속도들. 김홍도의

〈행려풍속도〉 속에 있는 〈노변야로〉, 김홍도의 〈대장간〉, 김득신의 〈대장간〉.

〈그림 4-13〉 고대 철소재 유통을 위해 생산된 철정 형식 모식도.

〈그림 4-14〉 19세기 말 김준근의 대장간 그림.

〈그림 4-15〉 한국 전통 제철 공정체계 모식도.

〈그림 4-16〉 단야 작업에 사용하는 각종 망치와 집게, 정, 철제 모루.

〈그림 4-17〉 전통 쇠부리가마 작업장 모식도.

〈그림 4-18〉 청동기가 공반되는 초기 철기 각종.

〈그림 4-19〉 한반도 서남부 지역 초기 철기문화의 전개 과정.

〈그림 4-20〉 초기 철기~원삼국시대 제철 유적 분포도.

〈그림 4-21〉 삼국~통일신라시대 제철 유적 분포도.

〈그림 4-22〉 충주 칠금동 제철 유적 전경.

〈그림 4-23〉 동남부 지역 제련로 각종 1.

〈그림 4-24〉 동남부 지역 제련로 각종 2.

〈그림 4-25〉 중부 지역 제련로 각종 1.

〈그림 4-26〉 중부 지역 제련로 각종 2.

〈그림 4-27〉 충주 일대의 철광산 분포도.

〈그림 4-28〉 충주 탑평리 1호 백제 주거지 출토 철괴.

〈그림 4-29〉 남한 지역 제련로 내경 비교 막대그래프.

〈그림 4-30〉 중부 지역과 동남부 지역 제련로 내경 비교상자도표.

〈그림 4-31〉 칠금동 유적 하부 목조결구시설 층위별 변화 양상.

〈그림 4-32〉 충주 칠금동 5호 제련로 최초 굴광 후 기초판목 노출 모습.

〈그림 4-33〉 충주 칠금동 유적의 제련로 축조 모식도.

〈그림 4-34〉 충주 본리 당저유적 고려시대 제련로.

〈그림 4-35〉 울산 방리의 조선시대 석축형 제련로.

〈그림 4-36〉 군기시 터 출토 철정.

〈그림 4-37〉 칠초 동·철검 분포도.

〈그림 4-38〉 환두도의 명칭 및 속성.

〈그림 4-39〉 마한지역 환두도의 변화 양상.

〈그림 4-40〉 철모의 속성과 명칭.

〈그림 4-41〉 한반도 출토 주조철부류.

〈그림 4-42〉 살포와 철서, 호미 각종과 서형철기 및 철서 유사품.

〈그림 4-43〉 부분별 마구 명칭 비교.

〈그림 4-44〉 재갈[板轡]의 부분 명칭.

〈그림 4-45〉 충주 금릉동 78-1호 토광묘 'S'자형 표비와 공반된 토기.

〈그림 4-46〉 철제 재갈의 제작기법 2종류.

〈그림 4-47〉 S자형 단접 재갈의 분포 양상.

〈그림 4-48〉 보성 현촌 1호토광묘 출토 재갈과 공반유물.

〈그림 4-49〉 목심철판전면보강 윤등(합천 玉田 M-3호분)과 그 부분 명칭.

〈그림 5-1〉 솔로하 쿠르간의 황금빗.

〈그림 5-2〉 호흐라치 쿠르간의 금관.

〈그림 5-3〉 카자흐스탄과 그 주변 주요 유적 분포.

〈그림 5-4〉 잘라울리 매납유적 출토 사슴 모양 금세공품.

〈그림 5-5〉 잘라울리 출토 금제 허리띠장식.

〈그림 5-6〉 한국 고대의 금공품.

〈그림 5-7〉 황남대총 북분 감옥팔찌.

〈그림 5-8〉 계림로14호분 장식보검과 보로보에 보검 칼집장식.

〈그림 5-9〉 채광에서 순금 산출에 이르는 공정.

〈그림 5-10〉 일본 사도금산 전경 및 금은광석.

〈그림 5-11〉 일본 이쿠노은산 노두 굴착갱과 은광석.

〈그림 5-12〉 일본 에도시대 사도금산 운영 조직.

〈그림 5-13〉 백제 금동대향로.

〈그림 5-14〉 황남대총 북분 금제 고배.

〈그림 5-15〉 투조기법으로 제작된 신라 공예품.

〈그림 5-16〉 감옥 등 색채대비 사례.

〈그림 5-17〉 공주 수촌리 8호분 귀걸이.

〈그림 5-18〉 상감기법이 구사된 백제 한성기 대도.

〈그림 5-19〉 나원리 오층석탑 금동제 사리기.

〈그림 5-20〉 경주 동천동 유적 제련로와 도가니.

〈그림 5-21〉 익산 왕궁리 유적 금도가니와 동도가니.

〈그림 5-22〉 백제·신라·왜의 용무늬 도안 비교.

〈그림 5-23〉 니이자와센즈카 126호분 금제 관식과 나성리 4호묘 과판 문양 비교.

〈그림 5-24〉 무령왕릉 출토 금공품.

〈그림 5-25〉 신라 금관과 금동관.

〈그림 5-26〉 신라 왕족과 귀족의 전유물이었던 정교한 이식.

〈그림 5-27〉 신라 대관의 분포.

〈그림 5-28〉 백제 한성기 금동관과 대가야 금속제 관의 분포.

〈그림 5-29〉 대가야 귀걸이의 분포.

〈그림 5-30〉 고구려의 조우관.

〈그림 5-31〉 황남대총 남분 출토 은관.

〈그림 5-32〉 고구려와 신라의 조우관.

〈그림 5-33〉 중원 출토 고구려 귀걸이와 세부.

〈그림 5-34〉 마선구 1호분과 황남대총 북분 태환이식.

〈그림 5-35〉 부여 귀걸이.

〈그림 5-36〉 황남대총 북분 금관과 세부.

〈그림 5-37〉 가장 화려한 신라 귀걸이 사례.

〈그림 5-38〉 일본 출토 신라양식 귀걸이의 분포.

〈그림 5-39〉 황남대총 북분 타출문은잔.

〈그림 5-40〉 천마총 십자뉴 금동합 뚜껑.

〈그림 5-41〉 한성기 백제 금동관.

〈그림 5-42〉 에타후나야마고분 금동관 우측면과 문양.

〈그림 5-43〉 무령왕과 무령왕비의 귀걸이.

〈그림 5-44〉 능산리 능안골 32호분 귀걸이.

〈그림 5-45〉 백제와 가야 귀걸이의 비교.

〈그림 5-46〉 무령왕릉 동탁은잔.

〈그림 5-47〉 고령 지산동 32호분 금동관.

〈그림 5-48〉 고령 지산동 45호분 부곽 귀걸이와 세부.

〈그림 5-49〉 일본 출토 가야양식 귀걸이의 분포.

〈그림 5-50〉 모노미야구라고분 출토 대가야 귀걸이.

〈그림 5-51〉 감은사지 동탑 사리장엄구.

〈참고문헌〉

국문 논문

가미죠 노부히코(上條信彦), "선사시대의 제분 가공구: 한반도와 북부 구주를 중심으로",『한국신석기연구』10 (2005).

강인욱, "한반도 출토 비파형동검의 등장과 지역성에 대하여",『한국상고사학보』49(2005).

강인욱, "비파형동검의 한번도 유입과정에 대하여",『요령지역 청동기문화의 전개와 한반도』4th 한국청동기학회 학술대회 (2010).

강인욱, "완주상림리 유적으로 본 동아시아 동검문화의 교류와 전개",『호남고고학보』54 (2016).

강인욱, "한반도 청동기 사용의 기원과 계통 −중부지역 조기 및 전기 출토품을 중심으로−",『동북아에서의 한국 청동기시대 문화』한국청동기학회 창립 10주념 기념 국제학술대회 (2017).

강인욱, "초기 고조선 네트워크의 형성과 비파형동검문화 – 기술, 무기, 제사를 중심으로",『한국고고학보』107호 (2018).

강창화, "제주(濟州) 고산리유적(高山里遺蹟) 출토 석촉(石鏃)의 형식과 변화",『제주도연구』32 (2009).

강형태, 정광용, 류기정, "서천 화산리 고분 동검편의 성분조성과 납동위원소비",『호서고고학』6·7 (2002).

강형태, 정광용, 이기길, "납동위원소비법에 의한 영광 수동유적 청동기의 산지추정",『호남고고학보』15 (2002).

강형태, 정광용, 조상기, 이문형, "논산시 원북리 토광묘 유적 출토 청동기의 과학분석",『한국상고사학보』39 (2003).

공민규, "무문토기시대 전기 마제석기의 검토(1): 반월형석도 및 무경식석촉",『숭실사학』 19 (2006).

권용대, "嶺南地方 側口部炭窯의 展開樣相과 構造復原", 『韓國上古史學報』 57 (2007).

김경진, "한국 석영계 석기 쓴자국 분석 방법 시론", 『야외고고학』 13 (2013).

김경호, "백제의 남한강 진출과 그 과정-제철기술을 중심으로-", 『국립중원문화재연구소 학술세미나 자료집: 중원 문화의 새로운 이해』 (2019).

김권일, "製鐵爐의 類型分析 試論", 『慶州史學』 31 (2010a).

김권일, "제철유적 조사연구법 시론", 『文化財』 42-3 (2010b).

김권일·이남규·성정용·강성귀, "고대 단야공정의 실험고고학적 연구", 『역사와 담론』 89 (2019).

김도헌, "선사·고대의 농구 조합과 생산력의 변화 -영남지역을 중심으로-", 『고고광장』 창간호 (2008).

김도헌, "울산지역의 고대 단야구 부장양상 검토", 『고고광장』 창간호 (2007).

김병준, "地域文化에서 周邊文化로: 中國古代 巴蜀文化의 華化過程", 『四川文化』 2 (2006).

김상민, "한반도 남부지역 철기문화의 유입과 전개과정—燕系·漢式鐵器의 유입연대를 중심으로—", 『考古學誌』 19 (2013).

김상태, "한반도 출토 흑요석기와 원산지 연구현황", 『한국구석기학보』 6 (2002).

김선우, "한국 마제석검의 연구 현황", 『한국상고사학보』 16 (1994).

김성영, "보성 현촌 목관묘 출토유물에 대하여", 『접점Ⅱ, 남한지역 원삼국~삼국시대 마구의 편년』 제16회 매산기념강좌 (2019).

김소진. 한우림, 황진주, 정연중, 한민수, "출토 지역과 시대에 따른 한국 청동기의 납동위 원소비 분류특성", 『보존과학연구』 36 (2015).

김승옥·이보람, "原三國~三國時代 鍛冶具 硏究—完州 上雲里遺蹟을 中心으로—", 『중앙고고연구』 제9호 (2011).

김원용, "한국 마제석검 기원에 관한 일고찰", 『백산학보』 10 (1971).

김은정, "동북아시아 좀돌날몸돌 연구 동향", 『한국구석기학보』 12 (2005).

김정인, "중부지역 無側口式 木炭窯에 대한 硏究", 『先士와 古代』 29 (2008).

김종일, "한국 중기 무문토기문화의 사회구조와 상징체계", 『국사관논총』 104 (2004).

김종일, "민족주의적 고고학의 이론과 방법론에 대한 비판적 검토", 『한국상고사학보』 96 (2017).

김재열, "신라식리의 특징과 부장방식", 『고고학탐구』 8 (2010).

나건주, 이찬희, "당진 자개리 1유적 출토 마제석촉의 제작과정 및 형식학적 검토",『금강고고』3 (2006).

노태천, "4世紀代 百濟의 炒鋼技術",『百濟硏究』36 (1998).

동국대학교 경주캠퍼스 박물관·경주대학교 박물관 공동 발굴조사단, "경주 동천동 7B/L 유적 내 청동생산공방지",『영남고고학』24 (1999).

리일남, "고구려귀걸이의 형태와 기법",『조선고고연구』91-3 (1991).

미야자토 오사무 , 천선행 역, "일본열도 야요이시대 청동기 제사와 국가형성",『동양학』51 (2012).

박보현, "수지형입화식관의 계통",『영남고고학』4 (1987).

박순발, "한성기 백제 대중교섭 일례―몽촌토성 출토 금동과대금구추고―",『호서고고학』11 (2004).

박종현, "임진-한탄강 유역 출토 대형박편과 도구의 제작기술상의 관계연구",『한국구석기학보』23 (2012).

박준범, "우리나라 선사시대 간돌화살촉의 형식과 그 변화에 대한 연구 ― 한강 유역 출토품을 중심으로",『사학지』37 (2005).

박준범, "신석기시대 서울경기인천 지역 출토 간석기에 대한 연구",『한국신석기연구』15 (2008).

박준형, "대릉하-서북한지역 비파형 동검 문화의 변동과 고조선의 위치",『한국고대사연구』66 (2012).

박홍국, "신라 황금에 대한 소고",『위덕대학교박물관논총』(2014).

배진성, "무문토기시대 석기의 지역색과 조성변화",『사람과 돌: 머나먼 진화의 여정』, (국립대구박물관, 2005).

성정용, "대전 신대동·비래동 청동기시대 유적",『제21회 한국고고학전국대회 발표요지』(1997).

성정용, "中西部地域 3~5世紀 鐵製武器의 變遷",『韓國考古學報』第42輯 (2000).

성정용, "철기: 마구와 용기류의 조사와 실측방법에 대해",『보고서 작성을 위한 매뉴얼』, (한국문화재조사연구기관협회, 2008).

성정용, "우리나라 先史~中世水利施設의 類型과 發達過程",『韓國上古史學報』第87號 (2015).

성정용, "가야지역의 철 생산과 유통 양상",『역사와 담론』85 (2018).

成正鏞·權度希·諫早直人, "淸州 鳳鳴洞遺蹟 出土 馬具의 製作技術 檢討",『湖西考古

學』 20 (2009).

성정용·성수일 "鐵鋌을 통해 본 古代 鐵의 生産과 流通",『한반도의 제철유적』주요 유적 종합보고서 IV, ((사)한국문화재조사연구기관협회, 2012).

성정용·신경환·최영민, "金屬學的 分析을 통해 본 原三國 百濟 漢城期 鐵器 製作技術",『역사와 담론』71 (2014).

成正鏞·中條英樹·權度希·諫早直人, "百濟 馬具 再報(1)—淸州 新鳳洞古墳群 出土 馬具—",『先史와 古代』24 (2006).

성춘택, "한국 중기구석기론의 비판적 검토",『한국고고학보』46 (2002).

성춘택, "구석기 제작기술과 석재분석: 한국 후기구석기시대 석재에 대한 예비적 고찰",『한국상고사학보』39 (2003).

성춘택, "구석기시대 석기분석 입문",『한국 매장문화재 조사연구방법론』2, (국립문화재연구소, 2006a).

성춘택, "한국 구석기시대 석기군 구성의 양상과 진화 시론",『한국상고사학보』51 (2006b).

성춘택, "수렵채집민의 이동성과 한반도 남부의 플라이스토세 말-홀로세 초 문화변동의 이해",『한국고고학보』72 (2009).

성춘택, "후기구석기혁명 재고: 현생인류 진화의 행위·문화적 배경",『한국고고학보』77 (2010).

성춘택, "고고학과 물질문화의 기원과 계통: 비판적 검토",『한국고고학보』102 (2017b).

손준호, "반월형석도의 제작 및 사용방법 연구",『호서고고학』8 (2003).

손준호, "마제석기 사용흔분석이 현황과 한국에서의 전망",『호남고고학보』21 (2005).

손준호, "마제석촉의 변천과 형식별 기능 검토",『한국고고학보』62 (2007).

손준호, "호서지역 마제석검의 변화상",『호서고고학』20 (2009).

손준호, "청동기시대 석기 생산체계에 대한 초보적 검토",『호남고고학보』36 (2010).

손준호, "청동기시대 석기 연구의 최신동향",『숭실사학』31 (2013).

손준호, 조진형, "고배율 현미경을 이용한 반월형석도의 사용흔분석",『야외고고학』1 (2006).

손준호, 가미죠 노부히코(上條信彦), "청동기시대 갈돌, 갈판의 사용흔 및 잔존 녹말 분석",『중앙고고연구』9 (2011).

송윤정, "통일신라시대 철·철기의 생산과 유통에 관한 시론",『제7회 한국철문화연구회 학술세미나 자료집』(2011).

쇼다 신야, 우메자키 켄지, 지민주, 나가이 켄지, 유하라 마사키, "청동기시대 마제석촉 제작공정의 복원 —서산 신송리유적 출토유물에 대한 분석을 중심으로", 『한국상고 사학보』 79 (2013).

쇼다 신야, "옥의 종류와 특징", 『청동기시대의 고고학 5: 도구론』 (서경문화사, 2014).

신경환·최영민, "한국 고대 제철관련 유물의 금속학적 연구", 『한반도의 제철유적』 주요 유적 종합보고서IV ((사)한국문화재조사연구기관협회, 2012).

신대곤, "고구려 금속제 일괄유물의 한 예", 『고고학지』 3 (1991).

신용비·정수연, "2. 금제품의 제작기법", 『경주 계림로14호묘』 (국립경주박물관, 2010).

신종환, "조선시대의 제철문화", 『한반도의 제철유적』 주요 유적 종합보고서 IV, ((사)한 국문화재조사연구기관협회, 2012).

심재연, "전통단야 시설확충 및 전통기술 계승방안", 『전통 철물 제법 기준 마련 및 활 성화 방안 연구(1차)』 (국립중원문화재연구소·경원텍주식회사, 2017).

심재연·김권일·송윤정·조록주, "부록 4. 제철용어집", 『한반도의 제철유적』 주요 유적 종합보고서IV ((사)한국문화재조사연구기관협회, 2012).

안소망, "부여 청송리 출토 다뉴세문경과 간두령", 『제41회 한국고고학전국대회 발표요 지』 (2017).

안재호, "한반도 청동기시대 시대구분", 『고고학지』 16 (2010).

오광섭, 『한국고고학전국대회 발표문』 (2017).

오강원, "중국 동북지역의 청동기 제작과 거푸집", 『한국의 청동기제작과 거푸집』 (숭실 대학교 한국기독교박물관, 2005).

오강원, 『비파형동검문화와 요령지역의 청동기문화』 (청계, 2006).

오강원, "비파형동검을 통하여 본 기원전 8-7세기 요동북부 지역 청동기 제작 기술과 지역 간 기술 교류", 『호남고고학보』 44 (2013).

유용욱, 김동완, "대칭으로 살펴본 임진-한탄강 유역 주먹도끼의 성격", 『한국고고학보』 75 (2010).

윤동석, "제철유물과 제조법에 따른 기초지식", 『보존과학연구』 7 (1986).

尹東錫·申璟煥, "가야지역의 철기와 철생산공법", 『伽耶考古學論叢』 2 (1997).

윤정국, "신석기시대 굴지구의 제작기법에 대한 연구 — 진안 진그늘유적과 갈머리 유 적을 대상으로", 『한국신석기연구』 17 (2009).

윤정국, "남부내륙지역 신석기시대 석기의 변천과 양상", 『한국신석기연구』 22 (2011).

윤지연, "사용흔 분석을 통한 석부의 기능 연구", 『한국고고학보』 63 (2007).

이강승, "요녕 지방의 청동기 문화 ― 청동유물로 본 요녕동검문화와 하가점상층문화의 비교연구", 『한국고고학보』 6 (1979).

이강승, 강형태, 정광용, "대전 문화동·탄방동·비래동 유적 출토 청동기의 성분조성과 납동위원소비 ― 문화동, 탄방동 및 비래동 유적―", 『고고학지』 12 (2001).

이기길, "진안 진그늘유적 출토 슴베찌르개 연구", 『한국상고사학보』 73 (2011).

이기길, "장흥 신북유적의 흑요석기에 대하여", 『한국구석기학회 학술대회 발표집』 (2013).

이기성, "석기 석재의 선택적 사용과 유통", 『호서고고학』 15 (2006).

이나경, "완주 상림리 동검의 특징", 『완주 상림리 청동검의 재조명』 2014년 국립전주박물관·한국청동기학회 학술세미나 (2014).

이남규, "(1)철기문화의 유입과 철 생산", 『마한고고학개론』 (진인진, 2018).

이남규, "鐵器生産 프로세스의 이해", 『한국 매장문화재 조사연구방법론4』 (국립문화재연구소, 2008).

이남규, "한성백제기 철기문화의 특성", 『백제연구』 36 (2002).

이동관, "늑도 출토 철기에 대한 검토―한반도 동남부지역 초기단계 철기와 비교를 통하여―", 『국제무역항 늑도와 하루노쓰지』 (국립진주박물관, 2016).

이민우, "한반도 중부지역 백탄요의 운용 방식 연구", 『고고학』 13-3 (2014).

이백규, "경기도 출토 무문토기 마제석기", 『고고학』 3 (1974).

이보람, "(3)무기", 『마한고고학개론』 (진인진, 2018).

이석범, "영남지역 마제석촉의 형식분류", 『영남문화재연구』 17 (2004).

이석범, "마제석촉을 통한 영남지역 주거지의 편년", 『한국청동기학보』 10 (2012).

이선복, "雷斧考", 『한국고고학보』 44 (2001).

이선복, 좌용주, "흑요석 산지 추정 연구의 재검토", 『한국구석기학보』 31 (2015).

이영문, "한반도출토 비파형동검 형식분류 시론", 『박물관기요』 7 (1991).

이양수, "鳥靈信仰의 流入과 展開 ― 東과 西의 比較-", 『영혼의 전달자』 (국립김해박물관, 2004).

이양수, "다뉴조문경의 제작기법", 『호남고고학보』 22 (2005).

이양수, "한반도 출토 동과에 대하여", 『한반도의 청동기 제작기술과 동아시아의 고경』 (국립경주박물관, 2007).

이양수, "다뉴세문경의 도안과 제작기술의 발전", 『한국기독교박물관 소장 국보 제141호 다뉴세문경 종합조사연구』 (숭실대 한국기독교박물관, 2009).

이양수, "청동기의 제작, 부장 및 매납", 『청동기시대의 고고학 5 도구론』 (2014).

이양수, "한국식동검문화의 성립과 고조선 청동기", 『제9회 청동기학회 학술대회』 (한국 청동기학회, 2015).

이재현, "영남지역청동기문화의 특질과 그 형성배경에 대하여", 『한반도의 청동기 제작 기술과 동아시아의 고경』 (국립경주박물관, 2007).

이지은, "'한반도 중남부지역 고대 제련로 연구", 『제35회 고분문화연구회 발표자료집』 (2019).

이창호, "공주 수촌리유적 출토 세형동검에 대한 일고찰", 『역사와 담론』 56 (2010).

이청규, "세형동검의 형식분류 및 그 변천에 대하여", 『한국고고학보』 13 (1982).

이청규, "동북아지역의 다뉴경과 그 부장에 대하여", 『한국고고학보』 40 (1999).

이청규, "중국동북지역과 한반도 청동기 문화 연구의 성과", 『북방사논총』 5 (2005).

이헌종, 장대훈, "우리나라 후기구석기시대 슴베석기의 기능과 도구복원 연구", 『한국구 석기학보』 23 (2011).

이형우, "주먹도끼 형식에 대한 계량적 고찰", 『호남고고학보』 18 (2003).

이후석, "중국동북지역 세형동검문화연구 —요녕식세형동검문화를 중심으로", 『숭실사 학』 21 (2008).

이후석, "세형동검단계 중국 동북지역의 동과와 동모", 『한국고고학보』 87 (2013).

이후석, "요동-서북한지역의 세형동검문화와 고조선 — 위만조선 물질문화의 형성과정 을 중심으로", 『동북아역사논총』 44 (2014).

이후석, "기원전 4세기대 요서지역의 문화변동과 그 의미", 『인문학연구』 28 (2015).

이후석, "동대자유형의 계층분화와 그 의미", 『한국상고사학보』 94 (2016).

이희준, "김해 예안리 유적과 신라의 낙동강 서안 진출", 『한국고고학보』 39 (1998).

임상택, "중서부지역 신석기시대 석기에 대한 초보적 검토 1", 『한국신석기연구』 1 (2001).

임상택, "한반도 신석기시대의 문화변동", 중앙문화재연구원 편, 『한국 선사시대 사회와 문화의 이해』 (중앙문화재연구원 2012).

장용준, "우리나라 찌르개(尖頭器)연구", 『한국구석기학보』 6 (2002).

장용준, 平君達哉, "유절병식석검으로 본 무문토기시대 매장의례의 공유", 『한국고고학 보』 72 (2009).

전덕재, "통일신라 銅·靑銅製品의 生産과 流通", 『한국문화』 66 (2014).

전상운, "한국 고대 금속기술의 과학사적 연구", 『전통과학』 1 (1980).

전영래, "한국 마제석검·석촉 편년에 관한 연구", 『마한백제문화』 4 (1982).

정광용, 강형태, 우종윤, "금강유역 세형동감의 과학분석 (1) ─ 창원 문의면 수습 세형 동검─", 『호서고고학』 6·7 (2002).

정광용, 강형태, 정동찬, 윤용현, 이훈, "고대 청동기의 성분조성 및 산지추정 연구", (한 국문화재보존과학회, 2004).

정백운, "우리나라에서 철기사용의 개시에 관하여", 『문화유산』 58-1 (1958).

정인성, "한국기독교박물관 소장 자료를 통해 본 무기형 청동기 제작기법", 『한국기독교 박물관지』 8 (2007).

조대연, 박서현, "청동기시대 석기 생산에 대한 일고찰", 『호서고고학』 28 (2013).

조대연, "한국에서 청동기의 등장에 관하여 ─북한지역 주거지 자료를 중심으로", 『古代 유라시아의 東과 西』 (한국-불가리아 국제학술대회, 2017).

조진선, "세형동검의 제작과 기능변천", 『호남고고학보』 13 (2001a).

조진선, "완주 갈동 거푸집의 세형동검과 동과", 『연구논문집』 6 (2001b).

조진선, "한국기독교박물관 소장 거푸집과 청동기로 본 한국청동기 문화의 이해", 『한국 기독교박물관지』 8 (2012).

조진선, "중국 동북지역의 청동기문화와 고조선의 위치변동", 『동양학』 56 (2014).

조진선, "다뉴정문경의 형식변천과 의미", 『한국상고사학보』 94 (2016).

조진선, 김주호, 노형신, 김수민, "동모 거푸집의 복원제작 및 주조 실험 ─각섬석암제와 활석제 거푸집의 비교연구─", 『호남고고학보』 48 (2014).

주경미, "삼국시대 이식의 연구", 『미술사학연구』 211 (한국미술사학회, 1997).

최몽룡, "한국식 동과에 대하여 ─특히 형식분류를 중심으로", 『서울대문리대학보』 18 호 (1972).

최삼용, "동해 망상동 기곡 유적 석기에서 관찰된 미세흔적의 성격", 『한국구석기학보』 16 (2007).

최영민, "원삼국시대 한반도 중부지역 단야기술에 대한 재검토", 『고고학』 14-2 (2015a).

최영민, "고대 한반도 중부지역 초강정련 기술에 대한 고찰", 『중앙고고연구』 18 (2015b).

최영민, "삼국시대 한반도 중부지역 제철기술에 대한 검토", 『고고학』 14-2 (2018).

최종규, "중기고분의 성격에 대한 약간의 고찰", 『부대사학』 7 (1983).

최종규, "제라야의 문물교류", 『백제연구』 23 (1992).

최종혁, "한국 남부지방 농경에 대한 연구: 석기조성을 중심으로", 『한국신석기연구』 10 (2005).

최주, 도정만, 김수철, 김선태, 엄태윤, 김정배, "한국 세형동검의 미세구조 및 원료산지 추정",『분석과학』 5(2) (1992a).

최주, 김수철, 김정배, "한국의 세형동검 및 동경의 금속학적 고찰과 납동위원소비법에 의한 원료산지 추정",『선사와 고대』 3 (1992b).

최주, 이강승, 성정용, 정광용, 김수철, "대전광역시 비래동 출토 비파형동검의 조상 및 납동위원소",『전통과학기술학회지』 4·5권 1호 (1998).

최호현, "중국 정주 청동기의 분기와 제작기술",『한국상고사학보』 94 (1999).

하인수, "신석기시대 한일 문화교류와 흑요석",『한국고고학보』 58 (2006).

하인수, "신석기시대 석기의 종류와 양상",『사람과 돌: 머나먼 진화의 여정』 (국립대구박물관, 2015).

한수영, "청동촉소고",『연구논문집』 4 (2004).

한수영, "세형동검 거푸집의 제작과 주조실험",『연구논문집』 8 (2008).

한수영, "간두령소고",『연구논문집』 15 (2013).

한수영, "완주 신풍유적을 중심으로 본 초기철기문화의 전개양상",『호남고고학보』 56 (2017).

함순섭, "고대관의 분류체계에 대한 고찰",『고대연구』 8 (2001).

황기덕, "황해도 봉산군 송산리 솔뫼골 돌돌림무덤",『고고학자료집』 3 (1962).

황기덕, "청동 야금 및 가공기술과 제철, 제강기술",『조선원시 및 고대사회의 기술발전』 (과학원출판사, 1984).

황진주, "청동 무기류의 성분조성 및 미세조직을 통한 제작기법 연구",『보존과학연구』 31 (2010).

황진주, "한국 청동거울에 대한 미세조직 및 성분조성의 비교연구",『보존과학연구』 32 (2011).

허준양, "한국식 동검의 성립시기와 조형",『한국고고학보』 99 (2016).

허준양, "구분마연 기술로 본 한국식동검문화의 개시연대 ―중국 자료의 편년을 통해서―",『문화재』 50-3 (2017).

홍미영, 코노넨코, "남양주 호평동 유적의 흑요석제 석기와 그 사용",『한국구석기학보』 12 (2005).

홍주희, "북한강유역 청동기시대 취락의 전개와 석기제작시스템의 확립",『한국청동기학보』 5 (2009).

황창한, "무문토기시대 마제석촉의 제작기법 연구",『호남고고학보』 20 (2004).

황창한, "암석의 분석방법과 고고학적 활용",『동아문화』2·3 (2007).

황창한, "청동기시대 장식석검의 검토",『과기고고연구』14 (2008).

황창한, "청동기시대 석기 제작의 양극기법 연구 ―제작실험을 중심으로―",『한국상고사학보』63 (2009).

황창한, "청동기시대 혼펠스제 마제석검의 산지추정",『고고광장』9 (2011).

국문 학위논문

공민규, "청동기시대 전기 금강유역 취락 연구" (숭실대학교대학원 박사학위논문, 2013).

권향아, "삼국시대 신라이식의 제작기법 연구" (동아대학교대학원 박사학위논문, 2002).

김선지, "남해안지역 신석기시대 석부에 대한 일고찰" (서울대학교대학원 석사학위논문, 1999).

김양선, "청동기시대 유병식 석검의 지역성 연구" (경북대학교대학원 석사학위논문, 2015).

박가영, "한반도 출토 슴베찌르개 연구" (부산대학교대학원 석사학위 논문, 2012).

박근태, "제주 고산리 출토 석촉 연구" (부산대학교대학원 석사학위 논문, 2016).

박상현, "南韓地域 古代 木炭窯의 變遷 樣相과 要因" (충북대학교대학원 석사학위논문, 2018).

박선영, "남한 출토 유병식 석검 연구" (경북대학교대학원 석사학위논문, 2004).

윤혜나, "한반도 중서부지방 신석기시대의 석기조성과 생업" (전남대학교대학원 석사학위논문, 2011).

이건무, "한국식동검문화의 연구" (고려대학교대학원 박사학위논문, 2003).

이석범, "영남지역 주거지 출토 마제석촉의 편년" (경주대학교대학원 석사학위논문, 2005).

이재운, "남한지역 청동기시대 주거지 출토 석검 연구" (목포대학교대학원 석사학위논문, 2011).

최영민, "고대 한반도 중부지역의 제철기술 연구" (한신대학교대학원 박사학위논문, 2016).

최철민, "한국 후기 구석기시대 슴베찌르개 연구" (경희대학교대학원 석사학위논문, 2014).

候哲, "중국 동북지방과 한반도 출토 후기 구석기시대 흑요석제 석기 비교" (경희대학교 대학원 석사학위논문, 2015).

국문 단행본

『三國志』.

『三國史記』.

『高麗史』.

『朝鮮王朝實錄』世宗實錄 地理志.

『新增東國輿地勝覽』.

『輿地圖書』.

강인욱, "주변의 청동기 시대 문화: 북방지역",『한국 청동기문화 개론』(진인진, 2015).

강지원, "진천 송두 제철·취락유적",『국립중원문화재연구소 학술세미나 자료집: 中原, 마한에서 백제로』(2018).

갬블, 클라이브 저, 성춘택 역,『기원과 혁명: 휴머니티 형성의 고고학』(사회평론, 2013).

권오영, "유물과 벽화를 통해 본 고구려의 관",『고고자료에서 찾은 고구려인의 삶과 문화』(고구려연구재단, 2006).

국립경주박물관,『신라황금』(2001).

국립경주박물관,『한반도의 청동기 제작기술과 동아시아의 고경』(2007).

국립경주박물관,『경주의 황금문화재』(2015).

국립문화재연구소 편,『한국고고학전문사전: 청동기편』(국립문화재연구소, 2005).

국립문화재연구소,『한반도 납동위원소비 분포도를 이용한 청동 유물의 산지 추정』(2014).

국립전주박물관,『박물관 전시유물 아야기』(1999).

국립전주박물관·한국청동기학회,『완주 상림리 청동검의 재조명』2014년 국립전주박물관·한국청동기학회 학술세미나 (2014).

국립중앙박물관,『한국의 청동기 문화』(범우사, 1992).

국립중앙박물관,『스키타이 황금』(1991).

國立中原文化財研究所,『忠州 塔平里遺蹟(中原京 추정지) 발굴조사보고서』(국립중원

문화재연구소, 2013).

국립중원문화재연구소, 『고대 제철기술! 실험고고학으로 말하다』 (국립중원문화재연구
소, 2015).

국립중원문화재연구소·경원텍주식회사, 『전통 철물 제법 기준 마련 및 활성화 방안 연
구(1차)』 (국립중원문화재연구소, 2016).

국립중원문화재연구소·경원텍주식회사, 『전통 철물 제법 기준 마련 및 활성화 방안 연
구(2차)』 (국립중원문화재연구소, 2017).

국립중원문화재연구소, 『충주 칠금동 392-5번지 일대 제철유적(3차) 발굴조사 자문회
의 자료』 (국립중원문화재연구소, 2018).

국립청주박물관, 『백제 철문화』 (진천 석장리유적 발굴 20주년 기념 학술자료집, 2015).

宮里修, "다뉴세문경과 이형청동기로 본 세형동검문화의 지역적 성쇠", 『한반도의 청동
기 제작기술과 동아시아의 고경』 (국립경주박물관, 2007).

권병탁, 『한국 산업사연구』 (영남대학교출판부, 2004).

김권일, "한반도 고대 제철문화의 검토", 『한반도의 제철유적』 주요 유적 종합보고서 Ⅳ
(한국문화재조사연구기관협회, 2012).

김병모, 『금관의 비밀』 (푸른역사, 1998).

김상태, 『한국 구석기시대 석기군 연구』 (서경문화사, 2012).

김종일, "한국청동기 시대 남성의 몸의 형성과 상징구조", 『물질문화와 농민의 삶』 (태학
사, 2009).

김호상, "韓國의 木炭窯 研究現況과 發掘調査法", 『2010년도 매장문화재 전문교육 조사
기술특강 탄요조사법』 ((사)한국문화재조사연구기관협회, 2010).

렌프류, 콜린·폴 반 저, 이희준 역, 『현대고고학의 이해』 (사회평론, 2006).

리쉐친 저, 심재훈 역, 『중국 청동기의 신비』 (학고재, 2005).

문화공보부 문화재관리국, 『무령왕릉 발굴조사원서』 (문화공보; 문화재관리국, 1973).

미야자토 오사무, 『한반도 청동기의 기원과 전개』 (사회평론, 2010).

바이파코프, 카를 『카자흐스탄의 실크로드』 (국립문화재연구소, 2017).

박남수, "채광·야철기술과 금속가공기술", 『新羅手工業史』 (신서원, 1996).

박순발, 『한성백제의 탄생』 (서경문화사, 2001).

박영복·김성명, "중부지역 발견 고구려계 귀걸이", 『창산김정기박사화갑기념논총』
(1990).

박진욱, 『비파형단검문화에 관한 연구』 (과학백과사전 출판부, 1987).

박천수,『새로 쓰는 고대 한일교섭사』(사회평론, 2007).

박학수, "국보 141호 다뉴세문경의 제작기술",『한국기독교박물관 소장 국보 제141호 다뉴세문경종합조사연구』(숭실대학교 한국기독교박물관, 2009).

박학수·유혜선, "국보 141호 다뉴세문경의 미세조직과 원료",『한국기독교박물관 소장 국보 제141호 다뉴세문경종합조사연구』(숭실대학교 한국기독교박물관, 2009).

배진성,『무문토기문화의 성립과 계층사회』(서경문화사, 2007).

보이드, 로버트·피터 리처슨 저, 김준홍 역,『유전자만이 아니다』(이음, 2009).

복천박물관,『신의 거울 동경』(2009).

복천박물관,『리 고대의 신』(2010).

복천박물관,『청동거울과 고대사회』(2010).

세종문화재연구원,『포항 남성리유적』(2019).

소배경, "경상지역 제철유적의 발굴성과",『최신 동북아시아 고대 제철유적의 발굴성과와 그 의의』(2018).

宋應星 저, 崔炷 역,『天工開物』(傳統文化社, 1997).

송호정,『한국고대사 속의 고조선사』(푸른역사, 2003).

숭실대 한국기독교박물관,『한국의 청동기 제작과 거푸집』(2005).

숭실대 한국기독교박물관,『한국기독교박물관 소장 국보 제141호 다뉴세문경 종합조사연구』(2009).

숭실대 한국기독교박물관,『거푸집鎔范과 청동기靑銅器』(2011).

成正鏞, "철기: 마구와 용기류의 조사와 실측방법에 대해",『보고서 작성을 위한 매뉴얼』(한국문화재조사연구기관협회, 2008).

성정용·성수일, "鐵鋌을 통해 본 古代 鐵의 生産과 流通",『한반도의 제철유적』주요 유적 종합보고서 Ⅳ, ((사)한국문화재조사연구기관협회, 2012).

성춘택,『석기고고학』(사회평론, 2017a).

손준호,『청동기시대 마제석기 연구』(서경문화사, 2006).

쇼다 신야(庄田愼矢),『청동기시대의 생산활동과 사회』(학연문화사, 2009).

시모조 노부유키(下條信行) 저, 석기연구회 역,『동아시아 마제석기론』(서경문화사, 2011).

신경환·이남규·최영민,『한국 고대 製鍊기술 I』(금속기술연구소, 2013).

신숙정, "석기와 뼈연모",『한국사 2: 구석기문화와 신석기문화』(국사편찬위원회, 1977).

안재호, "한국 청동기시대 연구의 성과와 과제",『한국 청동기시대 조사연구의 성과와 과제』(학연문화사, 2009).

梁勳永,『製鐵製鋼工學』(文運堂, 2010).

연세대학교박물관,『한국의 구석기』(연세대학교박물관, 2000).

오브라이언, 마이클·리 라이맨 저, 성춘택 역,『다윈진화고고학』(나남, 2009).

유병록, "석기의 종류와 특징",『청동기시대의 고고학 5: 도구론』(서경, 2014).

유혜선, "국보 141호 다뉴세문경 성분조성에 관한 연구",『한국기독교박물관 소장 국보 제141호 다뉴세문경종합조사연구』(숭실대학교 한국기독교박물관, 2009).

윤덕향, "석기",『한국사론』13 (1983)

윤덕향, "석기",『한국사론: 청동기문화와 철기문화』(국사편찬위원회, 1997), 188-208쪽.

윤무병,『한국청동기문화연구』(예경산업사, 1991).

윤선희, "삼국시대 과대의 기원과 변천에 관한 연구",『삼불김원룡교수정년기념논총II』 (1987).

이건무, "한국의 청동기 문화",『한국의 청동기 문화』(범우사, 1992).

이건무, "한국 선사시대 청동기 제작과 거푸집",『한국의 청동기제작과 거푸집』. (숭실대 학교 한국기독교박물관, 2005).

이건무, "한국 청동기 제작 기술 ―청동기 관찰을 통한 일고찰―".『한반도의 청동기 제 작기술과 동아시아의 고경』(국립경주박물관, 2007).

이기성, "'도구론'으로서의 선사시대 석기 연구",『한국선사시대 사회와 문화의 이해』(서 경문화사, 2011).

이난영,『한국 고대의 금속공예』(서울대학교 출판부, 2000).

이남규, "한일 고대 철기문화 교류에 관한 연구성과와 과제",『농경, 금속문화와 한일관 계』한일관계사연구논집 편찬위원회 (경인문화사, 2010).

이남규, "고려시대 제철유적 조사 연구의 현황과 철 생산기술",『한반도의 제철유적』주 요 유적 종합보고서 IV ((사)한국문화재조사연구기관협회, 2012).

이남규, "중간철물 제조과정에서 중간 철소재",『전통 철물 제법 기준 마련 및 활성화 방 안 연구(2차)』(국립중원문화재연구소·경원텍주식회사, 2017).

이은창,『한국 복식의 역사―고대편―』(세종대왕기념사업회, 1978).

이청규, "청동기를 통해 본 고조선과 주변사회",『고조선의 역사를 찾아서』(학연문화사, 2007a).

이청규, "비파형동검문화",『한국고대사연구의 새 동향』(서경문화사, 2007b).

이청규, "한국청동기와 다뉴경의 전개",『한국기독교박물관 소장 국보 제141호 다뉴세문경 종합조사연구』 (숭실대 한국기독교박물관, 2009a).

이청규, 『요하 유역의 초기 청동기 문화』 (동북아역사재단, 2009b).

이청규, 『다뉴경과 고조선』 (단국대학교 출판부, 2015).

이청규·손준호 편, 『청동기시대의 고고학 5 ―도구론』 (서경문화사, 2014).

이한상, 『황금의 나라 신라』 (김영사, 2004).

이한상, 『장신구사여체제로 본 백제의 지방지배』 (서경문화사, 2009).

이한상, 『삼국시대 장식대도문화 연구』 (서경문화사, 2016).

이형원, 『청동기시대 취락구조와 사회조직』 (서경문화사, 2009).

이희준, 『신라고고학연구』 (사회평론, 2007).

임세권, 『한국의 암각화』 (대원사, 2010, 2009).

장용준, "구석기시대의 자연환경과 도구로 본 생활방식", 『사람과 돌: 머나먼 진화의 여정』 (국립대구박물관, 2005).

장용준, 『한국 후기구석기의 제작기법과 편년 연구』 (학연문화사, 2007).

전상운, 『한국과학사』 (사이언스북스, 2000).

전호태, 『고구려생활문화사연구』 (서울대학교 출판문화원, 2016).

정연중, 『산지추정연구를 위한 납동위원소비 데이터 적용성 평가연구 (5) 최종평가보고서』 (2014).

정인성, "낙랑토성 내의 청동기 제작과 공방의 위치", 『경북대학교 고고인류학과 설립 20주년 기념논문집』 (경북대학교 고고인류학과, 2000).

정해득, "Ⅱ. 문헌사적인 철물자료집성", 『전통 철물 제법 기준 마련 및 활성화 방안 연구 (1차)』 (국립중원문화재연구소·경원텍주식회사, 2016).

조진선, "한반도 출토 청동기 시대 거푸집 ―숭실대 소정 국보 제231호 거푸집 일괄유물을 중심으로―", 『한국의 청동기제작과 거푸집』 (숭실대학교 한국기독교박물관, 2005a).

조진선, 『세형동검문화의 연구』 (학연문화사, 2005b).

조진선, "동북아시아 동검주형의 설계제도방법에 대하여", 『한반도의 청동기 제작기술과 동아시아의 고경』 (국립경주박물관, 2007).

조진선, "요서지역 청동기 문화의 발전과정과 성격", 『요하문명의 확산과 중국 동북지방』 (2010).

조진선, "청동기 제작과 사용", 『한국 청동기문화 개론』 (중앙문화재연구원·진인진, 2015).

존슨, 매튜 저, 김종일 역,『고고학 이론: 입문』(도서출판 考古, 2009).

주경미,『대장장』(민속원, 2011).

중앙문화재연구원,『아시아의 고대 문물교류』(서경문화사, 2012).

중앙문화재연구원 편,『한국 청동기문화 개론』(진인진, 2015).

충청북도문화재연구원,『야장』(충주시·충청북도, 2012).

최병현,『신라고분연구』(일지사, 2002).

트리거, 브루스 저, 성춘택 역,『브루스 트리거의 고고학사』(사회평론, 2010, 2009).

한국고고학회,『한국 고고학 강의』(사회평론, 2010).

한국문화재조사연구기관협회,『한반도의 제철유적』주요 유적 종합보고서 IV (2012).

한국정신문화연구원,『한국민족문화대백과사전』(1991).

한국청동기학회,『4th 한국청동기학회 학술대회—요령지역 청동기 문화의 전개와 한반
도』(경기도 박물관, 2010).

韓鳳熙 譯,『金屬材料』改訂版 (半島出版社, 1994).

하라리, 유발,『사피엔스』(김영사, 2015).

함순섭, "신라 마립간시기에 이입된 중앙아시아 및 서아시아의 문물",『신라, 서아시아를
만나다』(국립경주박물관 외, 2008).

허준양, "한반도 출토 구분마연의 동검에 대하여",『중국동북지역과 한반도의 동검문
화』(한국청동기학회, 2013).

호남고고학회,『완주 갈동유적 출토 거푸집과 청동기 제작복원』(호남문화재연구원,
2005).

호남문화재연구원,『완주 갈동유적』(2005).

홍성욱 편,『인간 사물 동맹』(이음, 2010).

황창한, "석기의 제작",『청동기시대의 고고학 5: 도구론』(서경문화사, 2014).

영문 논문

Binford, Lewis R., "Organization and formation processes: looking at curated
technologies," *Journal of Anthropological Research* 35-3 (1979).

Bordes, François, "Typologie du palélithique ancien et moyen," *Publications de l'Institut de
Préhistoire de l'Universite' de Bordeaux*, Mémoire 1, Bordeaux (1961).

Budd, P. and T. Taylor, "The faerie smith meets the bronze industry: magic versus science in the interpretation of prehistoric metal-making", *World Archaeology* 27-1 (1995).

Butler, J. J., "Rings and ribs: the copper types of the "ingot hoards" of the Central European Early Bronze Age," In M. Ryan, eds., *The Origins of Metallurgy in Atlantic Europe, Proceedings of the fifth atlantic colloquium* (Dublin, 1979).

Butler, J. J., "Ingots and insights: reflections on rings and ribs," In M. Bartelheim, E. Pernicka and R. Krause, eds., *Die Anfange der metallurgie in der alten Wega. The beginnings of metallurgy in the old world* (Rahden, 2002).

Butler, J. J., and H. Fokkens, "From stone to bronze. Technology and material culture." In I. P. Louwe Kooijmans, P. W. v.d. Broeke, H. Fokkens, H. Fokkens, A. L. v. Gijn (eds.), *The prehistory of the Nethelands* (Amsterdam, 2005).

Chernykh, E. N., "Ancient metallurgy in the USSR", *The Early Metal Age* (Cambridge: Cambridge University Press, 1992).

Clark, J. D., and M. R. Kleindienst, "The stone age cultural sequence: terminology, typology and raw material" clack, J. D. ed., *Kalambo Falls Prehistoric Site III*," (Cambridge: Cambridge Univ. Press, first ed., 2001).

Costin, C. L., "Craft specialization: issues in defining, documenting and explaining the organization of production." In M. B. Schiffer (ed.), Archaeological method and theory (Philadelphia, 1991).

Costin, C. L,, "Craft Production Systems." In G. M. Feinman and D. Price (eds.), *Archaeology at the millenium. A source book* (New York, 2001).

Debénath Andre and Harold L. Dibble, "Handbook of Paleolithic Typology 1: Lower and Middle Paleolithic of Europe," *University Museum*, (Philadelphia, University of Pennsylvania, 1994).

Fitzpatrick, A. P., "The Amesbury archer's A well-furnished Early Bronze Age burial in southern England", *Antiquity* 76 (2002).

Flanagan, L. N., "Industrial resources, production and distribution in earlier Bronze Age Ireland," In M. Ryan (ed.), *The Origins of Metallurgy in Atlantic Europe. Proceedings of the fifth atlantic colloquium* (Dublin, 1979).

González-Ruibal, Alfredo, Almudena Hernando, Gustavo Politis, "Ontology of the self and material culture: Arrow-making among the Awá hunter -gatherers," *Journal of*

Anthropological Archaeology 3-2 (2011).

Gould, S. J., and R. c. Lewontin, "The spandrels of San Marco and the Panglossian paradigm: a critique of the adaptationist programme", *Proceedings of the Royal Society of London Series* B 205 (1979).

Heidegge,r M., "The Question concerning Technology", *Basic writings* (Harper and Row, 1977).

Hodder, Ian, "Human-thing entanglement: towards an integrated archaeological perspective", *Journal of the Royal Anthropological Institute* 17-1 (2011).

Hodder, Ian, "The Entanglements of Humans and Things: A Long-Term View", *New Literary History* 45-1 (2014).

Inizan, Marie-Louise, Helene Roche and Jacques Tixier, "Technology of Knapped Stone," *Meudon* (CREP, 1992).

Klein, Richard, "The Dawn of Human Culture" (Wiley, 2002). Kohn M. and Mithen S., "Handaxes: products of sexual selection?," *Antiquity* 73 (1999).

Kim J. I., "Techne and Poiesis: An alternative way of understanding of Ancient technology and Materiality", 2017 EAA Conference (Maastricht, 2017).

Kienlin, T. L., "Traditions and Transformations: Approaches to Eneolithic (Copper Age) and Bronze Age Metalworking and Society in Eastern Central Europe and the Carpathian Basin." BAR International Series 2184. (Oxford: Archaeopress, 2010).

Kristiansen, K. and B. Lasson, "The rise of Bronze Age society", Travels, *Transmission and Transformation* (Cambridge: Cambridge University Press, 2005).

Laland, Kevin and Michael O'Brien, "Niche construction theory and archaeology", *Journal of Archaeological Method and Theory* 17-4 (2002).

Levy, J. E., "Metalworking Technology and Craft Specialization in Bronze Age Denmark." In J. E. Robb (ed.), *Material symbols. Culture and Economy in Prehistory* (Carbondale, 1999).

Mabuchi, H. and Hirao, Y., "Lead isotope ratios of lead ores in East Asia: In relation to bronze artifacts", *Journal of the Archaeological Society of Nippon*, Vol.73 (2) (in Japanese) (1987).

Needham, S. P., "Modelling the flow of metal in the Bronze Age." In C. Mordant, M. Pernot and V. Rychner (eds.), *L'Atelier du bronzier en Europe du XXe au VIIe siecle avant notre ere*. Actes du colloque international 'Bronze 96' Neuchatel et Dijon, 1996. Production, circulation et consommation du bronze. (Paris, 1998).

Nelson, Margaret, "The study of technological organization," *Archaeological Method and Theory* 3 (1991).

Norton, Christopher J. and Bae Kidong, "Erratum to The Movius Line sensulato further assessed and defined," *Journal of Human Evolution* 57 (2009).

Northover, J. P., "The explanation of the long-distance Movement of Bronze in Bronze and Early Iron Age Europe," *Institute of Archaeology bulletin* 19 (1982).

O'Brien, M. and Laland KN., "Genes, culture and agriculture: an example of human niche construction", *Current Anthropology* 53 (2012).

O'Brien, W., "Prehistoric copper mining in south-west Ireland: the Mount Gabriel-type mines," *Proceedings of the Prehistoric Society* 56 (1990).

O'Brien, W., "Resource availability and metal supply in the insular Bronze Age." In A. Hauptman (ed.), *The Beginning of Metallurgy* (Der Anschnitt Beihft 9) (1999).

Ottaway, B. S., "Innovation, Production and specialization in early prehistoric copper metallurgy." *European Journal of Archaeology* 4 (2001).

Ottaway, B. S., "Towards interpretative Archaeometallurgy." In M. Bartelheim, E Pernicka and R. Krause (eds.), *Die Anfange der metallurgie in der alten Welt. The beginning of metallurgy in the old world* (Rahden, 2002).

Ottaway, B. S. and S. Seibel,, "Dust in the wind: experimental casting of bronze in sand moulds." Instrumentum, Monographies 5. Paleometallurgy der Cuivres. Actes du colloque de Bourg-en Bresse et Beaune, 17-18 October 1997 (1997).

Pare, C. F. E., "Bronze and the Bronze Age. In C. F. E. Pare (ed.), *Metals make the world go round: The supply and circulation of metals in Bronze Age Europe* (Exeter, 2000).

Pfafenberge,r Bryan, "Social anthropology of technology", *Annual Review of Anthropology* 21 (1992).

Rowlands, M. J., "The archaeological interpretation of prehistoric metalworking," *World archaeology* 3 (1971).

Rowlands, M. J., "The production and distribution of metalworking in the Middle Bronze Age in Southern Britain." *BAR* 31 (Oxford: Archaeopress, 1976).

Ryan, M. (ed.),, "The Origins of Metallurgy in Atlantic Europe." *Proceedings of the fifth*

Atlantic Colloqium (Dublin, 1978).

Seong Chuntaek, "Tanged Points, Microblades and Late Palaeolithic Hunting in Korea," *Antiquity* 82 (2008).

Seong Chuntaek, "Large flake technology and the Acheulian problem in Korea revisited" (Gongju: Asian Palaeolithic Association, 2014).

Seong Chuntaek, "Diversity of Lithic Assemblages and Evolution of Late Palaeolithic Culture in Korea," *Asian Perspectives* 54-1 (2015).

Shennan, S., "Commodities, transactions, and growth in the central European Early Bronze Age." *Journal of European Archaeology* 1-2 (1993).

Shennan, S., "Bronze Age copper production of the Eastern Alps." *Excavation at St. Veit-Klingberg, Bonn* (Universitatsforschungen zur praehistorischen Archaeologie 27) (1995).

Shennan, S., "Cost, benefit and value in the organisation of early European copper production," *Antiquity* 73 (1999).

Sherrett, A., "What would a Bronze Age world system look like? Relations between temperate Europe and the Mediterranean in Later Prehistory," *Journal of European Archaeology* 1-2 (1993).

Sherrett, S., "Circulation of metals at the end of the Bronze Age in the Eastern Mediterranean." In C. F. E. Pare (ed.). *Metals make the world go round. The supply and circulation of metals in Bronze Age Europe* (Exeter, 2000).

Stevens, F., "Elemental interplay: the production, circulation and deposition of Bronze Age metalwork in Britain and Ireland." *World Archaeology* 40-2 (2008).

Timberlake, S., "Mining and prospection for metals in Early Bronze Britain — making claims within the archaeological landscape." In J. Bruck (ed.), *Bronze Age Landscape. Tradition and Transformation* (Exeter, 2001).

Timberlake, S., "Early metal mining research in the UK: the developments of the last ten years." In P. T. Craddock and J. Lang (eds.), *Mining and Metal Production through the Ages* (2003).

Trehene, P., "Warrior's beauty: the masculine body and self-identity in Bronze-Age Europe." *Journal of European Archaeology* 3 (1995).

Whallon Robert, "Social networks and information: Non-"utilitarian" mobility among hunter-gatherers," *Journal of Anthropological Archaeology* 25-2 (2006).

Winghart, S., "Mining, processing and distribution of bronze reflectiion on the organisation of the metal supply between the northern Alps and the Danube region." In C. E. F. Pare (ed.), *Metals make the world go round. The supply and circulation of metals in Bronze Age Europe* (Exeter, 2000).

영문 단행본

Adams, Jenny L., *Ground Stone Analysis: A Technological Approach*, (Salt Lake City: University of Utah Press, 2012. 2nd ed).

Andrefsky, William Jr., *Lithics: Macroscopic approaches to analysis*, (Cambridge: Cambridge University Press, 2005, 2nd ed).

Barrett, John, *Fragments from Antiquity* (London: Blackwell, 1994).

Champion, T., C. Gamble, S., Shennen and A. Whittle, *Prehistoric Europe* (London: Academic Press, 1984).

Chang, K. C., *The Archaeology of Ancient China* (4th ed.) (New Heaven: Yale University Press, 1986).

Childe, V. G., *The Dawn of European Civilisation* (London, 1958).

Childe, V. G., *The Bronze Age* (New York 1963).

Childe, V. G., *Man Makes Himself* (Suffork, 1965).

Coles, J. M., *Experimental Archaeology* (London, 1979).

Cotterell B., and J. Kamminga, *Mechanics of Pre-Industrial Technology* (Cambridge: Cambridge University Pess, 1992).

Craddock, P. T., *Early Metal Mining and Production* (Edinburgh: Edinburgh University Press, 1995).

Craddock, P. T. and M. J. Hughes, *Furnaces and smelting technology in antiquity* (London (British Museum occasional paper 48), 1985).

Cunliffe, B., Greeks, *Romans & Barbarians* (London: B. T. Batsford Ltd, 1988).

Cunliffe, B. (ed.), *The Oxford illustrated Prehistory of Europe* (Oxford: Oxford University Press, 1994).

Cunliffe, B., *The Ancient Celts* (Oxford: Oxford University Press, 1997).

Dobres, M-A., *Technology and Social Science* (London: Blackwell, 2000).

Dobres, M. A., C. R. Hoffman (eds.), *The Social Dynamics of Technology, Practice, Politics, and World Views* (Washington DC).

Gamble, Clive, *The Palaeolithic Settlement of Europe* (Cambridge: Cambridge University Press, 1986).

Gamble, Clive, *The Palaeolithic Societies of Europe* (Cambridge: Cambridge University Press, 1999).

Hodder I., *Entangled: An Archaeology of the Relationships between Humans and Things* (Oxford: Wiley-Blackwell, 2012).

Hodder, I., *Symbols in action. Ethnoarchaeological Studies of Material Culture* (London, 1982).

Isaac, G. Ll., *Olorgesailie: Archaeological studies of a Middle Pleistocene Lake Basin in Kenya* (Chicago: University of Chicago Press, 1997).

Klein, Richard, *The Dawn of Human Culture* (Wiley, 2002).

Korea Foundation, *Gold Crowns of Silla Treasures From a Brilliant Age* (2010).

Krause, R. and E. Pernicka, *The function of ingo*t (1998)

Kristiansen, K., *Europe before history* (Cambridge University Press, 1987).

Kristiansen, K. and B. Lasson, "The rise of Bronze Age society", *Travels, Transmission and Transformation* (Cambridge: Cambridge University Press, 2005).

Kuijpers, M. H. G., *Bronze Age Metalworking in the Nethelands (c. 2000 – 800 BC)* (2008).

Miller, H. M. L., *Archaeological Approaches to Technology* (Amsterdam, 2007).

O'Brien, W., *Bronze Age Copper Mining in Britain and Ireland.* (Shire Publications, 1996).

Ottaway, B. S. and E. C. Wagner (eds.), *Metals and Society: Papers from a session held at the European Association of Archaeologists sixth annual meeting in Lisbon 2000 Oxford (Bar International Series 1061)* (2002).

Shennan Stephen, *The First Farmers of Europe: An Evolutionary Perspective* (Cambridge: Cambridge University Press, 2018).

Shepperd, R., *Prehistoric mining and allied industries* (London, 1980).

Tylecote, R. F., *Metallurgy in Archaeolgy* (London, 1962).

Tylecote, R. F., *The prehistoric metallurgy of the British Isles* (London, 1986).

Tylecote, R. F., *The early history of metallurgy in Europe* (London, 1987).

중문 논문

靳楓毅, "論中國東北地區含曲刃靑銅短劍的文化遺存"(上), 『考古學報』 82-4 (1982).

靳楓毅, "論中國東北地區含曲刃靑銅短劍的文化遺存"(下), 『考古學報』 83-1 (1983).

白雲翔, "韓國의 完州 上林里에서 日本 후쿠오카 平原村까지—中國 古代 靑銅匠人의 東渡路線—", 『考古學으로 본 東亞細亞文物』, 동아세아문화재연구원 개원 10주년 기념 국제학술심포지움 (동아세아문화재연구원, 2015).

李衆, "中國封建社會前期鐵鋼冶鐵技術發展的探討", 『考古學報』 75-2期 (1975).

중문 단행본

北京科技大學, 『中國冶金史論文集』(二) (北京鋼鐵學院學報 編輯部, 1994).

李京華, 『中原古代冶金技術研究』(中州古籍出版社, 1994).

河南省文物局文物工作隊, 『鞏縣鐵生溝』 中國田野考古報告集考古學專刊六種第十三號 a (文物出版社, 1962).

河北省文物研究所, "第3節 鐵器", 『燕下都』 (文物出版社, 1996).

河北省文物研究所, "燕下都鐵器金相考察初步報告", 『燕下都』 (文物出版社, 1996).

韓汝玢·柯俊, "中國古代的百鍊鋼", 『中國冶金史論文集』 (北京鋼鐵學院, 1986).

华觉明 等, 『中国冶铸史論集』 (文物出版社, 1983).

일문 논문

谷畑美帆, "日本及び朝鮮半島出土の垂飾付耳飾について", 『考古學研究』 40 (1992).

宮本一夫, "鑄型から銅劍の變遷", 『한국기독교박물관지』 8 (2007).

吉井秀夫, "考古資料からみた朝鮮諸國と倭", 『國立歷史民俗博物館研究報告』 110 (2004).

三木ますみ, "朝鮮半島出土の垂飾付耳飾", 『筑波大學先史學·考古學研究』 7 (1996).

松井和幸, "日本と朝鮮半島の鐵と鐵製品", 『季刊考古學』 第33號 (雄山閣, 1990).

有光敎一, "朝鮮磨製石劍の研究", 京都大學文學部考古學叢書 2 (1959).

伊藤秋男, "武寧王陵發見の金製耳飾について(補遺)", 『人類學研究所紀要』 7 (南山大學, 1978).

鄭仁盛, "樂浪土城と靑銅器製作", 東京大學考古學研究室研究紀要 16 (東京大学考古学研究室, 2001).

佐原 眞, "銅鐸の祭り", 『大陸文化と靑銅器』 古代史發掘 5 (講談社, 1974).

佐原 眞·近藤喬一, "靑銅器の分布", 『大陸文化と靑銅器』 古代史發掘 5 (講談社, 1974).

佐々木 稔, "ふたたび古代の炒鋼法について", 『たたら研究』 第三卷 (たたら研究會, 1985).

樋口隆康, "彌生時代靑銅器の源流とその展開", 『大陸文化と靑銅器』 古代史發掘 5 (講談社, 1974).

秋山進午, "中國東北地方の初期金屬文化の樣林" (上)(中)(下), 『考古學雜誌』 53-4, 54-1, 54-2 (1953).

後藤直, "弥生時代靑銅器鑄造に關する日韓比較實驗考古學的研究" (北九州鑄金研究會, 2005).

일문 단행본

高田貫太, 『古墳時代の日朝關係』 (吉川弘文館, 2004).

國立西洋美術館外, 『黃金傳說展 THE GOLDEN LEGEND』 (2015).

菊水町史編纂委員會, 『菊水町史 江田船山古墳編』 (和水町, 2007).

近藤喬一, "靑銅器の製作技術", 『大陸文化と靑銅器』 古代史發掘 5, (講談社, 1974).

近藤喬一, "東アジアの銅劍文化と向津具の銅劍", 『山口縣史』 資料編 考古 1 (2000).

芹澤正雄, "古代製鐵技術用語の檢討", 『たたら研究』 (たたら研究會, 1988).

磯部欣三, 『佐渡金山』 (中央公論社, 1992).

吉田広·岩永省三·柳浦俊一, 『『靑銅器の同范關係調査報告書 I -武器形靑銅器-』の調査成果」 (アジア鑄造技術史学会 研究發表概要集4号, 2010).

金宇大, 『金工品から讀む古代朝鮮と倭』 (京都大學學術出版會, 2017).

大阪府立近つ飛鳥博物館, 『黃泉のアクセサリー古墳時代の裝身具』 (2013).

藤森榮一, 『銅鐸』 (學生社, 1964).

藤井康隆, 『中國江南六朝の考古學研究』 (六一書房, 2014).

藤井和夫, "新羅·加耶古墳出土冠研究序說", 『東北アジアの考古學 第二 槿域』 (1996).

馬目順一, "慶州飾履塚古新羅墓の研究-非新羅系遺物の系譜と年代", 『古代探叢―瀧口宏先生古稀記念考古學論集』 (1980).

馬目順一, "慶州古新羅王族墓の立華飾付黃金製寶冠編年試論", 『古代探叢』 IV (早稻田大學校 出版部, 1995).

毛利光俊彦, "朝鮮古代の冠―新羅―", 『西谷眞治先生古稀記念論文集』 (1995).

佐賀縣敎育委員會編輯, 『弥生時代の 吉野ヶ里』 (佐賀縣敎育廳文化財課, 2014).

山根俊久, 『石見銀山に關する研究』 (臨川書店, 1974).

三木文雄, 『銅鐸』 (柏書房, 1983).

三船溫尙, "이형유문청동기의 동형 한 쌍 제품의 주조기술", 『한반도의 청동기 제작기술과 동아시아의 고경』 (국립경주박물관, 2007).

三浩一 編, 『鏡』 (社會思想社, 1978).

石本淳子, "日韓の垂飾付耳飾についての一考察", 『今里幾次先生古稀記念 播磨考古學論叢』 (1990).

小葉田淳, 『日本鑛山史の研究』 (岩波書店, 1968).

小林行雄, 『古代の技術』 (塙書房, 1962).

松井和幸, "철생산의 문제", 『논쟁・학설 일본의 고고학 4―미생시대』 (雄山閣, 1986).

野上丈助, "日本出土の垂飾附耳飾について", 『藤澤一夫先生古稀記念 古文化論叢』 (古代を考える會, 1983).

奧野正男, "3章 彌生後期の鐵器文化", 『鐵の古代史―彌生時代・古墳時代』 (白水社, 1993).

王建新, 『東北のアジアの靑銅器文化』 (同成社, 1999).

熊本縣龍北町敎育委員會, 『野津古墳群 II』 (1999).

林俊雄, 『スキタイと匈奴 遊牧文明』 (講談社, 2017).

中江秀雄, 『鑄物』 (法政大學出版局, 2018).

中村潤子, "古墳時代の龍文透彫金工細工品", 『考古學 その見方と解釋(上)』 (筑摩書房, 1991).

增田義郎, 『黃金の世界史』 (講談社, 2010).

倉橋藤治郎, 『採鑛冶金工學最近の進步』 (工業圖書株式會社, 1938).

川越哲志, "1장 초기철기문화로서의 야요이시대", 『彌生の鐵器文化』 (雄山閣出版, 1993).

村上恭通, "彌生時代에 있어 鐵器의 諸樣相―生活址・埋葬址 出土 鐵器를 對象으로", 『東아시아의 鐵器文化―住居 및 古墳을 통해 본 政治・社會相』 (文化財管理局 國立

文化財研究所, 1998).

村上恭通, "Ⅱ章 倭人と鐵との邂逅―彌生時代, Ⅲ章 民衆の鐵, 王の鐵―古墳時代―",『倭人と鐵の考古學』(靑木書店, 1999).

土屋隆史,『古墳時代の日朝交流と金工品』(雄山閣, 2018).

樋口隆康 編,『大陸文化と靑銅器』古代史發掘 5. (講談社,1974).

後藤直, "靈巖出土の鑄型位置",『朝鮮半島初期農耕社會研究』(2006).

가단주철(전성주철)철기, 237

가덕도, 92-93

가라(加羅), 431

가락동, 78-79

가로날도끼(cleaver), 43, 53, 55, 82

가릉빈가(迦陵頻伽), 437

가마부리간, 292

가모이나리야마고분(鴨稻荷山古墳), 436

각섬석, 151, 167

간논즈카고분[觀音塚古墳], 437

간돌검, 39, 41, 73-75, 79-80, 95, 97, 99, 101-104, 457

간두령, 123, 129, 147, 154, 165, 168, 177, 186-187, 189-191, 193, 204, 208-209

간접떼기, 60

갈동, 150-151, 158, 189, 252, 257

감쇄과정(reduction process), 44-45, 56-57

감옥팔찌, 348, 348, 363

감은사, 365, 367, 446-447

갑장(甲匠), 247

강강철(鋼鋼鐵), 291

강엿쇠둑, 233, 240

강정동, 91

강철(剛鐵), 284-285, 291, 293

개마총, 408

검단리, 79

검파형 동기, 168, 171, 176, 187, 190-191, 208

겐미다니(檢見谷)유적, 159

격(鬲), 111

결상이식, 71, 94, 100, 104-105, 457

『경국대전』, 294

경산리, 437

계남리, 395, 398

계림로, 346, 348-349, 364, 366

고나(Gona), 36

고대산, 196

『고려사』, 282

고려채(高麗寨), 251

고모산성, 392

고산리, 65-66, 71, 76, 83-84, 90-91, 159, 180

고시다카(越高), 93

고오리가와니시즈카고분(郡川西塚古墳), 424

고온액체환원법, 230

고인돌, 35, 75, 103

고죠네코즈카고분(五條猫塚古墳), 374-375

고황해분지, 90

곡나철산(谷那鐵山), 270, 282

곡병단검, 196

곡옥(곱은옥), 48, 71-72, 101, 345, 418

골편수, 247-249

곰배괭이, 48, 69

공병식 동검, 174

공작(industrial complex), 37

공작석(孔雀石, Malachite), 109, 115, 129

공장(工匠), 247, 294

공조(工曹), 284, 292

관(灌), 284

관부돌출형철모, 296

관북리, 433

관옥(대롱옥), 48, 71-72, 101, 211

관원리, 295

관창리, 72, 170

광개토왕릉비, 384, 435

광형동모, 206

괴련철(塊練鐵), 221, 223, 231-234, 237-
    240, 245, 271, 287, 292, 311, 314, 318

괴시리, 393, 397

괴정동, 176, 187, 189-190, 208

교동(창녕), 379, 398, 418

교동(춘천), 101

교류네트워크, 64, 87-88, 94, 104, 457

교역네트워크, 99

교촌리, 389

『구당서(舊唐書)』, 383, 428

구보타 구라오(窪田藏郎), 270

구산리, 265-266, 277

구저(久氐), 270

국부마제석부, 48

군기감(軍器監), 283, 324-325

군기시(軍器寺), 247, 294, 328-329

굴지구, 41, 47, 51, 69-70, 78-79

궁산, 76

궁인(弓人), 247, 294

궁전소(弓箭所), 294

권병탁, 240, 243, 247

규암(quartzite), 45, 54-57, 63, 85

규질셰일(혈암, siliceous shale), 48, 59-61, 64-
    65, 85

규질응회암(silicified tuff), 64

규질혈암, 39, 45

근구수왕, 386

근금역(筋金役), 355

근초고왕, 270, 386

금관총, 360, 363, 394, 410, 418, 420

『금광제련법(金鑛製鍊法)』, 356

금동대향로, 359-360

금동장패기(金銅裝貝器), 425-426

금령총, 394, 410, 418, 420

금릉동, 180, 304-305

금성산, 397

금속고고학(Archaeometallurgy), 112

금야, 150, 161, 187

금학동, 389

기곡, 61, 65-66, 90

기안리, 254

길두리, 429, 431

김권일, 255

김득신, 240-241, 244

김준근, 243

김춘추, 384

김홍도, 240-241, 244

나성리, 374-376

나원리, 367

나팔형 동기, 168, 171, 175-176, 187, 191,
    197, 204, 208

낙랑토성, 128, 162-163

낙산동, 397

남동구, 175, 197

남동석(藍銅石, Azurite), 110, 115

남산근, 174, 196

남성리, 132, 176, 182, 187, 189-191, 208

남양리(덕천), 161

남양리(장수), 72, 159, 177, 189, 252, 257, 295

남천(南川), 356

남파동, 258

내당동, 437

냉수리, 397

네안데르탈인, 37

Nature, 36

노감석(爐甘石), 129

노계마을, 228, 280

노래섬, 94

〈노변야로〉, 240-241

노하심(老河深), 415-417

녹동리, 282

농포동, 92

누금기법, 343

늑도, 255

늘거리, 64, 86, 89

능사, 359, 364

능산리 능안골, 359, 430, 433, 436

니시미야야마고분(西宮山古墳), 424

니이자와센즈카(新澤千塚), 375-376, 424, 443

니치구성이론(Niche Construction Theory), 23

다각면원구(polyhedrons), 56

다뉴세문경, 126, 150-151, 187-188, 199

다대포, 92

다라(多羅), 398, 430-431

다면석기(polyhedron), 43

다송리, 176, 187, 189

다위니즘, 35

다이보고분(大坊古墳), 436

다인철소(多仁鐵所), 280

다테야마야마(立山山), 443-444

다호리, 192, 243, 253, 296, 301, 405, 441

단련단야, 221, 233, 238, 240, 243-245, 313

단범, 167

단봉대도, 403

단산리, 151, 251

단조철기, 218, 231, 233, 236-238, 243, 252-253, 311, 318

달성, 393-395, 397, 399, 410

달천, 255

달천광산, 223-224, 281-282

담로, 388

당사동, 282

대가(大加), 408

대경도, 94

대곡리, 176-177, 180, 187, 189

대동군, 180, 412

대리석, 71

대마도, 92-93

대명동, 399

대문구(大汶口)문화, 97

대부장경호, 243

대성동, 302, 423

대성리, 237

대순자, 196

대안동, 282

대취자(大嘴子), 96

대타두, 196

대평리, 72

대화리, 228, 265, 267

대화박장령(大化薄葬令), 380

덕천리, 72, 161, 180, 282

덧무늬(융기문)토기, 93

도도로끼식 토기, 93

도리(止利), 378

도씨검(桃氏劍), 203

도유노와레토(道遊の割戶), 353

도항리, 441, 443

돌날떼기, 60

『동국여지승람』, 136

동대장자, 176

동삼동, 47, 65-66, 71, 87, 92-94, 100

동서리, 176, 180, 187, 189-191, 208

동주식 동검, 159-160, 197, 203

동천동, 163, 170, 372

동철(銅鐵), 284, 292, 328

두패자, 196

두학동 재너머들, 90

둑수리, 248-249

뚜르개(borer), 43, 48, 62, 86-87

띠붙이기법, 168

라랜드(Laland), 23

라마동(喇嘛洞), 415-416

러복, 존(John Lubbock), 34

롬크위 3(Lomekwi 3), 36

루상, 175

루크레티우스, 119

르발루아 기법, 37

마무리(평택), 295

마부치, 142-143

마선구, 411-413

마자야요문화(馬家窯文化), 120

마전리, 72

마제석검, 26, 41, 73, 75, 79, 95, 105, 457

마제석기(磨製石器), 35, 40, 44, 47-48, 96-98, 114

만달산록, 411-412

만형법, 167-168

말방울[馬鈴], 303

망강루(望江樓), 416

망상동, 256

망칫돌떼기, 54

망화, 196

매석, 355

맥석영, 56-57, 63-64, 85

메타바루(目達原)유적, 158-159

명도전(明刀錢), 251

명륜동, 397

모노미야구라고분(物見櫓古墳), 443, 445

모루떼기, 54

모비우스 라인, 54-56

모비우스, 할램(Movius), 54

모아산(帽兒山), 415-416

모촌리, 307

모화리 모화지, 282

목곽묘, 177, 189, 193, 265, 295, 356, 360-362, 380-381, 393, 398, 413, 416, 423, 431, 446, 450

목관묘, 177, 191, 193, 198, 265, 381

목병철도(木柄鐵刀), 299, 314

목양성(牧洋城), 251

무관연미형(無關燕尾形)철모, 299, 315

무당, 209

무령왕, 389, 429, 432-433, 436, 438

무령왕릉, 359, 361, 363, 382, 388-389, 437-438

무령왕비, 364, 389, 432-434, 436, 438

무문토기, 96, 213

무스테리안(Mousterian), 37, 53

무용총, 408

무질부리, 233, 236

무질부리가마[용해로(鎔解爐)], 236

무카이야마(向山), 444

묵곡리, 72

문암리, 71, 94, 100

문의면, 132, 140

문화동, 132, 139

물금, 258, 260

물금광산, 223, 258

물야탄(勿也灘), 356

미노아문명, 122, 185

미륵사, 430, 449

미사리, 78-79

미송리, 161, 178

미야야마고분(宮山古墳), 443-444

미야자토 오사무, 124

미천리, 397

미케네문명, 122, 349

민락동, 86, 91

민무늬토기, 212

바르나, 118

박산향로(博山香爐), 359

박서연, 99

반계제, 404-405, 441

반남면, 390

반달돌칼(반월형석도), 41, 49, 70, 105

반룡성, 121

방리, 281-282

방송리, 441

방연광(方鉛鑛), 129, 140

방연석, 140-143, 162

방제경, 140

방패형 동기, 123, 168, 175-176, 186-187, 191, 204, 208

백금보, 196

백두산, 64, 86-88, 92, 105, 457

백련강, 231

백암리, 127, 158, 189

백연광(白鉛鑛), 129

백주철(白鑄鐵), 231, 237

백천리, 404-405, 441

범방, 92-94

범의구석, 92

법천리, 434

베렐(Berel), 343-345

벨 비이커 문화(The Bell Beaker Culture), 116

벽골제, 316

벽제동, 279

병산동, 413

보국장군본국왕(輔國將軍本國王), 400

보림리 대동, 411-412

보문리, 363, 365, 395, 421, 423

보안사묘(保安寺墓), 415

보요관(步搖冠), 346

보요부이식(步搖附耳飾), 416

복암리, 383, 389-390, 430

복제 실수(copying error), 35

복천동, 393, 397, 410, 419

본관동, 441

본리, 280

봉덕리, 437

봉림동, 258, 260, 277

봉서리, 404-405, 441

봉선리, 72

봉황동, 423

부동(drift), 35

부리쇠, 292

부리질, 292

부부총, 363, 365, 394-395, 423

부산면, 252

부장리, 382-383, 386, 403, 428, 432, 434

부질, 292

부평리, 61, 64, 88

북문로, 163

『북사(北史)』, 391, 408, 428

북사리, 379, 399

북정리, 92, 393, 397

분구묘, 201, 211-212, 296, 381, 417

분주법(分鑄法), 150, 152, 154, 165, 167-
    169, 196

비래동, 132, 139, 180, 357

비봉산, 393, 397

비파형동검, 26, 76, 95, 101, 103, 113, 123,
    125, 131, 136, 139, 150-151, 157, 161,
    167-168, 173-176, 178-184, 193, 195-
    198, 201, 203-204, 207, 458

비파형동모, 136, 150, 161, 179, 181, 183,
    197, 203

비파형동부, 150, 167

빈철(鑌鐵), 285, 287

빗살무늬토기, 76

사금(砂金), 351, 358

『사기(史記)』 조선전(朝鮮傳), 253, 282

사도금산(佐渡金山), 352-355

사도봉행소, 354

사라리, 243

사르마트(Sarmat), 342-344

『사물의 본성에 관하여(De rerum natura)』,
    119

사암, 50, 54, 63, 73, 151

사여체제, 378

사천(밀양), 258

사철, 222-223, 233, 314

사촌리, 94, 100

사회네트워크, 58, 85, 87-89, 91

사회적 기술(social technology), 35, 81, 83-84,
    88

산금(山金), 351

산마이즈카고분(三昧塚古墳), 444

산만자, 167

산방역(山方役), 355

산사(山師), 355

산화철, 221, 239

삼고리, 404-405

삼곳리, 256

『삼국사기』, 209, 315, 319, 355-356, 383-
    384, 396, 402

『삼국유사』, 370

『삼국지(三國志)』 위서 동이전, 222, 243,
    251-252, 260, 263, 282, 315, 319, 338

삼년산성, 392

삼양동, 91

삼이부고배(三耳附高杯), 426

삼정리, 282

삼화리, 82

상노대도, 90, 92

상동(相同, homologous similarity), 96

상림리, 159-160

상보촌(上堡村), 252

상봉리, 411-412

상사(相似, analogous similarity), 96

상운리, 159

생철(生鐵), 284-288, 292-293

샤먼, 169, 209

서두리, 90

서봉총, 418, 427

서부동, 163

서사리, 282

서삼가자, 167

서차구(西岔溝), 416

서포항, 76, 92

서하자향(西河子鄕), 347

석개토광묘, 98

석거(石鋸), 92

석곽묘, 95, 280, 380-381, 393, 432, 434

석관묘, 75, 101, 252

석산리, 251

석실묘, 363, 365, 381, 395, 423

석암리, 159, 180

석장리, 86, 232, 257, 265-266, 277

석제 거푸집, 26, 127-128, 136, 149-154,
    158, 165-169, 198, 205, 458

석철, 223

석촌동, 381

석회석, 239

선공감(繕工監), 283, 324, 328-329, 333

『선사시대(Pre-Historic Times)』, 34

선제리, 187, 190, 208

선철(銑鐵), 221, 230-233, 236-239, 246,
    250-252, 263, 271, 285, 287, 292, 310-
    312, 318

선형(先型, preform), 45, 52

선형동부, 136, 161, 179, 184, 197, 458

성덕대왕신종, 360

성동동, 163

성산(창원), 255

성산동(성주), 393

성춘택, 40

성형(成形)단야, 221, 233, 237-238, 243-
    244, 246

세문경, 123-124, 128, 130, 141, 153-154,
    156-157, 165-166, 168-169, 171-172,
    174, 176, 188-189, 193, 198, 201, 204-
    205, 207, 458

세움장식, 408-410

『세종실록지리지』, 223, 283

세죽(울산), 92

세죽리(영변), 151, 251

세형동검, 76, 95, 123-124, 127, 130, 132-
    133, 139-141, 143-145, 150-151, 154,
    157-158, 165, 168, 171-179, 181-184,
    187, 191-194, 197-199, 201, 204, 207-
    208, 211-212, 243, 251-252, 305, 313,
    458

세형동과, 172, 252

세형동모, 139, 172-173, 176, 183, 199-200

셰일, 45, 50, 67, 75, 101

소가(小加), 408

소골(蘇骨), 382, 408

소랍합, 196

소소리, 177, 189, 251-252, 295

소주산(小珠山), 97

소흑석구(小黑石溝), 95, 189, 196

손량천(損良川), 356

손준호, 75, 98

솔로하(Solocha) 쿠르간, 342

송계현, 242

송국리, 70-71, 74, 78-79, 98, 101, 124,
    150-151, 158, 167, 175

송도(여수), 47, 65-66, 87, 92

송두리, 61, 232, 257, 265, 267, 276

송산리, 132, 189, 251, 389-390

송절동, 365-366, 277-278

송정동, 256

송현동, 379, 393, 398

쇠(둑)부리, 232-233

쇠부리가마[제련로], 232

수가리, 92

수동(영광), 140

『수서(隋書)』, 428

수양개, 61, 86

수지(용인), 237

수직떼기, 51, 75

수철(水鐵), 223, 284-285, 287-288, 292, 325, 329

수철장(水鐵匠), 284, 292, 327

수촌리, 72, 132-133, 141, 252, 364-365, 378, 382-383, 386-389, 428-429, 431-432, 434

숙철(熟鐵), 285-288, 290, 292-293

순동(copper), 22, 26, 110, 116-117, 129, 137, 146-149

『순조인릉산릉도감의궤(純祖仁陵山陵都監儀軌)』, 290-291

스에키(須惠器), 371

스키타이, 342-343

스키토-시베리아 동물양식, 343

슴베, 40, 45, 59, 66-68, 74

슴베찌르개, 40, 46, 59, 61, 64-65, 83, 85

승리촌, 411

시모키타가타, 443-444

시우쇠, 285, 293, 325, 328

시치칸고분(七觀古墳), 374-376

신동리, 257

신룡리, 159, 180

신북, 48, 61-62, 86-87, 89

신석기 패키지(Neolithic package), 114

신석기혁명, 57-58, 109, 114, 309

신성동, 175, 189

신송리, 67-68, 159, 180

신암리, 92, 167

신원리, 282

『신증동국여지승람』, 223-224, 283

신철(薪鐵), 240, 284, 286-287, 289-290, 292-293, 330-333

신촌리, 389-390, 429

신풍, 72, 187, 189, 252

신흥리, 358

실랍법(lost waxing), 129, 147, 149, 167

십금구(辻金具), 303

십이대영자, 136, 174-175, 189, 196-197

십자뉴(十字鈕)금동합, 426-427

쌍영총, 408

쌍타자(雙砣子), 96, 196

쓰키노오카고분(月岡古墳), 374-375

아로시등(阿魯柴登) 금관, 346

아리미츠 교이치(有光敎一), 95

아비지, 370

아사녀, 370

아사달, 370

아슐리안(Acheulian), 37, 53-56, 62-63, 82

아스카데라(飛鳥寺), 370

아제치(畦地), 444

아프라시아브 궁전, 408

안도(여수), 65, 71, 92, 94, 100

안작부(鞍作部), 378

안재호, 79

안학궁, 411

암사동, 47, 76-77

압형법, 168

야관(冶官), 283

야로소(冶爐所), 289, 294

야마대국설, 124

야요이문화, 98

야장(冶匠), 247, 293

야하타오츠카(八幡大塚), 436

약수리, 413

양가촌, 174-175, 189

양극떼기, 49-51, 67, 75

양동리, 243

『양서(梁書)』, 428

양저문화, 120

어자문(魚子文), 367

얼리강문화, 121

얼리터우문화, 120-121

에타후나야마고분(江田船山古墳), 386, 431, 436

여래리, 258, 260

역삼동, 78-79

연대도, 47, 66, 71, 87, 92-93

연망치(soft-hammer)떼기, 55

연미형철모, 297, 299

연장(鍊匠), 247, 294

연제리, 238, 265-266, 277

연철(鍊鐵), 250, 284-285

연철(鉛鐵), 284, 324

연철변증설, 284

연철장(鍊鐵匠), 293

연화광산, 139-140, 357

연화리, 176, 180, 189

연화보, 251

열철(劣鐵), 286-287, 289-290, 293

염사치(廉斯鑡), 264

염창리, 430, 433

염철별감(塩鐵別監), 283, 321

영선동식토기, 93

예천동, 296

오강원, 195

오금당, 174-175

오도령구문-남성리, 176

오동, 250

『오딧세이』, 120

오르도스, 95, 178, 195

오림동, 103, 180

오브라이언(O'Brien), 23

오산리, 92, 94

오스트랄로피테쿠스 가르히(Australopithecus garhi), 36

오이도, 47, 77

『오주연문장전산고(五洲衍文長箋散稿)』, 284

오지리, 90

옥룡동, 389

옥북리, 437

옥전, 380, 386, 401, 403-405, 423, 428, 430-431, 434-435, 437, 439, 441-445

올도완(Oldowan), 37, 53

옹관묘, 201, 211-212, 433

와리즈카고분(割塚古墳), 443-444

와박사(瓦博士), 370-371

완오리, 280

왕궁리, 364, 373

왕팔발자(王八脖子), 415-416

왕흥사, 364, 449

왜왕 오설, 124

외동읍, 247

요리(화성), 386, 429, 431

요시노가리, 211-212

요촌탄(蓼村灘), 356

욕지도, 47, 66, 92-93

용결응회암, 66, 91

용곡동굴, 71

용두상, 174

용명리, 282

용산문화, 120

용수재울, 64

용암리, 99

용원리, 365, 386, 403, 432, 434-435

용전동, 254

용제리, 133, 139

용호동, 48, 61

우두동, 167, 180

우산하(禹山下), 408

우하량, 195

운모, 49

운서동, 47, 77

운양동, 296, 415, 417

운주(雲珠), 303

운철(隕鐵), 218, 221

운평동(여수), 423

운평리(순천), 404-405, 441, 444

웅진동, 389

원개형 동기, 176, 187, 208-209

원동리, 159

원북리, 133, 140, 142, 189, 252

원형법, 167-168, 190

원환비(圓環轡), 304, 307

월산리, 404-405, 441

월성동, 50, 86, 88

월소, 65, 90

월지, 362-363, 367, 446

『위략(魏略)』, 263

위만, 252-253, 282

유개대부호, 295

유견동부, 151, 184

유견석부, 97

유관직기형철모, 296

유문동과, 184

유수노하심(楡樹老河深), 338

유철(鍮鐵), 284, 292, 329

육곡리, 430

윤정국, 77

율대리, 404-405, 441

율령국가설, 124

은령총, 394

은허, 121

은화(銀花, 銀華), 382

은흑(銀黑), 353

응회암, 45, 59-61, 85

이건무, 127, 153

이규경(李圭景), 284-285, 287, 293

이금동, 72, 180

이단관형철모, 295-296

이도하자, 196

이시밀라(Isimila) 올로게세일리에(Olorgesailie), 82

이식(Issyk) 쿠르간, 345

이암, 74, 101

이양수, 128

이와미은산(石見銀山), 352, 354

이은철, 241, 247

이음낚싯바늘[結合式釣針], 48, 50, 76, 94, 104-105

이조선돌대철부(二條線突帶鐵斧), 237

이즈웨스토코보에, 176

이청규, 128, 153

이쿠노은산(生野銀山), 352-354

이현묘(李賢墓), 408

이화동, 176-177, 189

인동리, 254

인류혁명(Human Revolution), 57-58, 88

인부마제석부, 48

인비리, 103

『인원왕후명릉산릉도감의궤(仁元王后明陵山陵都監儀軌)』, 290-291

인지혁명, 58

『일과 날(Erga kai hemerai)』, 118

『일리아드』, 117, 119

『일본서기(日本書紀)』, 270, 282, 355-356, 371

임당동, 187, 254, 374-376, 393, 395, 397, 399

임진한탄강, 40, 54-56, 63, 82, 85

임천리, 232, 259-260

임촌리, 258

입점리, 386, 428, 434, 436

입포리, 159

자개리, 67, 99

자충, 209-210

작업연쇄(chaîne opératoire), 45, 57, 146

잔돌날(세석인, microblade), 39-40, 45, 59-61, 65, 83, 85, 87, 91

잔몸돌(細石核, microblade core), 40, 43, 61, 85-86, 91

잔석기(세석기), 40, 61-62, 65, 85, 89-90, 94

잘라내기(찰절), 45, 49-52, 68, 72, 75

잘라올리(Zhalauly), 343-345

장니(障泥), 303

장리(상원), 167

장석, 49

장흥리(진주), 48, 61-62

장흥리(철원), 86, 89

저온고체환원법, 230, 240

적량동, 175, 180

전 논산, 133, 180, 187-189, 208

전 덕산, 187, 208

전 맹산, 150, 153, 166

전 상주, 180, 187, 191

전 영암, 127, 151, 158, 189

전 영원, 412-413

전곡리, 40, 54, 56, 82

전방후원분, 201

전상운, 126

전성주철(展性鑄鐵), 231, 237

절풍, 408, 449

점토대토기, 78, 80, 176, 193, 199, 251-252, 305

점판암, 45, 48-51, 67-68, 74-75

정(鼎), 111

정가와자, 171, 175-176, 186, 189, 197, 208

정련단야, 233, 240-241, 244, 256-257, 288, 292, 311, 313-314, 318

정문경, 167, 186, 188, 252

『정성왕후홍릉산릉도감의궤(貞聖王后弘陵山陵都監儀軌)』, 290

정인성, 128

정창원(正倉院), 446

정철(正鐵), 223, 240, 284, 286-287, 289-294, 311, 318, 324-333

정철(精鐵), 293

정철장(正鐵匠), 284, 293, 327

정촌, 436

제련노(furnace), 148

조갑소(造甲所), 294

조대연, 99

조도, 92

조몬 유적, 93, 98

조문경, 128, 136, 150, 153, 165-166, 169, 174-176, 188-189, 193, 204

『朝鮮鑛物誌』, 136

『조선지금광(朝鮮之金鑛)』, 357

조세문경, 128, 166, 174, 176, 188-189

조양동, 184

조진선, 127, 192

좌파리가반(佐波理加盤), 446

주먹도끼(handaxe), 37, 40-41, 43, 45, 53-57, 60, 62-63, 82-83, 85

주물사를 이용한 거푸집, 146, 153-154, 165-167, 169, 205

주미리, 389

주부(主簿), 408

『주서(周書)』, 428

주석석(Cassiterite), 129

주성장(鑄成匠), 292

주월리, 82

주장(注匠, 鑄匠), 247, 292, 294

주조철기, 176-177, 218, 231, 233, 236-237, 251-252, 285, 311, 318

주조철부, 300-301, 305

주종대박사(鑄鍾大博士), 360

주천리, 256

주철장(鑄鐵匠), 292, 327

준반(尊盤), 165

준왕(準王), 251-253, 263

중광형동모, 200

중도(순천), 170

중세형동모, 200

중안동, 404-405, 435, 441

중원고구려비, 383-384

중후을묘(曾侯乙墓), 165

증산군, 252

지산동, 401, 403-405, 431, 437, 439-442, 444-445

지상사, 279

지석묘, 178, 180, 187, 201

지탑리, 76-77

지투(地透), 362

직접떼기, 49-51, 70, 75

진개(秦開), 251

진덕여왕, 384-385

진동리, 175, 180

진파리, 362, 366

차요뉴 테페시(Çayönü tepesi), 115

차일드, 고든, 57, 309

차차웅, 209

차탈 휘익(Çatalhöyük), 115

채람(彩嵐), 416

척문리, 430

『천공개물』, 293

천마총, 362, 394, 418, 420, 426-427

천전리, 70, 79, 99

철생구(鐵生溝), 231

철장(鐵匠), 223-224, 282-284, 292, 321

철장도회(鐵場都會), 223, 283

철전(鐵錢), 283, 320, 322-323

철정(鐵鋌), 137, 233, 240, 242-243, 245, 253, 283, 294, 311, 318

청동괴(bronze ingot), 117, 131, 135, 137, 198

청동노(靑銅爐), 163

청동리(부여), 166

청동방울, 174-175, 189, 208

청송리, 141, 180, 208

초강법(炒鋼法), 218, 221, 231, 238-239, 253, 260, 285, 287, 293, 311, 313, 318

초당동, 374-376, 379, 395, 397

초도, 131, 161, 187

초도구, 196

초철(炒鐵), 284, 287, 324

초철군(炒鐵軍), 284, 287, 324

초포리, 159, 187, 189, 208

취련군(吹鍊軍), 284, 328

취리산, 388

칠금동, 228, 232, 257-258, 265, 267, 273-278

칠릭티(Chilikty) 쿠르간, 343-344

칠성산, 411-413

칠자경(七子鏡), 270

칠지도(七枝刀), 270

칠초철검, 296

침탄제강, 238

칼람보폴스(Kalambo Falls), 82

크노소스궁전, 122

타출문은잔(打出文銀盞), 425

탄금대, 254, 275

탄방동, 132, 139-140

탈탄제강, 238

탈해왕, 370

탑리(塔里), 410

태성리, 412

태왕릉(太王陵), 409

태화동, 397

태환이식, 363, 379, 411, 413, 420-423, 434, 441

토공조(土貢條), 223

토광묘, 140-142, 158, 189, 208, 243, 252-253, 304-306

토산조(土産條), 223

토성동(중강), 258

토성동(평양), 180, 187

토성리(북청), 161

토제 거푸집, 128-129, 146, 149, 151-154, 165-169, 190, 205

토제 도가니, 148

톰센, 크리스티안(Christian Thomsen), 34

통형석부, 52

파수부용기(把手附容器), 425

파이난(Feinan), 115, 135

파지리크, 343-345

판비(板轡), 304-305

판상철부, 242-243, 253, 300

판장쇠둑, 233, 240

팔달동, 254

팔주령, 123, 129, 147, 154, 165, 168, 171, 186-187, 191, 204, 208-209

페넬로페, 120

페트로클레스, 117

편상흑연, 237

편암, 45, 67, 151

편평편인석부, 48, 52, 73, 79, 97-98

평리동, 187, 253

평산 호등(壺鐙), 366

평성리, 95

평양묘장(平洋墓葬), 416

평양표대, 161

평정리, 441

평촌리, 404-405, 441

표비(鑣轡), 304-305

풍납토성, 257

플라이스토세, 66, 89

플린트, 55, 63

하가점 상층문화, 174, 196

하가점 하층문화, 196

하먼드(Harmand), 36

하양지구, 243

하지(荷知), 400

하화계리, 61, 86, 88

하황리, 430

한경, 165, 168, 193, 199, 201

합송리, 72, 187, 251-252

합인석부, 52, 79-80

행엽(杏葉), 303, 348

행위자 네트워크 이론(Actor Network Theory), 23

향암(phonolite), 36

헤시오도스, 118

헥토르, 117, 119

현무암, 36, 66

『현종숭릉산릉도감의궤(顯宗崇陵山陵都監儀軌)』, 289, 291

혈암(셰일), 50-51, 64, 67, 73-75

혜음원, 279

호곡동, 250

호더, 이안(Hodder), 23

호래(戸來), 264

호류지(法隆寺), 378

호머, 117, 119

호모 사피엔스, 24, 35, 58, 71, 84, 89

호모 하빌리스, 36

호우총, 366

호평동, 61-62, 64, 85-86, 88, 91

호흐라치(Khokhlach) 쿠르간, 342

혼인네트워크, 88

혼펠스, 45, 60, 85, 99, 101

홈자귀(유구석부), 79, 98

홍산문화, 71, 94, 120

화강암, 45, 51, 63, 73

화목동, 92

화빈장(火鑌匠), 293

화산리(서천), 133, 140

화산리(영천), 397

화산암, 36

『화성성역의궤』, 290

화성암, 85

환두도, 296-299, 314, 363

환옥(구슬옥, 구옥), 48, 71

환판비(環板轡), 304

활비비추, 49, 72

활석, 151-152, 154, 165, 167

활천리, 281

황남대총, 307, 346, 348, 361-363, 365, 374-375, 392, 394-395, 410-411, 413, 418-420, 422, 424-427, 449

황남동, 163, 373

황룡사, 370, 423

황복사, 447

황성동, 238, 254

황오동, 413

황오리, 379, 395

회색타날문토기, 251

회주철(灰鑄鐵), 231, 237

회죽리, 412, 414, 434

회취법(灰吹法), 354

횡산리, 82

효자동, 257

후기구석기혁명(Upper Paleolithic Revolution), 57

후산리, 412

후포리, 47, 71, 101

흑도장경호, 176, 193, 252

흑요석(흑요암, obsidian), 39, 45, 48, 56, 60-
    61, 64-66, 83, 85-88, 91-94, 104-105,
    145, 457

흔암리, 78-79

홍덕리, 430

홍륭산(興隆山), 416

Contents in English

A History of Metal Civilization in Korea: From Hand Axes to Gold Crowns

by Kim, Jong-il

Professor, Seoul National University

Seong, Jeong-yong

Professor, Chungbuk National University

Seong, Chun-taek

Professor, Kyunghee University

Lee, Han-sang

Professor, Daejeon University

Chapter 1. Introduction: Stones, Metals, and Humans

Chapter 2. Chipping and Grinding Stones: The Beginning of Civilization

Introduction: Perspectives on Stone Tools and Technological Changes

1. A History of Research on Lithic Technology during the Prehistoric Era in Korea

2. The Types and Production Technology of Stone Tools

3. The Diversity of Lithic Technology

4. The Significance of Lithic Technology in the East Asian Context and Society

Conclusion: Lithic Technology and Metal Civilization

Chapter 3. Melting Metals: The Introduction of Metal Civilization and Bronze Tools

Introduction

1. The Discovery of Copper and the Beginning of Civilization

2. A History of Research on Bronze Culture in Korea

3. The Production of Bronze and Craftworkers

4. The Types and Distribution of Bronze Tools Excavated from the Korean Peninsula

5. Bronze Culture in Korea and East Asia: In Terms of Technological History

Conclusion

Chapter 4. Beating Metals: Iron, the Revolutionary Convenience That Changed Korean History

Introduction: The Birth of Iron and Its Importance

1. The Production of Iron and Iron Tool Production Technology: A New Technology That Changed Society

2. The Development Process of Steelmaking Culture in Korea

3. The Diverse Types of Iron Tools

Conclusion: Iron—Was It Indeed a Convenience That Revolutionized Our World?

Chapter 5. Bending and Unbending Gold and Silver

Introduction

1. The Development and Exchange of Civilization and Precious Metals

2. The Production Techniques of Ancient Gold and Silver Craftwork

3. Artisans and Precious Metal Workshops

4. A Social History of Ancient Gold and Silver Craftwork

5. The Spread of Ancient Gold and Silver Craft Culture

Conclusion

Chapter 6. Conclusion